雍正传

曹金洪◎编著

陕西新华出版传媒集团
三秦出版社

图书在版编目（CIP）数据

雍正传／曹金洪编著. －－西安：三秦出版社，
2012.12（2021.4 重印）
　　ISBN 978－7－5518－0361－8

　　Ⅰ.①雍… Ⅱ.①曹… Ⅲ.①雍正帝（1678～1735）
－传记 Ⅳ.①K827＝49

中国版本图书馆 CIP 数据核字（2012）第 299488 号

雍正传

曹金洪　编著

出版发行	陕西新华出版传媒集团　三秦出版社	
社　　址	西安市雁塔区曲江新区登高路 1388 号	
电　　话	（029）81205236	
邮政编码	710061	
印　　刷	香河利华文化发展有限公司	
开　　本	710mm×1000mm　1/16	
印　　张	22	
字　　数	410 千字	
版　　次	2012 年 12 月第 1 版	
	2021 年 4 月第 4 次印刷	
印　　数	9001－14000	
标准书号	ISBN 978－7－5518－0361－8	
定　　价	58.00 元	

网　　址　http://www.sqcbs.cn

前　言

在我们五千年的历史长河中,历朝历代的皇帝们占据了重要的角色,他们的存在,很大程度上影响着百姓的生活、历史的发展。皇帝作为历史的重要角色之一,是当时左右和影响国家、民族命运的关键人物,研究他们的是非功过,兴盛衰废,在一定意义上事关国家盛衰、民族兴亡、个人成败,并对现代人有极大的借鉴意义。

这套《帝王传大系》,以帝王们的一生为主线。从他们的家族渊源入手,以历史小说的形式系统地介绍帝王们一生的沉浮。在打天下与守天下的风云战场中凸显出人物的性格特点、历史功绩,最大限度地将帝王和他的大臣们的传奇人生,不遗余力地展现在读者眼前,让读者在趣味阅读的过程中,享受完美的历史文化盛宴。

尽管这些曾经叱咤风云、指点江山的帝王们已成过眼烟云,但又有谁能够遗忘他们站在历史之巅所承受与经历的一切?

恍然间,我们仿佛看到了"千古一帝"秦始皇"横扫六合"的雄伟身姿;大汉朝开国皇帝刘邦从"市井无赖"到"真龙天子"的大变身;汉武帝刘彻雄赳赳地将中华帝国带上顶峰的威风场景;光武帝刘秀苦征恶战,于乱世中成就霸业的冲天豪情;乱世枭雄曹操耍弄"奸计",玩转三国的高超智慧;亡国之君隋炀帝的骄纵狂妄;唐高祖李渊率众起义、揭竿而起,建立唐王朝的惊天伟业;唐太宗李世民玄武门兵变的狠辣果断;一代女皇武则天勇于创造命运的步步惊心;宋太祖赵匡胤"杯酒释兵权"的聪明睿智;一代天骄成吉思汗开创铁血王朝的钢铁毅力;元世祖忽必烈以蒙古铁骑横扫欧亚大陆的英雄豪迈;"草根皇帝"朱元璋从"乞丐"到"皇帝"的辛酸血泪;清太祖努尔哈赤以十三副铠甲起兵,开辟锦绣前程的创业史;大清王朝"第一帝"——皇太极夺取江山的谋略手段;少年天子顺治为爱妃做到极致的痴心情意;清军入关后的第二位皇帝康熙除权臣,平叛逆,锐意改革的天才谋略;最富争议的皇帝——雍正的精彩人生;乾隆皇帝钟情于香妃的风流韵事;慈禧太后将清朝操纵于股掌之间的惊天手段……

我们无法否认,在浩瀚无边的中国历史长河中,帝王始终是核心人物,或直接或间接地掌控着历史的船舵,所以,了解他们的传奇人生,研究他们的功过是非,仍然可以让读者借鉴与警醒!

然而,刻板的阅读模式使得纸媒每年都在流失受众,基于此,我们决定利用小说的形式去呈现帝王的传奇,语言风格也有别于传统的叙述方式。这套书在编排体例上突破了以往同类书严肃、枯燥、干巴巴的"讲授"形式,以更加细腻、更加精练、更加活泼幽默和诙谐的语言,用一种立体的方式将一个帝王的多样性与丰富性展现在广大的读者面前。

全书妙语如珠,犀利峥嵘,细述每个帝王的政治生活、历史功绩、家庭生活、情感逸事等,充满了故事性、知识性与趣味性,让读者在轻松愉悦的享受中体味人生的变化莫测;在"观看帝王大片"的过程中收取成功的法门秘诀。

为了保证书稿质量,编辑工作者查阅了大量的相关资料与文献,并且请教了很多长期从事历史教学与研究的专家学者。不过,由于时间与精力有限,本套图书或许还存在着些许错误,敬请广大的读者朋友们批评指正。

目　录

第一章 康熙帝多情得皇子 后宫争皇后遭陷害

康熙多情,后宫佳丽无数。

钮钴禄氏虽然贵为皇后,想见一面皇上都很难。这次,又听到宫人们说皇上临幸了一位宫女,并且即将诞下龙子。她是又气又恼却无处诉说,在其位只能谋其职。

她找到皇上的宠妃懿贵妃一同商量,将这名宫女接到宫中生产,康熙帝听闻,自然非常高兴,立即恩准了两人的请求。

这件事还要从后宫之争说起,这也是皇后钮钴禄氏之死的源头。

说道皇后钮钴禄氏,她虽然嫁给皇上多年,但至今膝下无子,虽然身份尊贵,但她深切地知道自己的地位岌岌可危,身边有太多人觊觎这个位子,总是想尽一切办法把自己从皇后的位子上拉下来。所以钮钴禄氏在平时做事总是小心谨慎,从来都不敢出半点差错。

尽管自己小心行事,但她明白,膝下无子始终是自己最大的弱点,在那个母凭子贵的时代,女人最大的职责就是传宗接代,更何况是身在皇家。钮钴禄氏皇后这样想着,脑海中出现了一个长相清秀,却有着狠辣手段的女人——懿贵妃。

她是自己在后宫之中最大的一个竞争对手,也是最大的威胁,她时刻都想把自己拉下位子,为了达到目的,她不惜任何代价。

懿贵妃拉拢后宫中其她嫔妃与自己作对,仰仗着皇上的宠爱在宫中作威作福,所有的这些事情钮钴禄氏都知道。可是她没有办法制止,现在也不是时候。她正得圣宠,自己最好不要招惹麻烦。

但是她不去招惹懿贵妃,并不代表懿贵妃就会放过皇后,这不,纳兰成德刚从皇后的宫里出来,懿贵妃屋里的管事太监就出现在了纳兰成德的身边。很显然,他早就候在这里,等待抓住皇后的把柄。

纳兰成德又叫纳兰性德,字容若,满洲正黄旗人,当朝大学士明珠的长子。他的姑妈纳兰瓦是康熙宣妃,他的姨妈赫舍里氏就是康熙已故的孝诚皇后、太子胤礽的生身母亲。

双重皇亲关系,康熙自然对纳兰成德另眼相看。何况纳兰成德自幼就是随姑妈姨妈在宫中长大的,在康熙眼中,纳兰成德就是自己的子侄辈。康熙皇帝特许他进入宫闱禁地,如此殊荣可说前无古人后无来者,令满朝文武大臣目瞪口呆!

纳兰成德眉清目秀，体态端庄，举止得体，言谈儒雅，三年前考取了进士。文武全才的他，深得康熙青睐，如今才刚满二十四岁就被康熙破格提升为一等侍卫，就是让他侍从左右，一同吟诗下棋附庸风雅。

纳兰成德小小年纪就填得一手好词，竟与词坛圣手吴伟业、陈维崧、朱彝尊、顾贞观等人齐名。若从词律上看，纳兰词较他们这些人只能是有过之而无不及。

当今皇后钮祜禄氏也喜好舞文弄墨，偶尔也填上几句歪词请皇上指点，并以此来博得皇上欢心。

这几年正值三藩作乱，南方战事未息，康熙哪有太多功夫陪皇后玩文字游戏，只好顺水推舟，将这个责任交给了自己最宠信的人纳兰成德。

今天，纳兰成德按照惯例过来跟皇后商议辞赋，他刚走进坤宁宫门，就听见宫中传出一曲寂寥而哀婉的琴声，这正是自己几天前才填的那首《采桑子》："谁翻乐府凄凉曲，风也萧萧，雨也萧萧，瘦尽灯花又一宵。不知何事萦怀抱，醒也无聊，醉也无聊，梦也何曾到谢桥。"

袅袅琴音徐徐传来，纳兰成德有一种说不出口的感觉，心跳似乎猛然加快了许多，在这寒冬也有几分燥热，但更多的是一种来自心底的甜意，这是超越于皇上皇后宠爱有加的另一种甜意。纳兰成德正听得入迷，忽听一个宫女道："纳兰侍卫来了，娘娘正等你呢，随春桃进来吧！"

纳兰成德进殿叩拜后，钮祜禄氏皇后停下手中的琴，淡淡一笑说道："纳兰侍卫请起吧，本宫昨日仿照纳兰侍卫《采桑子》偶填一词，也不知是否押韵合辙，正想请侍卫指教呢。"

纳兰成德只见锦笺上写道："乐府曲多何凄凉，自寻惆怅，自寻惆怅，多情观花花亦伤。胸有忧愁诉知己，说亦无妨，哭亦无妨，莫留梦中泛断肠。"

纳兰成德看罢，微微抬起头，娘娘那明亮的眸子正要穿透他的心，怦然心动中纳兰成德急忙垂下头，他渴望这似繁星如秋水般的目光，但他又害怕这种目光。

"本宫这词一定太差了，让纳兰侍卫见笑了。"

"奴才岂敢，娘娘这首词填得很好。只是……"

"只是什么，请纳兰侍卫直说无妨，这里也无他人，即使有什么不雅的，也不会令本宫难堪，只要纳兰侍卫不向外说。"

钮祜禄氏皇后幽幽地说着，用动情的目光看着纳兰成德。

纳兰成德试探道："娘娘母仪天下，主宰后宫，何等荣幸与显赫。但这首词中却充满哀怨伤痕、幽情与暗恨。娘娘何以有此心境呢？"

钮祜禄氏皇后见问，心里也是一阵怅然。皇上风流多情，从来不会对于某个人专情，她虽然是皇上的结发妻子，但皇上临幸的次数却寥寥无几。何况近日三藩叛乱南方军务正紧，皇上更无暇临幸坤宁宫。自从见了纳兰成德,二人你情我意、渐入情网,但她知道这是冒天下之大不韪,弄不好身首异端,祸及满门。

作为女人,她愿意舍名舍利为情所死,但她从来没有对纳兰成德表露过自己的心思,不知道他是否愿意放弃自己似锦的前程与她共蹈情海吗?他又真的有这份胆量,敢恨敢爱做一个性情中人吗?

想至此,钮祜禄氏皇后故意话锋一转说道:"俗话说每人都有一本难念的经,本宫在他人眼中当然值得妒羡,但本宫也有自己难以说出口的难处。"

这时,春桃捧一杯热腾腾的奶上来:"纳兰侍卫请用!"

纳兰成德接杯在手,只听皇后叹息一声说道:"自古宫廷内的争斗是最惨烈的,今日之荣也应虑及他日之忧,这样才能做到居安思危,永葆荣耀,纳兰侍卫你说是吗?"

纳兰成德不免有几分失望,但又不得不点头说道:"娘娘所言极是,只是娘娘已被皇上册立为皇后,主位已定,是宫中任何人也动摇不了的,娘娘的忧虑是否有些杞人忧天?"

钮祜禄氏皇后摇摇头,"母以子贵,夫为妻荣。本宫主位虽定,但入宫多年却膝下尚虚,长此以往这主宫之位也必然岌岌可危……"

纳兰成德忽然觉得自己太幼稚可笑了,皇后怎会傻到放弃主子的位置而倾心奴才呢?

这么一想,纳兰成德便略含讥刺地说:"娘娘既然如此深谋远虑,何不借腹怀胎或从别处抱一位作为皇子?"

钮祜禄氏皇后听出纳兰成德话中有讥刺之意,也故意冷冷一笑:"宫外凡夫俗子何以能够冒充皇子,若让皇上知道岂不弄巧成拙?"

"那娘娘也可以收养其他贵妃娘娘的阿哥与格格嘛!"

钮祜禄氏皇后又叹息一声说道:"强扭的瓜不甜,即使强行收养到我身边,说不定将来是为她人做嫁衣呢! 唉……"

"娘娘,奴婢昨日去永和宫,听见几位姐妹正在议论一件事,说皇上……"春桃话说了一半又咽了下去。

钮祜禄氏皇后扫一眼春桃,逼问一句:"说皇上怎样?"

春桃怯懦地偷看皇后一眼:"奴婢听永和宫的人私下议论,说畅春园的一名宫女怀了龙胎快要临产了。"

"竟有这事?"钮祜禄氏将信将疑地反问道。

她不能不信,皇上是什么样的人她比谁都清楚,倘若真有此事,她倒可以从中捡了便宜呢! 就按纳兰成德所说,将孩子收在自己膝下抚养。

纳兰成德道:"这事也不算什么秘密,那名宫女是满洲正黄旗人,姓乌雅氏,宫中人都叫她小凤。自从怀了龙胎,皇上已着人将她安排在畅春园玉华阁,也许等分娩后才告知娘娘接回宫呢。"

钮祜禄氏皇后听后又气又恼,气皇上春情外露情种遍洒,三宫六院这么多有名有份的不够他享用,还要向一名下贱的宫女施恩宠。

皇后非常气恼,他不近气皇上花心,也气自己的肚子不争气,一男半女也怀不上。

纳兰成德施礼道:"娘娘此时的心绪不适宜再听奴才谈论词律,奴才先告辞了,改日再来为娘娘讲解词曲吧。"

钮祜禄氏皇后见纳兰成德去意已决,心中不免怅然若失,但又不好直言挽留,只好幽幽说道:"春桃代本宫送送纳兰侍卫。"

钮祜禄氏皇后望着纳兰成德离去的背影微微叹息一声:"问世间情为何物?人啊,就是那么怪,得到的不知珍惜,不能得到的偏要得到,这是何故?这又是何心?"

纳兰成德边走边想着心事,刚刚离开坤宁宫,猛地听到旁边有人向自己招呼:"纳兰侍卫辛苦了,奴才给爷施礼啦!"

是永和宫总管太监刘胜。这刘胜年龄虽然不大,入宫也不久,却偏能钻营取巧,凭着一脸奴才相和拍马溜须的本领投到懿贵妃佟佳氏脚下,也不知是如何讨好主子,不到三年的功夫就从一名小太监爬到永和宫太监总管的位子。纳兰成德本不欲搭理他,又不好太生硬,便转过身拱手道:"哦,是刘总管,莫非刘总管有事要去坤宁宫?"

"嘿嘿,奴才哪有这个福分?奴才是路过这里。"

刘胜皮笑肉不笑地说着,偷偷瞄瞄刚刚关上的坤宁宫大门,不怀好意地说:"奴才可真羡慕纳兰侍卫文武全才,对词曲那么精通,频频博得皇上皇后宠爱,能够自由出入后宫禁地,还可以得到娘娘的接待,三生有幸,三生有幸啊!"

纳兰成德自信浑身清白,怎能容忍这下三滥之辈揶揄自己。

立即冷冷地讥刺道:"刘总管也十分令人羡慕嘛!凭着狗一样的鼻孔,四处嗅一嗅就可以获得贵妃娘娘的信赖青云直上。哪像我等还要白天练武晚上习文,累身又费脑也不如刘总管活得逍遥。"说罢,阔步昂然而去。

刘胜待纳兰成德走远,狠狠啐一口道:"什么东西!"

刘胜回到永和宫,懿贵妃就把他叫去问道:"刘胜,我让你打听的事你办得如何了?可千万别让人家抢了去!"

"娘娘放心,有刘胜在,谁也抢不去!"刘胜急忙一本正经地说。

"倘若皇后也要那腹中的孩子呢?你刘胜也敢和皇后争夺吗?"

"请贵妃娘娘放心,皇后是决不会与娘娘争抢那孩子的。"

刘胜看看旁边站着的几名宫女,急忙上前俯身贴在懿贵妃耳边嘀咕几句。

懿贵妃稍稍愣了一会儿,突然仰天哈哈大笑:"无怪乎前天哥哥捎信来,说他请一位得道高僧给我算了一卦,说今年得天时、地利、人和,命相又将大转弯,偏位不久将要扶正呢。"

"那奴才先恭喜娘娘了。"刘胜不失时机地讨好说。

"那名宫女什么时候才能分娩呀?要处处留心,以防夜长梦多呀!"

"据玉华阁的人说小凤姑娘今明两日就要临产了。"

"你先买通玉华阁的人与太医,这几日密切监视玉华阁的动静,随时向我回报情况!"

"喳!"刘胜正要退出去,钮祜禄氏皇后已在众人簇拥下步入殿内,懿贵妃急忙下跪施礼:"奴婢拜见娘娘千岁!"

钮祜禄氏笑着用手搀扶:"快起来吧!姐姐这次是为了那宫女怀了龙胎的事同妹妹商量的。"

懿贵妃不动声色地问:"娘娘要严惩那名宫女吗?"

"哪能呢?她怀上龙胎,这是大清国的福分,即使我想惩处,皇上也决不会答应的,如果伤了胎气祖宗也不会宽恕的。"

"那皇后准备怎样?"

"我想同妹妹一起去奏请皇上,把那宫女接进宫内分娩,并让皇上给她个身份。妹妹以为如何?"

"娘娘说得极是,只是听说那宫女近日就分娩了,从长春园到宫中如此遥远的路程怎好迁移,如果有个闪失你我担待不起啊!"

懿贵妃已派人买通畅春园玉华阁的侍从和御医,能够随时了解分娩情况,好做手脚。而一旦回到这后宫,有皇后在,自己就很难插上手了。

钮祜禄氏道:"妹妹不必多虑,再远的路也不用她自己走。事不宜迟,妹妹快随我一同去见皇上吧!"

康熙见皇后和懿贵妃突然到来,以为她们是为小凤的事来兴师问罪的,正待先声夺人发火训斥她们,一听皇后的话,自是求之不得,当即准奏。

当天晚上,小凤就被皇后派人接回紫禁城,暂且安顿在咸福宫。

懿贵妃坐在房内望着门外飘落的雪花想心事。

皇后主动请求皇上把小凤接回宫中分娩,莫非皇后也有与自己同样的想法?胳膊怎能拧过大腿,看来如意算盘又要落空了。

冷不防,刘胜跑了进来,带着满身的雪花,边跑边说:"生啦生啦!还是位阿哥呢!"

"是阿哥?"

懿贵妃心中一动,马上又略带失望地说:"是阿哥又怎样?好事还能轮到我,皇后的心思你还不明白吗?"

"这……"

刘胜一时语塞,马上又讨好道:"如果皇后也想争夺这个男孩,就把她与纳兰成德的事抖出来,扳倒她的皇后位子,让她落个鸡飞蛋打一场空。"

懿贵妃轻蔑地看了刘胜一眼,淡淡地说道:"皇后的位子是那么容易扳倒的? 就凭你我一句话皇上就相信了? 何况这事是难以找到证据的,没有真凭实据,她反咬一口,皇上是听你我的,还是听她的?"

懿贵妃白了他一眼,又说:"在宫中做事要心平气和,以静制动,瞧你刚才那风风火火的样子! 生就生了,悄悄来说一声不就行啦,何必大惊小叫,唯恐这宫中没人不知道似的。要知道,隔墙有耳,我们能把春桃插在坤宁宫中,她钮祜禄氏又何尝不能把人插在咱这永和宫呢?"

"贵妃娘娘教训得是,奴才该打。"刘胜边说边轻扇了右腮一下。

瞧着刘胜一副奴才相,懿贵妃开心极了:"以后当心就是了。"

刘胜贼眼珠一转,献计说:"如果皇后真的与贵妃娘娘争夺这个男孩,奴才就有办法拿到她的把柄。"

"她不与我争你也要拿到把柄,明白吗?"懿贵妃半嗔半笑地说。

"明白!"

懿贵妃看着刘胜的背影,心中又升出新的希望。

今天是康熙十七年十月三十日(公元1678年12月13日),大雪纷飞,寒气袭人。

咸福宫却是喜气洋洋,充满欢乐、祥和的气氛。几声婴儿高亢有力的哭声更给这融融的喜气增添几分暖意。

钮祜禄氏皇后接过宫女抱上来的婴儿,认真端详一下,赞道:"好英俊的孩子! 我一定奏明皇上给小凤姑娘封赏,册立凤姑娘为妃。"

"小凤不敢心怀奢望,只求小阿哥没病没灾! 奴婢求皇后娘娘给这孩子赐个名吧。"

钮祜禄氏皇后把孩子交给小凤姑娘说:"按照已经序齿的几位皇子,这孩子排行老四,我们先叫他四阿哥吧。至于给他赐名应该由皇上做主,待我奏明圣上之后再给四阿哥起个响亮好听的名字。"

"如果一定让朕给四阿哥赐名,那朕也就不客气啦,哈哈。"

不知何时皇上已经带着几名太监走进房内,众人急忙下跪施礼。

康熙向众人挥挥手:"都起来吧,今天朕特别高兴,这礼就免了。"

"妾身正要去见皇上呢,不想皇上亲自来了,那就请皇上给四阿哥赐名吧!"钮祜禄氏皇后上前说道。

"朕又有了一位阿哥,我爱新觉罗氏又多了一位能征善战的猛将,朕能不亲自来看看吗? 何况四阿哥的诞生还给朕带来了一个喜讯呢! 南方前线打了胜仗,吴三桂主力已经被消灭,平定三藩指日可待!"

"果真是特大喜讯!"众人一致赞声说道,"这是皇上的洪福,也是四阿哥的造化啊!"

康熙走到小凤床前,接过孩子看了看,很满意地说:"嗯,长得很结实,也很像朕,至于叫什么名字……"

康熙顿了一下说:"东汉许慎《说文》云:'禛'是以真受福之意,希望这孩子能够对上天和祖宗一片真诚之心,并以此得到天地和祖上的福佑。他们这一辈是'胤'字辈,所配字都以'礻'为偏旁,本身就有上苍降福保佑之意,就叫胤禛吧。"

"胤禛,果真是好名字,皇上实在英明!"皇后附和着赞道。

"皇上英明,谢皇上给四阿哥赐名!"众人又齐声呼道。

皇后见皇上很高兴,趁机央求道:"皇上,臣妾入宫多年膝下无子,臣妾想把四阿哥抱到坤宁宫抚养,不知皇上是否赞同?"

"皇后这也是为我爱新觉罗氏着想,这孩子能够得到皇后的抚养,也是他的福分,希望这孩子将来不要辜负皇后的一片抚育之恩。"

自己的亲生儿子被皇上三言两语许给了皇后,小凤心都碎了,听着儿子渐渐远去的哇哇哭声,再也抑止不住内心的委屈,把头埋在被里失声地哭了起来,母子连心啊!

不知过了多久,小凤止住了哭泣,抽搐着。猛抬眼,见懿贵妃和刘胜走了进来。

懿贵妃假惺惺安慰说:"小凤姑娘不必伤心,你的儿子终归是你的,谁抱去抚养也没有用,母子之情是任何人也割舍不断的。皇后奏请皇上把你从长春园玉华阁接到这里,我就觉得奇怪,原来竟是安着这份心!"懿贵妃又咬牙说:"钮祜禄氏不会有好下场的!待我抓住她的不义之处一定狠狠在皇上面前告她一状,并恳请皇上把四阿哥还给你。"

"如果能要回我的儿子,让奴婢变牛变马侍奉贵妃娘娘一辈子俺也心甘。"小凤着,泪又涌了出来。

懿贵妃趁机拉着小凤的手说道:"小凤妹妹,咱姐妹一见如故,今后有什么不顺心的事尽管告诉姐姐,姐姐一定尽力帮助你。"

小凤也真诚地说:"贵妃娘娘如此关心奴婢,这是奴婢莫大荣幸,如果贵妃娘娘今后有用得着小凤的地方,尽管开口,小凤万死不辞。"

懿贵妃见时机成熟了,把身子向前挪了挪:"宫中传说皇后与一等侍卫纳兰成德过从甚密,妹妹是否听到这方面的传闻?"

"真有这等事岂不有伤皇室声誉,皇上能允许吗?"

"皇上当然不能容忍!皇家声誉不允许任何人亵渎,维护皇家尊严是我们姐妹应尽的义务,妹妹也不能坐视不问。"

"可是,我,我一个宫女能做些什么?"小凤略感不安地说。

"你不会再是宫女了,你有了阿哥,皇上很快会册封你的,这事就包在我身上吧!不过,我们姐妹得同心协力才行啊!往后,皇后的一言一行,妹妹可要留心着,如果发现有什么不对头的,告诉姐姐我!"

小凤机械地点点头,看着懿贵妃离去的背影,又陷入五里雾之中,特别是她最后那神秘的嘱咐更让小凤迷惑。"姐姐的话只管放在心中,万万不可说与他人听",这又是什么意思?

虽然还没有真正跻身于宫闱,小凤却已经隐隐约约感到宫廷的险恶,这今后的路怎么走?

雪过天晴,大家的心情都很好。可是康熙例外。

今天接到驿报,说湖北战事又吃了败仗,虽然不严重,却也搅得他坐卧不宁。平藩之战打了五年,尽管呈现出节节胜利之势,但军事上的反复实难意料,一国之君能不焦心吗?中原政局不稳,汉人心尚不服,又何谈国家的长治久安!

康熙正在忧心忡忡地思考着补发大军的事,随身太监冯吉安进来奏报说懿贵妃求见,康熙正在烦恼之中,把手一挥:"朕不见,有事待朕回宫再说吧。"

懿贵妃听说皇上不见,碰了一鼻子灰,快快不快地离去了。

刚走不多远,迎面碰上一等侍卫纳兰成德阔步走来,她陡地心生一计,主动上前说道:"哦,是纳兰侍卫,我正有事想请教纳兰侍卫呢。"

纳兰成德见是懿贵妃,急忙还礼:"纳兰给贵妃娘娘请安,不知娘娘有何吩咐?"

"前日我随便涂了一首歪词,并请乐师给谱了曲,可乐师却说词不甚合韵,想请纳兰先生给指正一下。"

纳兰成德知道推辞不了,只好说道:"奴才有空一定去,这等小事派个宫女来说一声即可,何必有劳贵妃娘娘大驾呢?"

"我也是有事请求皇上,顺便同纳兰侍卫说起这事,请纳兰侍卫不可食言,我在宫中恭候纳兰公子大驾。"

懿贵妃回到永和宫,立即找来刘胜,和他商谋半日,把一切布置停当,只等纳兰成德到此。

康熙从养心殿出来,打算去永和宫问问懿贵妃刚才欲奏何事。刚过景和门,正踽踽而行,猛然听到两名小太监在窃窃私语。

"老弟,宫中出了一件新鲜事你知不知道?"

"宫中整天都有新鲜事,不知老兄指的哪件新鲜事?"

"嘿,还能指哪件新鲜事,当然是皇后娘娘和纳兰侍卫的事。"

"你活腻啦!这事是咱当奴才的说的吗?"

"老弟,这事宫中已经传疯了,只瞒住皇上一人呢!唉,皇上也是,整日忙着打仗,自己的老婆在宫内偷汉子,皇上还蒙在鼓里呢!"

康熙听这话,浑身的血像被火烧开了,要炸开身体进出去一般,头一懵,晃了两晃几乎要晕倒在地。

随身太监冯吉安急忙上前搀扶住皇上。

这时,康熙蓦地又听到其中一人说道:"不是众人想瞒住皇上,谁敢向皇上报告这事,只要去报告是必死无疑,让皇上戴绿帽子的人当死,知道皇上戴绿帽子的人也得死。"

康熙再也抑止不住心中的气愤,暴喝一声:"冯吉安,派人将这两个该死的狗奴才抓起来乱棍打死!"

这一声可把那两个小太监吓坏了,他们从墙角出来,一见是皇上,知道闯了大祸,慌忙跪下哭爹叫奶奶地喊饶命。

康熙一句话也不说,铁青着脸走了。冯吉安走上前啪啪几巴掌,边打边骂道:"狗日的王八羔子活得不耐烦了,今日就成全了你们!"

他一边命人将嚼舌头的太监关押起来,一边去追赶皇上,他估计今天宫中要出大事,免不了一场血灾即将发生。

懿贵妃早就知道皇上今日一定要到永和宫来,早已准备停当耐心等候呢。

康熙一进门,懿贵妃就从皇上铁青的脸上读出自己的杰作,事情果然按照她预先设计的情形发展。

康熙铁青着脸问道:"你今日去养心殿见朕有何事?"

懿贵妃瞟一眼正在气头上的康熙,故意吞吞吐吐地说:"奴婢不敢,奴婢希望这事不是真的,可这事……"

康熙不耐烦地说道:"有什么事尽管说来,朕恕你无罪!"

懿贵妃使眼色屏退众人,这才把事先想好的话背了一遍:"奴婢昨晚无意听到两名宫女议论宫中一件不光彩的事,说皇后娘娘与纳兰成德有奸情,奴婢不信,大怒之下将那名宫女打得半死关押起来。奴婢后来才知道这事早已传得沸沸扬扬,奴婢只盼这是小人无是生非造出的谣传诽谤皇后与纳兰侍卫。奴婢想瞒下去,唯恐皇上明晰事实后责备奴婢,今日特去禀告,请皇上做主。"

康熙不能不信几分,这样的宫廷丑闻在他们大清国已是屡见不鲜了,他抬眼打量着懿贵妃问道:"爱妃以为这事如何处理?"

"皇上,这事还能怎样处理,无论是真是假,消除流言要紧,大事化小,小事化了。这事本来就是说有就有,说无就无的事,皇上难道真的要通过捉奸拿双以验清白不成?"

康熙稀里糊涂回到乾清宫,他本来打算从永和宫再去坤宁宫的,但他没有那样做,他在心中已讨厌起坤宁宫,更讨厌起宫中的那个女人。

康熙一夜没合眼,直到日上一竿高也没有起床,今天的早朝他也借故推辞了。

非但如此,他竟然接连几天称病不理朝政,也拒绝任何人入宫探视,仅留冯吉安一人陪伴着他。

这天,他突然对冯吉安道:"你陪朕去坤宁宫走走,谁也不许陪同,谁也不许通报,就你我两人私自前往。"

冯吉安听后吓了一跳,他想派人通知皇后一声却又来不及,主要是他不敢,皇上的脾气冯吉安比谁都清楚。

康熙与冯吉安直入坤宁宫,喝住了要去通报的宫女太监,径直跨进正殿,映入他们眼帘的却是出人意料的情景:钮祜禄氏皇后正泪眼朦胧地坐在纳兰成德旁边,在诉说着什么。

皇后钮钴禄氏和纳兰成德万万没想到皇上会出现在这里，两个人面对这突如其来的变故都吓得面色惨白，扑通一声跪了下来，惊呼道："皇上……"

钮祜禄氏皇后道："听说皇上龙体欠安……"

"哼，你别猫哭老鼠假慈悲了！你们巴不得朕早死呢！你们辜负了朕的信任与宠爱，想不到朕最信任的人却是背叛朕的人，令朕痛心哪……"

康熙咆哮着，说到动情之处，眼睛湿润了，几乎要流下泪来。

钮祜禄氏皇后知道自己纵有千张嘴也说不清，但仍辩解道："皇上息怒，皇上误会了臣妾与纳兰侍卫，臣妾是在向纳兰侍卫请教词律。"

"哼，你说这话欺骗朕吗？朕并没有说你们做什么苟且之事，你却心虚了，此地无银三百两。"康熙吼道。

"皇上，奴才是受懿贵妃之邀来后宫给贵妃娘娘讲解词律的……"

不待纳兰成德说下去，康熙就喝住了他："住口！你为懿贵妃讲解词律怎么不去永和宫却到了坤宁宫？"

"回皇上，奴才到了永和宫，听宫中值班太监说贵妃娘娘可能去了坤宁宫，并听那太监说，贵妃娘娘留下话，让奴才到坤宁宫找她。"

康熙微微一愣："哦，真有这事，那懿贵妃呢？朕怎么没有见到？"

"懿贵妃？"钮祜禄氏解释说，"她刚才来了，向我找《佩文韵府》一书的，刚坐了一会儿，来了一名宫女，说太后有事让她去一趟，她就起身告辞了。"

康熙扫了一眼跪在地上的纳兰成德，余怒未消地说："哼，填词，作曲！你们好雅兴！将士在前线浴血奋战，血流成河，堆尸如山，朕忙得焦头烂额，而你等竟如此……"

康熙"啪"的一声，将桌上的笔砚墨等用品打翻在地，浓墨泼在洁白的宣纸上，黑乎乎的让人压抑。

康熙冷笑一声，从袖中甩出一张纸，向纳兰成德质问道："这也是你填出的好词吗？"

纳兰成德低头一看，正是他新填的一首《念奴娇》，是春桃从他书房带走说给皇后娘娘看的，怎么会到了皇上手中？

钮祜禄氏见果然是纳兰成德那隽秀而又飘逸的字体，上面写道："人生能几？总不如休惹，情条恨叶。刚是尊前同一笑，又到别离时节。灯炮挑

· 11 ·

残,炉烟爇尽,无语空凝咽。一天流露,芳魂此夜偷接。怕见人去楼空,柳枝无恙,犹扫窗间月,无分暗香深处住,悔把兰襟亲结。尚暖檀痕,犹寒翠影,触绪添悲切。愁多成病,此愁知向谁说。"

钮祜禄氏皇后默读一遍,内心一阵怅然,如果这词真是纳兰成德写给自己的,也不枉自己一片痴情,虽死无憾。

她心一横,向康熙说道:"皇上,是臣妾不好,与纳兰侍卫无干,请皇上饶过纳兰侍卫吧,臣妾愿以死恳请皇上息怒。"

"不,皇上,这事与皇后娘娘无关,是奴才主动入宫为娘娘填词作曲惹皇上生气了,请皇上责罚奴才一人。"纳兰成德也哀求说。

"好,好,有情谊,互相愿为对方去死,朕成全你们!"康熙说着,向冯吉安喝道,"你着人将这两个狗男女分别关押起来,待朕审定属实一同处死!"

冯吉安跪着向康熙爬了几步道:"皇上万万不可,何况……"

"何况什么?你这个狗奴才也敢违抗朕的旨意为他们求情吗?"

"奴才不敢,奴才是为皇上着想,也许是误会吧,万一……这事牵扯皇室尊严,传扬出去有伤国体,请皇上三思而行!"

"国体?尊严?哈哈哈……"康熙凄凄惨惨大笑一声,踉跄而去。

钮祜禄氏皇后望着凄凄冷冷的宫墙心乱如麻,她虽然没有被监禁起来,也失去了往日的自由,坤宁宫的门被牢牢把守着,不许任何人进入,当然也不许任何人外出,宫中的宫女太监也抽调走了大半,一向热闹非凡的坤宁宫猛地冷清了许多。

钮祜禄氏几次要冲出宫门找皇上申辩,都被守门侍卫阻拦了,没有皇上手谕任何人不得出宫,皇后也不例外。

钮祜禄氏知道皇上对她误解很深,但她也是哑巴吃黄连有口难辩,说是误解也确实有那么一点心意,但只是放在心中,尚未正式表达出来,不是皇上所想象得那么肮脏。

就这样又过了几天,皇上既不对她有何处置,也没给她恢复自由。身边的宫女全是陌生的面孔,向她们询问事情,得到的只是沉默。

钮祜禄氏失望极了,也伤心透了。

这天,钮祜禄氏正独自坐着,脸上挂满了怨仇。

突然,她听到一阵熟悉的脚步声,她略带兴奋地说:"春桃,是你?这几天你……"钮祜禄氏止不住的泪水如断了线的珍珠,簌簌而下,半晌讲不出话来。

春桃劝慰道:"娘娘不必伤心,请娘娘想开些。"

皇后这才边擦眼泪边问道:"外面的情况怎样?有何传言?"

"回娘娘,皇上龙颜大怒,把几位内阁大臣都召到宫中,商讨处置娘娘与纳兰侍卫的事。众人意见不一,皇上也一直拿不定主意。但从养心殿值班太监传出的话,皇上决不会轻饶娘娘,对纳兰侍卫更要严惩呢。”

春桃说着,偷眼瞟一下皇后,又说道:“皇上要处死纳兰侍卫是一定的事,至于如何处置娘娘,奴婢不敢妄传。”

“唉,都到了这个份上,还有什么敢不敢的,有什么话就直说吧,这多年来,我一直把你当作妹妹看待,你还有什么要隐瞒姐姐的呢?无论怎样,姐姐也都能顶得住。”

春桃听了这话,怦然心动,她觉得自己内心有愧,不敢正视皇后的眼睛,嘴唇翕动一下,还是一咬牙说道:“传言皇上要废了娘娘的名位,并将娘娘打入冷宫呢!”

钮祜禄氏听后,心颤动一下,突然哈哈一笑道:“名位?冷宫?我虽有皇后之名而无皇后之实,甚至不如一般嫔妃,这坤宁宫虽然华美,与那冷宫有何两样?”

钮祜禄氏皇后说着,大滴大滴的泪水从她白净的面颊上滚落下来。

春桃从皇后娘娘这几句肺腑之言中真正明白她的心性,觉得自己十分渺小,甚至卑鄙,她想把一切都告诉皇后,但她又十分清楚这其中的厉害关系,自己的一条小命搭进去不算,还有可能累及家人。就是这样,也未必能救皇后娘娘的命。春桃张了张嘴,终于什么也没说。

钮祜禄氏皇后心里乱糟糟的,她一时也理不出头绪,多日来一直想打听外面的消息如今听到了外面的消息却又不知所措。唉,人哪,真难!

春桃急忙找个借口离开了,她也怕停留长久了被皇后问出破绽。

钮祜禄氏以泪洗面,日子不好过,皇上也是度日如年。

这几天,他已经三次召见两位最亲近的内阁大臣索额图与马文,向他们征求处置皇后与纳兰成德的意见。

这等大事索额图与马文在没有真正摸清皇上的心思前,也是不敢妄加评议的。

皇后乃是一国之母,也是一国之本,岂能轻易废立,何况皇后到底做了啥事皇上也没有明说,只是传闻她与纳兰成德有苟且之事被皇上发觉。皇上不挑明,做臣子的岂敢触及皇上隐私?

康熙见召见了他们两人几次,索额图与马文都是支支吾吾不肯明说,十分恼怒,一拂袖子说道:“俗话说养兵千日,用兵一时。朕视你两位为股肱大臣,如今令你俩人给朕拿个主意都做不到,真乃废物,辜负朕的厚望,岂有此理!”

索额图见皇上生气,他瞟一眼马文说道:“请皇上息怒,奴才以为如今国势不稳,内乱未去,外患未除,南方正在交兵,朝中突然颁诏废黜皇后,恐天下不服,更授乱臣贼子以起兵征乱的借口,请皇上三思!”

马文也趁机说道:“索大人言之有理。何况钮祜禄氏皇后是今年八月才立为后,皇上早已颁诏天下,人人尽知,如今尚不到半年又诏告天下废去名位,必引起国人震动。倘若皇后有错,也只能是我们臣子失察之咎,请皇上降旨处罚我等以为皇后免过!"

康熙见两人都再三强调不可废黜皇后之位,但他又不便把皇后的丑闻抖出去,气得一拳砸在御案上,痛心地说道:"好,好!你们袒护钮祜禄氏,一定是从她那里得到了好处。既然如此,朕就处置你们,不过,她的皇后之位也一定要废黜的!"

"皇上,处罚奴才能够免去皇上心中的苦恼臣甘愿受罚,但皇后是万万不可废黜的,至少现在不能,请皇上三思!"马文又跪地求道。

"皇上,万万不可废黜皇后!"索额图也跪下苦苦哀求道。

"朕的事不用你们理会,你们都滚下去,滚下去!"康熙咆哮着。

正在这时,大内总管太监李来福连哭带喊跑进来说道:"皇上不好了,娘娘,娘娘薨了。"

这事太突然了,不用说索额图与马文,就是康熙也十分震惊,他一屁股跌坐在龙椅上,木然地问道:"怎么死的?什么时候死的?"

李来福抹一把眼泪,看看皇上,又看看呆在旁边的索额图和马文。康熙点头说道:"你照直说吧。"

"回皇上,娘娘是半个时辰前薨的,自缢而去,并给皇上留有遗书,请皇上过目!"

康熙接过李来福递上的遗书一看,只见纸上泪渍斑斑,有几处字迹都沾湿模糊了,正是钮祜禄氏的绝笔。康熙匆匆读着:……臣妾身在高位而不自珍,上负圣爱,下愧万民,死有余辜,不足降旨,自裁谢罪。臣妾今命赴黄泉,本不欲解辩,但思之再三,实觉得屈而不屈,不屈而屈,借方寸纸,倾热血于笔端,圣上其知臣妾心境乎?臣妾独居深宫,半载难觅圣上一面,凄楚孤寂之心顿生,如一号雀幽囚宅中,此生犹死也!落寞百无聊赖之余,以琴曲弹词解忧自慰苟度平生,不期然与纳兰侍卫有同感生共鸣,朋友耳知己耳,有诗词之往来,无雷池之跨越,幸不辱没皇室圣名。皇上素睿明,而误会臣妾至深,臣妾唯以死洗罪。

皇上,臣妾去也!古人云:鸟之将亡,其鸣也哀;人之将死,其言也善。臣妾斗胆恳请皇上恕纳兰侍卫于万死。纳兰当世才子、词曲圣手,大清天下初定,此用人之秋也。皇上毋以雷霆震怒损惜才令名。且纳兰之父大学士明珠驰军西南,汗血报国。若圣上重惩其子,岂不令远征之将心寒,倘陡生异心,实国家大难也!皇上三思……

康熙看到这里,内心十分苦痛,但这痛苦在康熙心头只是一扫便消失了,他把钮祜禄氏的绝命信向御案上一甩,冰冷冷地说道:"死得倒也及时,这倒省得朕费心降旨处置了。"

· 14 ·

马文看出了康熙的感情变化,他揣测着皇上的心意说道:"皇上,人死不能复生,就是娘娘再有错也已经是过去的事了,何必与一个死去的人计较呢?"

"就以马文所言,仍以皇后礼仪安葬吧。"康熙说完,一屁股跌坐在龙椅上。

钮祜禄氏皇后薨驾的诏书颁告天下,一时间轰动全国,人们议论纷纷。

这位二十多岁的年轻皇后入主后宫不足半年就突然病逝了,怎么不令人猜测非议呢?但猜测终归是猜测,谁也不敢乱说什么,诏书上写得分明,皇后得急病不治而逝。天有不测风云,人有旦夕福祸,皇后病逝也就无可非议了。

懿贵妃刚从坤宁宫回到永和宫,就一把扯去头上的白纱扔在一旁,红光满面地冲着走进来的刘胜哆声哆气喊道:"刘总管,你为本娘娘立下的这份功劳,我该怎么谢你呢?"

"嘻嘻,奴才只恳求娘娘入主正宫大位后少骂奴才几句就行了。"

懿贵妃立即娇嗔道:"待我入主正宫后不但不能少骂,必须多骂几句才对呢!人们不是常说打是疼骂是爱,不打不骂不自在吗?"

"那奴才就请娘娘又打又骂就是了,但不知皇上何时册立主子为后,主子早早给奴才透个信,也让奴才提前给娘娘预备一份贺礼!"

"唉,我正为这事发愁呢!我那无用的父兄都到西南战场上去了,如今朝中几位皇上信得过的大臣我也不熟悉,册立皇后的事我怎好向皇上直接开口相求呢?"

"那四阿哥的事呢?"

"皇上已经同意将四阿哥抱进我们永和宫侍养,皇子再好,只可惜不是我的亲生儿子。"

刘胜哈哈一笑:"娘娘真是杞人忧天,皇上既然同意把四阿哥交给娘娘侍养了,这就说明皇上已有心立娘娘为后,至于何时册立只是时间上的事,娘娘静候佳音吧。"

"有许多事你不明白,皇上不是糊涂虫,他对我似乎有了戒心。起初皇上让小凤把四阿哥抱回咸福宫,是我再三请求皇上才勉强同意的。"

"如果是这样……"刘胜讷讷道,他沉思着,没有说下去。

懿贵妃突然想起了什么,突然说道:"刘胜,坤宁宫的春桃现在哪里?此人不可再留下去,立即想办法处死,不然后患无穷!"

"奴才明白!"

刘胜悄悄来到坤宁宫,寻了几遍也不见春桃的身影,忙找来坤宁宫执事太监钱二柱询问。

钱二柱蓦地一惊,拉住刘胜问道:"别人都不知道春桃失踪了,你小子冒冒失失来找她干什么,莫非你……"

不待钱二柱说下去,刘胜就打断他的话,"你真是不识好人心,我不来告诉你一声,你至今还不知道呢!这话若传到万岁那里还不扒了你的皮!"

"嘿,不就是一名宫女吗?"钱二柱分辩道。

"你小子说得轻巧,春桃是一般宫女吗?她是娘娘的贴身宫女,娘娘的什么事她不知道?娘娘是怎么死的,皇上又是如何下的诏书,如果春桃逃出宫乱嚷嚷,这后果是什么?"

钱二柱傻了眼,也吓出一身冷汗,结结巴巴地问:"刘兄以为这事如何处置?"

刘胜淡淡说道:"丢就丢了吧,一定是春桃害怕皇上杀她灭口偷偷溜出宫了。如果将来有人问起,就说春桃为娘娘殉主自缢了。宫中死一个宫女如同死一只蚂蚁,皇上哪会详查?"

其实,刘胜这么一来既可安慰别人也是安慰自己,他想在懿贵妃面前撒个谎,就说害死了春桃,反正春桃逃出宫后再也不会回来,这事就永无对证了。

但他担心皇上秘密把春桃关押起来审讯,那就麻烦了,若真是这样,他和懿贵妃都将死无葬身之地。刘胜只能把这种担心搁在心中,对外不敢提及半个字。

新年的炮声越来越远,欢乐祥和的祝福祭神气氛也都淡远了。纳兰成德踏着茫茫积雪在通向妙峰山的小路上艰难跋涉着。

自从一个月前被关入大牢他就抱着必死的念头,不知为何,皇上竟然将他释放了,但附带一个条件,让他永远滚出京城,闭门思过。

这对于他已经够优待了,许多知道内情的人都说,在大清国除了纳兰侍卫是不可能有第二个人会有这么好的结局的。

纳兰成德虽然走出了那幽深的宫闱获得了自由,但他听到钮祜禄氏皇后自缢而死后,心也死了。

皇后的死未必是为了殉情,但确与他的生有关,也许是皇后的惨死触动了皇上的慈悲心肠,给纳兰成德一条命,让思过、忏悔,或许这是一种比死更痛苦的惩罚。

纳兰成德想到了死,但他不能,皇上有令,赐他活着,没有皇上的谕旨他不能自寻短见,否则就是抗旨,要满门受株连的。

当然,病死或其他意外死亡除外。这无疑被皇上用一根绳索牢牢系住了脖子,让他求生不得求死不能,终生受煎熬。纳兰成德在别无选择的条件下选择了这条路。

他吃力地叩击着冰冷的寺门,许久,寺门才吱地一声打开,探出一个头来:"施主,你找谁?"

"纳兰拜访性音大师。"

"哦,你是纳……快,快请进吧,家师恭候已久了。"

大觉寺并不大,只是十多间残破的庙宇,分前后两院,纳兰成德刚走到后院,就见一位中年僧人迎出来施礼道:"阿弥陀佛,贫僧性音迎接纳兰施主。"

二人进入殿内,分宾主坐下,性音大师上下打量一下纳兰成德说道:"有心向佛佛不引,无心向佛佛正果。昨日花开今日凋,百年应有万年心。生生死死何须论,三界之外观乾坤。水中明月本虚幻,影中之影何论之。大地山河尚归尘,尘中之尘休再提。阿弥陀佛。"

纳兰成德听完性音大师这番话,问道:"大师,我出家之事……"

"恐纳兰居士忍受不了这寒山冷寺清灯孤身之苦,居士乃性情中人,六根未净,虽有心向佛实属无奈,如此佛心不纳。"

"我已绝意尘寰,望大师纳我为徒。"说完,纳兰成德跪地就拜。

性音大师急忙将纳兰成德搀起,说道:"如果施主真心向佛,不如去五台山修道,那里香火兴隆,寺大业大,施主不会有饥寒之苦。我可以将你引荐给家师,你到他老人家那里一定会成正果的,为了行走方便,我可以代师暂收你入佛门,你我就师兄弟相称吧。"

"佛心无远近,修道何饥贫,师弟甘愿随师兄诵经修法早成正果,请师兄为师弟择法号,早早办理受戒之事。"

性音大师也不再推辞,淡淡地说道:"你既有性德之名,何须再另起法号呢?如果想彻底忘却尘缘,就叫楞伽山人吧。"

"楞伽山人,楞伽山人。"纳兰成德喃喃自语,他望着佛祖,悄悄跪了下来。

这时,一片木鱼声和诵经声从身后响起,在袅袅的青烟中纳兰成德的心走向佛陀世界。

不知过了多久,纳兰成德才木然地转过身,望着性音大师道:"师兄何时给师弟受戒?"

性音大师抬起头,"心性到即成佛,你如今心性尚在尘缘,等你的心性完全进入佛门再说吧。"

这时,匆匆进来一名小和尚,神色紧张地走到性音大师跟前耳语几句,性音大师的神情也马上严肃起来。

待那小和尚说完,性音大师急忙站起来对纳兰成德说道:"你到前院用些饭,早早休息吧,从此安心诵经,体悟佛家真谛,阿弥陀佛。"说完,便随那小和尚走了出去。

性音大师随小和尚来到西厢房,两名年长的僧人正在给一个中年和尚疗伤。许久,那人才哇地一声吐出一口鲜血,发出痛苦的呻吟。

性音大师走上前接过端来的药碗,弯腰说道:"念一师弟,快喝口药吧。"

念一和尚微微睁开眼,在性音大师的服侍下喝完药,他惨白的脸露出了血色,强忍住疼痛坐了起来,吃力地说道:"师兄,我们内部出了奸细,已有十几人被抓,昨天夜里我们的住处被官兵包围了,我拼命才杀出重围,可是他们几人……"念一说不下去,泪流了出来。

性音大师无声地握住他的手,满脸铁青着,从牙缝里蹦出几个字:"到底谁是奸细呢?!"

"师兄,不管谁是奸细,不能再犹豫了,必须立即动手,否则,全完了。"念一恳求道。

性音大师认真考虑了许久,才点点说道:"那好吧,但这等大事也不是我一人说了算,我亲自去请示大当家的。师弟,你安心留在寺里养伤吧,什么话也不许外传!"

性音大师天黑之前就潜入京师,由于盘查严密,他一直没敢出门,直到天完全黑透了才溜出来。

他来到一所深宅大院门口,见四下无人才轻叩几下门递上一张帖子,许久,才由一人领着进入内宅。

客厅里早有几人等在那里,待性音大师刚走进门,几人都站了起来,性音急忙拱手打招呼:"各位老友请坐吧,又没有外人,何必这么客气呢!"

杨起隆待性音、甘凤池坐定,看一眼朱慈焞说道:"永爷,咱们是在客厅里谈还是到密室里谈?"

"这里里外外都是我的贴身侍卫,没有我的吩咐谁也不敢到这里,就在这里谈吧。"朱慈焞道。

杨起隆先把京中出了叛徒,部分反清义士被抓的事简单说了一遍,最后说道:"现在形势十分危急,想听听大师高见。"

性音大师转脸问朱慈焞道:"永王有何打算?"

朱慈焞长叹一声说:"事到如今,只有碰碰运气拼一下了,成败在此一举,不成功便成仁,我也无愧于祖宗了!"

杨起隆也哽咽道:"西南吴三桂和清兵急战正紧,双方互有胜负,我们在京起事,如果能够杀死康熙,即使不能夺下京城,也会使清廷震惊,群龙无首之下,吴三桂大军北上,必能将鞑子赶出关外。如今内部出了奸细,也逼迫我们不得不从速举事,总不能坐以待毙吧?"

甘凤池道:"我几次潜入宫中探得消息,宫内正在闹内讧呢。据说皇后之死根本不是病逝,而是自缢而死,说皇后与宫廷侍卫有奸情,对此皇上十分恼火,再加上前线作战失利,康熙更是恼羞成怒,对宫内任何人都起了疑心,同时撤换许多侍卫,也处死许多宫女太监。据说康熙对一向最受宠的懿贵妃也动了疑心,不准备立她为皇后呢。"

性音知道甘凤池所说的事虽然是传闻却也有几分真实，因为康熙一向最信任的一等侍卫纳兰成德不知何故被赶出宫，经人引荐正寄居在他的大觉寺呢。他虽然不明白纳兰成德出家的真正原因，但也隐隐觉得与皇后之死有千丝万缕联系。

杨起隆说道："果如甘大侠所说，趁宫中内讧之际举事，成功希望大，此天赐永王爷。机不可失，时不再来，王爷，别犹豫了！"

永王朱慈焞暗暗握紧了拳头，他压抑在心头几十年复仇的怒火几乎要喷了出来。

许多年来，他东奔西走，隐姓埋名，等待的就是这一天，为了复仇，他也曾付出血的代价，哥哥惨死在清廷大牢之中，弟弟至今下落不明，虽然他也曾四下寻找，有人传说隐藏在浙江大岚山，但他们兄弟三人自幼年一别一晃三十多年却不曾相见一面。

想至此，朱慈焞饱经风霜的脸滚下两滴豆大的清泪。古人云："男儿有泪不轻弹，皆因未到伤心处。"这话一点儿也不假，朱慈焞怎能不伤心呢？

第三章　明义军元宵节行刺
四阿哥柏林寺出家

命运总是无端弄人,朱慈焞生在明朝皇室,本应该过着锦衣玉食的生活,却没想到有一天他会失去原有的一切,差点丢掉了自己的性命。

明崇祯十七年(1644年)的三月十八日,也就是清顺治元年,李自成所率的大顺农民军攻破京城,他的父皇崇祯帝见大势已去,在无可奈何的情况下举剑刺死自己的亲生女儿,绝望地说:"你为何生在帝王家?"崇祯帝被迫吊死在景山的一棵槐树上。

死前,他把三个儿子:太子朱慈烺、永王朱慈焞、定王朱慈焕召集在一起,将传国御玺所藏之地告诉他们,命他们各自逃命,无论将来谁活下来都要掀起复明运动,光复大明江山,以传国御玺为信物号令天下复明义士。

谁知李自成的大顺王朝如此短命,很快被清兵攻破,朱家三子从此走上反清复明的道路。

顺治十二年(1655年),太子朱慈烺在扬州起兵举事,结果兵败被俘后死于狱中。

永王朱慈焞自从与兄长和弟弟分散后浪迹江湖多年,后潜入京师购置这么一所宅院作为他反清复明的联络据点。

天子脚下,皇上眼皮底下,这是最危险的地方,也是最安全的地方,能够随时注意清廷动态,举事时能击中清廷要害。正是基于此,朱慈焞才不惜冒生命危险把自己的活动据点选在京师。

几十年的秘密活动,终于联络了许多反清义士,也组织了一支可观的复明敢死队,他时时刻刻忍耐着,也等待着。

真是苦心人天不负,因削藩事件引起平西王吴三桂倒戈易帜,扯起反清大旗,随之,平南王尚可喜、靖南王耿仲明相继起兵响应,战火在长江以南地区蔓延起来。

这种天赐良机情况下,朱慈焞按捺不住心中的烈火,准备在京师举事和吴三桂遥相呼应,趁机一举搅乱清廷,把满人赶回东北。由于他近日频频召集各路头领,引起官府警觉,前不久,几名进京议事的头领在住地突遭搜捕,全部被捕,据说有一人经不住拷打泄露了起义秘密,情形迫在眉睫。

这几天官方搜捕更紧,城门防守甚严,京外的人马与兵器很难进入京城,朱慈焞为这事伤透了脑筋,他不能功亏一篑、坐以待毙,这才紧急召见几位最高层头领商讨起兵之事。

性音大师早已从永王、甘凤池、杨起隆三人的话中听出他们的意思，他们虽然没有明确提出起兵，但心意早定，让自己拿个主意也不过是讲几句客套话，给自己一个面子。尽管对于现在就起兵的事他认为尚欠成熟，但他也不好再说什么，只好点头应允。

过了一会儿，他又忽然想起了什么，补充说道："永王爷，以贫僧之见由我等率领弟兄们分头行动就可以了，王爷不必亲自出面，万一起兵不利也留一条后路，给分散各地的兄弟留一个联络的中心。"

不待性音大师说下去，甘凤池打断了他的话："永王爷不领头，如何能让京城的百姓一呼百应呢？我们都是没名没分的人，城中的百姓会把我们当叛贼呢！"

"那也不能让王爷冒这个险，我们可以派人假冒王爷之名嘛！"性音大师坚持道。

"不让王爷冒这个险也对。"杨起隆说道："如果你们不反对，就让我来冒充一下王爷吧！"

"不，让我亲自上阵吧，要死就和弟兄们一起死，我已经苟活了几十年，再这样苟活下去有什么意思，上对不起死去的列祖列宗和先父王，下对不住天下百姓。如此活着也情同于死去，与其痛苦地苟活一生，不如和弟兄们一道轰轰烈烈地大干一场。"

甘凤池也道："王爷千金之体还是留守这里等待消息吧。"朱慈焯只好说道："既然如此，就让起隆冒名举起义旗吧，但也不必冒充我的名义，就冒充三弟定王朱慈焕的名义，假称朱三太子朱慈焕兴兵讨伐清廷，表明我大明皇亲国胄与满清鞑子最后一战。"

大家不明白永王为何让杨起隆冒充他弟弟的名义，朱慈焯解释道："我与三弟三十多年毫无音信，也不知他的生死。我让起隆以他的名义起兵，就是试探一下他是否活在世上，是否把复明大业记在心中。"

性音大师明白了朱慈焯的良苦用心，此次起兵无论成败都将轰动全国，无论定王朱慈焕流落天涯海角也会听到这个消息。

看来永王此次已下定决心不成功便成仁，要以死唤起弟弟继续举起反清复明的大旗。

定在正月十五之夜起兵，由于外围兵力一时难以混进京城，只能以三路人马分头同时行动。性音大师率领一批顶尖武林高手直扑皇宫大内，力争杀死康熙，造成京师群龙无首，杨起隆高举义旗攻打午门兵器库以钳制守卫紫禁城的兵马，甘凤池率军响应性音大师，力争攻取皇宫，尽量活捉康熙，以此号令天下，万一不济则将其杀死。

元宵节终于到了。

京城毕竟是天子之地，不同于其他城镇，虽然平叛战争仍在进行，但元宵大节还是要好好热闹一番的。

天刚擦黑，各式各样的灯笼就全都挂了出来，男女老幼都早早吃罢饭打着自己最满意的灯笼拥上大街。什么鸡灯、猴灯、虎灯，十二生肖灯样样俱全，那各色的长灯、短灯、圆灯、方灯更不用说了，最引人注目的则是那些别开生面的花灯，如狮子滚绣球、双龙戏凤、孔雀开屏、童子拜佛、观音送子、孙悟空闹龙宫等等，真是数不尽数。

整个京城真成了灯的海洋！

京城人平时都躲在深宅大院、街头小巷里的四合院内，今天全都像被什么人赶了出来似的，到处都是人，乱糟糟的，直到深夜也不散去。

今天的京城，乱是够乱的，但这乱只是无官一身轻的文人雅士和普通平民百姓的乱，这个乱也是热闹的意思。而守卫各大城门的御林军却一点也不敢懈怠，对于京城近日的特殊气氛他们也已经闻到一些风声，并接到上级命令，全体官兵不得擅离汛地，违者杀无赦。

性音大师早早就率领一批乔装打扮的弟兄接近了举事地点，但由于清兵守卫森严，他一直没敢轻举妄动。

直到午夜子时，性音大师听到午门方向传来一声震天炮响，知道杨起隆已经动手了，他向左右几名弟兄轻喝一声："上！"率先跳上高大的宫墙，迅速潜入宫中。

性音大师率领一批敢死队弟兄避开明亮的灯火，直扑乾清宫。没走多远就听到有人高喊："有刺客，有刺客！"

"来人呐，来人呐，抓刺客！"

尽管两名喊叫者被击毙了，但引来了宫中巡逻的清军和大内侍卫。

性音大师一声令喊，命令大家分头行动，以生擒康熙为上，不可恋战，万一不能生擒就尽量将他刺死。

平静的皇宫大内迅速乱了起来，哭喊声、叫骂声、厮杀声、刀剑碰击声交织在一起。

性音大师避开围攻而来的大内侍卫，直入内宫，寻找康熙的所在。

此时，康熙正在懿贵妃的永和宫和众嫔妃及几位皇子赏灯，其他人刚刚离去，康熙也觉得今日心情舒畅，决定留宿永和宫。

正在这时，一名太监上气不接下气地跑来报告，说宫中出现大量刺客。

康熙闻报后一惊，但立即沉静地问道："他们有多少人？是些什么样的人？守卫后宫的大内侍卫呢？"

"回皇上，有多少人奴才不知，据李总管说有近百人，至于是些什么人也不得而知。"

这位太监少停一下，又补充道："武侍卫已派人飞马抽调火器营的人马，很快就会赶到，何况宫中还有众多大内侍卫守护，这些毛贼过不了多久就会被捉拿消灭的。"

康熙一听有近百人，也着实吃了一惊，他根据近日巡察御史送来的奏报，知道这些刺客不是一般的飞贼，而是有组织有预谋的叛乱。

康熙也并不惊慌，只要不是吴三桂那样的领兵将帅作乱，是不会成气候的。只是这百十人偷袭皇宫大内的事传扬出去也的确令他这个皇上脸上无光，当然，死伤是难免的，只要别伤了太后、皇子及众嫔妃就行了。

康熙向跪在旁边的那位太监挥手说道："你去通知守宫的侍卫，多调些人马，将所有的毛贼全部拿获，一个也不能放过，否则，拿他们是问。如果不能生擒，就全部处死。对了，最好留下几个活口审讯。"

那太监刚刚退下，又有人匆匆来报，说许多来历不明的叛贼打着"反清复明"的旗号在攻打午门，据说为首之人是前明的朱三太子。

康熙听后猛地站了起来，十分生气地说："朕早就传下谕旨，一定要严加搜索，务必将叛党一网打尽，全都敷衍塞责，真是岂有此理！给朕传口谕，如果有一人攻下午门，让九门提督索额图提头来见朕！"

气归气，康熙一面派人前去调兵遣将，一面亲自组织宫中的几名贴身侍卫和太监做好抵御准备，以防不测。

康熙还没吩咐完毕，一名太监来不及通报就闯了进来，说有十几人已经杀进永和宫。

众人听完都惊慌起来，懿贵妃和几名宫女吓得乱作一团。

康熙大喝一声："都不要惊慌，朕才八岁都能生擒鳌拜，几个毛贼能奈朕何！"

康熙命令身边的两名侍卫保卫懿贵妃和四阿哥躲避起来，他自己接过一柄长剑和两名侍卫一同冲出殿外。众人想阻拦已经来不及了。

康熙和两名侍卫刚冲出殿外，迎面碰到一位老者率领十多个人赶来，康熙跨上前一步，大喝一声："大胆的叛贼，还不放下手中的兵器，束手就擒，朕饶你一命，再顽固抵抗杀你全家，灭你九族。"

来人一听这人就是皇上，也不搭话，举剑就刺。不等康熙还手，两名侍卫同时迎了上去，两方立即对杀起来。

增援的清兵已经赶到，将这十几个人团团围住。

尽管这些人训练有素，哪里是宫廷侍卫的对手，更何况清兵人多势众。那老者渐渐不支，其他弟兄也死伤过半。

康熙站在旁边观看，见自己手下得手，高声喝道："生擒那老者，其余全部处死！"

一等大内侍卫曹寅闻言把手中的剑加快了几分，然后猛一用力，击落那老者手中的剑，飞身上前将他擒住。其他刺客也都被清兵团团围住。

康熙见贴身侍卫曹寅如此英勇十分高兴。曹寅、武丹和穆子熙等人都

是自己早年培养的侍卫,也是自己的好友,当年智擒鳌拜都是他们做助手,自己几次率兵征战也都是他们护驾。今天,又是他们保卫了自己。

康熙正在高兴之际,猛听身后传来女人的呼救声:"皇上快来救救臣妾和四阿哥!"

康熙一看,一名黑衣人正牢牢控制着怀抱四阿哥的懿贵妃,一柄雪亮的长剑正架在懿贵妃脖子上,其他几名侍卫只能提着兵器一步一步紧跟着。

这位挟持懿贵妃的人正是乔装的性音大师,他避开众多清兵专门寻找康熙,刚好碰到永王朱慈焞率领几十人也冲杀进来。

他一愣,什么都明白了,永王决不会呆在驻地的,他也暗中杀进宫来。

性音十分明白今晚的形势,敌众我寡,蛮战不得,他想挟持康熙,但他明白康熙是一位文武全才的皇帝,武功十分了得,又有侍卫守护旁边,擒住他十分困难。这时,正巧碰上两个侍卫护送懿贵妃和四阿哥惊慌而走。

性音大师从装束上看出她一定是位贵妃什么的,她怀中的婴儿也就是皇子无疑了。不能擒住康熙,索性擒他的嫔妃和儿子来要挟他。

康熙见懿贵妃和四阿哥被对方擒住,又气又急,却也一时束手无策。尽管自己人多,但投鼠忌器,不能硬拼硬夺。

康熙故意喝道:"你先把人放了,有什么要求尽管说,只要不过分,朕一定答应你。"

性音大师瞧瞧周围的形势,边退边说道:"你下令将那被擒拿的老者放掉,我一定放人。"

"好吧,你先把人放了。"康熙说道。

"不,你先下令放人!"

"朕作为一国之主,一言九鼎,岂与你当儿戏,你先放人吧,不然,朕下令火器营的人将你碎尸万段,死无葬身之地。"

性音哈哈一笑,"康熙,你尽管下令开枪吧。"

康熙无奈,只好命令曹寅先将朱慈焞放掉。

这时,朱慈焞却高声喊道:"不要管我性命,你一定不要放过手中的人质。"

康熙打断他的话:"请这位壮士放人吧,朕已下令把你们的人放了。如果把她们放了,朕下令不为难你们,让你们平安离开大内。"

性音知道康熙在耍花招,冷笑道:"你先下令把我们被抓的人全部放掉,并让开一条路,等我们离开皇宫之后再放人。"

康熙恼了:"岂有此理!大胆的刁民,敢威胁朕不成?"

康熙虽然震怒,但也没有办法,只好下令将被抓的人放掉,并给他们留一条退出的路。

性音大师和朱慈焞等人退到外墙边时,性音大师让众人先登上围墙外逃，自己挟持着懿贵妃和四阿哥站在墙内。

他们一同来的人只剩下十几人了，也都一一退出围墙，性音大师转身对朱慈焞说道："王爷，你先上去，我再放人。"

朱慈焞跃上宫墙，他并没有离去，他早已抱定了必死的心，决定寻找最后的机会刺死康熙皇帝。

性音大师见朱慈焞跃上了墙，大喊一声："你们再后退一步我就放人了！"说着，把懿贵妃推到一边，然后纵身一跃上了宫墙并跳出墙外。

就在这时，朱慈焞猛地扑下宫墙，他想趁机击杀康熙，但康熙离他太远无法得手，只好把长剑猛地指向懿贵妃。

一等侍卫曹寅一直密切注视着情势的变化，他见朱慈焞跃上了宫墙并没有立即跃出去，就有了防备，等朱慈焞猛扑下来去刺懿贵妃时，他以迅雷不及掩耳之势迎了上来，想挡住朱慈焞刺出去的剑，但却稍慢了半步，虽阻止了他的剑势与力度，那剑仍然击中了懿贵妃与她怀中的婴儿。

随着一声惨叫与婴儿的哇哇啼哭，几把锋利的剑也同时插入朱慈焞的胸口。

众人急忙上前救起懿贵妃和四阿哥，多亏曹寅出手及时，阻挡了朱慈焞致命的一击，懿贵妃仅伤了左臂，四阿哥的左腿被划破一个口子，都没有生命之忧。

康熙一颗心落了下来，忙命人速传御医前来疗伤。

懿贵妃受的伤虽较重些，但经过御医悉心医疗，很快就痊愈了。

可四阿哥仅伤一点皮肉，本无大碍，不知何故，经过一段时间治疗，伤口一直不见好转，这可急坏了宫中的许多人，康熙也为此大伤脑筋。

几请名医，四阿哥的伤终于痊愈了。为了让他一生平安，康熙做主安排四阿哥到柏林寺当了一名记名和尚，以求得到佛祖的庇佑。

清晨，东方刚露出鱼肚白，南书房就传出琅琅读书声。

大阿哥胤禔、皇太子胤礽、三阿哥胤祉、四阿哥胤禛、五阿哥胤祺正在朗读师傅布置的背诵文章。

不久，南书房侍讲学士顾八代走了进来，扫视一下众皇子问道："昨日让众皇子熟读李斯《上秦王书》一文，可熟记否？"

几位皇子都不言声，顾八代就主动点名让皇太子胤礽背诵，胤礽摇摇头，不会。

顾八代只好又让大皇子胤禔背诵，胤禔也不会。三皇子胤祉也是一个劲地摇头。

顾八代恼火了，猛然咳嗽几声，花白的胡须抖动着，苍白的脸上泛出一丝红晕。

这时，四皇子胤禛站起来说道："顾师傅，我能背诵！臣闻吏议逐客，窃以为过矣。昔缪公求士，西取由余于戎，东得百里奚于宛，迎蹇叔于宋，来丕豹、公孙支于晋。此五子者……"胤禛一口气背完李斯的《上秦王书》，又把这篇文章的含义简要讲了一遍。

顾八代见不但背诵如流，而且分析理解透彻，不禁暗暗点头赞叹，孺子可教。

四阿哥今年才刚满十岁，就能够如此用心读书，对文章理解得如此深刻，比他几位年长的哥哥强上几倍！

大阿哥胤禔走到胤禛跟前，摸摸胤禛光光的脑门，哂笑道："嗯，看不出宫女养的倒挺聪明，这小脑瓜挺灵活的，也还真像个大冬瓜，若把这些毛全刮去，那才是地地道道的和尚呢！"

"就是，生成的和尚坯子，背什么圣人书儒家经典，还是回柏林寺念阿弥陀佛吧，将来皇阿玛的位子也轮不到你坐。我的位子是谁也夺不去的，还是老老实实当你的四和尚，死了这条心吧！"

"胤礽……你太放肆了，根本没有皇太子的德行，有负圣上对你的信任与厚爱。"顾八代惨白着脸厉声说道。

"顾老头子，你对本太子温和些，礼节周全些，待我登基后封你个太子太傅什么的。若不识相，只怕你姓顾的祖坟也要晒太阳！"

"住口！"不知何时，康熙已青着脸站在门口。

众人都吓了一跳，胤礽更是吃惊不小，扑通一声跪在地上。

康熙跨进殿内，大声呵斥道："你身为皇太子，不知修身养性，安心攻读，却一派胡言，欺师藐上，也不怕朕废了你太子之位！"

顾八代跪下道："皇上，臣不堪为师，请允老臣告老还乡！"

康熙沉吟片刻说道："课仍由你授讲，谁再不听训教，朕当严惩不赦。至于告老一事，等一段时间再说吧。"

"谢皇上！"

康熙回去的步子十分沉重，他多少有几分失望，胤礽是他一手培养的，自幼聪明好学，只要读上三遍的文章他都能熟读或成诵，启蒙师傅大学士张英、李光地等人也都一致称颂皇太子有过人之处，立他为太子确是大清的洪福。

不知为何，随着年龄增长竟一天天滋长了恶习，真是近朱者赤，近墨者黑，一定是胤禔、胤禩把他教坏的。

康熙决定严肃太子身边人物，重新塑造太子的形象。太子毕竟年轻，尚不满二十岁，只要自己亲手去做，这事一定会成功的。康熙十分自信。

胤禛无缘无故遭到几位哥哥的臭骂与奚落，很伤心，也很窝火。

下了学就早早离开南书房，刚好远远看见亲生额娘德嫔乌雅氏正在两名宫女陪同下向这边走来。胤禛皱了一下眉，决定躲开亲生额娘。正因为自己是宫女生的,别人才会侮辱自己。

德嫔叫一声:"胤禛……",胤禛却狠狠心肠,转身快步走开了。

胤禛为了躲避德嫔,毫无目的地走着,不觉来到永和宫。

胤禛一见懿贵妃,哇地一声把满腹委屈都哭了出来。

懿贵妃给他擦着眼泪,"谁欺负你了?额娘给你做主。"

"额娘,胤禔和胤礽辱骂孩儿,连额娘也一起辱骂了。"

懿贵妃勃然大怒,恶狠狠地说:"虎不食人,人反倒食起虎来,我要瞧瞧你胤礽有多大本领,看老娘能否将你扳倒。哼,一个胎毛未干乳臭未退的娃娃就敢放肆,真是岂有此理!"

"额娘不必为孩儿与那无赖胤礽一般见识。二阿哥毕竟是钦封的皇太子,额娘与他争斗起来,皇阿玛未必偏向额娘!不过若能设法让皇阿玛罢黜他,他就不会趾高气扬了。"

懿贵妃心中一惊,想不到这孩子竟能说出这番话!又一想,胤禛是她抚养大的,有什么心里话总爱跟她说,只要对他好一些,他长大后也会视自己如同亲生母亲一样的。

懿贵妃这样想着,忽然生出一个大胆念头。"孩儿,你知道皇太子与一般阿哥有什么不同吗?"

"皇太子将来是要当皇上的,阿哥最多就是个亲王。"

懿贵妃点点头,"那么你想当皇太子吗?"

"当然想当啰,当皇上多威风,像阿玛一样君临天下,人人都要下跪叩拜,想杀谁就杀谁,想要谁就要谁,想干什么就干什么……"

懿贵妃突然厉声喝道:"这些话是谁教你的,小小年纪懂什么为君之道?皇阿玛听到你说这些话,不知怎么惩罚你呢!"

"额娘恕罪,孩儿再也不敢了。"胤禛说着,扑通跪在地上。

懿贵妃上前拉起他,"这些话到外面可不能胡说,宫廷险恶,乱讲一句话都能送了你的命。今后要学会做人做事,什么话可以讲,什么话不可以讲;什么事可以做,什么事不可以做;什么事只能做而不能讲,什么事只能讲而不能做。什么人面前讲什么话就是这个道理。"

胤禛对额娘的话似懂非懂地点点头,"孩儿明白了。"

懿贵妃一把把胤禛搂进怀里,"不过,有些话对别人可以隐瞒,但对额娘可不能隐瞒,若把额娘也当成了外人,看不剥了你的皮。"

"孩儿不敢,孩儿是额娘养的,额娘待孩儿如此好,孩儿怎会没有良心呢!"

"唉,谁叫额娘命苦没有亲生儿子的,你就是额娘的命根子,是额娘后半生的靠山,额娘不疼你疼谁呢?"懿贵妃像是对胤禛说话,似乎又是自言自语。许久,她才低头注视着胤禛十分郑重地说道:"胤禛,只要你想当皇太

子,额娘舍去这条命也去给你夺回来!"

恰在这时,康熙正踱着方步走进屋内,"瞧这母子相依相偎多亲热,说什么知心话呢?"

懿贵妃急忙说道:"我们母子正说起皇上呢!"

"噢,一定在说朕的坏话吧?"

"正是,说皇上偏心呢!"懿贵妃唯恐胤禛说错话,忙抢着说道。

"哦? 朕是怎么偏心的?"

"皇上,二阿哥身为皇太子,行为不端在宫中引起众愤,皇上却不训教,任其恣意妄为,似乎有怂恿之意,这不是偏心吗?"

康熙略为不悦地说:"皇贵妃一言如山,怎好信口开河,随意中伤他人,说胤礽行为不端呢?"

"皇上对胤礽的所作所为果真一无所知?"

"胤礽到底做出什么事,你且说与朕知,不得胡乱编造!"

"二阿哥自以为是皇太子,将来要承袭帝位,除了皇上,他正眼瞧过谁人? 举止轻浮,全无太子之相,对宫廷礼制也视若无物。还有,胤礽是如何给阿哥们以身作则的,皇上也许略知一二吧?"

康熙知道胤禛一定将今天的事说与懿贵妃听了,只好轻描淡写地说道:"他们兄弟之间的事,你做额娘的只能息事宁人,不要煽风点火。有些事你不懂,也不必问,更不能问,如何处置朕心中自有分寸。皇考曾在宫中立一铁牌,明示宫中后妃不得干预朝政。这事你早已知道吧?"

康熙猛然意识到自己的话有些重,便不再言语。

从内心说,康熙总觉得有些歉疚,他曾一度怀疑过懿贵妃,以为钮祜禄氏皇后的死与她有干系,也暗暗派人调查此事,最终没有查出什么,因为钮祜禄氏皇后的贴身宫女春桃不声不响地失踪了,查找钮祜禄氏死因的事只能不了了之。

最近,康熙有册封懿贵妃为皇后的心意,可索额图极力反对,皇太子胤礽也多次流露出同样的意思,他竟然因此把册立皇后的事推了下去。在内心深处,康熙还是倾向于胤礽的,他毕竟是大清皇室的继承人。唉,清官难断家务事啊!

康熙只好悄悄走出了永和宫。

第四章　少胤禛忍辱知世事
　　　　　　临外患披甲征沙场

　　皇子们慢慢地长大,胤禛虽然投到了懿贵妃膝下,但始终因其生母受到其他阿哥的羞辱,这让他从小便知道了身份地位的重要,当然在其他阿哥的辱骂声中,他更学会了隐忍。总是把不争、无所谓的一面展现给别人。

　　虽然胤禛总是在夜深人静的时候问自己:为什么我要忍受那些"草包"的欺辱,论才华、论学识我要比他们强上百倍,难道就是因为他们的娘亲出身高贵吗? 在这个时代,不是讲究母凭子贵吗? 为什么在我的身上又变了呢? 还有皇阿玛,那个太子胤礽根本就是个笨蛋,什么都不会,就会仰仗这皇阿玛的宠爱为非作歹,横行霸道,难道这些皇阿玛都没有看到吗? 还是说他根本就知道,只是故意包庇呢? 老天真是不公平。

　　胤禛有太多抱怨的理由,可是他更知道现在的局面根本是他无法改变的事实。不过这并不代表他的生活糟糕透顶,至少自己老师顾八代对自己很不错,细心教导,经常教给自己一些为君之道;自己的额娘懿贵妃也很好,虽说不是自己的亲生额娘,但一直将自己视如己出,无论她的目的是什么,至少她能让自己感到一点温暖。

　　在寂静的夜里,年少的胤禛想着自己现状、生活和未来,不知不觉间就进入了梦想。

　　胤禛的抱怨不无道理,康熙对胤礽的宠爱实在过分。无论他做了什么样的错事,从来不会大家责罚,总是一句责怪带过。

　　这不,皇子们的教习师父顾八代因常护着胤禛最终被皇上放还家乡。

　　胤禛实在恨透了太子,他暗自发誓,自己一定要坐上皇阿玛的座位,将来一定要让这些人加倍偿还他今天所受的屈辱。对于自己的师父顾八代,胤禛很是内疚,可是事情已经发生了,他知道自己无力挽回。所以决定去顾师傅的家里亲自相送。

　　顾八代确实很喜欢胤禛,他认为胤禛没有其他皇子的骄横,聪明好学,懂得隐忍,将来一定大有作为。他决定走之前再帮胤禛一把,于是便告诫了胤禛几件事:其一让他赶紧从柏林寺还俗,其二要继续维持与懿贵妃的母子之情,其三要懂得修身,暂且隐忍。胤禛牢牢地记住了师父的话。

　　胤禛为了讨懿贵妃的欢心,将自己从柏林寺得到的一颗夜明珠献给了她,并且在太后的五十大寿庆典上表现突出,博得了皇上和皇太后的欢心,趁机摆脱了柏林僧人的名号,还为懿贵妃赚取了东宫之主的位子。

懿贵妃一跃成为皇后,如今她膝下无子,只有四阿哥一人,自然会将自己后半生的希望全部放在胤禛一个人身上。再加上胤禛也觊觎皇太子之位,母子二人也算是心意相通。

懿贵妃凭借着自己的权势拉拢佟国维等朝中大臣,然后就开始计划着扳倒太子这个障碍,只是要想除去太子,必须要皇上同意才行。

这胤礽生性好色,并且仗着自己的太子之位常常目中无人。

他因懿贵妃坐上皇后之位而心情烦闷,这天正在宫内的花园中闲逛,遇到了新选的秀女苏娥,他一见没人,早就把身份和规矩忘得一干二净了。正要得手时,该秀女却被皇后派来的人叫走了,走之前与太子定下了一日之约。

胤礽望着苏娥临走时那妩媚的一笑,心中不知啥滋味,唉,明天,其实他一天也不想等下去……

当天晚上,胤礽来到了约定好的地点玉香阁,还没走进阁内,借着朦胧的月光看见窗前有一女子绝美的倩影。

胤礽来不及多想,早就被勾走了魂魄。他破门而入,直接将窗前的女人揽到了怀里,抱上牙床,肆意地狂吻。

那女人又惊又怒,一把推开胤礽,大声呵斥。宫外的太监宫女进门,打着灯笼照过来,胤礽一看,床上的女人根本不是昨天看到的那名秀女。

正在纳闷,该女子才告诉胤礽她是康熙册封的丽贵人。胤礽赶紧报上自己的身份,丽贵人担心事情闹得太大,只好让太监先将太子绑了起来。

正巧这时懿皇后过来了,得知此事狠狠训斥了胤礽一顿。胤礽也知道此事严重,只好闷不作声地在那里听着。

消息不胫而走,最终传到了皇上的耳中。

皇上经过上次钮钴禄氏皇后的事情之后,对这种事情十分痛恨,他虽然知道皇宫之中自古就有争权之事,但他不想将此事传得人尽皆知,于是便对太子小惩大诫,让他闭门思过。

太子在自己的宫内憋闷了数日,也想明白了嫁祸自己的人一定是懿皇后和胤禛,当然也不能排除大阿哥和三阿哥。这天,他正在宫内与自己的福晋和宫女取乐,索额图派管家来请胤礽前往议事。

胤礽到了索额图家,索额图将朝中大臣联名上书,让皇上废掉太子的事情告诉了胤礽。胤礽一时慌乱,不知如何是好。索额图趁机为其出谋划策,让其尽早铲除懿皇后,以绝后患。

当天夜里,坤宁宫内闪过一道人影,寝殿之内女子一声哀嚎,宫女太监们乱作一团,等到众人都赶到的时候,为时已晚。

懿皇后浑身是血,直挺挺地躺在床上,旁边放着一张字条,写着行凶之人是甘凤池。

康熙帝看着自己的皇后离世,心内悲伤,下旨悬赏追查凶手,并且暗自决定,从此不再册立皇后。

胤禛看着躺在床上一动不动的懿贵妃,趴在窗前哭得十分伤心,眼泪就好像断了线的珠子一般。

他怎能不伤心呢,懿皇后一死,自己所有的希望都化为泡影。

一时间本已摆在他面前的那条通往皇位的光明大道消失了,胤禛的心就好像寒冰一样,让他对身边的一切都失去了信心,更失去了勇气。最后,他也只能将满腔的委屈、绝望、无奈和仇恨化为泉涌般的泪水,跪在那里伤心地痛哭起来。

康熙帝看着哭得如此伤心的胤禛,心里也不免动容,再看看身旁的几位皇子,都是雷声大雨点小,毫无悲伤之色,尤其是皇太子更是如此,这让康熙十分不满。康熙走到胤禛的身边,抚摸着胤禛的头,一边安慰他,一边跟他说出了为他娶亲的想法。

胤禛不同意,想要为懿皇后守孝。按照大清的礼法,至亲去世,子嗣如果不能在三个月内完婚,就要守孝三年。但康熙怎么舍得让自己的儿子独守三年。

于是安葬了懿皇后,康熙三十年(1691年)八月十六日,胤禛奉父命与那拉氏结婚。

那拉氏是满洲正白旗费扬古的女儿,费扬古是步军统领,战功赫赫,是当朝一名大将,也是朝中的权臣之一。

完婚的当天,胤禛看到新娘子长得也算秀丽,心内的一块大石总算落地。

没想到这位新娘子从娘家带过来一名十二三岁的贴身侍女青儿。胤禛年岁本就不大,看到这个聪明伶俐、长相俊俏的小丫头,心里也生出了欢喜之感。于是大婚的当天夜里,胤禛打破祖制,竟然三个人一起喝下了交杯酒。

婚后没多久,康熙帝就给胤禛安排了任务,让他代替圣驾,前往五台山进香拜佛。

胤禛自从懿皇后死后,一直心情抑郁,谨言慎行。

此次出宫,他只带了几个侍从,乔装打扮前往五台山。

眼看着天色已晚,随行的侍从问胤禛住在哪里,胤禛随口作答,让随行的奴才王子才安排。王子才带着胤禛来到了一个别致的客栈,此处是康熙出访时经常留宿的一家客栈。没想到胤禛在此处碰到了年羹尧一家。

年羹尧与易名的胤禛秉烛夜谈,相交甚欢。胤禛更是对刚刚在阁楼上看到的年家小姐年霓裳念念不忘。

年家到此也是前往五台山,却不想是来相亲。原来年家与当今朝中要员已经结下姻缘，将年霓裳许配给了当朝太子太傅大学士张英的长子张廷玉。

胤禛喜欢年霓裳，听闻这个消息自然有点吃醋，可是别人结亲在先，他只能自叹自己和这位年小姐无缘。没想到第二日他竟然在五台山的佛寺里遇到了张廷玉。打听过后才知道张廷玉不喜欢将自己的婚姻与政治联系起来，因此对这个姻缘一点兴趣都没有，到此处就是想躲避年家。

胤禛见张廷玉虽然出身名门，父亲贵为当朝一品大员，却毫不势利，因此从心里不禁对张廷玉生出好感。再加上张廷玉不喜欢与年家的联姻，也就意味着自己中意的年霓裳还有机会，心里十分高兴。胤禛在五台山住了一段时间，也该是返京的时候了，但胤禛忘不了年霓裳，便带着随从一路来到了太原。

胤禛找到年府，与年羹尧结为了朋友，还获得了年霓裳的芳心。就在这时，年羹尧的父亲受到了太子的密旨，让他暗中处死胤禛。

年霓裳得知消息，联合自己的哥哥年羹尧暗中放走了胤禛。临走之前他和年霓裳两个人互留了信物，依依不舍地分别了。

胤禛一路逃难，逃到了乡宁，却被当地的知县田文镜抓捕。田文镜早就接到了年府送过来的文书，让他捉拿朝廷侵犯甘凤池的同党。胤禛亮明自己的身份，跟田文镜分析了时下的形势，不管田文镜是杀了胤禛还是留下胤禛，日子都不会好过。

田文镜为了不让后世之人骂自己，最终决定拼了身家性命也要保护胤禛。田文镜刚刚作完决定，第二天便接到了从年遐龄那里转来的朝廷批奏，为防止路途发生不测，将案犯审讯完毕就地斩首，不必解往京城。

田文镜看完批奏，转念一想，便想到了解救四阿哥的办法。

胤禛被田文镜关进了牢房，里面有三个蓬头垢面、衣衫破烂的老者，不用想，这三个人一定是他们抓来的江湖匪人甘凤池的同党。

胤禛从聊天之中得知此三人是前朝明太子永王的追随者，励志要反清复明。就在三人谈话之际，狱卒送来了最后的酒菜，吃完之后便要将三人就地正法。

三个人商议着是不是要将反清复明所用的经费，一些宝物交给胤禛，让其转交给甘凤池。

旁边一位年长的老者，让胤禛发誓会将这批宝物转交给甘凤池。胤禛照做。胤禛从老者手里拿到一张类似地图的东西，老者刚要说话，却被狱卒拽出去了。

胤禛没有看出什么破绽，只好将地图装到了衣服里。

恰在这时，田文镜走了进来，安排胤禛赶紧避开众人，回到京城。

胤禛安全回到京城，太子见胤禛没死，更是将他视为眼中钉。

胤禛则是在宫中更加谨言慎行，生怕再次将自己置于险境。就在大家明争暗斗之时，一份十万火急的告急文书用八百里快递送往京师，朝野震惊了。

　　准噶尔部的首领噶尔丹暗中勾结沙俄，妄图控制漠西蒙古部族，并统一漠南漠北两大部族，从而建立自己的准噶尔汗国。

　　噶尔丹带兵肆意进犯的同时，沙俄也频频出兵大清东北。这白山黑水之间的千里沃地是大清江山的根本，爱新觉罗家族就是从这里崛起的，这里埋葬着他们先祖的遗骨。

　　为了保护这片"龙兴之地"，让龙脉不断，康熙亲自率军东征，终于打败了沙俄的进犯，双方签订了《中俄尼布楚条约》，确立了中俄东北边境线。

　　噶尔丹见靠山都被清朝打败，便也收敛了自己的行为，主动派使节入京朝拜，康熙以天朝大国仁君厚帝风范接见了使节并给予了谅解。

　　谁知好景不长，噶尔丹以打猎为名偷袭了漠北蒙古，打得漠北蒙古首领哲布尊丹巴逃回中原。噶尔丹又以索要哲布尊丹巴为借口，率兵南下，打败了清朝驻边部队。康熙无奈，派皇兄裕亲王福全和皇弟恭亲王常宁各率大军两路包抄噶尔丹叛军，取得乌兰布通大捷。

　　噶尔丹见自己不是清朝敌手，又派使节入京求和，声称臣服纳贡，永不叛离。康熙接受了噶尔丹的请求，休战言和并召集蒙古各部首领，举行多伦诺尔会盟，对各部首领分别授给亲王、郡王、贝勒、贝子等封号，并派遣官员处理各地事务。万万没想到，和平的信鸽还在蓝天飞翔，战争的阴云又笼罩在蒙古草原的上空，康熙怎能不震怒呢？

　　康熙决定亲自上阵，带领自己的几个儿子出征。几个皇子得到这个消息都很振奋，纷纷前来请战。

　　最后皇上决定带胤禔、胤祉、胤祺三人前往，如果胤禛能及时赶到，也让他同去。安排皇太子胤礽留在京师监国。

　　胤礽心里冷笑道：胤禛吗，只怕永远也回不来了。

　　恰在此时，胤禛赶了回来。虽然内心有千言万语想对自己的阿玛说，但是碍于他们这个特殊的身份，胤禛只好将所有的话都放在了肚子里。将五台山带回的信交给了康熙，两个人又聊了一会儿，胤禛便退下了。

　　三声炮响之后，威武雄壮的大军迤逦走出德胜门，康熙皇上在皇子们的簇拥下告别京师，前往漠南平叛。

　　大军行到昌平地带，康熙便下令按原计划进军，分兵三路，胤禔率正黄旗大军做先锋，胤祺执掌正蓝旗大军断后，胤祉率正白旗大军西进汇合费扬古的西路军，胤禛率正红旗大军东进，与萨布素的军队汇合。

　　胤禛率正红旗大营军士向东北方向进军。这天，大军到达阿尔善宝力格地带，这是一片荒漠，方圆几十里也见不到一个人，甚至一只野兔也没有。

在茫无涯际的大漠中行军,其艰险可想而知,更何况又正值赤日炎炎的盛夏,还不到半天时间,士兵所携带的水就几乎喝光了。

在这样的荒漠里行军没有水怎么能行? 士兵行动迟缓,情绪低落,胤禛看在眼里急在心里。皇阿玛让他率军与萨布素汇合率先赶到克鲁伦河堵截噶尔丹的前锋部队,并挫败叛军锐气,如果以这样的速度行军,何时才能与萨布素的大军汇合? 万一贻误战机,他和萨布素不能及时赶到克鲁伦河阻截叛军前锋,让叛军南下直冲皇阿玛的中军主力,皇阿玛倘若有一丝闪失,这个罪名实在不小。倒霉的必定是自己,就是皇阿玛不怪罪,坐镇京师的皇太子也会借题发挥严惩自己的,胤禛怎能不着急呢?

胤禛抬头看看略已偏西的烈日,又瞧瞧七零八落的队伍,带着几分怒气对传令官喝道:"快传下军令,稍稍休息片刻,吃点干粮喝点水立即行军,力争天黑前走出这片荒漠!"

军令传下后,士兵一听休息,这是他们最希望做的,也顾不得沙地的滚烫烤人,所有的人都往地上一倒胡乱休息起来。几十里沙漠跋涉,士兵早已疲惫不堪,这样一休息就更觉得腿痛腰酸了,当胤禛再次下令让继续行军时,可就难了。

传令官连跑几趟,只有少数人站了起来,也都是极不情愿的样子,更多的人仍躺在地上不动。大家都是一个看一个,站起来的人见更多的人仍躺着,有人索性又躺下了。

胤禛恼了,他纵马蹿到两名躺在地上的士兵面前,用剑一指,喝问道:"养兵千日用兵一时,如此懈怠军令者该当何罪?"

其中一人不知面前之人就是四阿哥,他狡辩道:"不是我等不起来,众人都没有起来,如果将军能让众人都站起来,我等绝不装孬种。"

胤禛见一名小小的步兵都如此蛮缠难以驯服,冷笑道:"如果众人都像你这么说,军令还有何用?"

他说着,猛地一挥剑将躺在地上的两人斩杀了。胤禛这样做的目的是想杀一儆百,起到威慑全军的作用,万万没想到竟惹怒了众人,许多士兵猛地站了起来,一哄而上把胤禛围在中间,有人甚至拔出了腰刀,指着胤禛骂道:"这是哪来的狗官,还把咱当兵的看作人不? 说杀就杀,说宰就宰,我们别妻离子,不远千里为朝廷卖命,不能死在战场上,却在半途上被无辜斩杀了,值得吗? 不给个公道,老子不干了!"

"对,把这个什么鸟官抓住,找四阿哥评理去,看四阿哥怎么说,如果不给兄弟们一个公道,咱自己讨个公道,把他给宰了!"

几人说着,持刀靠近了胤禛,有一人已经挤到胤禛马前,正要伸手把胤禛拖下马,猛然听到圈外一声响亮的呵斥:"住手,谁这么大胆敢在四阿哥面前放肆,是活得不耐烦还是脖子痒痒了?"

众人一听这持刀杀人的将领就是四阿哥,都是一怔。这时,隆科多勒马走进人群,扫视一下围在胤禛四周的兵丁说:"起什么哄,自古军令如山,这个道理你们不懂吗?违抗军令不以严惩何以威服众人,没有严明的军纪,又如何能够冲锋陷阵取得胜仗呢?"

只听人群中有人十分不满地说:"四阿哥执法从严没说的,可严也应该有个分寸,如此炎热的酷暑又在沙漠中行军,休息不好也不行呀!"

"是呀,四阿哥身为一旗之主,也应该顾怜我等的死活,行军打仗带兵之道四阿哥不会不懂吧?如果激怒了众兄弟……"

不待那人说下去,隆科多斥道:"休得乱嚼舌头扰乱军心,四阿哥下令快快行军实在是为你们好,这周围都是沙漠秃岭,你等所带用水又少,万一天黑走不出荒漠后果难以想象,四阿哥是爱兵心切,怕你们渴死这里才下令让你们行军的,还不快去准备行军,难道真要死在这里不成?"

众人你看我,我看看你,还没有走的意思,隆科多又大声斥道:"天黑走不出去,就只有死路一条,不想死的都随我快走!"

众人这才纷纷散开,收拾行囊赶路。

隆科多被任命为正红旗大营的参军,协助胤禛处理正红旗大营的军务,这是佟国维一手安排的,他希望儿子能帮助胤禛带好正红旗军马一举夺个头功,不但树立四阿哥的威信,自己脸上也有光,也算自己对得起死去的女儿。

他们终于在天黑之前走出那片荒无人烟的沙漠,并寻到游牧的牧民,胤禛下令在一片水草丰美的地方安营扎寨,让早已劳顿不堪的兵将好好休息一下。

恰在这时,有探马来报,说吉林将军萨布素率大军前来接应。两军顺利会合一处,胤禛一颗悬着的心终于落了下来。

为了能够准时赶到克鲁伦河堵住南下的叛军,第二天,两支大军就立即出发了。

一路上,胤禛同将士们一样晓行夜宿,顶着烈日酷暑赶路,终于比预定日期提前三日赶到克鲁伦河口。

据南逃的牧民说,噶尔丹的前锋已经到达克鲁伦河北岸。萨布素下令将清兵分四个方位扎营,他率领的东三省汉蒙军队分作两个营盘,胤禛所掌握的正红旗大营也分为两个营盘,从四个不同方向拦截南下的叛军,并且,这四座大营互为犄角,相互呼应,做好迎敌准备。

北营诸事完备,萨布素立即升帐,召集各营旗主、都统、都尉、总兵等人商讨军务,部署迎敌事宜。

待众人聚齐,萨布素正色说道:"噶尔丹叛军前锋已经抵达克鲁伦河北岸,据此不足三十里,根据探马报告,前锋部队约十万人,骑兵三万步军七

万,总人数与我先头抵到此地的大军相当,这次来犯的叛军将领是噶尔丹的侄儿策妄阿拉布坦,他们叔侄二人一向狡诈,又骁勇善战,我们万万不可轻敌。"

萨布素扫视一下众人又继续说道:"我让大家匆匆赶来所商讨的是主动渡河袭击叛军前锋,还是在此守住阵脚等待策妄阿拉布坦的到来,然后迎击敌人呢?"

隆科多起身问道:"以萨将军之见,是主动出击还是坐以待阵?"

"我想先听听大家的意见后再拿出主张,隆科多是佟相国亲手栽培出来的青年将领,身为将门之后,又是皇亲国戚,陪同四阿哥在此担当大任,一定有什么高见,不妨说出来让大家听听?"

胤禛一听萨布素这番话中明显有一种嘲讽的意思。他担心军中将领之间不和影响作战部署,忙对隆科多说:"舅舅,萨将军确实想采众人之长而制订出一个出奇制胜的破敌方案,你就把自己的想法说一说吧!"

隆科多本来想回敬萨布素几句,一听胤禛从中调和,也不再说什么,清理一下嗓子站起来说道:"以在下之见,在此坐以待阵犹如守株待兔,不如主动出击渡河北上,直捣叛军前锋大营,打他个措手不及。"

隆科多话音未落,伊桑阿就站起来反驳说:"叛军如今卷土重来是蓄谋已久的,人力物力充足,他们多是在这蒙古大草原上长大的,精于骑射,地形熟悉,可谓占据地利人和。至于天时吗,这么炎热的天气,我们远道而来,脚跟尚未站稳,一切情况不明,贸然出兵是行军作战之大忌。依我看,还是坐以待阵为上策,俗话说兵来将挡、水来土掩嘛!"

隆科多也毫不客气地反驳道:"皇上令我们东路大军为前锋部队就是要挫敌锐气,待皇上中路大军一到立即灭敌主力,从而取得平叛大捷。如果不抓住战机主动出击,在此坐以待阵其实是坐以待毙,倘若给策妄阿拉布坦抢了先机,我军必败,如何向皇上交代? 我军一败,必然给其他几路大军造成不利,会直接影响这次平叛的成败?"

伊桑阿慢条斯理地说:"隆科多,不必激动嘛! 沉着冷静是领兵之将必备修养,军中最忌暴躁和头脑发热。我们分四个方位扎营足以挡住叛军南下的道路,待皇上大军一到,几路人马会合一处共同御敌还怕打不了胜仗吗? 与其冒险出兵还不如坚守阵脚呢! 隆科多,你说是吗?"

"如此一来,皇上派我们前锋部队还有何用?"隆科多仍不服气。

伊桑阿还要说下去,萨布素一挥手止住了他,转身问胤禛道:"四阿哥,依你之见呢?"

胤禛对隆科多与伊桑阿的争论早已仔细思索过,见萨布素询问,不慌不忙地说:"我主张主动出击,挫伤叛军前锋部队锐气,待其他几路大军一到,立即全面出击,彻底打败噶尔丹的叛军。"

既然四阿哥如此讲话，其他将领就是有反对意见也不好再说什么，众人你看看我，我看看你，谁也没有发言。

萨布素见没有一个人继续说话，这才轻轻捋了一下自己额下长着的那粗硬的胡须，慢悠悠地说出自己的见解，他认为坚守四个营盘，才能拖住敌兵，只要能够等到大军的主力前来救援，那么这场交战才能真正取胜。

萨布素有眼睛偷偷看了一眼胤禛和隆科多脸上的表情，话锋转变着，对二人明褒暗贬，说其急功近利，想要在皇上面前邀功而没有看清形势。隆科多怎么能够忍受他如此羞辱，反驳道："过去传闻萨将军是一员虎将，将您比喻为东北的一只猛虎，我原以为您多么英勇善战，原来是胆小如鼠。看来江湖上的传闻还真是不能相信，最多也就算是一只犬将罢了。"

萨布素没想到隆科多竟然如此大胆，直接谩骂自己，气得胡子都发抖。

隆科多哪管这些，继续刻薄地冲着萨布素说道："你就是一朝被蛇咬的心理，对当年罗刹一败至今心惊肉跳，致使你一听说敌军有沙俄的火器和军事高参就吓软了腿，真让我为您感到羞愧，我原以为萨将军是个骁勇能将呢！"

"住口！"萨布素听到隆科多再次提到当年罗刹战败之事，气得勃然大怒，拍案怒吼："隆科多，你是什么东西，又岂敢教训老夫，我领兵打仗的时候你还没出世呢！别说是你，就是你父亲站在我面前，也不敢这样对我说话，就连皇上还要敬我三分呢！"话刚刚出口，萨布素就意识到了自己的错误，急忙改口道："当年之事也实属无奈，皇上都没有怪罪我，更没有揭过我的短处，你一介小辈，毫无经验，有何德何能在此对老夫指手画脚评头论足呢？"

胤禛见萨布素有生气的意思，急忙制止隆科多道："萨将军的话有理，以守为攻也不失为一个好办法，在没有彻底了解敌军的情况前不能贸然出兵，否则很可能对我军不利，我们就再次安营扎寨，等待几日再说吧。"

胤禛出面劝阻，隆科多也不好多说什么，萨布素好歹也要给些面子，并没有为难这位初生牛犊不怕虎的青年将领，但二人之间矛盾也由此而生，这样的情况对于随军听令的胤禛来说十分不利，因为在萨布素的心中，他认为胤禛和隆科多就是一伙人。

第五章　四阿哥带兵显雄风
康熙帝征途得重病

一晃就过去了好几天,敌军丝毫没有前来进犯的意思,派出去打探消息的人回来报告,说叛军在营垒周围布下驼阵,意图阻挡大军向北前进。几位将领根据形势,认为叛军是想要切断大军的后路,将他们阻拦在克鲁伦河北岸,然后再发动全面进攻。

此时萨布素感觉到有些困难,在这莽莽的大草原中根本找不到更为遮蔽的东西作为屏障,只有极少数善于草原作战的人才懂得使用驼阵,而这驼阵又极难布置。首先要有大批训练有素的骆驼,仅这一点就不容易做到;其次是把骆驼的四条腿捆绑起来卧在地上,并在骆驼身上头上披带铠甲,然后在骆驼背上设置箱垛,每一只骆驼旁边派遣几名弓箭手和刀斧手,或配上火枪。这样,所有的骆驼相互联结形成一个阵营,形状因作战需要而灵活改变,这就是驼阵,也叫驼城阵,有的甚至在骆驼头上固定尖刀,这种阵进可攻退可守,十分厉害。

几天前探马探得叛军尚没有布好驼阵,如果那时进军也许能挫敌锐气,如今战机已经失去,再派兵前往恐怕是必败无疑。

萨布素也为自己太过小心而没有接受隆科多与四阿哥的建议而略有后悔,万一皇上到此怪罪起来自己是难脱责任的。怎样才能变被动为主动而推脱责任呢? 萨布素在营帐来回踱着步,认真思考着。

正在这时,一名亲兵来报说后方一位信使求见帅爷,萨布素一听从后方赶来的信使,估计是皇上派来探问军情的,十分诧异,昨天才送回前方军情,怎么又来一位信使呢? 既然来了,一定有什么要事传递,萨布素令人立即传见。

来人进入帐内纳头便拜,萨布素立即命他起来,来人这才站起来说道:"小人是从京城赶来的,奉殿下之命前来见萨将军。"

这人说着从怀中取出一封信呈上,萨布素看完信冷笑一声掷在地上:"请告诉你家殿下我恕不奉命! 我萨布素是靠真刀真枪在生死场上舍命争来的这个官职,不像某些人靠趋炎附势、拍马溜须爬上去的,我的官也就做这么大了,也不想升迁了,谢谢殿下的好意,他看错人了。"

来人被萨布素呛得满脸通红,略一定神,又厚着脸皮满脸堆笑说:"萨将军说自己不想升迁了,做官也就此为止了,小人却认为将军是言不由衷。这次漠北平叛是将军千里飞骑向皇上请缨出战,明知征战有生死,将军为何不在东北坐享清闲而前来冒生死危险呢?"来人见萨布素沉默不语,又哈哈一笑说:"将军这样做还不是为了让官做得再高一些,封妻荫子光宗耀祖吗!

自古至今,功名利禄几人能看破,将军也是尘世中人,难脱俗念罢了。如果想做官,做大官没有后台是不行的,远的不说,就说佟相国佟国维吧,凭才华、功劳他哪一点能与萨将军相比,他何德何能做到朝中一品卿相之位?而将军呢!出生入死到如今仍不过一个吉林将军!别说佟国维不把萨将军放在眼中,就是他的乳毛未干胎毛未尽的儿子又何曾把将军放在眼中,他虽在你军中听令,但真的听从将军吗?多日前的那场军中论争隆科多对将军是什么态度,萨将军一定终生都不会忘记吧?"

"你……"萨布素十分吃惊地瞪着这人问,"你刚从京师来怎会知道这里的事?"

"这里的一举一动我们殿下都了如指掌。我们殿下十分欣赏将军的耿直与才华,早有结交将军之意。如今是殿下主动结交将军,这千载难逢的机会将军如果错过实在不明智,难怪殿下不说……"

来人正要说下去,伊桑阿从侧门闪了进来,拾起地上的书信递给萨布素说:"将军,这话说得也有道理,送上门的买卖岂有不做之理,成败与否试着看看。"

萨布素一屁股跌坐在椅子上,无力地说道:"你看看这信就明白了,这事非同小可,倘若让皇上知道可是满门抄斩之罪,万万做不得!"

伊桑阿把手中的信匆匆浏览一下,略一皱眉附在萨布素耳边说道:"将军先把这事答应下来,至于做与不做或如何做则是我们的事。如果将军一口回绝来人,他回去禀告太子,将来对将军恐怕不利。"

萨布素慎重思索片刻,对来人说道:"殿下的这封信就放在这里吧,你回去禀告太子就说这事十分棘手,不能操之过急,容我慢慢思量寻找机会再做,绝不会让太子失望的。"

来人去后,伊桑阿小声问道:"将军准备如何处理这封信?"

"依你之见呢?"

伊桑阿嘿嘿一笑:"按信中所说的去做,但要留好这封信,这可是钳制太子的一张王牌,事成之后还怕太子不重用将军吗?就是太子将来登基做了皇上,有这封信他也会对将军刮目相看。"

萨布素迟疑地问道:"万一事情不成,岂不是引火烧身?"

伊桑阿摇摇头:"只要做得天衣无缝,皇上追究下来也无妨!"伊桑阿又上前挪了小小半步,低声说道:"眼下正好有一个借刀杀人除去四阿哥的机会,将军为何不用呢?"

听罢伊桑阿在耳边的几句嘀咕,萨布素一拍大腿,眉开眼笑地说:"嘿,我真是太糊涂了,一箭双雕、一举多得的事怎么没有想到呢?事成之后殿下的赐赏也有你老兄的一半……哈哈哈哈!"

隆科多走进胤禛营帐,见他正在对着一幅地图发愣,笑了笑,问道:"四阿哥在思考如何破解驼阵的事吧?"

胤禛点点头:"驼阵如此厉害,难道没有什么好的破解法吗?"

"自古以来再厉害的阵势也有破解之法,驼阵当然也不例外。破阵与布阵要因人而异,不能一概而同,如果布阵者是庸才那驼阵十分好破。倘若布阵之人通玄机精易理,将八卦阵式融于驼阵之中,这种驼阵以不变应万变,威力无比,破解起来当然十分困难。当然,破解驼阵的基本方法是一样的,就是击毙部分骆驼,攻破一个缺口,从里到外摧毁驼阵阵容。同时还要看敌方所使用的驼阵是用来攻的还是守的,如果对方是用来攻的,可以挖深壕阻断骆驼前进,引诱骆驼落入陷阱之中再击毙它。如果对方是守的,可组织弓箭手敢死队手持朴刀砍断骆驼四蹄而摧毁阵容。"

胤禛听后十分高兴地说:"如此说来舅舅是成竹在胸早有破解策妄阿拉布坦所设置的驼阵了,既然如此,何不请求萨将军出兵迎敌呢?"

隆科多摇摇头:"事情绝不会像说的这么容易,必须亲自到阵前察看地形与阵容后才能组织破敌的器具与人马,不可操之过急。唉,萨布素这个老混蛋胆小谨慎过了头,如今听到叛军布下了驼阵,别说出战,前去观看一眼都不敢,只好坐等皇上大军到此再商讨破阵之法了。"

胤禛忽然想起了什么,忙问道:"如果调来红衣大炮轰击不是很容易摧毁驼阵吗?"

"叛军从沙俄那里购买大批火器,又有俄国人做智囊,他们能想到用驼阵,不会想不到我们的红衣大炮吧?如果叛军驼阵之内也设有大炮,我们的红衣大炮也就不占什么有利条件,可以说火器的威力相当。这周围一带少有屏障,我们的大炮暴露在外,仍然不占便宜。"

隆科多还要说下去,有兵丁来报,说萨布素将军有要事请四阿哥和隆科多都统相商。

胤禛和隆科多急忙赶到萨布素帅帐时,帐中已经聚集多人了。待众人坐定,萨布素正色说道:"皇上令我东路大军作为先锋部队率先到此,意在阻止叛军南下并挫其锐气,由于我大军四座互为犄角的营垒,令叛军望而生畏,策妄阿拉布坦被迫由攻而守,在克鲁伦河北岸布下驼阵,阻挡我平叛大军北上。尽管驼阵十分厉害,但也不是没有破解之法,昨日我率几名亲兵悄悄前去察看一下叛军所布的驼阵,比我想象的简单得多。我原打算等皇上大军到此一同破解驼阵扫平叛军营垒,但现在看来不必了,这个破敌头功就留给我们东路大军吧。"

萨布素说到这里,话锋一转:"四阿哥与隆科多一直主张主动出击,由于时机不成熟,本将军一直没有应允,如今正是破阵歼敌的大好时机,本将军决定派四阿哥与隆科多率正红旗人马前去对敌。试探一下驼阵应变的威力，倘若一举攻破驼阵，这是本次平叛的奇功一件，皇上一定会龙颜大悦，嘉奖四阿哥与隆科多，就是坐守京师的皇太子也会对四阿哥刮目相看。万一出兵不利，四阿哥立即撤兵回营，由本将军亲自出马破阵。"

萨布素看看胤禛与隆科多："四阿哥不会错过这个立功机会吧?"

胤禛站起来说道："我愿意带兵前往试探叛军驼阵的威力，并力争摧垮叛军阵营为平叛大军扫平道路，请问萨将军何时出兵?"

不待萨布素说话，隆科多阻止说："四阿哥不可操之过急，现在还不是出兵破阵的时候，匆忙迎敌无异以卵击石，此等阵势，等到几路大军汇齐后再商讨破阵方案也不迟。"

隆科多话音未落，伊桑阿就轻蔑地站起来说："隆将军一听叛军布下驼阵就畏畏缩缩，胆小如鼠，丝毫也没有将门之后的英雄气概。"

隆科多斜视一眼伊桑阿："你不必用激将法。挫败叛军前锋的机会被你们错过了，如今让我们给你等收拾烂摊子、打头阵?"

伊桑阿冷笑说："我军初来乍到，在没有了解叛军详情之时仓促出兵那才必败无疑呢! 隆将军大言不惭地说自己熟读兵法，对这种用兵大忌怎会一无所知呢?"

萨布素显出不耐烦的神态说："隆将军口口声声不了解驼阵虚实，如果不派兵叫阵攻打，只怕永远也无法知道虚实。既然四阿哥与隆将军被叛军阵势吓住，本帅另派他人带兵前往攻打，以便探得详情。"

"萨将军太小看我胤禛了，我愿亲自带兵攻打驼阵，请给个出战日期吧。我心意已决，倒要瞧瞧那驼阵的威力!"

隆科多不好再多说什么，萨布素唯恐胤禛反悔，急忙说道："既然四阿哥有此信心与决心，一定有破阵妙法，那出兵日期就定在明天上午，待四阿哥破了驼阵我一定上疏皇上嘉奖四阿哥!"

隆科多同胤禛一起走回正红旗大营，一路上他只是低头沉思，一句话没说。

胤禛以为他对破阵把握不大而不想出兵在生闷气，索性说道："如果舅舅担心初战不利而有所顾虑，就留在营中好了，我独自率兵试探虚实，为后方大军破阵探出确实消息。"

隆科多摇摇头："四阿哥误会我的意思了，我并不害怕打仗，更不在乎一场战斗胜负，我总觉得萨布素这样安排似乎是别有用心。"

"别有用心?"胤禛惊奇地问，"我与他无任何过节儿，舅舅与他也是首次打交道，他怎会对我等别有用心?定是舅舅多疑了。"

"不，我的怀疑是有根有据的。且不说萨布素对于出战一事的态度前后明显不同，更值得怀疑的是几天前我去萨布素营中办事，迎面碰到走出的一人。当时只觉得这人十分面熟,却一时记不起在哪里见过,后来才想起那人叫吕本堂,是大阿哥手下一名亲信!"

胤禛一听,心中也是一惊,却又装出什么也不懂的样子说:"大阿哥执掌正黄旗大营兵马随皇上身边听令,他的属下到此是奉旨而来吧?"

"不可能,倘若皇上有军令到此,自然有传旨太监或传旨大臣,也不会派大阿哥手下的人传旨的。依我看,吕本堂一定奉大阿哥之命与萨布素有什么私人交易,四阿哥不可不防!"

胤禛暗暗思考片刻后问道:"舅舅怎么知道那人一定是大阿哥手下的亲信呢?"

"实不相瞒,大阿哥也曾有心拉拢过我,当时前来做说客的就是这吕本堂,父亲十分反对我与大阿哥交往,那事也就不了了之了。这次随四阿哥出征也是父亲一手安排,你毕竟是他的外孙,老人家为给娘娘争口气,更为四阿哥的前程没少费心啊!"

胤禛听了这话,十分动情,又想想自己的身世,忧伤地说:"多谢外公与舅舅对我的帮助!"

隆科多也叹息一声:"如今几位年长的阿哥谁不拉帮结派暗中培养自己的势力?就是几位年纪尚小的阿哥,像八阿哥、九阿哥也都在私自结交外臣了。"隆科多顿了一下又说道:"四阿哥也应步他人后尘,要想成就宏图大业没有自己的一批能文能武之人是不行的,刘邦、李世民、赵匡胤、朱元璋等人走过的路都是这样。"

胤禛几乎要流出泪:"舅舅,我还能有什么宏图大业,一旦太子登上大宝之位能容我活下去就是万幸了。"胤禛知道言多必失,忙岔开话题:"舅舅,咱不谈这令人扫兴的事,说说攻打驼阵的事吧!"

隆科多略为诧异地说:"你明知这是萨布素故意安排让你吃败仗的,还要上当吗?现在反悔还来得及。"

胤禛摇摇头:"我为人做事就是说一不二,说到做到,胜败乃兵家常事,不去试试怎知驼阵交锋的厉害呢!既然当着众人的面答应了就坚决做到底,不惜一切!就算真的败了也可以找出败的原因,也为皇阿玛大军到此破阵提出意见,败也是值得的!"

胤禛和隆科多率正红旗人马赶到克鲁伦河北岸昭莫多叛军驼阵所在地时,天已近午,炙热的草原上行军几十里地,人困马乏。

隆科多建议休息一会儿再着手攻打驼阵,但被胤禛拒绝了,他主张一鼓作气,乘势进攻给叛军来个措手不及。

胤禛一边下令准备红衣大炮轰击,一边组织弓箭手、刀斧手、马队、火器营的人马从四面攻击驼阵,并调派重兵主攻东南方向,准备用红衣大炮轰开缺口。

几番进攻都被打退回来，人马死伤很重，但叛军的驼阵却纹丝不动，进攻的人马根本无法接近驼阵就被里面的弓箭、火器逼了回来。

胤禛见全面进攻不行，又下令改为重点进攻，只在东南一个方向攻击，仍然无法攻破驼阵。

这时，红衣大炮早已布好，胤禛下令开炮。

炮弹落入阵内立即引起一片混乱，但清兵攻到阵前时，叛军早已调整好被炮弹击中的地方，新的驼队补充上去，清兵仍然攻不上去。接连开了几炮情况都是如此，胤禛便下令停止轰击，改用火枪队、马队硬冲，以节省炮药，等到关键的时候再使用。

那时的大炮不像今天的大炮能够连续发射，都是装一炮膛火药发一炮，每装一炮火药都需要好长时间。炮弹的威力也十分有限，安装在炮口内的炮弹也多是铁蛋、石块之类的硬物。由于火药十分紧缺，战场上很少使用这种红衣大炮，一般都是在攻城或其他十分关键的时候使用。

就在胤禛下令停止轰击改为马队与火器进攻时，驼阵内接连向清军阵地上轰出几炮。叛军是居高临下轰出炮弹，杀伤力自然十分厉害，每轰出一炮，清军都倒下一片人马。

隆科多见清兵死伤太重，知道这样相持下去十分不利，让胤禛下令撤兵。

清兵刚一撤退，那边叛军的驼阵便由守而攻掩杀过来，清兵又死伤许多。幸而遇到萨布素派来的援兵，胤禛等人才得以逃脱，但人马损伤已近一半，胤禛腿上也中了一箭。

首战兵败的消息传到中军大营，康熙十分震惊，下令东路人马驻扎原地待命，等到几路大军会齐后共商破敌大计。

康熙所率中路大军加快行程，不几日也赶到克鲁伦河南岸。

萨布素心中有鬼，早已和伊桑阿密谋协商一大堆借口为自己推脱责任。

萨布素小心翼翼地拜见了康熙，他从康熙冷若冰霜的脸上看出皇上的盛怒，后悔自己一时鬼迷心窍做出不应该做的事，但也暗暗庆幸自己改变了初衷，没有做出原先计划的那种事。

打仗就一定要流血，必定有伤亡，一般百姓子弟能够送死，达官贵人的子弟乃至皇子皇孙又何尝不应该英勇陷阵流血牺牲呢？

康熙并没有责备萨布素，只是问及作战的情况，以及叛军兵力的部署。

康熙听说胤禛伤得厉害，便亲自到营中探望。本来胤禛只是腿上中了一箭，并不严重，但由于天气暴热，一时又没有好的医生治疗，伤口感染化脓引起高热，这才严重起来。

康熙走进营内，胤禛刚刚服过药正在酣睡，隆科多要叫醒他被康熙制止了。

第五章 四阿哥带兵显雄风 康熙帝征途得重病

康熙低头看看包扎后的伤口,又看看胤禛黑瘦的脸,心中也有一丝愧疚,总觉得胤禛伤成这个样子都是他这个做父亲的错。

康熙询问了攻打驼阵的情况,隆科多做了详细汇报。

最后,隆科多很委屈地说:"首战失败,四阿哥受伤,这都是萨布素用兵不当坐失战机所造成的,请皇上明察此事给萨布素治罪。"

康熙未置可否,抬头看看隆科多,过了许久才说道:"胜败乃兵家常事,不能因为是四阿哥受伤就治领兵将帅的罪吧?至于你所说的坐失战机,萨布素却不这样认为,用兵之道只能以胜负而论,别无其他标准可言,倘若萨布素说你们指挥不当贻误战机造成首战失败呢?"

隆科多还想争辩几句,康熙挥手止住他。

这时,胤禛醒了,看见皇阿玛就坐在身旁关切地望着他,十分感动,鼻子一酸,两行热泪滚了下来:"阿玛,我,我太让您失望了,头一次领兵打仗就遭到惨败,阿玛,您处罚儿臣吧!"

康熙轻轻抚去胤禛脸上的泪水:"你已经尽力了,又伤成这个样子,阿玛怎会责备你呢?安心养伤吧,等伤势痊愈后随朕出征,看看朕是如何打败噶尔丹的。至于那驼阵,朕也有了破解妙计。"

不几日,费扬古所率西路大军也按照约定赶到,康熙召集三路大军将帅商讨破阵之法,费扬古提出利用火攻破解驼阵的方案得到康熙赞许。

除了利用火攻外,康熙又主张两翼用兵,东西夹攻,然后用数十门红衣大炮两厢轰击。仍然按照原来的用兵部署,萨布素攻西方位,中军大将军孙思克攻打驼阵东方位,费扬古率军切断叛军退路。

叛军首战取胜,渐露骄纵之情,听说康熙皇帝亲率大军赶来迎战,噶尔丹多少有几分害怕,但策妄阿拉布坦向他叔叔吹嘘:"别说康熙所率三路大军,就是六路大军到此也奈何不了我的驼城阵,请叔叔放心好了。"

生性多疑的噶尔丹并没有放心,他分一部分兵马给侄子固守驼城阵,自己则率部西逃到塞鲁特观望战势进展。如果侄子打了胜仗,他立即带兵东进,会同侄儿,一道南下;否则他便逃回准噶尔部等待时机。

这天夜里,策妄阿拉布坦刚躺下不久,就听到东西方向传来震天动地的炮响,接着有亲兵来报,说清军正在猛攻驼城阵。

他匆忙披挂整齐出营观看,只见东西两方无数火把火箭飞入驼城阵中,并不时有炮弹打来。

策妄阿拉布坦定了定神,对几名六神无主的将官吼道:"奶奶的,慌什么,这是清军故意制造出的声势,奈何不了爷的驼城阵!哼,他们有红衣大炮,咱也有,还是俄国造呢!给我架炮轰击清军!"几个亲兵刚要去传令,策妄阿拉布坦又喊住了他们:"慢走,告诉火炮营,哪里火把多火光亮就向哪里狠狠轰击,不惜一切顶住清军进攻,打退清兵有重赏!快通报,就按我的原话传下去!"

双方都使用了当时最先进的火器与火炮,战斗持续到后半夜,在清军大规模轮番攻击下,驼城阵渐渐吃不住了,有些地方被轰开了缺口,火箭也射入阵内,许多地方着了火,火势越燃越大,人马骆驼被大火一烧,四处蹿逃,叛军的驼城阵内开始骚乱。

尽管策妄阿拉布坦骑着战马在驼城阵内来回巡视,叫骂着制止士兵骚乱,却不起什么作用,他到东边西边乱,他到西边东边乱。

驼城阵终于在清军强大的攻击下出现了缺口,清军人马从缺口杀人,驼城阵被从中拦腰斩断,东南西北无法配合呼应,驼城阵的威力大减。随着清军又一批人马杀人,驼城阵完全崩溃了。

策妄阿拉布坦看见自己辛苦经营多年的驼城阵毁于一旦,失败注定了,悄悄换上普通士兵的服装,带着几名亲兵逃走了。几十万叛军死亡无数,除了小部分逃走外,其余人马全部投降了。

捷报传到康熙大营,他十分欣慰,一边派人清点战利品,一边派人追查叛军首领噶尔丹与策妄阿拉布坦的下落,所有派出的人回来报告都说没有看见叛军首领的踪影。

康熙估计噶尔丹等人已经潜逃,他根据叛军俘虏的口供知道噶尔丹西逃到塞鲁特地区,立即命令费扬古率人马追赶,一定要捉住噶尔丹,活要见人死要见尸。

为了保证费扬古追赶叛军的粮饷供给,康熙立即传谕京师,让监国执政的皇太子胤礽派大学士纳兰明珠负责西路军粮草运送。

康熙一边派人打扫战场,清点死伤人数,准备造册抚恤嘉奖有功之士,一边又着人安顿逃散的蒙古牧民,让他们早日重返家园安居乐业。

康熙毕竟是近五十岁的人了,一路行军劳顿且不说,仅这场昭莫多平叛战役就熬了一天一夜。

处理完这些杂事,康熙才和衣而睡。一觉醒来只觉得头昏脑涨、鼻塞体热,太监冯吉安忙找来御医杜心五给皇上诊治。

杜心五诊断皇上是疲劳过度偶感伤寒,并无大碍,只需吃上几剂药就会好转。没想到几剂药后,康熙不但毫无好转,反而加重了病情,这可忙坏了几位御前大臣及随军出征的皇子。有人主张立即班师回京,有人建议用八百里快递到京师另请高明御医,还有人主张就地聘请名医诊治。

众人意见分歧很大,谁也说服不了谁,最后闹到皇上那里,康熙听取众人言论后,决定采取两个措施:几路人马继续留下追击叛军,消灭小股叛军,康熙由少数人马保护返回治疗;另一方面,用八百里飞递到京师另请几名御医。不知为何,返回途中康熙突然改变主意,暂不回京,到五台山避暑治病,让京师所派御医赶到五台山等候。

康熙御驾亲征噶尔丹,胤礽做梦都没有想到皇上会将自己留在京师监国,这让他长期以来悬着的心终于落地了。因为康熙的这一决定就充分说明了对他的信任,也代表着他的太子之位仍旧不可动摇。今天以皇太子的名义监国理政,明天就有可能成为九五之尊。现如今自己大权在握,只差一个皇帝的名分。

在这京城中就是一个名副其实的皇上,那皇宫大内里的美人儿们自己想要哪个就要哪个,想搂谁就是谁,特别是那位陈美人太让人想入非非了,每次见到她时那双勾人夺魂的眼睛,还有给自己频频传情的秋波,都让胤礽抓耳挠腮。可惜自己只能望梅止渴,如果登上大位那就不同了,第一个要的女人就是陈美人。

第六章　皇太子横行无法纪
开恩科皇子出事故

胤礽自皇上走后，在宫中自以为手握大权，便有些天下唯我独尊的意思，不仅与皇上的嫔妃陈美人做下苟且之事，还从宫外的白云观弄来了一个号称有奇仙异能，名叫张太虚的道士。听闻此人通阴阳会五行，前算八百年后算八百年，而且还有一些道行，能布坛做法。

这天，胤礽正在凤鸣阁和陈美人打情骂俏，王得喜急匆匆跑来报告，说皇上从塞外送来八百里快递谕旨，几位内阁大臣正在毓庆宫等候太子协商呢！胤礽急匆匆扔下陈美人回到毓庆宫。

几位内阁大臣早已等得不耐烦了，一见面，裕亲王福全就道："快商讨一下皇上的八百里快递谕旨吧！"

胤礽急忙接过展读一遍，心中又喜又忧，暗想道：这张道士果然不是吹牛，施展法术还不到十天就产生效力，只怕皇阿玛这一病就再也好不了了，等到皇阿玛一命归西，我这个皇太子就理所当然地取而代之；而这谕旨提及调派御医之事，哼，除非阎罗王亲自去医治才会有效。

原来，自从康熙走后，胤礽就开始谋划着夺皇位之事。皇上的病正是他请来了江湖术士施妖法所致。索额图并不知道其中原委，他提醒太子应该趁此机会夺得皇位。胤礽趁机拉拢索额图，两个人便开始谋划夺位的计策。

胤禛第二次登上五台山，心绪却判然两样，面对这夏日里美不胜收的景致，胤禛提不起一点兴趣。皇阿玛躺在病床上，病情时好时坏，京师的御医至今仍不见踪影，一向医术甚佳的杜心五这回却一筹莫展、难施妙手。胤禛是来此专门负责照料皇阿玛的，他怎能不着急呢？

自从他因腿伤从前线退下来照料皇阿玛，就有人说他因祸得福。表面上是来五台山照料皇阿玛的，其实皇阿玛是让他来疗伤的。如今，他的腿伤早已痊愈，可皇阿玛的病却不见转机。

胤禛每天都派人去山下驿站打探消息，但每天都是失望。

这天好消息终于来了，京中派来的御医已经到了山上，来了共四人，两名御医两名官员，其他护从人员都在南台顶休息。

胤禛接见了来人，走近一看，两位官员是大学士马文和索额图。胤禛急忙上前施礼，马文介绍说："这两名御医一个叫余世贵，一个叫冯春生，是从众多御医中精选出来的，他们已经根据送往京师的皇上病案仔细研究过，认为皇上只是旅途劳累过度偶感伤寒所致，并无大碍。"

自此两位御医一个施针，一个施药，一同为皇上诊治。

胤禛在内心深处默默地长叹一声，不，他不能让皇阿玛死，至少现在不能，若皇阿玛现在驾鹤归西，他将一无所有。

无论是纯真的父子之情，还是内心深处存有自私与奢望，胤禛都希望皇阿玛早一天康复。

康熙的龙体一天天康复起来，不仅饮食明显增加，精神也好多了，清瘦的脸也略微有了一丝红润，在侍从的搀扶下也能下地走动走动了。没想到没几日的时间便又旧疾复发，躺在床上，病情更加严重了。

胤禛赶紧召来了为康熙治病的太医，冯春生为了除掉余世贵，便说出了他为了显示自己的医术，将皇上的药方加了剂量。胤禛不懂医术，但他希望康熙能够康复，于是便下令将余世贵押了下去。冯春生以为自己奸计得逞，没等他反应过来，马文便以冯春生知情不报的罪名把将他关了起来。

后来马文请来了五台山的主持方丈慧空禅师，慧空大师将自己所知的情况向胤禛复述一遍，胤禛才明白过来，原来致使康熙旧疾复发的罪魁祸首不是余世贵，而是索额图与皇太子保荐来的冯春生。

费扬古率西路大军乘胜追击噶尔丹叛军，一直追赶到准噶尔境内，噶尔丹见大势已去便饮鸩自尽，他的侄儿策妄阿拉布坦不知去向。费扬古安顿了西北边陲的军务布防，便回师中原。

负责西路大军粮草的内阁大臣纳兰明珠，在回师途中正遇到凯旋的大阿哥胤禔，甥舅二人好久没有相见了，这一见面分外亲热。胤禔更是神采飞扬，舅长舅短地叫个不停。

在这次的几位随军出征的阿哥中间，胤禔表现最为出色，不仅带兵有方，而且打了几个小小的胜仗。特别是康熙生病退出战场到五台山休养后，中路大军完全交给了胤禔指挥，更充分发挥了他的军事才能。

胤禔自认为这次阿哥评比中他一定中个头彩，相形之下与皇太子的贡献缩短了距离。更何况作战前夕他又使出一个计策，那妙计已经起到一箭双雕的作用。倘若来点后劲只怕胤礽皇太子的形象定要受损，到那时，众阿哥之中唯有他胤禔地位显赫，最受皇阿玛青睐，说不定……

胤禔一想到前途，心花怒放，他把舅舅请到自己的中军帐内，摆酒设筵，甥舅二人先痛痛快快小饮一场，喝了个庆功酒。

明珠见胤禔一副踌躇满志的样子，提醒说："俗话说：做得好不如做得巧。如今阿哥之间谁不眼巴巴眼望着皇上座下的位子，哪一个又是省油的灯？你觉得自己精明能干，其他几位阿哥不也挖空心思，年长的阿哥不说，就是几位年幼的阿哥，老八、老九、老十，一个个也都有些跃跃欲试的样子。大阿哥不可不有两手准备啊！"

胤禔放下酒杯问道："莫非舅舅听到了什么不利于我的传闻？"

明珠摇摇头："那倒没有,皇上治病的事大阿哥可听到些什么?"

明珠和胤褆审视了一下当前的实事,胤褆才知道当前最大的觊觎者应该是皇太子胤礽。

胤褆似乎被明珠的话打动了,他认真考虑了一会儿,终于狠下心说道:"舅舅,到底如何威逼?你快说出来,我豁出去了,不是鱼死就是网破,痛痛快快地干他一场!"

明珠把大拇指一竖,称赞道:"这才是好样的,舅舅欣赏的就是大阿哥这样敢说敢做之人,你豁出去了,舅舅也豁出去了!"

又一弯新月从西方山崖间升起,像一把锋利的弯刀从幽暗的天空中直刺下来,仿佛就要插在眼前这片黑黢黢的大殿内。

面对这月景,胤禛睡意全无,独自披了件外衣走了出来。

这些日子,他经常这样,上半夜还能稍稍睡上一会儿,下半夜却睡意全无,时常是被恶梦惊醒的,醒后只能坐等天亮。

胤禛边走边想,千头万绪的事情却一点儿也理不出个头绪来。皇阿玛的龙体是一天好似一天,回銮京师指日可待。更令人高兴的是平叛战争结束了,噶尔丹自食其果,落个身败名裂的下场,真是罪有应得!三路人马凯旋会集山下,每天前来请安的皇子、大臣络绎不绝,那恰到好处的马屁竟博得皇上眉笑眼开。

皇上吉祥是万民之福,胤禛怎能不发自内心高兴呢!但流言蜚语也不时传入胤禛耳中,都说他胤禛因祸得福,借机讨好皇上,也有人说他从中使坏,否则皇上的病怎会反复无常变化几次呢?更有甚者,说蟒石山血刃御医和冯春生加害皇上之事,也与他胤禛脱不了干系。几个阿哥都对他横鼻子竖眼,避之如瘟神。

胤禛没有向任何人询问,更没有向任何人解释,他有满腹话儿想对人说,却找不到一个倾诉的对象,只能任一腔委屈在心底霉烂。

胤禛变得更加忧郁、沉闷了,只有在皇阿玛那里他才能稍稍高兴地谈一会儿,其余时间多是沉默,有时半天也不说一句话。

尽管如此,胤禛也没有博得众兄弟的同情,反而骂他阴鸷、刻薄、狠毒、虚伪。

胤禛满腹心事地走着,来到康熙的窗前,见里面还有灯光。刚想进去请安,却听到康熙与别人正在谈话。

胤禛正要转身离开,却听到了一个不该听到的秘密。原来大阿哥以世祖,也就是顺治帝还在人世的秘密逼迫康熙帝废除太子。康熙帝为了不受大阿哥的威胁,命令侍卫秘密杀害顺治帝。

一会儿,康熙帝的屋里就来了一位僧人,不错,就是外人眼中已逝的顺治帝。就这样,胤禛知道了康熙帝杀害了他的亲生父亲。

这所有的一切都让胤禛明白了皇权背后的阴险狠毒,这一切惊醒了他,帝王的宝座是用无数人的尸骨搭起的,为宝座,至亲至爱的人也不能怜惜。

皇阿玛的仁慈、宽厚、和蔼、英明等美好形象,如今在胤禛心中蒙上一层阴影。

康熙回到京城之后,准备论功行赏,但对阿哥封赏的问题上,康熙有了思虑,大阿哥已经察觉了康熙有铲除自己的心思,因此手握重兵,拒交兵权。康熙在考虑如何才能化解这场危机。曹寅站在皇上的身边,一直欲言又止。

康熙知道他一定有话,便让他说出来。曹寅告诉皇上那天偷听他们谈话的人很可能是四阿哥胤禛的时候,康熙从心里对胤禛生出了一丝芥蒂。他决定试一试胤禛的心地。

康熙来到太和殿,内外臣工早已等待多时了,在一片山呼声中康熙登上宝座。

封赏照常进行,虽然这次出征出现了很多意外,但康熙帝好像什么都没发生似的,面上堆笑,没有处决任何一个人。

一直到了新年,康熙帝虽然满腹惆怅,但他依然和自己的皇子皇孙们一起说笑。

康熙帝仔细观察,他发现四阿哥胤禛这一个月以来,几乎没有见到过。

于是便带着几个随从来到了雍郡王府。不等王府的下人通报,就到了胤禛的书房,看到胤禛正在全神贯注写着什么,便走了过去。

只见,胤禛抄了厚厚一摞经文放在旁边,康熙帝猛然出声,吓了胤禛一跳。

父子俩交谈了一会儿,胤禛的态度始终尊敬而疏离,临走时,胤禛被皇上任命为今年科举的副主考。该消息不胫而走,这让朝中的文武大臣颇为诧异。八阿哥胤禩不服气,也想在朝中出出风头,于是便找到三阿哥,两个人一起找皇上理论。

最终,皇上让胤禩出任南京应天府的副主考,而三阿哥胤祉则被派去整理图书。三阿哥被皇上夸为博学多才,他不知道这意味着什么,是不是自此之后自己就远离了政治舞台,他更不知道这样的结果自己是该喜还是该悲。

胤禛自从被任命为副考官之后,走后门的人一个接着一个。

他想象着自己的境况,就看到了八阿哥胤禩的境况,他的门槛一定也被踏破了。

在胤禛的心里,对八阿哥有些嫉妒,本来这次科举之事,只有他一个皇子被任命,但这样一闹,八阿哥也跟着平分秋色。不过胤禛转念一想,这样正好对自己的隐藏有利,最后只是自嘲地笑一笑而已。

没想到此次科考竟然让他再次遇到了心心念念的那个人。原来年羹尧也参加了本次科举,却因为一些事情被关了起来,幸好年霓裳碰到了胤禛,化解了这场风波，让年羹尧得以继续参加科举考试。

发榜这天，顺天府贡院的门前被围得水泄不通。

年羹尧好不容易才挤到黄榜跟前，终于在皇榜上找到了自己的名字，虽然排名第四，但也是说不出的高兴。

他赶紧从人群里挤了出来，打算将这个好消息告诉妹妹，谁知道刚到了客栈，便看见红艳和一个太监正在争吵。

原来，年羹尧被抓，年霓裳为了周全，曾经答应进宫当宫女。谁知道太子看到年霓裳，便起了色心，光天化日之下就要强拉年霓裳进宫。就在两个人争执的时候，从屋里走出来四个人。

这是雍郡王府的当差的金昆。就在几个人吵闹之时，雍郡王的轿子就到了跟前，接年氏兄妹进府。

太子胤礽因为自己想要的女人没有得到，心生怨恨，便将此事添油加醋地告倒了皇上那里，说四阿哥有徇私舞弊之嫌。

康熙面有怒色，带着人来到了雍郡王府，正赶上年氏兄妹和胤禛正在喝酒聊天。

康熙没有问明原因，当即就数落了胤禛，说他为了女人徇私舞弊。

胤禛站立一旁，听完了皇上的数落才慢慢地向其解释。

康熙见胤禛满脸委屈的神色，暗思也许自己真的错怪了他。遂转向年羹尧问道："你到底为何被打入顺天府大牢尽管直说，不得有半句假话。倘若有谁徇私枉法，朕一定严加惩处。如果你确有真才实学，朕定会重用于你！"

年羹尧跪下说道："家父在世时经常称赞皇上是百年不遇的明君英主，平三藩，收台湾，开科举，纳贤士，功高盖世，宽厚仁慈。家父多次教导小人要苦读圣贤书，他日为朝廷出力，也好报答皇上对家父的浩荡皇恩，告慰家父在天之灵。谁知入京会考竟遭人陷害，身陷囹圄，多亏四阿哥出面相救才得以生还，小人实在冤屈，请皇上做主！"

康熙虽然也明白年羹尧是在奉承自己，但谁不爱听好话呢？不但没有责怪，而且和颜悦色地问道："你父亲叫什么名字？何处为官？"

"回皇上，小人父亲名叫年遐龄，曾在朝中任兵部主事、刑部郎中、工部侍郎等职，后来调任山西巡抚与湖北巡抚，就在由山西调任湖北的途中，因积劳成疾不治而终。"

康熙点点头，说起年遐龄他还比较熟悉，此人也是进士出身，文武双全，却又实干。本就是个重情义的人，他仔细听完年羹尧的叙述，年霓裳也泣不成声，他抬头看看胤禛，本来打算阻挠儿子的这种做法，现在放弃了。

康熙见年氏兄妹颇有大家风范，这样的女子成为皇子的妻室倒也不会辱没朝廷，于是便想当场考核年羹尧。

没想到却在这时，皇上接到密报，南京科考出现徇私之事，已经有考生不服，聚众闹事，砸了贡院的牌子。康熙大怒，派曹寅速去彻查此事。

施世纶作为南京科考的副考官，将自己知道的事情原委全盘托出。原来，在出榜的前一天，八阿哥认为此次科考有人徇私，前十名中有四人都不是凭借真才实学得出的成绩，尤其是位居第二，也就是此次闹事的领头人邬思道。

八阿哥不与佟国维商量，便重新排了名次，没想到被换掉的考生不服，竟然聚众闹事，还砸烂了贡院的牌子。

多日来，佟国维一直坐卧不宁，他知道纸里包不住火，皇上一定会追查南京考生大闹贡院的事，万万没有想到，这钦差会来得如此之快。更令他坐卧不安的是钦差竟是曹寅，这可是一个不好说话的人。现在必须想办法应付曹寅的访查，将大事化小，小事化了。

如何搪塞曹寅呢？佟国维正一筹莫展，忽然下人来报，说门外有两个和尚求见。

佟国维心情烦闷，本欲不见。

转念一想，便让人将两个和尚带了进来。佟国维与二人商量，要想将此事化解，邬思道必须要归隐一段时间，没有重要事情，最好不要露面，等事情过去之后再重新参加科举考试。

两个和尚走后，佟国维踌躇片刻，便喊来心腹吴文山，悄悄告诉他："你立即去找张长庚，传我的口信，先把姓邬的那小子两腿废了，然后派人送到夫子庙，那里有人接应。"

张长庚接到吴文山的密报后，立即派人先废去邬思道的双腿，送往夫子庙，交给了那两个和尚。

为了不引起怀疑，张长庚又从被抓的十几个人中挑选几个罪责轻微的释放几个，如今关押处仅剩下七八个人。

张长庚刚刚做好这一切，曹寅便在佟国维的陪同下来到了收监犯人的监牢。

但令其惊讶的是，他在此并没有找到得到的消息中那个带头闹事的邬思道，只有一个姓吴的考生而已。曹寅在此处提审了姓吴的考生，没想到不但什么都没有查出来，还将矛头对准了擅自更改考试名次的八阿哥身上。

要说八阿哥胤禩这次也确实鲁莽，他好不容易从皇上那里争取到这次担任副主考的任务，想在皇上面前好好表现一下，至少不输给四阿哥。他想来想去，应该从科考舞弊案上下手。将科考中的内幕抖出来，皇上一定会对自己另眼相看的。

真是上苍有眼，就在发榜前两天，忽然听属下报告，主考官佟国维收受贿赂为一位姓邬的考生走门子，这考生是四阿哥介绍给佟国维的。

胤禩得知这一消息后,立即仔细审阅邬思道的三份考卷,发现确实做得不错,排在第二也无不可。

但胤禩不甘就此罢手,对手一个是威望崇高的权臣,一个是受皇阿玛厚爱的阿哥,扳倒他们,自己就会名声大振,至少也表明自己的过人之处与胆略才华。

主意打定,胤禩才找来施世纶,鼓动他站在自己立场上更改名次,认定佟国维受贿舞弊。

施世纶自己认为个人资历浅,根子软,没有搅进这场纷争。胤禩仍自作主张更改了名次,他相信属下的消息正确,把邬思道由正数第二名降为倒数第二名。

胤禩自认为走了一招高棋,万万没有想到竟惹出了考生不服大闹贡院的科场案。

胤禩偷鸡不成反蚀一把米,惹火烧身,落个营私舞弊、私改科榜名次的罪名。闹事的考生虽然不知道是他更改的,但矛头指向更改名次之人,显然对他不利。

如今,皇阿玛派曹寅为钦差大臣来审理此案,他是满身是嘴说不清,这才真正叫哑巴吃黄连有苦难诉呢!

就在他犯愁的时候,曹寅已经登门造访了。曹寅相信八阿哥没有徇私舞弊,更没有收受贿赂,真正受贿的人应该是佟国维,只是苦于没有证据罢了。

曹寅是个精明人,他也知道,此次捅了这么大的娄子,八阿哥的最终目的只不过是想打击四阿哥而已。对于皇子之间的战争,曹寅不准备参与,退而远之,明哲保身就是最好的办法了。

曹寅回到京城后,把查访经过奏报康熙。为了给八阿哥开脱责任,他把科场风波的责任推在落榜的考生身上,这样便查无证据。

对于胤禩更改名次一事,曹寅知道无法隐瞒,只好如实奏报,但他也把胤禩对佟国维与胤禛的怀疑一同上奏康熙。

南京科场事件是皇子之间的较量。康熙虽对曹寅的查访很不满意,但他也十分清楚。

在康熙痛心之余,只好把责任推卸在这些大臣身上,一旨令下,将佟国维革职永不叙用。不久,又将曹寅赶出京城,到金陵老家任江宁织造。

而对于几位皇子,也都当面狠狠训斥了一顿,令胤禛与胤禩闭门读书,洗心革面。

第七章 雍郡王募款遇阻拦
众智士齐心完任务

去年冬日皇上派胤禛到江南筹粮筹款赈济河南、安徽、山东的水灾，胤禛借口身边缺个女眷，便把喜子带来了。那拉氏与年氏何尝不知道胤禛的心思，却也不点破，同意让喜子一同前往，只要不闹得太出格就行。

二人离开京师来到江南这山清水秀之地，真如开笼放鸟一般，纵情山水，一路游一路看，恩恩爱爱，无拘无束，特别是如今正值绿肥红瘦的大好春日，胤禛把筹银办粮之事交给属下督办，自己每日只陪喜子在南京城周围的山水园林中流连忘返，真的没有辜负这明媚的春光。

这日，两人又在卿卿我我，金昆上前汇报查到的消息，原来江苏巡抚韩世琦私下屯积大批金银粮饷，根本没有交出来赈济灾民的意思，而且胤禛颇为信任的两江总督张长庚也与韩世琦狼狈为奸……

胤禛似是不相信似的睁大了双眼，但他的心里清楚，这本身就是事实，容不得他不信，如果不是有朝中大臣从中作梗，赈灾之事不会如此难办。可是他又苦于没有证据，只好让金昆和手下人博尔多继续彻查此事。

要说张长庚和韩世琦两个人也不是全无顾忌，至少胤禛手下的博尔多就对他们是一个威胁。

韩世琦趁着两个人喝酒正尽兴，向张长庚说出了自己的担心。张长庚安慰着韩世琦，他自有办法对付。

没错，没过多久，胤禛便听说了自己的手下博尔多因嫖娼失手打死了一名女子，现在已经被应天府拘押在大牢里。

刚刚听到这个消息，胤禛简直被气得嘴唇发抖。这些不争气的东西，不能为他做事争面子，反而惹是生非、丢人现眼，这事一传出去，金陵城的百姓该怎么想？他这赈灾的事还做不做？

生气归生气，但毕竟是自己的手下人，他不能不问。

没奈何，胤禛带着金昆、常贽二人直奔应天府衙。没想到审判此事的府尹竟然是个昏官，只会屈打成招。

四阿哥苦于自己没有证据，只好在一旁默不作声。

最后，将案情为府尹分析一遍，府尹才明白该案情漏洞百出，只好将博尔多暂时收押。

赈灾的事情一直拖着办不妥，博尔多一案也找不到证据。两件事都压在四阿哥的心上，让他感觉到压力很大。

这天他走在街上，想排解一下心中的烦闷，便来到了几个酒楼，遇到了戴家二公子。

戴家二公子在胤禛旁边不远处的一张桌子旁坐下，一边吃饭一边谈论当下四阿哥赈灾的情况。"哥哥，我们刚才从街面上经过时，你有没有听到几个孩童在唱这么一句顺口词：'四皇子到金陵，金陵大户要变穷。四阿哥募钱粮，黄河百姓饿死光。'"

"弟弟，你也相信这些鬼把戏，依我之见，这是那些别有用心之人为了阻止四阿哥募集赈灾物资故意编造出来的，想借百姓之口给四阿哥出难题，或者说是要逼走四阿哥。"

戴家弟弟说道："四阿哥到了金陵，那些乡绅大户日子不好过，可他们哪里知道四阿哥的日子更不好过。

四阿哥坐镇金陵几个月没有筹集到一粮一款，如何向皇上交代，倘若皇上怪罪下来，是驴不走还是磨不转？"

胤禛一听戴家弟弟把他比作驴，气得哭笑不得，但又没有理由发作，又听弟弟说道："皇上当然不会直接责备地方官不配合，也不会责怪金陵的乡绅大户不愿捐纳，只会责怪四阿哥办事不力。"

"唉，人心不古，为富不仁。去年洪灾，黄河两岸可谓'白骨露于野，千里无鸡鸣'，从大水中逃出来的黎民百姓如今也是水深火热，挣扎在死亡线上。

张养浩《山坡羊》道得好：'兴，百姓苦；亡，百姓苦！'"

"哥哥，把咱父母留下的那点家业都捐上去算啦，也算咱哥儿俩为那些受冻挨饿的灾民献上一份爱心。"

"弟弟，你没有喝多怎么就说起胡话来？"

"怎么，难道哥哥不同意？"

"唉，不是我吝惜那份庞大的家业，你可知道，这金陵城内想捐献钱粮之人也非只我兄弟二人，大部分人家是想捐而不敢捐。"

"哥哥，你越说我越糊涂了，自家的财产想捐就捐，想送给谁就送给谁，有什么不敢捐的呢？"

胤禛在旁边也听晕了，难道有谁敢出面阻拦他们捐款纳资吗？我怎么没有得到消息呢？

这时，店小二前来上菜，胤禛轻声问道："那坐在旁边的戴家兄弟叫什么名字？是什么来头？"

店小二急忙弯身小声说道："坐在左边的是哥哥叫戴锦，右边的是弟弟叫戴铎，兄弟二人是双胞胎，两年前父母双双病亡。戴家称得上金陵一大旺族，拥有万贯家产。戴员外在世时，乐善好施，是金陵城有名的好人，好人有好报，这哥儿俩也还争气，都知书达理，饱读经书，将来定会考个一官半职的。"

店小二退下，胤禛急忙侧耳倾听戴锦讲话。

"在这金陵城内有金陵第一家的荣国府对待纳捐是什么态度，王、史、薛三家就是什么态度，四大家族是什么态度，整个金陵的乡绅大户、达官贵人就是什么态度，众人唯曹家马首是瞻。无论做什么事，曹家不点个头，其余的人谁敢出风头？除非你不想在金陵呆了，有意与曹家做对。你的银子再多能多过曹家吗？你的权势再大能大过曹家吗？如今不是四阿哥亲自坐镇募捐，结果怎样？据说四阿哥还亲自到荣国府拜访曹大人呢！荣国公曹寅连面都没有给见，四阿哥的面子也扫地啦。"

戴铎不解地问："曹寅有的是银子，为何如此吝啬呢？他难道不怕四阿哥回京之后在圣上跟前告他一状吗？"

"顾师傅说，皇上对四阿哥的信任程度只怕还次于对曹寅的信任呢！即使皇上有惩治荣国公的心意，有贵妃娘娘在，也不了了之了。当然，荣国公不愿捐资纳钱并非吝啬，若是换了其他阿哥也许他会主动捐献呢！"

"难道荣国公与四阿哥之间有过节？"

"对这个顾师傅也讲不太清，他只说从那次南闱科场案的处理中就能看出曹寅有偏向八阿哥抵制四阿哥之心，也许其中另有原因吧？"

"哥哥，你认为四阿哥在南京的这次募捐之事能顺利完成吗？"

戴锦沉思片刻说道："现在看来已经不顺利了，至于能否募捐到款项以及募捐的多少，要看四阿哥下一步如何采取行动了。"

戴锦说着，轻轻呷了一口酒，又继续说道："听顾师傅讲，四阿哥自幼聪明好学，敢作敢为，处事果断有过人之处，怎么到金陵之后就婆婆妈妈起来，没有一点皇子离京做事的威风与凛利。"

"也许四阿哥有难言之处吧？"

"依我分析，四阿哥是用人不力，也就是手下缺少一批出谋划策有勇有谋之人。再者，四阿哥是'不识庐山真面目，只缘身在此山中'，他过于相信两江总督大人，岂不知张长庚是在利用四阿哥与曹寅争斗，他从中坐收渔翁之利。"

戴铎碰碰戴锦，小声提醒道："哥哥，这可是两江总督所辖之地，小心隔壁有耳，万一这话传到张长庚那老家伙耳朵中，只怕咱哥儿俩在金陵没有好日子过喽。"

戴锦放下酒杯，坦然一笑："我等只是清议，又是私下谈话，他张长庚在此我也敢讲，大清的例律上没有这一条规定呀。如果张长庚让咱哥儿俩在南京混不下去，我也有办法让他丢了乌纱帽。"

胤禛不知道酒是如何下肚的，菜的味道究竟怎样，他也没有品出味来，整个心思都在戴氏兄弟身上。听了戴氏兄弟的谈论，胤禛真如醍醐灌顶。特别是对于他和张长庚、曹寅三人之间关系的分析可谓真知灼见，戴锦所言自己手下缺少出谋划策之人更是切中肯綮。识大局统大筹的谋略之人实在重要，无怪乎战国四公子养士，刘玄德三顾茅庐。我手下不是缺少谋略之人，这戴氏兄弟不就是我的卧龙凤雏吗？

胤禛正在想着如何恳请这戴氏兄弟到自己手下当差，忽又听戴铎说道："哥哥，你我都不是理财守家之人，让我们在家坐享清福坐吃山空也非你我之愿，不如把家中财产变卖，留一小部分作为路费盘缠，其余全部捐给了四阿哥，也算咱哥儿俩给金陵的乡绅百姓带个头，帮助一下四阿哥早早募集到粮款好去救济灾民，救灾如救火，耽搁不得呀。"

"弟弟准备去哪里？"

"明年又是恩科之年，我俩不如去京城参加北闱会考，凭我们哥弟的学识才华，一举夺魁有点吹嘘，考个举人进士还是不在话下的。"

戴锦叹息一声："提及科考，我就想起那年南闱科场案，邬师兄如此有才华之人名落孙山不说，结果锒铛入狱终身致残，如今空有满腹经纶一肚子治国安邦之才却英雄无用武之地，到头来只会苟延残喘，潦倒穷年。你我兄弟不是父亲求人说情不也被抓进监牢。一年被蛇咬，十年怕井绳呀。对于明年的北闱之考，我都没有信心了，科场黑暗，官场腐败，我有看破为官之道的感慨。"

"哥哥一向洞悉事理，了解国家大事，纵论天下是非，有一股出将入相的雄心大志，为何突然有一种失意落魄之感呢？"

戴锦叹息说："当今圣上可称得上大有作为之帝，收台湾、平三藩、定漠北、开拓疆域，但这些大的业绩背后也是千疮百孔，黄淮二河洪灾连年发生，这是水废废弛、河道失修所造成的，皇上不从根本上治涝，只是赈灾能赈到何年何月。吏治腐败、国库空虚就更不用说了，皇上为何不捡大案要案惩治一二，起到杀一儆百的作用？这些都是枝枝叶叶的事，选派几位得力之臣前去督办，会立马见效。"

"那还有什么不能够改革的时弊呢？"

戴锦警觉地四下看了看，最后把目光落在胤禛身上，小声说道："此人面相非等闲之辈，我们哥儿俩今天说得太多了，只怕言多有失啊。子曰：'三人行必有我师焉'。只怕这'花映楼'上今天贵人光临，七步之内必有藏迹的风莽。"

胤禛一听这话，唯恐戴锦看出他的真实身份，立即垂下头只顾饮酒吃菜。只听戴铎哈哈一笑说道："哥哥未免太小心谨慎、疑神疑鬼了，无论是哪方名流高士、帝胄国亲，我们只是清谈，你怕什么，官府怪罪下来我去蹲监坐牢。咱哥儿俩要喝就喝个痛快，要说就说个畅快。当年曹孟德与刘玄德二人能够煮酒论英雄，咱们茶余饭后谈论一下国家大事有何不可呢？哥哥自称狂放率性之人，为何也这么拘谨呢？"

"好，就冲弟弟这句话我也豁出去直说了。"

尽管戴锦说得如此慷慨，话一出口声音仍然比刚才小了许多。

"我所说之事是当今圣上虽然英明，却有一件至关重要的事做得不够英明。"

"到底什么事，你别这么神秘可好？又不是说评书还要卖关子。"

"说出来你可能不相信，就是皇储处理不好。"

胤禛只是隐隐约约听到了几个字，他想不到戴锦会说这件事，着实吃惊不小。

戴铎却不以为然："我以为什么事呢！顾师傅不也评论过这件事吗？说殿下读书做事华而不实，不求甚解，为人优柔寡断又过于贪恋女色，不是帝王上乘之选。"

戴锦摇摇头："我说的不是这些，这只是其一，我认为皇上立储太早，从而造成众多皇子之间的明争暗斗，以至于皇上要耗费大量精力去处理皇子之间的矛盾，从而影响了对政务的处理。"

戴铎连连摇头："不对，不对，如果皇上不立储，只怕如今的皇储争夺战早已由暗而明了。"

戴锦正要再说什么，一声响亮的吆喝声打断了他。"刚出锅的热狗肉来了……"这一声吆喝，把众人的目光都吸引过去了。

进来这人只是一个十五六岁的孩子，个头不高，虎里虎气，长得满结实。身上的衣服七零八落，油渍斑斑。也许卖狗肉这特殊的职责，连他的脸上、额上也抹着几块油迹，再加上他把又长又黄的辫子绕在脖子上，给人顽皮滑稽之感。

这卖狗肉少年刚把狗肉篮子放在一张空闲桌子上，店小二就走了过来，一边伸手撕块狗肉往嘴里塞，一边骂道："李卫，你这狗日的今天怎么来这么晚？这里的几位爷都等你的肉呢！"

李卫伸手抽了小二脖梗子一巴掌："等你娘的肉！"看见满堂的客人，这李卫觉得这话有点粗了，立即正经地说道："唉，今天来得晚，是去看那个死鬼宋美红了！"

"你去啦？听说是四阿哥属下人杀的呢！"

"四阿哥手下的人与她无冤无仇怎会随便杀人！徐大人一审就发现了破绽，只可惜作案人是故意栽赃，这个案子就难破了。"

店小二一听李卫这话，忙问道："怎么，莫非你小子知道凶手是谁？我知道你小子就住在那附近，什么事瞒不了你小子的一双鬼眼睛。"

"别胡说，传出去我就没命啦，大爷我才十六岁，还没活够呢！"

店小二刚想再问什么，那边有人喊他拿酒，他匆匆走了。

李卫来到戴家兄弟跟前："二位爷每次来这里都吃我的狗肉，今天也来一斤吧？"

戴铎说道："我们已吃得差不多了，就来半斤吧！"

"好，二位爷慷慨，从不拒小的面子，说半斤，保你九两有余。"

李卫略一迟疑，又走到胤禛桌前，深施一礼说道："这位爷是外地客商吧，来半斤狗肉好不好？保你吃了第一回就想着第二回！"

胤禛微微点点头："我要半斤。"

李卫称好半斤狗肉放在胤禛面前的盘子上，胤禛尝了一块："嗯，味道不错！我看你这两手都能去当御厨，给皇上烧狗肉。"

李卫来了劲，嘴一咧，笑道："爷若是金口玉言，我李卫可就会当上御厨了，省得整日挎个破篮子跟讨饭一般。"

胤禛故意找话说："我有个亲戚就在宫中当御厨，我可以为你引荐一下。不过，你得先说说你的身世，宫里可不留没根底的人！"

李卫如实说道："我叫李卫，小名卫儿，老家江苏铜山，黄河涝灾大水把个爹给冲走了，娘带我到南京找姑姑，哪知姑姑早死了，姑父续了弦，自然不能收留我们，娘儿俩只得在街头要饭。后来娘病死了，我就跟着一位好心人学卤狗肉，他无儿无女，就认了我当干儿子。干爹也病死了，我便接过他的生计，对了，我干爹姓王，人称'狗肉王'哩！"

胤禛点点头道："'狗肉王'的传授果然不错，我包圆了。"

李卫睁大了眼睛："这位爷，你、你一人怎么吃完？"

"我带回去给我的伙计吃，不过，你得给我送到旅店。"

二人来到华亭馆，李卫才知道这是四阿哥，赶忙跪在地上磕头。

胤禛微微笑道："快快起来吧，我有话要问你呢。"

金昆把李卫拉起来坐在椅子上，胤禛这才问道："你一定知道宋美红被害死的内幕，究竟是谁杀死了她？为什么杀死她？"

李卫看看胤禛又看看金昆，说道："回四爷，小人若说了出来只怕小人会一命呜呼，小人还不想死。你们终究要离开金陵的，你们一走我还有活命吗？"

金昆气得就要拔刀，胤禛喝住了他，又和颜悦色地对李卫说道："你不是想进宫吗？我可以带你去，你不会做菜，可以做其他事，还可以卤你的狗肉给皇上、娘娘吃。只要你愿意，我可以让你跟随我左右，像金昆一样当个侍卫或侍从人员。凭你这个身材和机灵劲，好好培养培养说不定能够当一名武将呢。将来还可以光宗耀祖，总比你整日卖狗肉强百倍吧。至少不愁吃不愁穿。"

李卫急忙跪下叩头道："奴才多谢四爷收留！从此，奴才就是四爷的人了，终生听从四爷的吩咐，绝不存一丁点私心，四爷让奴才去死，奴才要皱一下眉头，天打五雷轰，死后让鹰啄尸，有孩子也没屁股眼。"

胤禛笑了笑，让李卫坐下来，李卫这才说道："我也住在老皇城街口一带，距离宋美红的住处很近，唉，都是下九流的人物吧，我卖肉，她也卖肉，同病相怜吧！前不久的一天晚上，我去给宋姑娘送卤肉，正赶上她和一个人在谈论什么,那人还说给宋姑娘一百两银子!一百两银子对我们可不是个小数目。当时只觉得纳闷,放下狗肉就匆匆走了,宋姑娘遇害后我才觉得有点不大对劲!"

"别忙,慢慢说。"胤禛说。

李卫沉思片刻,然后回想说:"宋姑娘接连几天让我给他送狗肉,一要就是七八斤,说是客人爱吃,我奇怪,南京人哪有这种饭量的!一打听,果然是京师来的,就是四爷手下的博什么来着?"

"博尔多。"金昆提醒道。

"我心想:宋美红可钓上大鱼了,博尔多是来帮四爷募款的,只要手指缝中漏一点,宋姑娘就肥了。出事的那天晚上,我生意不好,多卖了些时候,回得很晚。经过宋姑娘楼下时,见有一个人喊她,就是要给她一百两的那个人。第二天早晨,我刚起来就听人说宋美红被人弄死了。急忙挤进去,正赶上捕头孙四忠把博尔多带走。起初我也以为是博尔多害死宋姑娘,后来想想不对,没有如此傻蛋的凶手,杀人之后还在那里等着被抓。这事一定跟那个要出一百两银子的人有关!"

胤禛想了想说:"李卫分析得有道理,你知道那人是谁?"

"我虽然不知道那人是谁,但我见了那人,一定能够认出他。"

"南京城这么大,你如何那么巧能见到那人,等到你见到那人,只怕博尔多早被徐春生那老小子给宰了。"金昆说道。

"你以前见过那人吗?能否猜猜那人是干什么的?"胤禛问道。

"记不起在哪里见过那人。那人不像是生意人,也不像官府当差的,倒像个在街头上的小混混。"

金昆泄气地说:"四爷,我看别费劲了,是博尔多倒霉,也是他太好色了,才来金陵多长时间,他就忍不住了,活该!"

胤禛略有疑虑地说:"博尔多不会有事,徐春生没有确凿证据不能把博尔多怎么样,我倒担心有人借陷害博尔多破坏我的赈灾募捐!"

李卫也急了:"四爷,您说怎么办,奴才能为您做什么?只要小的能做到,刀山敢上,火海敢闯,丢了脑袋我也不在乎!"

胤禛惨然一笑:"这些都不需要你做,你陪我一道去请戴家兄弟,我想请他们到我手下当差,不知他们肯不肯?"

"嘿,能给四爷当差,是他们的造化,哪有不肯的?这点小事不用劳四爷大驾,我李卫去传个口信,保证他俩屁颠屁颠就来了!"

胤禛连连摇头:"不行,我如今正是聚贤用人之际,聘有才能的人,哪能让个孩子去传口信,岂不对人不恭?我得亲自出马!"

李卫哪里肯放过这个大展头脸的机会,便趁机要求带路。胤禛自然知道他的小心思,也不好拂其意,便同意了。

戴氏兄弟正在商量变卖家产的事,家人报说门前来了四五个衣着华贵的人,自称是两位少爷的朋友,要见少爷。

二戴来到门前,李卫走上前嘻嘻笑道:"两位少爷可好?"

二戴看李卫锦衣锦帽、脚穿缎鞋,脸也白净多了,再也没有半点油腻的痕迹,简直就是个花花公子。

李卫摇头晃脑介绍说:"二位少爷,昨天还在花映楼上一同吃饭呢,怎么今天就不认识了?这是来金陵督办赈灾的四阿哥,四阿哥听说你兄弟二人才华出众,有报效朝廷之心,特来看望二位少爷。"

二戴正在惊魂不定之际,李卫又是微微一笑,平声说道:"二位少爷不请我们到内堂一叙,难道要让四阿哥在门外站着不成?"

二戴这才醒过神来,急忙向胤禛深施一礼,把胤禛等人请到客厅。待众人坐定,戴锦再次向胤禛施礼说道:"我兄弟草莽之人,平日里散漫惯了,昨日酒后乱语实是无心,请四阿哥恕罪。"

胤禛欠身说道:"言者无心,听者有意,今日在下便是特来听二位兄弟教诲之言的,请赐教。"

戴铎一边献上茶,一边恭恭敬敬地说道:"四阿哥太抬举我兄弟二人了,我兄弟都是目光浅短之人,哪有什么高深之见,只不过说几句别人不敢说的话罢了,四阿哥能够不加责怪,已令我兄弟二人感激涕零。"

胤禛站起来说道:"二位戴兄,胤禛之言句句是实!实不相瞒,今日来此的真正目的,就是想让二位屈尊相就,为胤禛出谋划策,鼎力相助胤禛赈灾,不知二位意下如何?"

戴锦正色说道:"能得到四阿哥赏识与重用,那是我们戴家的福分,更是我兄弟二人的造化,实在求之不得。只是我兄弟二人毫无功名,怎配在四阿哥手下做事?如果四阿哥真有任用我兄弟二人的心意,请明年恩科,我兄弟考中后再到四阿哥府中做事也不迟。"

李卫跺一下脚说道:"嗨,人们都说你兄弟二人聪明有才,见识广、读书多,依我李卫卖狗肉的眼光看,狗屁不如。能到四爷手下做事,不比考什么鸟状元还风光,费神费力还累瘦了身子,四爷直接提拔你们这多省事,不愁吃,不愁穿,有事就做,没事睡觉,快活如神仙。"

胤禛瞪了李卫一眼,又转身对戴氏兄弟说:"你二人如果愿意,可以先到我身边做事,为我出谋献策,等到明年恩科之日,你兄弟二人同样可以参加恩科考试。"

既然胤禛这么说了,再推诿就不礼貌啦,戴锦、戴铎这才答应胤禛的请求,再次拜谢胤禛对他们的知遇之恩。

胤禛见天已近午,要求戴家兄弟随他们一同回华亭馆,以便设宴为他兄弟二人庆贺。戴锦、戴铎则坚决请四阿哥留在舍下吃顿饭,既是对众人答

谢，又当作对自己家庭的告别，他们已经把家产变卖给一个街坊富户，变卖的钱财全部捐献给胤禛赈灾之用。

胤禛十分感动，紧紧握住兄弟俩的手说："有戴氏二贤率先垂范，定能掀起募捐的热潮！"

戴锦谦逊道："我兄弟在金陵影响甚微，四爷若欲毕其功于一役，必须牢牢抓住荣国府这条鱼，只要曹家捐赠了，其他事则迎刃而解。"

胤禛十分为难地说："我虽是皇子，来此所带的人手也有限，手中又没有兵，总不能强行让荣国府捐纳吧？何况这荣国府是皇上亲笔手书御命敕造，没有皇上手谕任何人也不得带兵擅自闯入，我有什么办法呢？"

戴锦略一思忖，说道："只要四爷愿意做，办法还是有的。"

胤禛举杯请教，戴氏兄弟便说出了自己的想法。以他们对金陵的了解，曹家在金陵的影响非同一般，只要曹家能带头捐赠，其他几个大家族自然会效仿。另外，戴氏兄弟认为，要想从中调解，除了让曹家出血，还要扳倒张长庚和韩世琦二人，这二人以权谋私，中饱私囊。戴氏兄弟告诉胤禛，金陵的这些贪官们大都和朝中的大臣们相勾结，而张长庚敢如此作为，他背后最大的主使者就是太子。所以扳倒张长庚这件事一定要证据确凿才可以着手做。随后戴氏兄弟又为四阿哥推荐了一个贤德之士，此人便是双腿残疾的邬思道。

酒宴结束，胤禛便把戴氏兄弟请到华亭馆安顿下来。戴锦留在金陵处理变卖的家产，全部捐作赈灾之用。

胤禛的折子递到京城，满朝哗然。康熙也颇感意外，一面认为胤禛未免小题大做，一面却又对他的这种做法有几分赞赏；但康熙并不亮明态度，而是交廷臣议论。众人只好揣测皇上心意，认为皇上若是反对胤禛上折弹劾曹寅，早就大发雷霆。沉默就意味着赞同，也许是皇上碍于曹寅在京的面子，不便直言训斥，故意借众臣之口给曹寅敲警钟，何况曹家拒不捐纳，于情于理都亏着呢。

这样想过之后，众人在廷议中斥责曹寅为富不仁、不仁不义者多，反对胤禛者则寥寥无几。更有甚者，指责曹寅独霸一方，干预地方官办理事务，荣国府的种种恶迹也都一一被捅了出来，什么纵奴为凶、鱼肉百姓、巧取豪夺、结党营私等罪名都有了。

曹寅在京为官多年，上上下下也有一帮结交至深的老关系，这些消息都原原本本灌到曹寅耳朵里，皇上越是不表明态度，曹寅越是担心。若是一般人上折弹劾也就罢了，这是黄带子阿哥，皇上不可能不另眼相看，搞不好，有不倒翁之称的曹寅也要倒了，曹寅如坐针毡。

没奈何，他不能再坐等下去了，只好打出自己的王牌，让自己的女儿僖贵妃娘娘出面消去后患。

僖贵妃听到曹寅的奏报也吃惊不小，先是把父亲埋怨一番："咱荣国府又不缺少银子,何必那么吝啬呢?别说二十万两银子,就是二百万两银子你也给,等你出过之后,我再央求皇上从宫中拨给荣国府就是,反正羊毛出在羊身上,花来花去都是花皇上的银子,你何必那么心疼呢?这些阿哥你又不是不清楚,一个个像乌眼鸡似的,恨不得把别人都给吃了,你偏向一个就等于得罪一片,谁好谁坏实在难说得很,何必搅在他们其中呢?如今皇上健在能够给咱顶着,一旦皇上宾天,鹿死谁手还难说呢!"

曹寅听女儿这么一说,也有几分后悔,后悔自己为了几个钱惹得如今的尴尬。

俗话说花钱消灾,这话一点也不假,事到如今,这钱是非花不可了,至此,曹寅真正知道这帮阿哥没有一个是好对付的。

埋怨归埋怨,父亲出了事,做女儿的不能坐视不问。僖贵妃哭哭啼啼找到康熙,戚戚哀哀讲述她曹家给大清朝立下的汗马功劳。

僖贵妃的又哭又闹,康熙不但不怒,反而被逗乐了,他乐呵呵地说:"爱妃,朕还从来没见你哭过呢。爱妃这一哭,粉黛纵横,如雨后桃花,天上彩虹,更加美丽动人,朕倒希望天天看到爱妃这个模样,哈哈。"

僖贵妃扭动纤腰撒娇说:"皇上,你答应不答应臣妾的请求?"

康熙轻轻揽住僖贵妃,悠然说道:"你哪里知道朕的难处,国家之大,人臣之多,一碗水要端平,难啊!朕固然不再追究曹侍卫的责任,众朝臣的口舌也要堵一堵呀,告诉曹寅把摊派的赈灾银两献上,那样,朕向上下臣工也有个交代呀。"

"请皇上放心,妾身稍后便晓谕家父,定以双倍份额资助四阿哥的赈灾之举,绝不让皇上从中有丝毫的为难,行吗?"

"嗯,还是爱妃通情达理,如果国人都能像爱妃一样,朕要少操多少心呐!"

曹寅接到女儿送来的消息,一颗悬着的心落了下来,连夜派人赶回金陵,告诉家人主动捐献四十万银两作为赈灾之资。这场争斗中,明里胤禛没有弹劾倒曹寅,再次表明了曹寅不倒翁的地位,暗里却是曹寅吃了亏。曹寅是打断牙往肚里咽,内心对胤禛的仇视自是加剧了。

荣国府捐资四十万的消息如长了翅膀传遍金陵,史、王、薛三家权衡再三,也都效法荣国府,多少都超出原先规定的数额送上银两物品。一般的乡绅大户对曹家态度的突然转变感到莫名其妙,震惊之余,也都悄悄把应摊之资主动送到指定地点。

胤禛等人原先清闲得看蚂蚁上树,如今却忙得要命。不足一个月,第一批赈灾物资就装上船运往河南、山东。站在江边,看着一艘艘满载重物的货船驶向北岸,胤禛长长出了一口气。

第八章　康熙帝南巡见胤禛
　　　　　巧施计侦破贪污案

　　收拾完了曹寅自然就轮到了这张长庚和韩世琦这两个贪官。这天张长庚和韩世琦正在屋里密谋如何才能躲过这一劫，四阿哥胤禛便到了。四阿哥明褒暗贬，张韩二人一直想着尽快送走这个瘟神，捐赠一事自然好说，没等四阿哥开口，就亲自补上了亏空的赈灾物资，随后又将被栽赃的博尔多放了出来。

　　后来，在李卫的协助下，徐春生终于侦破了这个案子，原来是地痞黑三和总督府下人胡成两人勾结，利用宋美红勾引博尔多，并杀死宋美红陷害博尔多。那么胡成陷害博尔多的用意何在？其背后指使的人又是谁呢？明眼人自然一猜便中。不过，尽管徐春生对张长庚的种种做法不满，但因没有发现张长庚什么劣迹，估计这事也许是胡成瞒着张长庚为了图财害命或争风吃醋干的。徐春生只好先将黑三关押起来，再去总督府捉拿胡成，不想胡成胆小，竟畏罪自杀了。

　　张长庚做贼心虚，主动把江苏与江西两地赈灾物资装上船等候胤禛运走。

　　胤禛按照戴锦的谋划主动与张长庚、韩世琦等人告别，当着众人的面上大船顺江东去，由大运河北上。

　　张长庚看着胤禛一行人随船离去，这才长长舒了一口气。

　　胤禛等人押运的船队刚到镇江，戴锦和李卫就在江边等候多时了。他们按约定地点把船停靠岸边，胤禛派金昆、常赉等人押运货物北上，从大运河转入河南灾区，自己则带着喜子、博尔多、李卫等人改乘游船南下，先游苏州再由太湖去杭州，只留戴锦一人悄悄回南京配合沈廷正等人查寻张长庚贩运禁运之物的事。

　　这天下午，胤禛午睡醒来，信步走下楼到西湖边走一走。

　　走不多远，听身边柳树阴里传来一声沙哑的吆喝："算命看相占卜打卦喽！不准不收钱，看风水问吉凶算命运卜前程，非上等卦相不收费，问天之阴晴雨雪不要钱，推地之山川流度不收费，一切凶卦全免！"

　　胤禛觉得这个算卦先生有点古怪，这也不要，那也不收费，那什么卦相才要钱呢？不免回头观望一眼，正好和那算命先生四目相对，那先生便道："官人这么一回头，你我就是有缘人，俗话说得好：浪子回头金不换。佛门更有'立地成佛，回头是岸'之说法。

官人这随随便便一回头,在谶语中包含的玄机可多了,依在下看来官人不久人生将发生转机,从此之后摆在官人面前的将是另一番宏图大业。"

胤禛本来就闲着无事,一听他这么一说,也不管真真假假,便走上前和他侃上几句。"先生刚才所言凶卦不收费,上等卦相才收费,如此说来我这'另一番宏图大业'当属于上等卦相了?请问先生,这上等卦相应该收几个钱?"

算命先生拉下脸来冷冷说道:"如果官人如此斤斤计较那身外之物,那就请便吧,在这西湖岸边谁不知道我曾静是有名的赛半仙,圈里人称蒲潭先生或蒲潭居士,我为济世救民拯救天下苍生在此布道,为他人诠解玄理,指点迷津。"

胤禛莞尔一笑:"蒲潭居士自称在此济世救民,拯救天下苍生,这话有点自吹自擂吧?如今正值大清盛世,皇上英明,君臣协力,天下太平,国泰民安。远的不说,就说这西子湖畔,亭台歌榭,风景如画,游人如织,赏景悦心,歌舞升平,处处透露着太平盛世的欣欣向荣景象,敢问先生拯救何处苍生?"

曾静只冷冷一笑:"官人从北方来,当知黄水决堤,两岸之惨景吧,用'千里无鸡鸣,白骨露于野'形容是不过分的。"

不等曾静说下去,胤禛反驳道:"黄河之灾自古皆有,历朝历代都进行大规模根治,均未彻底见成效,黄水泛滥已成为不治天灾。尽管如此,当今圣上登基以来,并未停止对黄河的治理,每当汛期到来之际,朝廷提前疏通河道,迁移百姓,力所能及地减少涝灾。这些也就不提了,仅就今年的涝后处理,朝廷也是费尽心思。派出多位皇子四处募捐调粮,赈济受灾百姓。仅四阿哥一人坐镇南京,先后运出两批赈灾粮饷,以解灾民燃眉之急。如此为国为民着想,心系天下苍生的明君英主古今少有,就是秦皇汉武、唐宗宋祖也不过如此。"

曾静哈哈大笑:"先生此言差矣,当今皇上能否与唐宗宋祖媲美有待后人评说,我以为,如今的太平盛世不过是粉饰太平,一派繁荣的背后却是吏制腐败,科举糜顿,国库空虚,财政亏空,皇上刚愎自用,官僚鱼肉百姓,诸皇子各怀心态,伺机争夺储位。"

胤禛心中暗暗吃惊,江湖之上的一个小小打卦摆摊的术数之士都如此看待朝廷,这样的话语传扬出去于大清江山不利。

胤禛仔细打量一下这位算命先生,他忽然心中一动,这"曾静"二字不熟,但"赛半仙"的称号不就是自己在任副主考那年,于京城西市街头见到的那位算命先生吗?他曾给好多举子看过相,算过卦,自称十分灵验。无怪乎此人如此了解朝政,他在京城混迹多年,何时又跑到这杭州繁华闹市里营谋?这曾静果真是普通走江湖测字算命之人,还是另有图谋的反清人士?江浙之地自大清人主中原以来屡屡出现反清叛乱,杭州也就成了反清人士

活动出没的场所。

尽管朝廷多次派人明察暗访，但一直收效甚微，此人口称在此布道扬法，他布的什么道，宣的什么法？胤禛细细打量一下曾静，年纪也就四十多岁，白净面皮，下颏有几缕稀疏的胡须。淡淡的眉毛下有一双幽深的双眼，高颧骨，露孔鼻，看装束又像读书人，又像卖艺人。

胤禛灵机一动，故意说道："先生，不瞒你说，先祖曾是扬州忠烈公史可法手下名将呢。与忠烈公一道血洒扬州城头。可如今我等英烈义士的后人都早已忘却祖宗遗训，俯首做起大清的顺臣良民了。如今天下已定，人心思定，三藩之乱尚且不能动了大清的根基，其他小股义民聚众滋事不过是飞蛾扑火，自取灭亡。"

曾静连连摇头："先生此言欠佳，以我多年夜观星相推测，最近几年之内将会出现五星联珠、日月合璧的百年不遇奇观，这将预示新君下凡，好世道就要来临。而在新君降生之际，天下必然大乱，有识之士正好可以利用大乱之际揭竿而起，打起……"曾静见左右无人，才小声说道："打起反清复明、驱逐满鞑的旗子，此旗一举那些暗中活动的反清义士必然云集响应，鹿死谁手还难说呢！"

正在这时，一个年轻人急匆匆跑过来，瞥一眼胤禛，然后就给曾静收拾卦摊，边收拾边说道："师父，严先生回来了，让你回去呢！"

曾静马上面露喜色地问道："是鸿逵吗？"

"是，他把吕义士的《时文评选》也给你带来了呢！"

"太好了，张熙，快帮师父把东西收拾干净，我先行一步。"曾静又向胤禛拱手说道："这位官人，曾某失陪了，新来了一位要好的朋友等着我回去招待呢。"曾静说完，兴致勃勃地转身走了。

望着他的背影，胤禛一时不知如何是好，有心亮明身份擒住曾静，又怕自己身单力薄吃亏。转念一想，这曾静背后说不定有一个反清复明的秘密组织呢，与其抓他一人打草惊蛇，还不如放长线钓大鱼呢。

这时，张熙收拾好摊点就要走，胤禛急忙上前问道："蒲潭先生匆匆离去，家中到底来了何人他这么心急，看神色像是远道而来的贵宾？"

张熙见这人一口道出师傅的号，又见他刚才同师傅谈得十分投机，估计是师傅的朋友，小声说道："从浙江石门来的严先生，严鸿逵。先生可能不了解严先生的大名，但他的老师'东海夫子'你一定听说过，就是浙江石门的吕留良，号晚村，人称晚村居士的吕义士，此人以学识气节享名，宁死不愿到清朝做官，吐血削发明志，最终出家为僧。"

胤禛想起了吕留良这个人来，他曾是朝中谈论的一个话题呢。据说此人诗文俱佳，隐迹山林。朝中也曾派人请他出山做事，但被拒绝了。皇阿玛十分生气呢，当时想派兵捉拿，但被大臣们劝阻。据说吕留良已死去多年，他的《时文评选》是怎样一本书却从来没有听说过。

胤禛继续沿苏堤前行，边走边想着曾静的谈话和吕留良这个人，心里乱糟糟的，一点儿也理不出个头绪，郁积在心头的却是一腔无端愁绪，何愁何绪，他自己也说不清楚。

就在这时，李卫跑过来告诉四阿哥青儿将要临盆，可是客栈按照乡俗，不愿意留人。正好遇到了陈世倌夫妇，收留了青儿。

原来这陈世倌是进士出身，官至杭州学政，因不谙官场事务，又心直口快，得罪浙江巡抚，被参劾罢官，闲居西湖。

"青儿生下了一个儿子，起名'弘历'吧，希望他将来大富大贵，能够有一番宏图远志。"

没过几天，陈世倌的夫人也生产了，是一女儿。胤禛勉为其难答应陈世倌的要求，两家正式结为儿女亲家。借此，陈府又是一番热闹。

胤禛每天过得倒也十分逍遥，陈世倌陪他逛遍了杭州城的名山秀水，尝遍杭州的各种风味小吃，无聊之际二人对弈听曲，要么就是赋诗填词赏画品茗；但胤禛内心却十分着急，焦急地等待戴锦那边的消息。

这天，胤禛正和陈世倌一同下棋，博尔多走来在胤禛耳边嘀咕几句，胤禛一听，吃惊地问道："消息确实吗？"

"回四爷，绝对可靠，请四爷早回吧！"

胤禛沉思片刻说道："元龙兄，一月来蒙兄台盛情款待，也给兄台带来不少麻烦，兄台的这份情胤某他日定会重报。"

胤禛安顿好喜子和弘历，便和博尔多一同离开杭州。

胤禛为何匆匆忙忙撇下娇妻幼子而去？原来，康熙皇帝南巡到了金陵。胤禛赶紧带着几个侍从来给康熙请安，康熙几乎是声泪俱下地告诉了胤禛不要对皇位生出任何觊觎之心。

胤禛的心如打碎的五味瓶，甜、酸、苦、辣、咸一起涌上心头，更多是酸溜溜的滋味。

胤禛内心涩涩的，心中若隐若有的希望之火再次被皇上浇灭了，他一边垂首听皇阿玛训斥，不停点头答应，内心却不服气。

戴锦回来了，胤禛立即召见询问在金陵追查张长庚和韩世琦的贪污案，不但什么都没有查到，负责这件事的沈庭正竟然还将四阿哥出卖了。戴锦告诉四阿哥，为今之计，他们只能将计就计，找到邬思道，让其出谋划策。四阿哥也没有更好的办法，只好同意了。

这时，去河南赈灾的金昆、常赉等人也回来了。胤禛得知此次赈灾十分顺利，高兴异常地夸奖道："你等做得不错，为朝廷办了件好事，也为四爷我露了脸，回京之后一定重赏你们。"

金昆从怀中掏出一封信，"四爷，奴才离开河南时碰到十三爷手下的一位心腹之人马计乐，他交给奴才一封书信，让我亲自转交四爷，说十三爷有事请四爷帮助。"

胤禛拆开一看，果然是十三弟胤祥的手迹，原来十三阿哥也被皇上派出去征集赈灾钱款，可是直到现在也没有进展。没有办法，只好向四阿哥求援。胤禛一时不知道应该如何是好，向围绕在自己身边的谋士们求教。大家都说这是四阿哥拉拢十三阿哥的好时机。胤禛也比较欣赏十三阿哥耿直的性子，就将此事应承了下来。

但众人开始为难了，四阿哥自己这边的赈灾款才好不容易征集的，现在去哪里再这一部分钱款啊。正在众人发愁的时候，四阿哥想起了自己在监牢中得到的那张藏宝图，于是便将此图画了出来，可是众人想破了脑袋都想不出这个寺庙是哪里。

就在这时，原来带走邬思道的那两个和尚来了，也就是文觉和性音两位大师。两个人走进来，拿起图纸一看。性音想到了自己曾经藏身的妙峰山大觉寺了，那里的确是永王秘密活动的一个据点。

胤禛得到答案，立即派人前去妙峰山大觉寺挖宝。犹豫一下才说道："必要时把那笔克扣下来的款子送给胤祥，此外别无他法，你不是说人比财重要吗？咱舍弃这几个月的辛苦费换得胤祥的心，只要四爷有出头之日，保证你们有银子花。"

最后，胤禛又再三叮嘱道："掘宝之事绝不能让外人知道，包括十三阿哥。我让私自扣留的那船银子也不能让外人知道，包括性音、文觉、戴锦等人！"

暗蓝的夜空点缀着几颗若隐若现的星星，苍茫的大岚山绵延着，高高低低，层层叠叠，和遥远的天际连接在一起，朦朦胧胧，透着几许神秘。在这静谧的秋夜，偶尔从远山深处传出几声猿啼与狼嗥，更增添了大山的凄凉与忧伤。

邬思道的父亲张潜斋来到自己儿子的屋里，想尽力说服邬思道能够出山投靠在四阿哥的手下做事。

说实话，邬思道并不喜欢父亲的做事风格，感觉到他为人不够坦诚，而且自己对在朝为官没有任何兴趣，但经不住父亲的一再劝说，只能同意了。

张潜斋拍拍儿子的肩膀，告诉他四阿哥手下的性音大师就是他们的人，遇事要多和他商量。原来邬思道家就是前朝皇家之人。

张潜斋总感觉会出事，便从屋里抱出了一个匣子，里面盛放着明朝的传国玉玺，交予了邬思道。

匣子沉甸甸的，邬思道明白这玉玺的分量，把它紧紧揣在怀中，艰难地上了马车，颠簸着驶向远方……

自从邬思道走后，张潜斋一直心绪不宁，吃不下饭，睡不好觉，总觉得要出什么事似的。果然，当天夜里张潜斋派出去打探消息的人就回来了。向他报告了情况，小王子张思邈因刺杀康熙被捕。张潜斋对此事作了分析，认为自己的儿子暂时还没有生命危险。刚刚议完事情，就收到了性音传来的消息，告诉他宝藏藏在京西妙峰山大觉寺，胤禛已经派人去挖掘了。

张长庚正为屯积在镇江的那批货找不到买主而心急如焚，韩世琦匆匆赶来报告说，扬州知府崔华联系了一位买主，据说来头不小，是个大户，从那人口气看，差不多能买走积存货物的一半。

张长庚听后十分高兴，只要货物脱手，就查无对证，别说是四阿哥派人去盘查，就是圣上亲自查询他也不怕。张长庚忽然又警觉起来，担心此人是四阿哥派来的。韩世琦告诉张长庚来人双腿残疾。张长庚这才放心下来。为了保险起见，他们并没有让邬思道立即看货，而是让他在此游玩了几日，并且暗中派陈宏礼监视。原来，来做交易的人正是邬思道。四阿哥为了消除两个贪官的戒心，正好利用邬思道腿瘸来麻痹他们。陈宏礼将情况告诉张长庚和韩世琦，来者三日内只去过一趟妓院，并没有见过任何人。

陈宏礼淫邪地笑了笑："嘿，这小子腿瘸心不瘸，瘾还不小！"

第三天下午，邬思道应约来到玄武湖菊心亭，陈宏礼已经等待多时了，二人一见面，便向湖中心一个游船招招手，那小船立即摇过来，走上一人把一只箱子提进亭内，放在陈宏礼面前。

"打开给张先生看看，验一验真假。"

邬思道从那人手里接过东西嗅一嗅，点点头："这是从印度运来的，正宗的大烟，我要了。"他又接过那人递过来的火器看了看，说道："这是从英吉利运来的，正宗的洋货，我也要了！"

二人你来我往地又争了一下价格，最后说定三日后一手交钱一手交货，陈宏礼还答应负责用船把货运出江苏地面。提货地点，到时再定。

陈宏礼把看货的事禀报韩世琦，韩世琦凝思了半晌，说道："福建总督魏大人今日传来消息，是有一位做大生意的张姓人家来金陵；但并非双腿残疾之人，此人身份可疑，张大人让你暂缓交货。"

陈宏礼吃惊不小："大人，要不要把此人干掉？"

"暂且不忙，等到摸清他的真实身份再作处理。我们已收买了四阿哥的一个亲信，如果这姓张的是四阿哥派来的，他一定能够探出口风。"

正说着，一名家丁前来报告说："大人，门外有一个自称叫沈廷正的人要见大人，说有要事相告。"

韩世琦立即命人把他带来，沈廷正进来说道："韩大人，四阿哥不知从何处得到一个消息，说大人的这批货已经卖给一位福州的商人，近日内可能交货，为了阻止大人交货，四阿哥派小人给江苏海关鄂尔善送去密信，让鄂尔善严查过往船只，务必扣留这批货物。"

韩世琦接过沈廷正递上的书信一看,果然是胤禛的亲笔信,他把信又递给沈廷正说:"胤禛还说了些什么?"

沈廷正想了想,"小人从戴氏兄弟那里得知,四阿哥派戴铎去过一次福州,据说是找福建总督配合他查寻大人的这批货。从福建总督魏大人那里得知有一个姓张的大商人来南京,四阿哥就从那位姓张的商人口中得知大人要交货的事。"

"那姓张的商人可是双腿残疾?"陈宏礼急忙从旁边问道。

"我见过那人,五十多岁,十分精明,并不是个瘸子。"沈廷正忽然想起了什么,补充道,"听他说,这笔生意是初次打交道,摸不清对方的路,没敢直接出面,让他侄子去的。"

忽然,一个兵丁匆匆进来把陈宏礼喊了出去,过了许久,陈宏礼才走进客厅对韩世琦说道:"盯梢的人报告说,有一个五十多岁的清瘦老人到那姓张的商人房内去了,谈了许久才走。"

韩世琦点点头:"如此说来,那姓张的跟四阿哥没什么关系,你立即和他取得联系,马上交货。"

陈宏礼有所顾虑说:"江苏海关总督鄂尔善那里怎么办?"

韩世琦哈哈一笑:"鄂尔善是咱们自己的人!张大人、鄂尔善,还有我,都是为殿下办差的!"

陈宏礼不解地问:"既然是殿下做的买卖,何必在乎四阿哥呢?"

韩世琦连忙摆手:"你不必多问,只管老实办差吧,好处有你的!只要货物脱手,送出江苏,姓张的被四阿哥扣押咱也不怕!"

邬思道等在旅馆里一晃多日不见陈宏礼派来接洽的人,稍稍有点心急。这日,刚要走出房门,茶房匆匆过来,递上一张便笺:张先生,今日酉时镇江焦山提货地点。

酉时正,邬思道和四名手下来到镇江焦山,陈宏礼正等在那里。邬思道连船也没下,向两名随从使个眼色,然后说道:"先让我的两名随从清点一下货物再付款也不迟。"

两人上前仔细检查一遍回来报告说:"全是真货,除了大烟与火器外,旁边还有大批食盐之类的物品。"

邬思道点点头,向旁边的两艘船提高声音说道:"来人,把陈先生和货一起带走。"

邬思道话音未落,两艘大船箭一般驶来,并停靠在岸边,从船上跳下几十个全副武装的人向陈宏礼逼近。

陈宏礼知道自己上当了,但他并不十分惊慌,冲邬思道冷冷一笑:"你是什么人,敢带兵威胁我,我们的后台说出来吓死你们!"

邬思道冷冷一笑:"我不管你的后台是谁,我只是奉命行事,前来提货拿人,给我把陈宏礼拿下!"

两方正在剑拔弩张之际,又一艘大船驶来,胤禛站在船头高喊:"我奉旨查封禁运之物,有反抗者格杀勿论。"

这时,大船已靠岸,胤禛手按宝剑看着陈宏礼被锁拿上船。胤禛又指挥手下兵丁把大烟、火器等物运走,大批私盐则就地封存,并派戴铎负责带兵看守。

胤禛向早已上岸的邬思道拱手说道:"邬先生辛劳了,请接受胤禛一拜,多谢邬先生大力相助!"

邬思道忙还礼道:"实是四阿哥部署有方!"

这是邬思道第一次见胤禛,他只是这么一瞥,内心陡地一惊:此人龙行虎步,燕颔犀颈,眉骨隆起,如日月东升;看气色,伏犀贯顶,紫色笼罩,有天子之相;但二目幽深微泛绿光,为人必定阴鸷,面慈心狠,是个极难侍候的角色。

回到华亭馆,胤禛下令大摆宴席为邬思道接风,为首战告捷庆功。华亭馆灯火阑珊,笑声不绝。

胤礽这天奉旨监国留守京师径直走进凤鸣阁。看到正在抚琴流泪的陈美人,十分心疼地抱着她。陈美人过够了这种忍受煎熬的日子,央求太子带她远走高飞。胤礽也是个性情中人,明知道这是不可能的事情,怎么能随便应承。陈美人从他的态度中得到了答案,心中委屈而又愤怒,冲着殿外大喊大叫。太子见陈美人失去了心智,抽出旁边的佩剑指向陈美人。他本想吓唬一下她,没想到陈美人一下冲到了剑上,倒地而死。

身在荣国府的康熙接到消息,铁青着脸,颤抖着说道:"如此大逆不道之子留之何用,枉费朕的一片心血,好色贪财,上愧于君,下愧于民,如何担当一统天下之大任? 如何惩罚,请几位内大臣拿个主意。"

身边的大臣都沉默不语,但鉴于皇上盛怒,又不得不说。虽然为太子说尽了好话,但皇帝真是气急,最后便出现了第一次废太子之事。

太子被废的消息诏告天下,举国震惊。接着,是太子党的瓦解,许多与太子关系密切的官员接二连三被撤职、降职,甚至充军发配。当然,也有人暗自得意,幸灾乐祸。

太子职位空缺,平时那些早就垂涎三尺的阿哥们更是蓄积力量,跃跃欲试,一场新的储君争夺战拉开了序幕。

第九章　四阿哥话聊太子位
　　　　　邬思道进献阴谋计

　　胤禛从荣国府回到华亭馆，走起路来特别带劲，也特别轻快，脚下生风似的。说起话来也一改往日的尖酸刻薄，柔和多了。胤禛怎能不高兴呢？笼罩在心头的一块浓云消失了，仿佛云散天晴一般，他又看到多日不见的太阳，心中充满阳光，心头升起希望。

　　胤禛也感到这一年多来造物主似乎特别垂青于他，他所做每一件事都十分顺利。不仅顺利完成赈灾任务，还找到多年困扰心头的宝藏，解救了十三阿哥的困境，让胤祥对他感恩戴德，而且得到几位足智多谋的幕宾。胤禛庆幸自己这次江南之行给他带来的诸多好处。

　　胤禛来到邬思道所住的华亭馆后院书房，老远就听到一阵淳朴清绝的古韵。胤禛拍掌道："好一曲《高山流水》，但不知我胤禛，可有资格成为先生知音乎？"

　　那天晚上，张潜斋带领一帮人马闯入荣国府劫狱，遭到清廷大内侍卫的袭击，不但没有救出张思遄，而且损失惨重。邬思道因此心情十分抑郁。为了平定心情，这才抚琴一曲，不想却引来了胤禛。

　　"四爷抬举邬某了，我一个乡野草民怎值得四爷当作知音呢？我既被四爷收留，就当尽我所学供四爷驱使，也不辜负顾先生的悉心栽培。"

　　邬思道故意提及顾八代，胤禛果然正容说道："先生得顾八代真传，胜胤禛多矣！不瞒你说，顾八代还是我的启蒙老师呢。"

　　邬思道知道胤禛来此绝不是闲聊的，于是转换话题，与胤禛谈论起现下朝中的情形。胤禛直言自己想当储君的想法，邬思道告诉其最大的对手应该还是被废的太子胤礽。

　　胤禛有点不相信，邬思道解释道："皇上仅将太子名位废去，令其在府上闭门思过，潜心攻读，历练心志，皇上做出这裁决是在南京所为，也没有举行重大典仪上告天地太庙。我估计皇上只是给胤礽一个警示，将来会重新起用他，恢复他的太子之位。何况，胤礽所犯的两大过错：一个是贪财，一个是贪色，皇上也没有在诏书上明说，只是轻描淡写地说他骄淫不羁，暴戾不仁，有失太子之德。而这两大错与社稷根本并无直接关系，倘若是谋逆夺位那就另当别论了。皇上不会为了一个普通的女人跟太子反目成仇的。"

　　胤禛一听邬思道这么分析，才感觉到问题的严重，近日来轻松的心又沉重起来。

邬思道看出胤禛表情的变化，又宽慰说："事在人为，四爷也不必忧虑，皇上已经将太子给废了，这就等于给四爷提供一个走向太子的梯子，只要四爷用心去做，不让皇上恢复太子之位不就行了。"

胤禛连连摇头："皇上是何等精明之人，他怎会听从别人的劝告与怂恿，做不好适得其反。"

"四爷不能改变皇上的意志，就不能在胤礽身上打主意吗？"

胤禛眼睛一亮，继而又神色黯淡地说："胤礽又不是我竞争皇位的唯一对手，我在他身上做了手脚，万一被皇上察觉，那才是偷鸡不成反蚀一把米呢。'鹬蚌相争，渔翁得利'，那不是给其他阿哥制造捷足先登的机会吗？"

"四阿哥明白渔人之利的道理，自己为何不做渔人呢？"

"请邬先生指点迷津，如何才能坐收渔人之利呢？"

邬思道慎重地思考片刻，说道："古今成就大事业者都具备心黑、手辣、无情这三点。因此，才有无毒不丈夫之说。李世民不在玄武门政变中杀兄害弟，历史上就没有贞观之治；宋太祖不向柴氏孤儿寡母逼宫，就没有赵家大宋江山。四阿哥要想一举夺取太子之位，也必须效法李世民、赵匡胤，立大志成大业不能存有妇人之仁啊！"

胤禛轻声问道："邬先生能否讲得更明白一些，要想成就大业登上太子之位，应该怎样做？"

"如果四阿哥下定了决心，邬某人愿为四阿哥奉上雕虫小技，我保证当今圣上宾天之际，登上大宝之位的是四爷！"

"哦？邬先生当真有此本领？"

邬思道不回答，却反问道："皇上一向最欣赏哪位阿哥呢？"

"除了太子之外就是十四弟胤禵，他和我是一母所生，年龄较小，但才思灵敏，尤其擅长用兵，对于各家兵书都能成诵。正是因为皇上也对领兵作战精通，所以才特别厚爱于他，时常召他入宫讨论，谈论兵法。"

邬思道笑说："今圣是马上皇帝，征战南北，再加上四周边陲局势未稳，在选定继承人时可能考虑到善于用兵这一点，但这并不是主要条件。并不是所有皇帝都善于用兵，皇上虽然领兵出征，却很少亲临沙场作战，不能用兵只要能用人就行。阿哥中有谁善于用人呢？"

胤禛皱眉苦思："至于谁善于用人我还没有发觉呢。不过，八阿哥胤禩为人圆滑，有一副八面玲珑的活菩萨嘴脸，和众阿哥相处都很好，在朝臣与后宫中威信最高。"

邬思道微微摇头："这是他的优点也是他的缺点。因为他为了取悦于任何人，和谁都不会深交，也就没有真正的朋友，关键时候谁都不会帮助他，他这种人最危险，也最没有当太子的希望。皇上如此圣明，怎会任用一个中庸无能的和事佬呢？"

"再者就是两位年长的阿哥,大阿哥与三阿哥,大阿哥因为那年皇阿玛在五台山养病时有图谋不轨之心差点遭到圈禁,皇上虽然没有惩治他,但已经明白地训斥过他,并令他长期在府内闭门思过,潜心读书,修德养性,从那以后,皇上再也没有重用过他。

三阿哥现在正和陈梦雷、方苞等人修纂《古今图书集成》一书,尽管他知识渊博,正如先生所言,他已近乎书呆子,读进去了却没有读出来,皇上也训斥过他几次,他却改不掉满身的书卷气,一说话就是之乎者也,皇阿玛也不欣赏他,认为他只是一块做学问的料,所以才让他负责编书,也算是知人善任吧。"

邬思道听完胤禛的分析,认真思考一会儿,说:"人是多变的,我们所看到的每位阿哥的表现都是表面的,许多事都带有推测与臆想的成分,与真实情况可能相差很大。特别是皇上的心思也难以确切把握,人的心里随时随事而变化,有时带有很大的偶然性与随机性。特别是机遇,不到具体的事情,也难以断定机遇最有利于谁。因此,必须逐步削减与削弱竞争对手,断其十指不如断其一肢,断其一肢不如毁其一身。"

胤禛微微震动一下,作出一个刀砍的动作:"邬先生要我将他们一一杀掉,这不太残忍了吗?不是我下不了手,我是担心万一事情败露,不就是弄巧成拙吗?"

邬思道连忙解释说:"四阿哥误会我的意思了,断其指、断其肢与毁其身,并不是要你杀害他,而是让他们从竞争对手中排除出去,彻底退出争夺太子之位行列。比如大阿哥与二阿哥,他们虽然受到皇上的惩处,但是,并不能说他们没有争夺储君之心,也不能说他们没有成为太子的可能。"

胤禛这才明白邬思道的意思:"那么怎样让几位阿哥退出竞争之列呢?他们是绝不会有自知之明,自动退出的,以武力逼迫势必两败俱伤。先生一定有什么高见吧?"

"高见谈不上,旁门左道还是有的,就是我先前所说的坐收渔人之利。当然,这必须经过巧妙设计,引诱其他阿哥中计才行。"邬思道见胤禛仍然脸上露出茫然之色,继续解释说:"太子新废,皇上最忌讳有人趁机诽谤二阿哥,做乘人之危、落井下石的事,四爷可从这点入手暗中拨弄是非,让想当太子之人入圈套,受到皇上惩罚。如果四爷再狠些心,可以借刀杀人毁去废太子,这叫他山之石可以攻玉,就看四爷如何做了。"

"邬先生的意思是鼓动其他阿哥害死胤礽?"

"不一定是害死,让他再也没有资格成为太子人选就是。"

胤禛微微点头,小声问道:"先生能说出这一谋略,也一定有实施的措施了?不妨一起讲出来。"

"办法是有,但不知四爷愿不愿做?"

"只要可行,并能够达到目的,我怎会不做呢? 先生快讲吧。"

邬思道见周围没有其他人,盯着胤禛说道:"这事只能你知我知、天知地知,否则就不灵验了,计策最讲保密,正像诸葛亮当年留下锦囊妙计除去魏延一样,空城计也只能用一次,四阿哥明白其中的奥妙吧?"

"请邬先生放心,我不会自己搬石头砸自己的脚,邬先生只管说来。"

"我曾研究过几代圣朝的权力机构,他们除了设有三省六部之外,许多帝王都有自己的情报组织,专门负责刺探各地情报,名称也不一样,有的叫外务处,也有的称锦衣卫、铁牌坊,等等,因为是帝王的秘密工作机构,因此一般不为外人知道,就是史书上也极少写到。明朝的东厂、西厂四阿哥一定有所了解吧,就是典型的特务机构。四爷要想成大事也必须有这样一个组织,为四爷刺探众阿哥的行踪,监视他们的活动,甚至要打入皇宫内部,掌握皇上的一言一行,以便根据情报调整策略,寻求对策,只有这样,才能做到'知彼知己,百战不殆',四爷以为如何?"

胤禛觉得有理,这一年多来诸多事的成功都归功于情报可靠,消息准确及时。

"可是,这些人员都必须是武艺高强,胆识高人一等的人,从哪里寻找呢?"

"如果四爷有心组织这个机构,邬某愿为四爷组织起这批人马。这些人也不是四爷所要求的那样,一定要武艺高强,能够飞檐走壁,普通人也可以做到,只要四爷肯花钱,可以从江湖上招徕一批侠客异士,也可从皇上身边与几位阿哥府上收买一些太监、宫女,他们近水楼台先得月,收集四爷所需情报比其他人都更得心应手。不是我邬思道吹牛,只要我所提出的条件四爷能答应,我保证给四爷训练出一帮比大明锦衣卫还厉害的谍报人员以供四爷驱使。"

"好,我答应你,这事就由邬先生全权负责……"

胤禛刚要说下去,一名随从急匆匆进来报告说,杭州来人求见四爷有要事相告。胤禛起身说道:"邬先生拟定个详细方案,也起一个合适的名字,需要什么列出来,我们改日详议。"

"请四爷放心,邬某马上就做!"

胤禛走出书房,邬思道望着他的背影内心一阵心酸,二人都是金枝玉叶的皇室后裔,自己却不得不低首称奴受他驱使,为了光复大明江山,不得不竭尽所能为胤禛谋夺皇位,然后再从他手中夺回自己所要得到的东西,成败与否只能听天由命,正如他自己所说的,尽我所能,不成功则是天意,无愧于己,也无愧于父祖。

国仇家恨只能深埋心底,泪也只能向心里流去。

一阵北风吹来,邬思道打了一个寒噤,抬头远望,紫金山一片火红,又是深秋了,那万木丛中掩映的不是太祖孝陵吗?

康熙的心绪很坏,既然无心赏景,只好回銮京师。

胤禛奉命伴驾,他立即派博尔多将喜子母女从杭州接来,一同回京。康熙听说胤禛没有完婚就生出了孩子,十分生气,又劈头盖脑训斥一顿。当他知道喜子是大福晋的陪嫁侍女时,也就不再说什么。这在满洲习俗中是正常的事,自己不也这样做过吗?胤禛之母乌雅氏就是皇后赫舍里氏的侍女。

康熙命人把喜子母女叫到跟前,见喜子人长得并不俊美,但言谈举止却十分大方得体,有大家闺秀之风,与一般侍女大不相同。

询问后才知道喜子是阿巴泰之孙凌柱之女,康熙大感意外。他们爱新觉罗氏的江山有四分之一的疆土是喜子的先祖给打下来的,喜子的曾祖额亦都是大清第一开国元勋,用"汗马功劳"这四个字是无法表达的。祖父阿巴泰是顺治皇上最亲信之人,以致顺治皇上五台山出家也是阿巴泰陪伴的。康熙无奈处死父亲的同时,也将化名慧空的阿巴泰赐死。正是因为阿巴泰随顺治皇上一同出家之事,孝庄皇太后唯恐事情泄露,把当事者几乎杀绝。当时,考虑到阿巴泰家族的赫赫功勋,才免去他儿子凌柱一死,把他全家赶回东北老家住皇陵。

这些事迹都是康熙从太后那里听到的,事过境迁,想不到喜子又成为儿子的妻子,唉,这也许是他们两家的前世姻缘吧。

康熙觉得有些对不住凌柱一家,就对胤禛说:"回京之后,你正式与喜子举行大婚,朕给你主持婚礼,册封喜子为福晋。"

喜子急忙施礼称谢,这时,那边传来婴儿的啼哭声,康熙听说是喜子所生的小皇孙,十分高兴,让她抱来看看。康熙接过喜子抱过来的婴儿一看,这孩子长得浓眉大眼,天庭饱满,地阁方圆,哭起来声音洪亮。康熙用长胡须亲亲孩子小脸,问道:"是否已经给我这皇孙起过名字?"

胤禛答道:"叫弘历。"

康熙听后点头说道:"弘历,既合于我爱新觉罗氏的辈分,又有宏图大历之意,好,就用这个名字吧。"

"谢皇阿玛!"

回到京师之后,择了一个吉日,胤禛与喜子行了婚礼,康熙果然亲临,并当众宣布将圆明园赏赐胤禛以为贺礼。众王子以及文武百官也前来祝贺,真是热闹非凡。

曲终人散,胤禛没有去洞房,反倒和邬思道对坐品茗。胤禛道:"今天,皇阿玛亲临主婚,并册封喜子为福晋,当众赏赐圆明园作为新婚之礼,我在皇上心目中的位置不言自明。值此东宫之位空缺之际,这自然于我大为有利。"

而邬思道却认为这种态势其实弊大于利。他分析道:"木秀于林,风必摧之。皇上的这种态度必定使四爷成为众矢之的，必定有人暗中进行诽谤中伤，拨弄是非，以使皇上对四爷产生反感。言谈举止稍有差池，定会被抓作把柄加以攻击。四爷目前最好的办法，就是以退为进远离是非之地，让众阿哥互相争斗，自己坐在高山观虎斗，然后在适当的机会回来收取渔人之利。"

胤禛会意："邬先生让我再次离开京城，外出总要有个借口吧?"

邬思道用手一指茶杯，胤禛立即笑道："先生高见，佩服，佩服。只是我这一走，京中的消息闭塞，如果有人捷足先登，我这苦心岂不成了为他人做嫁衣?"

邬思道呷口茶："四爷尽管去吧，这个家我会给四爷守住的，只是四爷临行前一定要协助我把情报机构建立起来，那样，我身居斗室可掌握天下动态，四爷远离京城照样能够遥控这里的局势。"

邬思道说着，从书桌的一本书中取出一张图展示给胤禛看："这就是我为四爷设计的情报机构培训与活动方案，为了方便这组织的活动，必须起一个隐秘的名字，请四爷给这个组织起个合适的名字吧?"

胤禛想了想说："我小时候最喜捉蜻蜓、捕蝉。一根长长的细杆，在杆子一端缚上一个网子，上面布上能够粘住蜻蜓、蝉的翅膀的东西，这样的杆子习惯叫作粘杆，借用这个名字，你所成立的情报组织就叫'粘杆处'吧，对外只说是捕鱼钓鳖捉鸟的机构。"

邬思道连声称赞："本来就是为四爷捕鸟钓鱼的嘛! 四爷这个名字既恰当又带有隐秘性，实在妙极了。"

胤禛把活动方案仔细看一遍，粘杆处实行单线联络方法，阶梯活动方式，最高负责人叫粘杆侍卫，直接向他本人负责，一般成员叫粘杆拜唐，身份不许公开，无特殊情况彼此也不往来，按时汇报工作、论功行赏。

胤禛见方案十分完善，活动范围也很宽广，几乎涉及到他所需要的方方面面，较为满意，又建议说："这个组织较为庞大，人员众多，经常出入我这府邸，时间一久难免引起外人怀疑，也不利于各粘杆拜唐展开工作，又容易暴露身份，必须在府邸的其他位置另开一个秘密通道专门供这些人员进进出出，也必须给每人一个有特殊标记的牌子，只要他们有这个牌子，守卫秘密通道的人就可放行。"

邬思道又取出一张图说："四爷，我在南少林时曾见过一种镇寺之宝，名曰'血滴子'，是一种极为厉害的杀人武器，我当时曾绘制一张图，能否制成也不清楚，四爷可找人按照这图上的尺寸打制，倘若这杀人利器能够制成，将对四爷的大事有帮助。"

胤禛接过图，只见上面绘着一个类似酒壶一样的东西，旁边标明了许多细小文字，十分不解地问道："这种东西看起来像个酒壶，并没有什么特别的地方,怎么说是杀人利器呢?这'血滴子'之名是何含义?"

邬思道指着图解释说:"这玩意是把诸葛亮驻守剑阁时制造的诸葛弩改进而成,只不过更加精致小巧罢了。机关装在壶把上,壶肚里装有半寸长利箭,只要按动壶把上的机关,利箭就从壶嘴上射出,射程可达百步以外。它可以连续发出壶肚里所储藏的箭,用完还可以重新装入。它的壶盖上装有一面精密度极高的镜子,直接可以从壶盖上瞄住对手,这种武器可以击近也可以攻远,小巧玲珑,携带方便,由于利箭短小,杀人一般只流一滴血迹,因此叫作'血滴子'。由于制作技巧很高,一般工匠很难打制,所以很少被人使用,外人就极少有人知道这种杀人利器。"

胤禛接过图,小心地折叠好放进袖内,内心却有一丝恐怖,这姓邬的年纪轻轻却有如此心计,并且有那么多的歪手段,如果被其他阿哥笼络,后果不堪设想,若流落江湖成为反清势力所用,更是大清的不幸。如今拥有此人可谓天助我也,但此人是以邪取胜,不可不用也不可大用,与这等人交往必须谨慎、多个心眼,以防得罪他遭至暗算,借他之力夺取大位后,头一件事就是要除掉此人,免得后患无穷。

过了正月十五,胤禛进宫请安的时候,向父皇自告奋勇要去黄淮灾区考察,修正治水方案,并督导治水工程。康熙听他将治河方略说得头头是道,又见他信心十足,便命胤禛与河道总督阿山共同负责河务。偏偏胤祥在一旁也恳请随四阿哥治水,康熙难得见自己的儿子这样热衷治理黄淮河患,一时高兴,便也准奏了。

一转眼,夏季到来了。

最紧张最繁忙的地方莫过于江苏宿迁治水工地,这是胤禛负责治水以来第一个夏季。

为了显示出自己治水的才能与成绩,胤禛采取抓大放小、长短结合的策略,这数月来,他把工作重点转移到固堤堵决与疏通河道方面,目的就是确保今夏不再有往年的决堤现象;否则,又会给其他阿哥留下口舌,自己也落个出力不讨好的坏名。

胤禛刚从工地督查回来,李卫递上一封从京师送来的加急密信,胤禛急忙拆阅,只见上面写着:"四爷台启:京中有变,大阿哥以厌胜术骗取圣上欢心,有将其立为太子之意,日前尚在疑虑之中,请速回京商讨对策,切切。阅后付丙。"

落款是"粘杆拜唐堂主",那是邬思道自封的称号。胤禛看罢信心急如焚,他请命治水的意图不过是远离京师是非之地,坐山观虎斗,如果被人神不知鬼不觉抢了先,岂不是白费心机。

胤禛知道京师事急,但这治水工地也不可忽视,雨季即将来临,万一有什么闪失,某处决口,这个责任也吃罪不起。

胤禛考虑再三,找到胤祥,轻描淡写地说要回京探望染病的父皇,回来后再换他进京。胤祥也就答应了。

胤禛又把戴锦戴铎及常赍等人找来,再三交代一番,这才带着金昆与李卫二人赶回京城。

邬思道正在书房闭目养神,思考眼前几桩十分棘手的事,忽然听到一阵熟悉的脚步声,抬眼一看,是胤禛回来了,急忙起身相迎:"四爷好久没有回府,人瘦多了。"

胤禛一边坐下,一边询问朝中的事情。

原来,康熙前些日到永和宫探望惠妃的病,在那里临幸了一个叫丹儿的宫娥,云雨之际不慎感了马上风。虽经杜心五疗治,怎奈总不见好。大阿哥便荐举了一个叫巴汉格隆的人替皇上治病。那人先前也曾给惠妃娘娘治好了病,这回也不知用了什么法术,半医半巫地,几天就解了皇上的病痛。非但如此,还打着被除宫中煞气的旗号,鼓动如簧之舌,撺掇康熙册封皇后以补足正位、确立太子以充实阳气,不知康熙是不是老糊涂了,居然信了这喇嘛的妖言,正在酝酿册皇后立太子的事情呢!邬思道把经过简述一遍,最后补充说:"皇上目前尚未做出最后决定,必须赶快揭穿大阿哥的阴谋;否则,木已成舟、悔之晚矣!"

胤禛听完邬思道的话,也不知道如何是好。

邬思道看着四阿哥的神情,及时地献上了自己的计策。他让胤禛禀告皇上,就说自己的儿子弘时得了怪病,请巴汉格隆前来诊治,邬思道自然有办法惩治这个小人。当然真正的弘时太小,为确保万无一失,决定让李卫充当弘时。

巴汉格隆随胤禛来到书房内,见床上躺着一个十七八岁的少年公子,面色微青,双目紧闭,昏迷不醒,嘴里还不时地说着胡话,估计这就是弘时无疑。他走上前翻翻眼皮,掐掐虎口,又把把脉搏,便开始施展法术,吹气、跺脚、洒水、喷酒、念咒语,足足折腾了半个时辰,这才停下来说道:"四阿哥,世子也是中了宫中的煞气,但由于他年纪小,抵抗力弱,因此邪气重了一些,必须驱煞与药剂并用方能奏效。"

胤禛忙说道:"一切听法师的便,弘时病愈后我会重谢法师,只要我能办到,你要什么我答应什么。"

巴汉格隆心里如吃了蜜一样甜,这次来京得到大阿哥的好处不说,皇上也倍加信任,今番来到四阿哥府上,说不定会得到更大的彩头呢!

巴汉格隆对治好弘时的病十分有信心,他认为弘时是中风,也就是现代医学上的癫痫。

事实上,邬思道早就估计巴汉格隆精通医术,至于法术,那是骗人的鬼把戏,他之所以能够治愈惠妃及皇上的病,凭靠的就是精湛的医疗技术。

邬思道暗中派人把他给惠妃及皇上所开的药方全部抄录下来,仔细研究了这些药方,了解到他擅长医治什么病,根据巴汉格隆的治病范围让李卫化装成中风的样子。

聪明反被聪明误,能人背后有能人。

巴汉格隆果然中了邬思道的计,他按照中风的病给李卫开了一个药方,着人抓药煎熬,掰开嘴把药灌了下去。根据以往经验,药剂下肚后半个时辰就会起作用,弘时会很快醒来,即使不能彻底医治好,但最近一段时间不会重犯,再接连吃上十几剂药,保证三五年内一切平安,至于以后能否根治,巴汉格隆不去想那么多,能哄骗一时从四阿哥府上再捞上一笔金银珠宝就满足了。

巴汉格隆估计药剂要起作用了,又开始施展起法术来,他估计法术结束时弘时会刚刚醒来,仅凭这一点就可震住雍郡王府的人,然后他再提要求,四阿哥一定会无条件答应。

第十章　亲生子密谋夺皇位
雍亲王暗思连环计

巴汉格隆的法术就要结束了,但躺在床上的弘时却一动也不动,刚才还偶尔冒出几句胡话,现在却连胡话也不说了。几十双眼睛盯着巴汉格隆在室内乱折腾,他自己明白这是故意做给人看,真正起作用的是刚才灌下去的药物,一晃近一个时辰了,仍不见弘时醒来,巴汉格隆有点心里发慌,直嘀咕,难道判断错了症状?越是着急越冒汗,又赶上今天是个大热天,巴汉格隆几乎热成了一头水驴。他见弘时还不醒来,凑近一看,一动不动,用手试一试弘时鼻孔,连气息也没有了,心里一紧张,不小心绊倒在地。

邬思道知道是时候了,趁机将巴汉格隆的法术拆穿了,在胤禛的威逼利诱下,竟然连大阿哥用毒陷害皇上的事情也招了出来。康熙面对胤禛拿过来的口供,心中悲痛万分,没想到自己的妃子竟然和自己的儿子联合起来要置自己于死地。

胤禔被带了上来,他不哭也不恼,更不磕头求饶,见胤禛跪在地上泣泣哀哀的样子,冷笑道:"猫哭耗子,假慈悲!"

"逆子!"康熙走来就是一巴掌,打得胤禔嘴角流血。

胤禔轻轻用袖子拭去嘴角的鲜血,"我今天栽在胤禛之手,要杀要剐随阿玛的便!反正阿玛有的是孝顺儿子,死在自己的亲阿玛手下也心满意足了。"

"住口,你要活活气死朕不成!"康熙怒喝着。

胤禔凄然一笑:"儿臣以后也许再也没有机会说话了,阿玛就让儿臣把话说完吧。儿臣再提醒阿玛一句,知人知面不知心,阿玛,你将来会后悔的,儿臣去了!"胤禔说着,一头向大殿的廊柱上撞去,两名大内侍卫急忙扑上去抱住了他。

胤禔挣扎着嚎叫道:"放开我,让我死给阿玛看!"

康熙老泪纵横,挥手打翻御案上的奏折,仰天哭喊道:"苍天哪,朕造了什么孽,让朕受此折磨与惩罚,你说呀,说呀!"

"阿玛息怒,阿玛息怒,阿玛应以龙体为重,都是儿臣等不孝,让阿玛花甲之年备受煎熬。"胤禛伏地哭道。

"呸!"尽管被两名侍卫死死抱住,胤禔仍向胤禛怒斥道:"你巴不得阿玛现在就死呢!那九五之尊就是你的了!"

"滚,滚!都给朕滚!"康熙咆哮着,摇摇晃晃地走回寝宫,冯吉安急忙上前搀住他。

一场风波终于过去，胤禔遭到永久圈禁。惠妃虽然没有受到任何惩处，但她唯一的希望破灭了，没有希望的下半生使她想也不敢去想，她选择了死。她的死是幸运的，康熙是真的有愧还是体现天子宽容博大的胸怀，这没有人知道，但他用比一般皇贵妃还要隆重的礼仪安葬了她。

对待皇亲国戚康熙是宽容的，皇族以外的人就另当别论了，巴汉格隆凌迟处死，此事牵连的人也有近百人受到不同程度的惩罚。

有人说这次夺嫡之争的胜利者是四阿哥，胤禛却不那样认为。他知道在京城待下去也无益，再加上雨季已经来临，新修筑的堤坝能否承受住凶猛的洪水还无从知晓，决定明日就回江苏工地。行前与邬思道辞别时，邬思道再三告诫说："四爷这次回京是得失各半，铲除了一个竞争对手，但也暴露了自己的心胸，再加上四爷查处太子贩运私货的事，皇上在钦佩四爷能力的同时，更是多了一份戒心，这对四爷是不利的。"

"请问邬先生，有什么好的补救措施吗？"

邬思道沉吟片刻说："据我多方面了解到的信息，皇上可能有恢复胤礽太子之位的想法，四爷不如投石问路，向皇上表明心迹。"

"邬先生是让我递个折子，请求恢复二阿哥太子之位？"

邬思道点点头："亡羊补牢而已，但要把折子写得巧妙一些，让皇上认为四爷亦愚亦智。真真假假，藏而不露，退可守，进可攻，既能量出实力，又虚而待发，出奇制胜。"

胤禛有所会意，回到宿迁治水工地，并没有接受邬思道的建议给皇阿玛上折请求复立太子之位，他认为现在上折的机会不成熟。他把整个心思投入治水护堤上，直到落秋季节，洪水终于顺利疏通入海，虽然其间有几次险些决堤，都因为防范及时护住了大堤。多年来，黄河淮河第一次没有发生决堤之灾，胤禛长长舒了口气，这才两份奏折同时递上。

康熙将两份折子反复看了多遍，他第一次怀疑起自己的判断能力。

胤禛究竟是怎样一个人？自幼聪明好学，心机过人，由于特殊的原因，他比一般阿哥早熟，也比一般阿哥遭受的磨难多，特别是孝懿仁皇后死去，对他打击很大，性格变得孤僻，甚至令人不可思议，自己曾一度认为他无可救药，丝毫不具备做大事的能力。却没有想到，近年来他不但做了几件令人满意的大事，而且也展示了超人一等的领导才能与决断能力。

当然，他那压抑多年的对皇权的攫取心也一天天膨胀起来，尽管做得十分隐秘，也做得理直气壮，却逃不出康熙的眼睛。因此，康熙在对胤禛的任用上，既用之又处处提防着他。然而，他这份奏请复立太子的折子再次让康熙迷惑了，折子写得如此诚恳真挚，处处说到康熙的心坎上，一片肺腑之言令康熙感动，甚至让他有愧疚之心，知父者莫过于子，儿子这样为他分忧解难,而自己却处处怀疑儿子,对他妄加猜测,实在有失为君之风,更失为父之范。为君,用人不疑,疑人不用;为父,知子善用,使其成龙成凤,可是自己都没有做到,也许正如胤禔所言自己太偏心了,这么多的儿子,一碗水能端平吗?康熙这样为自己找借口。

康熙经过了多番思虑,虽然不断揣测胤禛的心思,却始终不能看透。胤禛的奏折还是起到了一定的作用。康熙决定恢复胤礽的储君之位。

康熙叫来了王琰和马文议事,正在说话的时候,奏事太监来报,内大臣李光地病逝。三人听了都十分难过,康熙传旨,着人拟定谥号,排名位配享太庙。

马文提出选择贤臣补充南书房的建议,康熙选出了张廷玉和隆科多两个人。虽然王琰不喜欢隆科多,但此时隆科多圣眷正宠,他也不好拂了康熙的意,只好卖了个顺水人情,对隆科多大加赞赏。

对于胤礽而言,这真是一个阳光灿烂的日子。他在侍从的簇拥下走出禁闭一年有余的住所,然后在皇帝的贴身太监康熙身边拜谢皇上。

礼毕,康熙见太子脸色苍白,面容消瘦,眼光也有所黯淡,心里也不是滋味,一年多的圈禁确实让他吃了不少苦头,作为父亲这样做也是逼不得已吧,恨铁不成钢,希望他能克己为人,引以为戒,不让自己失望。

康熙对太子告诫了一番,然后才让胤礽退下。太子刚刚被恢复身份,想在皇上满前表现一下,对皇上说:"儿臣恳请阿玛福佑儿臣的同时,也别冷落了其他阿哥,对众阿哥能够各自晋封一等,同时沐浴阿玛龙恩。"

康熙听后沉思良久,胤礽说的话也有道理,自己能够宽宥胤礽,复立他为皇太子,却丝毫没有想其他阿哥,无怪乎众皇子不服,私下议论自己有私心,自己的一碗水确实没有端平,把整个大清帝业都给了一人,却忽略了其他儿子,特别是胤禛、胤祥这些长年在外为朝廷操劳的儿子,自己的仁爱之心何在?康熙觉得自己的脸微微有些发烧。皇子不睦,相互猜疑,暗中争斗,蓄夺帝位,这种种做法是皇子的不孝,而他这位做父亲的也应当承担责任。康熙第一次认识到他个人也有过错,一定程度上,是他做父亲的没有处理好父子兄弟之间的利益关系所造成的。

唉,清官难断家务事,康熙身为皇帝能摆平天下大事,却处理不好家庭小事,这不能不是他的遗憾与悲哀。

康熙答应了胤礽的请求,在复立太子之位的同时,也诏告天下,封胤禔为诚亲王,胤禛为雍亲王,胤祺为恒亲王。此外,封胤祐为淳郡王,胤䄉为廉郡王,胤禟封为贝子,胤封为敦郡王,胤祥封为怡郡王,胤䄉封为恂郡王,其他皇子各有封号。

此诏一发,天下皆知,在河南治黄工地的胤禛也接到邸报,当晚在酒宴上,他把一杯杯的苦酒倾进了愁肠……

又一批治黄工程结束已是腊月初八,按传统习俗,过了腊八就能闻到年味了,正是在这一天,胤禛才顶风冒雪回到京城。

走近府邸,"和硕雍亲王府"六个大字格外醒目,这遒劲的字体再熟悉不过,是皇阿玛亲笔御书。在一般人眼里无疑是最高殊荣,而胤禛却觉得特别刺眼,令他觉得难以忍受。真是滑稽,胤礽因胤禛的那份折子复立为太子,胤禛因胤礽的提议被封为亲王,是胤礽沾了胤禛的光呢,还是胤禛托了胤礽的福呢?也许只有康熙才说得清。

一晃半年没有回府,今番回来又少不得团团圆圆,热热闹闹。但胤禛一点儿也提不起兴致,仅仅入宫拜见了皇上把要奏之事陈述一遍就回府了,既没有走访一些老臣旧友,也没有拜会其他亲王贝勒,独自钻进了书房贪婪地阅读起来,要把一腔委屈与苦闷从书本中得到解脱。

这日,胤禛和邬思道在浴兰堂内品著交谈。邬思道自然明白他内心的苦衷,便对其开导,但胤禛知道,这些话只是宽心而已。胤禛烦闷的心情依然无处排解。邬思道摇头一笑说道:"邬某粗懂星相学,据我多次夜观星相所知,紫微金星正主中天,且光亮无比,太白翼星偏东,光芒昏暗,当今圣上三年五载尚不会龙驭上宾,这点请四爷尽管放心。"

胤禛有所怀疑地问:"邬先生既然懂得星相学,能否看出我有没有天运,倘若命定是个王爷,就此偃旗息鼓坐享清福了,求得下半生平平安安阖家团圆。"

邬思道以君臣之礼解说,胤禛觉得也有些道理,可这君与臣之间的距离,谁都把握不好。邬思道知道自己的话引起了四阿哥的兴趣,于是继续为四阿哥分析现在的处境。事实上,邬思道的话四阿哥早就知道,假如他不再争夺皇位,而是安于现状的话,那么将来无论哪一个阿哥上位都不会对自己重用,甚至还会严厉打击。可是自己又有什么办法呢?

邬思道看着四阿哥有如困兽似的表情,终于将自己的计划和盘托出,他们打算向太子下手。

邬思道慢条斯理地讲道:"四爷一定听说过,有一种药阿肌酥,此药具有滋阴壮阳的妙用,对于那些肾亏之人具有大补的作用;但此药也有一个世人鲜知的副作用,就是能够使人迷失心性,致癫致狂。"

胤禛明白了邬思道的意思,连连摇头说:"二阿哥也非等闲之辈,怎会轻易去吃这种药呢?何况此药也非一次两次能够见效,万一皇上觉察出来,罪责不在胤褆之下。"

"四爷是何等聪明之人,做这样的事怎需要四爷亲自动手呢?只要在二阿哥面前丢出一句话,殿下一定会暗中试一试的,这药像鸦片一样有瘾,一旦用上阿肌酥,想不用只怕都扔不掉。"

胤禛心里已经盘算好应该如何做,嘴里却连连说道:"这等不齿之事我怎能去做,邬先生还是给我想想现在当务之急应如何安身立命等待时机的事吧!"

邬思道站了起来,挪动着双拐,浴兰堂内回荡着笃笃的拐杖拄地声,节奏很缓,但每一声都掷地铿锵有力。

邬思道在室内来回走动几趟,终于停了下来,两眼直直地望着窗外,幽幽地说道:"太子复立,名分已定,四爷现在确实需要韬光养晦等待时机,养精蓄锐,伺机夺宫。如果再像原来一样拼命做事,不但其他阿哥对四爷有看法,殿下也会妒嫉四爷的,众人群起诽谤四爷,四爷就是出力不讨好了,依邬某认为,四爷可以采取三步走的办法。"

"请问邬先生是哪三个步骤?"胤禛急切地问道。

"一,四爷以进为退,向皇上提请做事,假如皇上并不委以重任,四爷正好急流勇退,削去锋芒,退而怡享天伦之乐。"

"倘若皇上委以重任呢?"

"四爷这几年做了几件深得人心的大事,声誉鹊起,万民拥戴,声誉已经超过太子,我想皇上不会再给四爷能够立竿见影出成绩的事做。如果委以重任,估计也是得罪人出力不落好的事。即使这样,四爷也极力推辞,推辞不掉就拉上太子,让皇上感觉到你是委身太子门下的。"

"这是为何?"胤禛不解地问。

"我建议你的第二点就是这个道理,让你外表附庸在太子门下,给人一种错觉,认为四爷胸无大志只是太子的奴才,指望靠着太子将来做个稳固的亲王;同时,也可以麻痹太子与皇上,使他们觉得四爷所做之事都是为太子所做,干出的成绩是太子的,有了差错,责任则是四爷的。"

"在南京时我抓住太子贩运私货的事牢牢不放,一查到底,现在主动投之门下,他会不会接受呢?"

邬思道哈哈一笑:"太子废而复立需要重塑形象树立威信,他会主动拉拢一批德高望重的老臣,也会尽力结交一些像张廷玉、隆科多、方苞这样的年轻有为之臣。对于众阿哥,太子也会尽力拉拢,一是在皇上面前表现出不计前嫌的博大胸怀,二是稳住众皇子的心,把竞争的可能降到最低点,从这几个方面考虑,只要四爷主动投到太子门下,他是求之不得的。四爷别忘了,是你主动上折求皇上复立他的太子之位,这份情胤礽一定会记在心里的,他怎会将你拒之千里呢?"

"邬先生,那第三步呢?"

"解散属下之人,纵情声色犬马。"

胤禛连忙摇头:"让我纵情声色犬马做出一种与世无争的样子我很愿意,可是解散属下之人却万万不可,像戴氏兄弟、金昆、常赉、博尔多、马尔齐哈、傅鼐等人虽然不能说是社会一流人才,但也是各有所长,跟随我多年,都

· 85 ·

赤胆忠心,忠诚不二,如果把他们打发走了,一旦到了用人之际到何处寻找。再者说,这些人都多少了解我的一些作为,如果投到他人府中,将我的秘密捅了出去……"

不等胤禛说下去,邬思道又是哈哈一笑:"四爷误会了,解散属下之人并不是让四爷赶走众人。四爷请想,众人到四爷手下做事养家糊口只是一个方面,更重要的是想随四爷有所作为,将来讨个一官半职做。而许多人到四爷府中一晃几年、十几年,他们除随四爷东奔西走四处奔波外又得到了什么。如此下去谁还会给四爷卖命呢?一旦有人重金收买,必然有人经不住金钱的诱惑投到他人门下,暗中为他人做事,甚至出卖四爷。不瞒四爷,粘杆处的一些人就是我派人重金从其他阿哥府中收买过来的。"

胤禛经邬思道这么一说,想到了在南京办事时,沈廷玉就曾被韩世琦所收买,面带难色地问:"以邬先生之见如何摆平属下人被收买的事呢?"

"所谓解散他们,就是把这些人一一推荐出去做官,根据他们能力大小和特长推荐到不同的部门、地方。这样做对于四爷实在太必要了,一是给其他阿哥一个假象,以为四爷彻底放弃了夺储之心;二是让属下人都有了一个合适的归宿,多少当上一些小官,从心里说一定对四爷感恩戴德,这样也有利于有更多的有识之士投到四爷门下,他们会认为四爷知人善任,不埋没人才;第三点好处就是四爷所顾虑的人才流失,四爷请想,这些人都是四爷心腹之人,又被四爷推荐到那么好的位置,对四爷感激还来不及呢,怎会出卖四爷呢?而这些人分散到不同的地方与不同的部门,所得的信息会更宽广也更及时,他们手中有职有权就等于四爷有职有权,一旦时机到来,只要四爷一声令下,众人会从四面八方蜂拥而至。"

邬思道稍稍停顿片刻又说道:"四爷只要按照这三步走,表面上可能闲居在家,给人不思进取、无所事事的感觉,而实际上四爷是深居府邸遥控时局,等待时机。"

胤禛紧皱的眉头舒展开来,握住邬思道的手,喜形于色地说:"邬先生真是高见,管仲、乐毅、孔明、刘基等人也不过如此,我有先生在身边,倘若大事不成就是苍天负我。"

胤禛嘴里这么称颂邬思道,心底却泛起一股醋意,实在想不到这样一个跛子竟懂得帝王之术,有登龙之道。此人深不可测,慢待不得,要想稳住此人,必须给他一个女人,成个家,俗话说英雄难过美人关。

"邬先生已过不惑之年仍然孤身一人,不知先生要什么条件的女子?先生只管说来,我一定给先生物色一位满意之人。"

邬思道哈哈一笑:"四爷太小瞧邬某了,如果我有娶妻生子之心,只怕不会到四爷府上了。杜诗云:'飘飘何所似,天地一沙鸥。'我只愿在四爷的天地间做一孤零飘飞的沙鸥就满足了。至于女人,那是身外之物,寂寞无聊之际纵情一二也就可以了,何必系在身边作为一个累赘之物呢?"

胤禛一时弄不清邬思道这话的意思,还来不及细想,李卫来报,说年羹尧回京述职来看望四爷。胤禛吩咐让他到浴兰堂相见。

年羹尧与张廷玉是同科进士中升迁最快的两人,张廷玉除了父亲大学士张英的关系外,也因为自己过人的才干而破格提升为南书房大臣,这是众人仰慕的官职。可与张廷玉相媲美的后起之秀就是年羹尧,他三十岁就当上了四川巡抚,成为一方封疆大吏,除了个人的聪明才智与熟谙为官之道外,胤禛给他出了不少力。再加上他的妹妹年霓裳成为胤禛的侧福晋,这错综复杂的关系,年羹尧每次进京述职叩拜皇上之后第一个要见的人就是胤禛。没有胤禛哪有年羹尧的今天,感激二字不能涵盖他对胤禛的感情。

年羹尧来到浴兰堂,拜见过胤禛便坐在胤禛侧面,他瞟瞟邬思道,心里暗想:众人都说这人有才,我偏不信,一个举试不中的跛子能有何能耐,几句花言巧语骗骗一些不学无术之人罢了。于是便趁机想奚落邬思道几句。竟然直接说邬思道是个跛子。

邬思道并不恼,嘻嘻一笑:"我不仅算出三年后自有异人将我双腿医好,也算出年巡抚物极必反,身首两离,死相悲惨。"

年羹尧一听邬思道骂他不得好死,勃然大怒,正要发作,邬思道又哈哈一笑说道:"年大人不必生气,你刚才称我为算命先生,算命先生自然三句话不离本行了,我刚才是算年大人的将来,对错现在无法证实,如果我算年大人的现在,对错可当场对质,年大人不必动怒吧!"

年羹尧重重地哼一声:"好,我就耐着性子听你算一算我的现在。"

邬思道似笑非笑地说:"如果我没算错,年大人这次进京述职叩见皇上只是一个次要的方面,更主要的是觐见殿下找一个更加稳定可靠的靠山,将来好能平步青云扶摇直上。"

这话一出,不仅令年羹尧面如土色,连胤禛也吃惊不小。邬思道不管两人如何表情,继续说道:"我还算出年巡抚从四川来时带了两支白玉鼻烟壶,昨晚觐见殿下时已送上一只,剩下一只白玉鼻烟壶是送给四爷的,如今正带在身上,现在还不拿出来让四爷欣赏一下。四爷就喜好这个,年大人真有孝心。"

胤禛一看年羹尧的表情,知道邬思道句句是真,马上拉下脸来喝问道:"那只鼻烟壶呢?"

年羹尧红着脸从腰中掏出一只白玉鼻烟壶,胤禛一把夺了过来"啪"的一声摔个粉碎,怒斥道:"我瞎了眼睛把你捧这么高!"

不等胤禛再训斥下去,邬思道急忙阻止,为年羹尧说了一大通好话。年羹尧顾不得气恼,急忙向邬思道点头称谢。邬思道趁机提醒胤禛,将李卫安插在年羹尧的身边监视他。

年羹尧哪敢有半个推辞的字，当即答应了。

邬思道估计年羹尧还要同胤禛谈些私事，借故告辞了，年羹尧看着他拄着双拐离去的背影，心中暗暗吃惊，这么一个跛子实在深不可测，那笃笃的拐杖拄地声也令他毛骨悚然，今后再也不敢小瞧邬思道。

胤禛一边暗中弄到珍贵的阿肌酥，试着寻找机会实施他的夺嫡计划，一边按照三步走战略布下烟幕弹。

经过多日奔波，跟随左右的人都被推荐出去了，李卫随年羹尧去了四川，戴锦到吏部做了笔帖式，戴铎去了福建当知府，常赉到隆科多手下谋个差使，博尔多被安置户部，胤禛身边仅留下金昆、傅鼐、马尔齐哈等人。

这天，胤禛又来到养心殿西暖阁拜见皇上，询问是否有事让他去做。康熙知道国库空虚，各地官员营私舞弊，欺上瞒下，囤积居奇，急需查处，他也相信胤禛的办事能力，但转念一想，胤禛已经办了几件轰动全国的大事，朝野震动，而太子虽然监国，却毫无政绩，也许是自己没给他外出办实事的机会吧，于是便决定将这次清查亏空的任务交由胤礽去做。

因此并没有给胤禛委派什么任务，而是让他在京城中修养。

康熙看着胤禛越来越瘦弱的身姿，不禁感到心疼。于是便把承德避暑山庄西北部的狮子园赏赐给了胤禛，让他有空之时可以行猎强身。胤禛欣然接受，他知道康熙话中的意思是让他一生纵情山水，彻底放弃对皇位的野心。

为了收敛自己的锋芒，迷惑康熙，胤禛开始着手建造圆明园，每天让自己沉溺于享乐之中。对胤禛的这些所作所为，有人叹息也有人暗自高兴，当然，也有人怀疑他是故意伪装。

这天，胤禛正在府中驯狗，门卫来报，说殿下送来帖子，请四爷去毓庆宫吃酒。胤禛接过帖子仔细考虑一番，点头答应了。

胤禛来到毓庆宫，其他阿哥也都陆续到了，原来今天是皇太子的四十岁生日，胤禛埋怨道："太子生辰这等大事也不在帖子中写明，也让我等准备几份像样的礼物，要么改日再让人送来。"

胤祥接过胤禛的话说道："四哥就省了吧，二哥不缺咱兄弟这点东西，二哥四十寿辰只请咱兄弟们相聚一起乐一乐，其他人根本没请，他是怕这事传扬出去，众朝臣又要破费，传到阿玛那里影响也不好，所以才没有在帖子中写明请客缘由，我是个穷光蛋阿哥，乐意他这么做呢，你也别得了便宜卖乖。"

胤禛也一改往日严肃的面孔，以借钱的名义和几个兄弟在一起说笑。恰巧这时候胤礽走过来，催促着几个人赶紧入席。

接下来众人开始向胤礽敬酒，无论真情还是假义，众兄弟兴致都很高。敬酒之后便是互相对饮与猜拳行令，说笑声、碰杯声不绝于耳。胤禛知道自己的酒量,他从不主动找谁喝酒。胤禛看着众兄弟的高兴样,自己感到委屈。

胤礽见他一副精神不振的样子,笑着问道:"老四这几日都忙些什么,怎么没有一点精神?"

胤禛忽然想起邬思道的话来,伸个懒腰说:"昨天晚上去'君再来'连泡两个妞,有点儿累了。"

这话一出立即引起众人的兴趣,十七阿哥胤礼哈哈一笑问道:"四哥府上已有几位如花似玉的嫂夫人还不够用的,要去'君再来?'你那瘦瘦的身子骨能吃得消吗?要不要小弟帮忙?"

众人又是一阵大笑。胤禛故意卖个关子说:"不是在你们面前吹牛,这几年风流场子去多了还真有些经验。"

"嘿,快说让我等也学一学。"众人一致催促。

胤禛执意不肯:"我这法子也是别人传授的,那人再三告诫我他要以此赚大钱呢,决不许泄露给第三者,我也向他保证了。不瞒你们说,为了这秘方,我破费了一百两银子呢。"

胤禛越是不说,众人越是想知道,胤褆啦地从腰中掏出一张一千两银子的银票放在桌上:"我用这一千两银子买你的那秘方行不行?"

胤禛说着,看看太子,莞尔一笑,众人才知道上了胤禛的当,让胤禛连罚三杯酒才肯罢休。胤禛自称不胜酒力要求提前告辞,众兄弟也都知道他的酒量便答应了。

胤禛走时又看了一眼胤礽,胤礽会意把他送到门口,笑着问道:"老四,你瞒得了别人可瞒不了我,快告诉我到底是什么秘方?"

胤禛显出十分谨慎的样子,才将阿肌酥告诉胤礽,并且还将卖此药的地点,京城惟仁和大药房告诉了太子。

胤禛再三叮嘱不可告诉他人。胤禛回到府中立即把这事告诉邬思道,并派人与仁和大药房的伙计商定好,专门等待胤礽去买药。

原来这仁和大药房是胤禛私人所开,也是邬思道粘杆处活动的一个秘密点。几天后,粘杆处的人回来报告,殿下派人买走了十丸阿肌酥。胤禛听后又惊又喜,略带不安地问道:"万一被皇上觉察出如何是好?"邬思道安慰着胤禛不必担心。

第十一章　皇太子受害废储位
　　　　　老皇帝挥泪别爱子

康熙趿着拖鞋,穿着白绸短裤短褂在烟波致爽殿里和马文对弈,奏事太监何国柱匆匆进来说道:"京师送来八百里快递的折子。"

"谁的折子,念!"康熙头也不抬地说。

"喳!"何国柱急忙念道:"启奏吾皇陛下,太子染病疾,乱语不止,病因未明。张廷玉奏。"

康熙手中的棋子啪的一声掉了下来,他不相信地从马文手中接过折子看了一遍,千真万确。

康熙的心跳猛地加快许多,头脑嗡地一声几乎栽倒在地,何国柱与马文急忙扶住他,马文一边给康熙擦汗,一边安慰说:"请皇上冷静,也许是太子偶感小疾,而引起疯话,经御医诊治一定会痊愈的,皇上以龙体为重,不必过虑。"

过了好久康熙才平静下来,强撑着身子说道:"朕临行前就感到太子言谈举止不似往常,因此留张廷玉、王掞辅助太子监国,太子之病决非突然发作,只怕……传朕的旨意,回銮京师!"

马文抬头看看窗外白花花的太阳,劝阻道:"皇上年事已高,一路奔波,怎能经受住如此炎炎酷暑呢?依微臣之见派一阿哥回京探视,每日奏报太子病情,待到秋高气爽之时再回銮不迟。"

康熙微微摇头说道:"太子这病得的出奇,我怀疑与众皇子有关联,岂能派他们回京探视?稍有不慎,会把太子往死里推的。"

"如果皇上信得过微臣,让奴才回京师探望太子吧?"

康熙看着两鬓银白的马文:"你也不比朕年轻,又如何经受这酷暑中的奔波呢?让隆科多去吧,他做事沉稳,年轻身强,也深得朕的信赖。"

马文点点头:"隆将军再合适不过,是否要把这事公之于众?"

康熙沉思良久说道:"此事密而不传,待隆科多回京了解到详细情况后再做处理。"

马文会意,立即传銮仪使兼步军统领隆科多。不多久,隆科多来到烟波致爽殿见驾,康熙见他汗流浃背赶来,待他稍歇才说道:"朕有要事需要你回京一趟。"

"请皇上吩咐,奴才万死不辞!"

隆科多把马文递来的奏折匆匆读了一遍,也是大吃一惊,心中明白了七八分。康熙这才吩咐说："你立即回京了解太子所作所为以及接触的人，并请张廷玉协助找御医诊断太子病情，问清致疯的原因后火速回来奏报，此事不许向任何人泄露，包括诸皇子。"

"喳！"隆科多领命而去，立即前往京城。

马文望着隆科多离去的背影，心有所动，揣测着问道："皇上怀疑这事与皇子有关，是否有什么凭证呢？此事一旦事发牵连甚大，可能引起朝野震动，请皇上三思而行，尽量将大事化小，小事化了。"

康熙忽然问道，"你觉得胤禛这二年的表现如何？"

马文愣一愣，才道："四阿哥追逐声色犬马，毫无争胜之心。"

康熙连连摆手："知子者莫过于父也，从骨子里讲他不是这样的人，我认为他是故意做给别人看的，因此，我怀疑太子发病与他有关。"

马文大吃一惊，心里想："难道四阿哥真如皇上所说，阴险狠毒，城府深不可测？"他想四阿哥做的事，并没有发现胤禛有什么可疑的举动，也许是皇上多疑了，只有等待隆科多回来再说了。

要说胤禛这两年为了不引起康熙的怀疑，也确实收敛了不少，每日只是将自己关在院子里，在外人眼里，胤禛此时就是一个毫无斗志的皇子。他接到邬思道命人带回来的信，知道康熙已经有所怀疑，并且派出隆科多彻查此事。

胤禛立即让人一边密切关注皇上的一举一动，一边派人打听隆科多的情况。

隆科多见到太子，看到他的病情比自己想象得要严重很多，便立即调查。当他得知太子因为服药至此，便开始追查药的下落，谁知道所有的线索都被中断，根本查不出凶手。无奈，隆科多只好回承德向皇上复命。

隆科多先见过马文，把京城所了解到的全部情况汇报一下，马文唯恐皇上一时震怒做出什么事情，便中途拦截了这件事，让他暂缓告诉皇上。

于是隆科多在向康熙汇报情况时，并没有声称有人加害太子。康熙虽然心中有所疑虑但也没有说什么，只是派人将十三阿哥找来，希望能从他嘴里问出点信息。谁知道十三阿哥心直口快，不但冒犯了皇上，还提出立四阿哥为储君的话，气得皇上直接将他绑了起来。虽然众皇子和马文等大臣一起求情，但皇上正在气头上，哪里肯听，派人将十三阿哥押回了京城，命其在自己的府中闭门思过。

康熙瘫坐在龙椅上，看着马文满脸热泪苍老的容颜，心里也不是滋味，几位跟随自己多年的老臣死的死，回乡的回乡，身边只剩下马文寥寥几人，总不能一个叙旧的人也没有吧。

康熙哽咽道："起来吧，朕向来以宽厚仁慈为怀，虎毒不食子，朕这样严惩他们也是被逼的。朕何尝不知道迫害太子之事与胤祥无关，朕这样做也是为了敲山震虎,给其他几人敲响警钟,再这样下去,到朕归天的时候只怕他们就互相残杀殆尽了。朕隐隐约约感到太子致疯与胤禛有关,但朕拿不出证据来,朕想从胤祥口中了解胤禛所作所为,他反帮着胤禛讲话,可见他已成为胤禛的死党。胤禛是何等狡猾阴险之人,他这样为胤禛卖命只怕最终落个悲惨的下场,朕将胤祥囚禁起来不是要惩罚他,而是救他的性命,他那么一个直肠子人怎会明白朕的一片苦心呢?"

马文道一声谢从地上爬起来,他想不到皇上考虑问题是这样深远,皇上如此英明都摆不平众皇子之间的矛盾,唉,多子未必多福!

尽管天气依然炎热,康熙也没有心境等到秋天去木兰围场秋猎了,他要亲自回京探视太子病情。

康熙回到京城,不顾旅途劳顿,便派人去毓庆宫把太子带到养心殿。

太子来到殿内不跪也不拜,哈哈一笑,指着康熙说道:"你这老人是从哪里来的,怎么呆在我们家的殿内不走,来人,给我轰出去。"

康熙见胤礽满口胡话,又生气又心痛,看着胤礽的样子,他自己也是老泪纵横。几日后,康熙正式颁诏天下,废去胤礽太子之位。

康熙听从马文的建议,没有追究其他皇子的责任,胤禛悬着的心落了下来。但他多少有一丝歉疚,无论如何,胤礽是毁在他的手中,胤祥也等于为他背黑锅而遭到圈禁,如果不是胤祥被执,事情闹到何种地步实在难以预料,他总觉得自己欠下胤祥一笔感情债,永远也无法偿还的债务。

歉疚只是暂时的、偶然的,自从太子被废,胤禛沉积在心底的希望之火又慢慢燃烧起来,而且越烧越烈,他恨不得立即把皇位夺到手,只要他能够登上九五之尊,一切都将顺理成章,该偿还的他会加倍偿还,该治理的他会一步一步治理,该严惩的他也绝不心慈手软。

胤禛几次催邬思道重新给他部署新的夺嫡计划,邬思道都以种种借口一一推辞了。胤禛觉得邬思道有点变了,不如先前那么热情了。

胤禛走进浴兰堂,邬思道正在闭目养神,对于胤禛的脚步邬思道再熟悉不过了,从他踏入门槛到这书房的任何地方需要几步,邬思道都一清二楚。

从胤禛踏入室内的脚步轻重急缓中,邬思道都能判断出胤禛的心事。

"四爷又是催促那事的吧?"

胤禛还没走进邬思道的书房,就被问个一愣,胤禛不好直说下去,又怕邬思道找借口推辞掉。

"四爷请坐吧,四爷是否明白我为什么三番五次推辞下去?"

"邬先生还没有制订出更加周密的计划吧?"

邬思道哈哈一笑:"四爷太小瞧邬某了,我虽无孔明之才,也应有周瑜之智,这点小事如何难住在下。"

"那邬先生为何以借口相推呢?"

"四爷只要站在皇上的角度思考,就明白我的良苦用心了。"

胤禛沉思片刻,若有所悟说:"邬先生的意思是欲速则不达,心急喝不了热稀饭,性急吃不了热豆腐。"

邬思道拍掌笑道:"四爷心有灵犀一点通,把高深之理与通俗之语融为一体,可谓雅俗皆备。皇上二次废去太子之位后朝野并没有太多震惊,也不像第一次那样众朝臣各打算盘纷纷揣测圣意、推举各自的主子,相反,都好像什么事也没发生一样,这是为什么?"

经邬思道一提示,胤禛也觉得反常,猜测说:"众人是不是害怕推举的人不合皇上之意而挨骂挨训,都在静观皇上的偏向?"

"四爷说对了一半,这只是其一,更重要的是一部分有先见之明的人估计出皇上不会再立储君之位,谁提出建嗣谁要倒霉,轻则挨骂,重则遭贬,甚至罢官充军。"

胤禛不以为然地问:"皇上已成强弩之末,犹如油尽灯干,不立嗣,一旦山陵崩,撒手人寰,大位何人承袭?"

邬思道连连摇头,认真分析说:"四爷看到了立嗣有利的一面,也应该想到这样做的弊端,众阿哥各怀心机争夺了几十年不就是最好的证明吗?太子的下场已经让万岁爷警醒。立谁为嗣谁将成为众矢之的,今天太子遭忌致狂,明天的太子就有可能遭妒被杀,皇上不会眼睁睁看着众阿哥暗中拼个你死我活而置若罔闻。"

胤禛仍不信服地说:"不设储君之位,众阿哥之间争斗也不可免,这是长久积习留下的恩怨,面对东宫之位空缺,争储已如箭在弦,怎会自行消失呢?除非名份已定,让竞争者在优胜劣汰中自行败下阵来。"

邬思道微微摇首:"四爷的意思仍离不开一个斗字,而这正是皇上所忌讳的,皇上是一朝被蛇咬十年怕井绳,立储太早是皇上一世英明中的瑕疵,他不会一错再错的;而不立储,众阿哥之间仍然要相互竞争,但谁也不是竞争的焦点,没有明显的目标,争斗自然缓和多了,这背后的竞争方式也绝不是置对方于死地式的,必须是互相比赛着做事以展示各自才干,互相争着在皇上面前献殷勤以显示自己至孝至诚,众阿哥也都会收敛锋芒以表明对大位无奢望的淡泊心境。在一个聪明的人面前尽量表现得愚笨些,这样,他会认为你容易驾驭,当然,也不能太笨;否则,他将不会瞧得起你。而我认为,四爷在皇上面前就应该这样,需要表现自己超群拔萃的时候绝不能谦逊,需要糊涂的时候就装得像一些,关键是把握分寸,掌握时机。"

胤禛也约略认为邬思道言之有理,吁一口气问:"这么说,皇上不会再立嗣了,除非大限之期到来之际?"

邬思道轻轻挪动着双拐,来回走动着,忽然停了下来,驻足说道:"我以为皇上立嗣的事有两种可能……"

胤禛昏暗的眼睛忽然一亮:"哪两种可能?"

"皇上如果提前立嗣,可能会秘密建储,将遗诏放在秘密的地方,等到大限之际公之于众,或提前告诉几个贴心大臣,让他们在皇上龙驭上宾之后取出公布于众。"

胤禛品味着邬思道的话,嗯,这不失是一种好的办法。"那么另一种可能呢?"

"倘若皇上唯恐遗诏外泄,将会在大限到来之时由贴身大臣在场,将立嗣人选公布于外人,或当即拟定传位诏书。这两种选定皇位承袭人的做法至少有四点好处。"邬思道呷了一口茶,摆弄着手中的书说道:"一、皇上高屋建瓴,对诸皇子长期考查,认真比较,选出最满意人选。二、刚才我已经讲过,就是避免储君成为众矢之的。三、由于储君并不知道自己被皇上选中,必然失去骄纵之心,有利于其修身养性,磨炼意志,锻炼才能。还有一点,就是避朝臣以阿哥为中心,拉帮结派,结党营私,形成集团势力,将来架空新君。"

胤禛傻乎乎地坐着,邬思道后来讲些什么他一句话也没听进去,有点莫名其妙,这么一个从来没有居庙堂入仕途的穷酸书生为何深得帝王之心拥有帝王之术呢?

邬思道又问道:"四爷可知皇上心目中自己是什么样子的?"

胤禛迟疑片刻说:"早先是事事必争,处处抢在他人前面,一个精明强干而又有点蛮横刻薄的无赖阿哥形象。这两年呢? 又变成了自暴自弃、声色犬马、安于现状的狗阿哥形象。"

邬思道哈哈笑道:"这是四爷的自画像,皇上心目中的四爷不是这样的。皇上有孙大圣那样的火眼金睛,只怕四爷的骨子里有什么皇上也能瞧得见,所以我劝四爷装得像一些。四爷这两年的所作所为瞒得了一般阿哥却瞒不了皇上,从皇上派隆科多入京查处太子疯疾一事就可见出端倪,特别是对十三爷的监禁,更说明皇上不相信四爷。"

胤禛又是一惊:"何以见得?"

"粘杆处的人汇报,皇上派隆科多回京就是调查四爷与太子的交往,试图查出什么破绽。皇上当然知道太子致疯与十三爷无关,可皇上仍然拘禁十三爷,四爷知道其中的原因吗?"

"那是因为胤祥脾气太犟,缺少圆通,在皇上盛怒之下仍然出言顶撞,并刺伤皇阿玛心中的痛处。"胤禛稍稍缓了一下,又说道,"胤祥虽然被执,并没有像胤禔那样受到严厉处罚,他只是闭门读书,其他吃用所需与我等一样。"

邬思道放下茶杯,点点头:"这就对了,足以说明皇上并不是真正要惩处十三爷,皇上是杀鸡给猴看,一定程度上讲,是做给四爷看的。同时,也是为了保护十三爷。"

邬思道故意把"保护"二字吐得重一点，胤禛暗吃一惊，忙问道："为什么要保护胤祥，难道皇上有把大位传给胤祥的心思吗？"

　　"那倒没有，皇上是怕十三爷成为四爷的人，这样，在众阿哥的势力中四爷的实力会更加优胜，对于皇上选定的继承人十分不利。当然，皇上也怕十三爷知道四爷的事太多而最终落个鸟尽弓藏兔死狗烹的下场，所以才将他圈禁起来，既是对十三爷的保护，又可拆解四爷的实力。"

　　胤禛惊得半晌都合不拢嘴，他万万没有想到皇上拘禁胤祥藏有这个心思，种种迹象表明邬思道分析得合情合理。

　　此时，胤禛猛地凉到脚跟，多年来自以为城府深，心机过人，自己内心深处的所思所想无人看透，现在想来，自己太嫩了，不仅皇阿玛看透了自己的野心与伎俩，邬思道更看透了自己内心深处那些险恶阴毒的东西，自己拥有的杀人灭口之心从来没有向外表露过，为什么皇阿玛与邬思道都能看出自己的这份心思呢？既然邬思道如此洞悉人心，将来想除掉此人恐怕不可能。

　　胤禛突然有一种从来没有的失望之感，他哀叹一声："照邬先生说来，无论我做什么也无法取信于皇阿玛，大位于我无望矣！"

　　邬思道看胤禛伤心失望的神情，心中有一种快感，但他也明白要想真正报复清廷皇室并从内部败坏这个皇室，必须牢牢控制住胤禛，尽一切可能促成他夺得皇位。

　　于是缓缓说道："四爷也不必失望，自古成大事者哪有一帆风顺的，谋事在人，成事在天，我曾多次给四爷相过面、算过命，四爷不得人和而得天时，四爷命中注定大富大贵，以命理推之，四爷是万人中不抽一的万字命，注定有九五之相。当今圣上逆天运而行，才导致殿下疯狂。四爷请想，如果太子是真龙天子，四爷又怎能得手？"

　　胤禛一想，邬思道说的也有道理，心里宽慰了许多，便问道："根据先生的分析，我应该怎样做才能改变皇阿玛对我的看法呢？"

　　"道家云：'无为无不为'，四爷只要表现出一副无所谓的样子去做你应该做的事，就可以改变皇上对你的看法。一句老话，收敛锋芒，由外而内，四爷可以把精力多放在家庭管理上，把几位世子调教好。俗话说'一屋不扫何以扫天下'，扫一屋和扫天下道理一样，皇上也许会从管理王府中见出管理国家的才能。"

　　邬思道说到这里，忽然想起了什么，他向四阿哥恳求去终南山找一位贾道士为自己接骨。胤禛以为邬思道要远走高飞，他怎么肯放行，想请该道士入府医治。

　　邬思道以求医需要心诚为名拒绝，执意要亲自前往，胤禛提出让金昆陪同。邬思道自然知道他的心思，也不好强行推辞，最终同意了。

　　第二天，邬思道在金昆陪同下离京而去。

・ 95 ・

第十一章　皇太子受害废储位　老皇帝挥泪别爱子

康熙一觉醒来，天已大亮，又是一个好晴天。

康熙起来，走到窗前，推开窗户，伸了个懒腰，望着窗外明媚的阳光。

康熙冲龄即位，一晃近一甲子了，这漫长的岁月中，他征战南北，平三藩，收台湾，定漠北，击败噶尔丹，出兵雅克萨与沙俄勘定东北边界条约。六次南巡，七次大规模治黄河。

康熙欣慰地笑了，笑得那么甜，那么纯真，又那么自信。

十四皇子过来请安，康熙看着自己的儿子眼角处有了深深的皱纹，自己如何能不老呢。便决定带上十四阿哥一起到四阿哥的圆明园中赏景。

四阿哥对于自己这个一母同胞的弟弟更是嫉妒，康熙对其异常赏识。

第二天，康熙带着马文、张廷玉、隆科多、胤禵等人在圆明园游览了一上午，又是赏景又是命名，忙得不亦乐乎。胤禵这次是出尽了风头，他命名了几处景致，大得康熙的赞赏。

午膳前，康熙回到圆明园的正大光明殿刚坐下不久，正在闭目养神，内阁学士阿布兰闯了进来，跪下奏道："西北边陲送来十万火急告急奏折，说准噶尔部头领策妄阿拉布坦派大军杀入青海，青海将军额伦特及其属下兵马全军覆没，青海失陷。"

这一消息对康熙无异于晴天霹雳，过了好大一会儿才醒过神来，急忙接过阿布兰递上的折子从头到尾匆匆看了一遍。

这时，马文、张廷玉、隆科多、胤禵与胤禛也都闻讯赶来。

康熙把折子给众人看看，待众人看后，康熙铁青着脸，握紧拳头重重地捶在御案上说道："朕要御驾亲征，不荡平准噶尔部誓不罢休！"

胤禵扑通一声跪下，急忙叩头说道："皇阿玛，你如此年纪怎能再受鞍马之劳，让儿臣去扫平贼寇吧！儿臣虽然没有亲临沙场御敌，但孩儿自幼饱读兵书，又经阿玛悉心调教，如今掌管军务多年，对带兵之道、用兵之法都娴熟于心，儿臣决不会让阿玛失望的！"

康熙正在犹豫，胤禛也跪下奏道："皇阿玛明鉴，领兵打仗之事非同儿戏，老十四虽然掌管几天军务，都是在毫无战事的情况下，他虽懂兵法，也只是纸上谈兵。万一胤禵领兵平叛出师不利，其后果实在难以想象。儿臣保举一人可率军迎敌，定能不负众望荡平逆贼。"

"你保举何人？"

"回皇阿玛，儿臣保举四川总督年羹尧，此人文武双全，精通兵法，又有领兵经验，在西部边陲任职多年，熟悉西部地理风情，实在是平叛最佳人选，望皇阿玛三思！"

胤禵又叩头奏道："请阿玛明示，年羹尧虽为四川总督，领过兵，也只是小规模剿匪拿盗，作战经验未必胜于儿臣，更何况与凶猛残暴的准噶尔叛军对阵。儿臣与年羹尧相比，他只是朝中一臣，儿臣却能以皇子身份兼三军主帅,更有威慑力,也有利于振奋人心。"

康熙见两人所奏都有些道理,一时拿不定主意,挥手说道:"领军主帅人选也不是朕一人决定的,回宫后再详议,你二人也不必争执,赶快用膳吧,朕也饿了。"

国泰民安的大清朝又如开了锅似的,人们纷纷议论着西北战事。

这几天又不断有八百里快递将一份份告急文书送往京城,继青海将军额伦特全军覆没后又传来噩耗,青海失陷,藏北沦陷,五世达赖喇嘛死难。整个大清王朝的西部半壁江山处于风雨飘摇之中。

准噶尔部这次突然发兵叛乱并非偶然。

早在康熙即位之初,准噶尔部首领噶尔丹就不断骚扰蒙古其他各部,对大清王朝进行挑衅,康熙被迫派兵平叛,双方互有胜负。先后派裕亲王福全和恭亲王常宁分两路夹击,终于取得乌兰布通大捷,击败噶尔丹叛军,但噶尔丹贼心不死,多年后再次拥兵南下,康熙亲率大军分三路进军,摧毁叛军驼城阵,取得昭莫多大捷,噶尔丹也在清军追击下走投无路,最终落了个惨死的下场。

噶尔丹死后,他的侄儿策妄阿拉布坦夺取汗位,成为准噶尔部首领。他曾是噶尔丹两次叛乱的前锋元帅,也是驼城阵的设计者,从惨败中吸取了教训,知道自己不是康熙敌手,便上书言和,愿意称臣归顺。表面上唯唯诺诺,年年进贡,岁岁来朝,做出十分恭顺的样子,骗得康熙信任,暗中却搜集叛军残部,不断扩充实力,并向沙俄购得大批先进武器,以图选准时机东山再起,以决雄雌。

这两年,策妄阿拉布坦探听到大清的一些能征战的大将都老的老、死的死,康熙本人也无带兵远征的能力,知道时机成熟,便派小规模人马四处骚扰青海、西藏一带的大清领土,伺机抢劫杀戮。

一天,策妄阿拉布坦忽然探得消息,藏汗第五世达赖喇嘛从西藏到青海主持法事,他知道这是一个千载难逢的好机会,立即派遣弟弟策零敦多卜率兵偷袭青海,活捉达赖喇嘛,迫胁他分裂大清归顺准噶尔部。

青海将军额伦特领兵迎战,终于寡不敌众全军覆没,第五世达赖喇嘛被俘后宁死不屈遭到杀害。

从传来的消息看,策妄阿拉布坦叛军已经控制青海、西藏,正在伺机策动陕、甘、川、滇等西北、西南各少数民族地区共同叛乱。本来这些地区的部落首领都是面和心不和,许多人怀有二心,也有部分头领处于观望的状态。一旦策妄阿拉布坦的阴谋得逞,大清将失去西部半壁江山,面对这种严峻形势,整个朝野如何不震动呢?出兵平叛势在必行,由谁带兵出征是一个争论的焦点。

内阁大学士马文府邸里,马文正在同张廷玉讨论这事,张廷玉直接问

道:"马大人,你随皇上几十年应该了解皇上的心思,明日商讨出征人选推举谁更合圣上心意?"

马文踌躇片刻说:"皇上心思忽明忽暗,一时还摸不透,这出征人选一定和太子人选有着关联,从这点考虑,张学士推举何人?"

几个大人在这里一直商量,捉摸不定,最终大家把目光集中在了十四阿哥的身上,但马文却认为要是想立十四阿哥就不应该让其出征。他认为皇上年事已高,作为守阙太子岂能远离京师征战边陲,一旦大限到来,太子不能及时赶回,这些早有二心的皇子还不趁机夺宫。"

张廷玉想想又提出异议说:"也许皇上觉得平叛一事不会持久,更何况皇上尚不足七十岁,龙体一向健朗,也许并无大碍。"

马文叹息一声:"张学士对准噶尔部族之事并不了解,当年平定噶尔丹叛乱,先后派出六次大军,皇上御驾亲征两次,用兵百万,其他资财所耗更无法统计。这次策妄阿拉布坦叛乱既是为其叔父噶尔丹报仇,也是蓄谋已久的与我大清分庭抗礼,从藏汗被杀、青海将军额伦特全军覆没,青海、西藏陷落这些奏报中可以窥见叛军势力,想很快扫平叛乱是不可能的,更何况是远征荒漠地带作战呢? 如果十四皇子出征,胜则好,倘若兵败呢? 其威信尽失,如何能够再立为皇储呢?"

马文的顾虑不是没有道理,康熙也是这样想的。所以康熙也是拿不定注意。没想到此时十四阿哥正好主动请战,康熙看着他坚毅的面庞,仿佛看到了自己年轻时候的样子,最终同意了让他前往平叛准噶尔部的叛乱,十四阿哥提出要带领四十万大军的请求。

四十万大军没有什么,凭大清的实力,百万大军也可很快组成,只是这三年的时间让康熙有点担心。

当然,能在三年之内彻底打败叛军收复失地也实在不容易,康熙所担心的并不是这些,他担心自己能不能再活三年,万一胤禵远征期间自己突然宾天,胤禵能及时赶回京师吗? 不过为今之计也没有更好的人选,康熙只能让自己保重身体,等待着胤禵的归来。

康熙看着胤禵补充道:"万一在你征战西疆之际朕不幸一命归天,朕会留下遗诏传位于你。只要你接到奏报说朕有病,不论有何等重要事都委托岳钟琪办理,立即赶回京师,朕将调派四川将军岳钟琪作为你的副手,此人忠勇厚实,能征善战,军中事和他多商量。"

"儿臣谨记阿玛训教!"胤禵挥泪告别了自己年迈的父皇,康熙也是老泪纵横,看着心爱的儿子远去的背影,希望自己所有的打算都不要落空。

第十二章　邬思道献计遭逼宫
康熙帝遇刺生宫变

秋天的太阳像一只火把点燃了整个终南山，普天遍野都是金黄与火红的色调，远远近近，高高低低。奇彩交映，风光旖旎，美不胜收。

邬思道丢下双拐可以走上十步、八步了，尽管走得并不远，也仍然明显有摇摆的痕迹，但是，这对于他这样一个往日凭双拐走路的人已是个奇迹了。

为邬思道治腿的人名叫贾士芳，他曾经也是被奸人陷害沦为朝廷捉拿的钦犯，没有办法只能在山上隐姓埋名地过了七十年。

贾士芳看邬思道也比较实诚，就将自己满腹的冤屈说了出来，邬思道听着他讲述，再结合自己的身世，哭得竟然比贾士芳还要伤心。

最后，邬思道告诉贾士芳，要想报仇就按照他的计划去做，终有一天会让他得偿所愿。

两个人正说着，金昆就带着四阿哥的手谕来了。

邬思道拆开一看，里面所述的就是近来朝廷中发生的大事，胤禛的意思是让邬思道赶紧回府。

邬思道合上书信，沉思片刻，胤禵代替皇上出征平叛一事他早已知道，从种种迹象表明皇上可能有让胤禵承袭皇位之心，但邬思道没有估计到康熙会在节节胜利之际下令停止进剿伊犁的决定，如果真如胤禛所说，让胤禵回京后立他为皇太子，这可非同小事，胤禛只怕永远没有争夺储位的机会了，此事不可拖延，必须马上回京。

在邬思道的再三劝说下，贾士芳与邬思道一同离开终南山来到京城，邬思道先把贾士芳安置在白云观内，自己才和金昆回到雍亲王府。

胤禛见邬思道丢掉双拐能够慢慢独立行走，十分惊喜地问道："想不到世上竟有如此医术高明的人，真令人难以想象，有机会一定登上终南山拜访一下这样的世外高人。"

邬思道趁机说道："贾道长不但有一手柳枝接骨的绝技，而且精于内医，在养生之道上也颇内行，年过八十耳不聋眼不花，声如洪钟，面如桃花，看上去也不过六十岁。如果四爷将来能用到此人，我可以出面为四爷去请，这几年的交往中，我二人已成为莫逆之交。"

胤禛摆酒为邬思道洗尘，二人把酒宴设在浴兰堂内，边吃边谈。

邬思道听说康熙把弘历接入宫中居住，并亲自教他读书，称赞道："四爷做得好,也许四爷竞争不过十四阿哥,但由于世子的介入增加了四爷竞争的分量,皇上也许会爱屋及乌,由喜欢弘历而推及到四爷,鹿死谁手还难说呢!"

胤禛不信服地问:"照先生这么说,我只有托弘历的福才能有望得大位,可是弘历毕竟还小,皇上喜欢弘历,也许只是喜欢他的聪明可爱,让弘历在身边陪他打趣逗乐,未必是将他培养成大清的储君吧。胤禵西征节节胜利,正准备乘胜攻入伊犁扫荡叛军老巢,皇上却突然下令停止进军。我从多方面探听到的消息,皇上想让胤禵回京册封他为东宫太子。"

邬思道停下手中的杯子,认真地问:"四爷的消息确实吗?"

"自从皇上下令停止进军伊犁的命令后,京城都在这么谣传。"

邬思道分析说:"皇上停止进军伊犁有两种可能:一是四爷所说让胤禵回京册封他为皇太子,早日确定储君之位,这可能与皇上龙体健康有关连,最近皇上龙体如何?"

"皇上近日龙体健康,但皇上这两年因年老有一顽疾,就是对冬季寒冷天气不适应,几乎每年冬月都有几次御体不适的表现,去年还得了一场不大不小的病呢!"胤禛叹息一声,又道:"人过七十古来稀,皇阿玛到今年的万寿节已经六十八岁了,我爱新觉罗氏几位皇帝活过这个岁数的尚无一人!邬先生刚才说的另一个原因呢?"

邬思道十分认真地说:"这另一个原因就是皇上的圣明之处。如今即将到了冬季,伊犁地区现在可能已经进入冬季,十四阿哥带领几十万大军深入准噶尔部内地,必然陷入异族军民的包围之中,人生地不熟,孤军深入,倘若供给跟不上,与后援失去联系,大军就危险了,这也是兵家之大忌。皇上带兵征战多年何尝不明白这个道理呢?与其冒险去战,不如大军压境,以气势威逼敌方,使其溃败来降,兵法云:'不战而屈人之兵,善之善者也。'皇上此举是何等明智的选择!"

胤禛过去只认为邬思道在奇谋淫巧方面有些过人之处,想不到他竟然也通兵法,赶紧向他请教康熙下令停止进军伊犁的原因。

邬思道为其耐心讲解,同时为其献上了逼宫的计策。四阿哥早就想登上皇位了,他觉得与其坐以待毙,不如冒险一试。

邬思道早就知道四阿哥暗中勾结隆科多,便趁机提出让他拉拢隆科多介入此事。

胤禛想不到这些细节邬思道也都了如指掌,他佩服邬思道超人的洞察力,同时也不免产生一丝警惕之心。他曾认为自己和隆科多的秘密交往是没有人知道的,包括邬思道他都没有透露。胤禛之所以这样做,也是被环境所逼,佟国维正是由于偏向于他才被皇上借故罢官,索额图也是由于偏向太子,怂恿太子图谋不轨被查处,纳兰明珠也因为是大阿哥的舅舅早早丢了官。

胤禛与隆科多吸取教训后才做出疏远的样子。在一般人看来,隆科多讨厌胤禛,与胤禩、胤禟交往密切些,恰恰这些假象为胤禛探听到许多其他皇子的秘密,也正是这样,隆科多才得以步步高升。

胤禛接受邬思道的这条建议,决定亲自去拜访他,探听一下他的口风。除了隆科多之外,就是张廷玉与马文,他两人都是南书房大臣,随从皇上左右,掌管内外奏折,负责传达旨意。张廷玉多少算是胤禛的门生,是他这位副主考选中了他,这多年来许多事都心照不宣,胤禛也觉得能够稳住他,至少让他保持中立,最令胤禛伤脑筋的是马文。

邬思道却不以为然,马文虽是老臣,但这人一向优柔寡断,也没有什么明显偏向,向来以不偏不向自居。邬思道主张必要时干掉他。

分析过几位权臣的倾向,必须仔细研究诸皇子的实力。胤禛觉得众皇子中除了胤祀以外,其他皇子均不足惧,因为八阿哥管理旗务,如果不处置好他的位置可能引起他勾结几位旗主对抗。

邬思道为了鼓动胤禛发动政变,稳住他的心,轻描淡写地说:"四爷放心,八阿哥正是由于执掌旗务,才没有维持住几位旗主,何况几位旗主都远在东北,并不了解京城情况,只要四爷登上九五之尊,名分已定,这些旗主谁又会不服呢? 即使有人不服,拥兵与朝廷抗衡,四爷可以名正言顺地出兵征讨。这一点不足虑,四爷必须在举事时切断八阿哥等人与胤禵的联系,等到大局已定,再把胤禵召回京,他孤身一人回到京城,纵有天大本领又能如何!"

胤禛仍有顾虑:"若胤禵不服,拥兵杀人京城怎么办? 他这一作乱,其他旗主再从东北拥兵而至,只怕我龙椅没焐热就成刀下鬼了。"

邬思道奸笑一声:"四爷怕什么,胤禵带兵进京必走陕甘之地,如今年羹尧为川陕总督,手中拥有大批后援兵马不说,又兼管前线供给,只要令年羹尧切断粮草供给,胤禵再多人马也将被困死西域。"

胤禛一想,这倒有点道理,凭他与年羹尧的关系,年羹尧绝不会向着胤禵。更何况为了这抚远大将军一职,年羹尧一直认为是胤禵故意与他过意不去,从他手中抢走的呢! 只要自己再从中吹吹风点点火,胤禵休想经过年羹尧这一关。

听了邬思道的分析,胤禛心中有了底,但仍然有所顾虑。这非同小可,万一稍有不慎,全家被杀不说,也将落个千古骂名。

自古至今为夺皇位发动政变者不在少数,有成功为王者,也有兵败被杀者,胤禛虽有此心,却没有此胆。他怕万一不成后果实在难料,对于皇阿玛是怎样的人他也十分清楚,胤禩是他的镜子,他可能比胤禩更惨。

胤禛已被封为亲王,可算得上皇恩浩荡,即使不能承袭大宝,只要自己安分守己,仍不失为王;而发动政变,成功当然拥有一统天下,万民敬仰,群臣膜拜。但败了呢? 连现在拥有的一切将化为乌有。

胤禛渴望奇迹出现,渴望能像宋太祖赵匡胤黄袍加身的奇迹,渴望这种无声的不流血的改变。

胤禛一向信服邬思道的策略,但这次却持几分怀疑态度。

天黑得不见五指,又下着零星小雨。胤禛乘一普通小轿来到提督九门步军统领兼理藩院尚书隆科多府与其商量此事,并探寻隆科多的口风。

隆科多带着胤禛进入密室,佟国维也参与进来。

胤禛也不想拐弯抹角,直接将邬思道交给自己的计策向二位说明。佟国维表示同意,但隆科多认为时机尚未成熟,向二人分析了其中的利弊,胤禛也认识到事情的严重性,最终只好放弃了这件事。

一晃多日过去了,邬思道再也不见胤禛提及夺宫之事,知道胤禛并没有接受自己的建议,他的如意算盘落空了。

恰在这时,性音从大觉寺赶来询问情况,邬思道无可奈何地摇摇头。

邬思道家族反清复明的计划已经提上日程,性音此次前来就是催促他要加快行动。

原来邬思道为胤禛出谋划策,最终的目的就是趁着京城打乱,实现反清复明的大计。但逼供的计策四阿哥并没有实施,邬思道的计划也随之落空。

最终,两个人只好商定到畅春园刺杀康熙。

邬思道已经作了最坏的打算,他告诉性音大师,如果这次不成功,那也是上苍不佑大明皇室,天绝朱氏子孙,从今往后大家各自谋生,再也不必提及反清复明的大业了。他也将遁迹江湖了此残生。

康熙迷迷糊糊睡到半夜,忽然听到澹宁居外传来两声沉闷的倒地声,他正在疑惑间,猛然听到有人大喊:"抓刺客! 抓刺客!"

康熙还没有来得及弄清是怎么回事,一个黑影破门而入,康熙本能地滚到床下,那人一剑刺在床头的被褥上。一剑不中,他就再也没有机会了。不等他挥剑再刺,两名大内侍卫飞身而起,刺客罩在双剑之下,连哼一声都没有就一命归天了。这时,其他人也闻讯赶来。

众人把康熙从床下扶到床上,康熙这一吓一冻,浑身如筛糠一样直发抖,也许由于从床上滚下去得太猛,脸也磕青了,胳膊也受了伤,竟然自此一病不起。

隆科多见状,陡然心生一计,一边着人给皇上喂姜汤,一面让其侄子大内侍卫鄂伦岱严守宫门,禁止皇上遇刺的消息外泄。布置停当,派贴身人员去请胤禛。

胤禛正在熟睡,忽然接到密报说隆科多有急事相请,急忙赶到畅春园约定地点,这时隆科多已经等待多时了。胤禛从隆科多冷峻的脸猜到几分,不等他开口相问,隆科多就把皇上夜晚遇刺的情况简单讲了一下,最后补充道:"皇上这一惊吓,加上一摔一冻,可能要大病一场,可谓是天赐四阿哥,如果你真有夺宫之心,此时是最好的机会。"

胤禛吃惊地问道:"舅舅以为呢?"

"我已派鄂伦岱封锁了宫门,至于如何做就看你自己了。"

胤禛傻愣愣地站了好大一会儿,忽然躬身拜倒:"我意已决,请舅舅帮我!"

隆科多扶起胤禛:"宫内的事暂且交给我,对外只说皇上昨夜受了点风寒,需要静养斋戒,谢绝一切外庭官员探视。"

"如果马文、张廷玉及诸皇子要求探视呢?"胤禛提出疑问。

"在没有获得诏书前,任何人不得入内,否则,事情必然泄露。"隆科多断然地说,"这几日四阿哥也同样不能入园,你要在三日内尽一切所能控制住丰台大营兵马,并做好登基准备,至于城内兵马你不必担心,全在我掌握之下,没有我的命令谁也别想带一兵一卒入内。"

事情在没有任何思想准备的情况下突然降临,胤禛起初还有点害怕,经隆科多这么一提示,心里大致有了底,辞别隆科多又连夜赶回王府。

就在胤禛赶回王府之时,邬思道也接到甘凤池等人行刺康熙的消息,性音与另外两名高手遇难,甘凤池受伤,皇上生死不明。

邬思道听后伤心至极,事已如此,只能静候事态的进一步发展。

这时,胤禛风尘仆仆地赶来,一进门,就略带兴奋地招呼道:"邬先生快给我拿个主意,皇上大限已到,当务之急要处理好哪几个问题。"

邬思道听说康熙将死,暗自高兴,但他明白必须让胤禛夺得皇位才能施展远大计划,于是建议说:"四爷必须先控制内廷,进而再控制京师,着人把兵权抓到手中,确保四爷顺利登基。其次是收买八旗旗主之心,使这些实力人物与四爷站在一起。对带兵在外的十四阿哥,令其交出兵权回京奔丧,只要他回到京中,十四阿哥纵有三头六臂也无济于事。如果他拒不交出兵权,四爷则可治他不忠不孝之罪,令年羹尧出兵讨伐。"

胤禛把隆科多的安排简单说与邬思道,邬思道质疑道:"隆科多封闭宫门禁止外臣入宫探视,一日、两日也许不会引起太多猜疑,三日之后呢? 一般外臣不准许入内,马文、王掞这些老臣呢? 此外,还有张廷玉及众皇子又如何搪塞呢? 倘若马文等人有所怀疑,鼓动丰台大营守军提督延信带兵入城勤王护驾怎么办? 丰台大营有火器营、健锐营、步兵营三营人马,凭隆科多的那点人马如何支撑起门面?"

邬思道这一提醒,胤禛也害怕起来:"如此奈何?"

"让隆科多抓紧逼宫,力争早一天拿到传位诏书,但也不能不放人入园,比如张廷玉,此人一向胆小怕事,为人谨慎,可放其入内,但牢牢控制他外出,廷外官员问及龙体状况均由张廷玉出面答复,比隆科多更令人信服,对于马文,必要时将其干掉,也可假传圣旨将其治罪。为了不引起外人怀疑,也可让隆科多假传圣旨释放大阿哥、二阿哥与十三阿哥,向外臣表明皇上即将宾天,为夺宫做准备。至于丰台大营,四爷可调动博尔多、傅霈等人拉拢延信,陈述利弊,将他纳入四爷手下。"

胤禛对邬思道的几点建议认真思考一下,觉得释放胤礽实在不妥,他想先释放胤祥,令他为自己守护京城各大要塞,以防不测。

从隆科多的安排与邬思道的建议中,胤禛知道多年来盼望已久的事已如箭在弦,怕也没有用,他反而冷静多了,把所要做的事前前后后仔细想一遍,拿定主意,立即将府中粘杆处的人召集到浴兰堂集会布置任务。

外廷三殿三阁六部九卿翰詹科道的官员几乎都来到畅春园外,但园内传出康熙爷的旨意,龙体不适,斋戒静养,众臣心意已领,改日再来探视。众人不得已,只好垂头丧气离去。

马文和张廷玉一直没有走动半步,直到众人走开,二人嘀咕几句要面见皇上,奏事太监传出话来,今天已经晚了,有事明天请二人入园相见。

这样,二人才消去疑虑各自回府。

第二天一大早,张廷玉就匆忙赶到畅春园门前候旨,太阳已经有一竿高了,其他官员已经陆续来了许多,仍不见内廷有旨,连马文也不见影儿。张廷玉心里道:哼,这个老马也真是的,见皇上病了自己也懒了起来,明知今日见驾却拖到现在也不见人影。唉,我可没有他那么沉得住气,我是一夜没合眼。

忽然,后来的官员传来消息,马文昨日回府后就觉得身体不适,随便吃了点儿饭就入睡,天明才发现他不知何时已经睡死过去了。

张廷玉听到马文无疾而终的消息,头嗡的一声差点栽倒在地,幸亏旁边两人将他扶住,张廷玉才勉强支撑着坐了起来。恰好园内传来旨意,令上书房大臣张廷玉觐见。

张廷玉正了正衣冠,走到门前踌躇一下,想退出来,一位内侍上前施礼说道:"张大人请吧,皇上正等着你呢!"

张廷玉只好忐忑不安地走进园内,停留在园外的官员羡慕不已。

不多久,张廷玉出来宣读谕旨:"文渊阁大学士马文年事已高,偶遇风寒,不幸病逝,追封辅国公、加封一等阿思哈尼哈番世职,配享太庙,按一等公葬礼丧葬,一切费用由内务府承办。钦此。"

众人见张廷玉面色沉重,都一齐围上来询问龙体健康,张廷玉只淡淡地吐了个"仍在静养"四个字,众人如坠云雾,猜不出个所以然,但从张廷玉的神色中,人们也约略估计个八九不离十。

外廷朝臣可以阻挡在外,几位皇室亲王和众皇子却早已等得不耐烦了,叫嚷着要求入园叩问龙体健康。除了三位监禁的阿哥和带兵在外的十四阿哥,其余的阿哥全来了,争吵着要见皇上,但任凭他们喊破喉咙,畅春园的门一直紧闭着。

傍晚时分,隆科多十分疲倦地来到众阿哥面前,众人都以为隆科多是来传旨的,全都屏住呼吸等候隆科多给他们带来好的消息。也许这一刻就决定了他们的命运,谁不焦灼等待呢?

隆科多把冷漠的目光从每一个阿哥脸上掠过,最后落在胤禛那里,胤禛会意地点点头,这是他与隆科多事先约定好的暗号。隆科多这才从怀里取出圣旨念道:"胤禛接旨!"

"臣在!"

胤禛内心一喜,知道大事有望,急忙扑通跪下。隆科多这才朗声念道:"皇长子胤禔、皇十三子胤祥禁闭思过,二人均有悔改之意,今加恩赦免。着皇四子胤禛代朕明日往祈年殿祭天告地,钦此。"

隆科多读完圣旨,又看了胤禛一眼,转身要走,八阿哥胤禩转过身向九阿哥和十阿哥使个颜色,两个人便拦住了隆科多的去路,想要对其质问,逼迫他放行,让他们进入畅春园探视。

隆科多以皇上身体需要静养为由将八皇子等人的愤怒强压下去。胤禛则派十七阿哥胤礼去西直门外西二所释放被囚的胤禔,自己乘轿来到十三阿哥府解放胤祥。

沉重的铁门当啷一声打开,胤禛直入府内,对于胤祥,胤禛还是有些愧疚。胤禛简单地跟他说了一下朝中的情形,十三阿哥问其继承大位的人是否定了下来。胤禛摇摇头,十三阿哥会意,站起来,诚恳地说道:"四哥,你说怎么做,需要我干什么,只要我能做到的,就是掉脑袋我也敢,反正我已是死过一次的人了。"

原来胤禛释放十三阿哥,是想借助他曾经对镶蓝旗兵马的管理,让他在登位之时为其保驾护航。

第二天胤禛率领王公大臣及众皇子来到祈年殿举行了祭天告地大典,以此祈求上苍福佑皇上早日康复。

祭典还没结束,天上就纷纷扬扬飘起了大雪,祭典只好草草收场。

祭典刚一结束,众人正待离去,大学士王掞突然拦住众人说:"事到如今,必须确定储君之位,我们齐到畅春园奏请皇上立嗣!"

监察御史陶彝也附和道:"王大人言之有理,立嗣乃国家兴衰之大事,岂可一拖再拖,趁皇上现在头脑清醒,早定储君之位,以免在皇上大限之时被奸人操纵。"

胤禛一听这话似乎是冲着隆科多来的,但他又不好出面阻拦。

这时,又有几人一致附和,都要求上折请求立嗣,忽然,礼部侍郎范长发问道:"我等不能仅仅上折请求立嗣,应该保奏一个请皇上定夺才对!"

众多大臣都在商议保奏的人选,人群中不知谁说了一句保奏八阿哥。胤禛恨之入骨,但又不能发作,只当作没听见。当然也有人提议保奏十四阿哥。只听大学士尹泰冷冷一笑说道:"尔等真是有眼无珠,到这种地步尚看不出皇上之意吗? 皇上降旨让四阿哥代为祭天这是十分明白的事,根本不需要我等操心,只怕皇上早已将储君之位定好,只待大限之时才公布于众呢!"

胤禛用感激地看了一眼尹泰。没等尹泰把话说完,又有人反对:"皇上也让三阿哥、五阿哥、八阿哥等人代为祭天祭祖呢! 不能单从这一点推测皇上的心思。我等应该立即将奏请立嗣的折子递进畅春园,请皇上定夺。"

众人吵吵闹闹的声音中走出祈年殿,王掞与陶彝却直奔畅春园。

此时的康熙已经气息微弱,他做梦也没想到自己一世英名竟会落到如此下场,也许是报应吧,康熙想起了五台山的那一幕。

这时,隆科多走了进来,用手攥着一份折子说:"主子,你的老大臣王掞与陶彝又递上折子请求皇上立嗣了,不过,保奏的可不是四阿哥,而是胤禩,你听着,我让这样不识时务的人没有好下场。"

隆科多转向张廷玉:"大人草拟谕旨,将王掞、陶彝革职充军。"

张廷玉转向康熙,在隆科多的威逼利诱下他不得已提笔写道:"王掞、陶彝二人不识时务,妄言立嗣,愧对朕一片厚爱之心,现解去一切职务,命赴乌里雅苏台效力,念王掞年事已高,降恩留京效命,令其长子庶吉士王奕清代父充军效力。钦此。"

康熙听完隆科多念完张廷玉拟定的谕旨,猛地咳嗽两声,沙哑着嗓子骂道:"朕有眼无珠,让你留在身边,真是养虎为患,这是报应!"

隆科多也不想多作辩驳,他知道皇上早就有心传位于十四阿哥,可是现在他却远征西域。

假如康熙一意孤行,很可能让这么多的皇子为了皇位而引发纷争,到时候一定会宫廷内乱,天下也会跟着大乱。康熙虽然生病,但他的心智却很清楚。

康熙思前想后,觉得从治理山河这一点而论,胤禛确实有其他皇子所不具备的才干,唯一的缺憾他不懂军事,但他善于用人。但康熙痛恨胤禛太阴冷,心狠手毒,不合他宽厚仁慈这一点。正是隆科多所说,他有一个好儿子,自己有一个好孙子,正是为弘历,康熙曾一度动摇过立嗣计划。如今看来,也许真是上天所定。

康熙吃力说道:"隆科多,无论你出于何心,时至今日朕答应你,将大位传给胤禛,不过朕早已立下传位诏书,必须毁去重新立诏。你入宫到正大光明殿后将遗诏取来毁掉,朕再亲自拟定传位诏书。"

隆科多脑子一转，忙跪下说道："请皇上相信奴才一片忠心，绝不会抗旨不遵的，为防止意外，请皇上先立下传位诏书吧。"

　　康熙无奈，让张廷玉传上纸笔，他这才抬起颤抖的胳膊草草拟定一份遗诏，并钤上御玺。

　　隆科多接过墨迹未干的诏书，仔细阅读一遍，叩头说道："奴才不得已胁迫皇上立此遗诏，但奴才忠心可鉴，都是为了大清江山千秋万代永世流传，如果我隆科多存有私心将不得好死。皇上知道四阿哥是怎样的人，我为他逼宫，他怎会让我活在世上，只怕奴才将随皇上同去呢！"隆科多说着，伏在地上泪流满面。

第十三章 众皇子争权夺皇位
雍亲王登基称新皇

夜幕刚刚来临，一乘乘暖轿抬进了廉郡王府。

胤禩见几位弟兄都来了，这才放下手炉说："召集弟兄们来此，我不说你们也都明白，皇阿玛大限来临，当务之急必须稳住阵脚，绝不能让老四抢了先。"

十阿哥略带不满地说："事到如今还说不让老四抢先呢！人家把丰台大营与西山健锐营都给掌握了，你没见十三阿哥刚一放出来就像十世单传又生一个儿子似的，跟在老四屁股后面当保镖，如果没有十三阿哥出面，西山健锐营怎会老老实实听他们的？隆科多与他那千刀杀的侄儿鄂伦岱不但控制了皇宫大内，连畅春园与京城也控制了，我们都成了瓮中之鳖，只等着给人做下酒菜了。八哥就是不听我的，否则怎么会有今天！"

胤禩连连摆手："老十说得邪乎，隆科多与老四的关系我等也都清楚，他怎么死心塌地听从老四的呢？京城与皇宫大内和畅春园的戒严只怕是皇阿玛吩咐的，皇阿玛可能害怕有人图谋不轨才这样做的。"

胤禔问道："以老八之见，皇阿玛会将大位传于何人？"

不等胤禩开口，胤祉便缓缓地说道："还能有谁，当然是胤禵，阿玛令其停止进军伊犁等到明春回京就是要封他为太子。唉，只可惜皇阿玛的如意算盘落空了，胤禛可能先下手了。也许阿玛已经看出了老四这份心思，才令隆科多封锁畅春园，等待十四阿哥回京，如此千里迢迢，十四阿哥接到六百里加急快报至少也要半月后才能赶到，皇阿玛能否再挨上十天半个月实在难说。不怕一万就怕万一，倘若胤禛与隆科多狼狈为奸就难说了，他们毕竟有着名义上的甥舅关系。"

胤禩打断胤祉的话："三哥太多虑了，他们是什么甥舅关系，还不是老四硬把膏药向孝懿皇后娘娘身上贴才讨得这点狗咬骆驼不沾耳的亲戚关系，如今孝懿已死多年，佟家随佟国维罢职也完蛋了，老四那样势利的人早就不与佟家来往了。你们放心吧，隆科多不会向着胤禛的。"

胤禟提议说："万一十四阿哥不能及时赶回京怎么办？"

"皇上若真传位十四阿哥，必然会留有遗诏。"胤禔说道。

胤禟看着胤禩说："国不可一日无主，就是有遗诏在也难免胤禛不生夺位之心，为了确保万一，不如先让八哥代为执掌天下，等到十四阿哥来了再让位于他。"

胤祉十分清楚老八的心思,凭他的所作所为皇上是不可能传位于他的,于是打起了胤禵的主意,妄图打着十四阿哥的幌子把大位捞到手,可笑他太痴了,与老四相比,胤禩实在是小巫见大巫。于是他提醒说:"现在先不要想得那么美好,只怕老四当皇上的更心切呢!对于马文之死我一直表示怀疑,早不死晚不死,恰恰死在皇阿玛要传他入宫的那天晚上,岂不蹊跷,如果这事是老四所干,大位早就定了,我等还在此痴人说梦!"

胤禩不以为然:"老四不也同我等一样被挡在园外吗?他有多大本领我不清楚,不能长他人志气灭自家威风,一定要沉住气,谁笑到最后谁笑得最好。明日我等进畅春园,为防止不测可以暗带利刃,这叫害人之心不可有,防人之心不可无。"

胤禟干脆说道:"畅春园多日来一直禁闭,突然允许我等明日入园探视,定是皇阿玛大限已到。我等明日各自带着利刃入内看他隆科多、张廷玉葫芦里卖的什么药,如果真的把大位给了老四,不如一刀将隆科多宰了,夺其兵权,擒拿老四与十三阿哥,颁诏天下,拥戴八哥登基。"

十阿哥反对说:"万一十四阿哥不服拥兵讨伐呢?依我之见先等一等再说,看皇上把大位传给何人,如果给十四弟或八哥,我等都竭力勤王护驾,倘若好处被老四落去了再与他论理。"

胤禩瞟了一眼胤祉与胤禵,对十阿哥刚才的话颇为不满:"只怕那时就由不得我等做主了,老四是怎样心狠手辣的你不明白?还是老九说的有理,先把皇位控制在我等手中,等十四阿哥回京再与他商量,他坐了皇位也是我等的功劳呀!"

胤禵见胤禩想当皇上之心甚重,暗自叹了口气,站起来说:"我承蒙皇阿玛不杀之恩,如今到了大限之际尚挂记着我这个不肖之子,怎敢还奢望更多呢?如果再参与其他兄弟的争储活动,也有愧于阿玛的仁慈之心,这多年的禁闭生活早使我心灰意冷。你等商讨吧,我要走了,请你们放心,我保持中立,无论谁承袭大位,对我这样一个罪人能谅之我感激不尽,不能谅之我是自作自受认命了。"说完,施礼走了。

胤祉向来主张无为,对大位不图任何奢求,他也不想在这节骨眼上搅一趟浑水给人留下说不清道不明的把柄。凭他的直觉,胤禩的如意算盘十之八九要落空,而胤禵也是远水解不了近火,也许是上天厚爱老四吧,他只图个明哲保身算啦,便也告辞了。

胤禩见二人都走了,十分不满,但他也没说什么,继续和老九老十商讨明日入园的行动。

此时,夜更深了,雪也更大了。

恣肆飘洒一天一夜的大雪终于停了下来,正如康熙皇上翻腾的心现在坦然了,这是上天所安排的,非人力可挡。

雪后天晴,古老的京城变成一个白色世界,一切丑陋与罪恶都在皑皑白雪掩盖下荡然无存。

禁闭多日的畅春园大门终于打开了,众皇子怀着复杂的心情走进澹宁居。康熙皇上静静躺着,接受众阿哥的叩拜,几位近臣也陪跪在旁边。

漏壶里的水冻成冰,时间仿佛在这里停止了,康熙想坐起来再看一看外面的雪景,只觉得喉头一阵疼痛,胸口憋闷,几乎喘不过气来,他再次想到了胤禵,想到了那份遗诏,泪水无声地滚落在苍白的面颊上。

此时,他想把心中的一切告诉众人,但什么也说不出来,康熙知道这是自己最后的时刻了,把平生的力气都用上了,才一字一句迸出五个含混的字:"正……大……光……明……殿……"

隆科多立即示意鄂伦岱:"你在这里守护着,我带鄂尔泰与几位内大臣去正大光明殿,那里一定有皇上的传位遗诏。"

等到隆科多及众大臣从正大光明殿赶回畅春园时,好远就听见园内撕心裂肺的干嚎声。

隆科多步入澹宁居止住众人:"皇上龙驭上宾,国不可一日无主,望众阿哥及各位王公大臣节哀,现在宣读大行皇帝遗诏。"

隆科多从金匣内取出遗诏,从容读道:"太祖太宗世祖,开创基业,所关至重,元良储嗣,不可久虚。朕之子甚众,立储一事劳神费心,几经废立,胤礽因染有狂疾,难承大宝,早经废黜。朕唯储君之事有负祖宗,昼夜惶恐,恐不慎而酿千古遗恨。遍观诸子,思虑再三,朕晏驾后,传位于四皇子,望其克承宗祧,经纶帝业,以臻上理,不辜负朕凄苦之心,可告慰九泉也。其余诸皇子,勉矢忠荩,保翊嗣君,佐理政务,光大祖业,共享太平,慎之切之。钦此。"

隆科多话音刚落,胤禩一改往日的谦恭忍让姿态,突然跃起身来质问道:"隆科多,这遗诏分明是你伪造的,皇上从来没有传位于四皇子之意,为何突然冒出一份传位胤禛的诏书?"

隆科多嘿嘿一笑:"难道皇上有传位于你的意思吗?刚才皇上当众说出遗诏在正大光明殿上,我才率众人去取,你何敢说我伪造?"

胤禩也不示弱:"皇上虽然没有传位于我之意,但皇上准备传位于十四皇子,胤禵西征前曾亲口对我讲,等他凯旋归来皇上就册封他为皇太子。"

不等胤禩说下去,隆科多就冷笑道:"准备?皇上还准备传位给胤礽呢,不也废了?如果皇上真准备传位给十四阿哥,怎会在年事已高之时令其带兵在外?皇上此举就表明圣上根本没有传位于他的意思,只是将胤禵作为一位能征惯战的大将使用。"

胤禟早已等得不耐烦了,大吼一声:"八哥,别给他费口舌了,把这个乱臣贼子给废了。"

胤禟说着,从身上掏出准备好的利刃就去捉拿隆科多。

这时，胤祥勃然大怒，飞起一脚踢飞利刃，上前擒住他说："皇上遗诏在此，名分已定，你携带凶器入内目的何在？口口声声辱骂别人是乱臣贼子，依我之见，你才是乱臣贼子呢！来人把胤禩给我捆了。"

早已布置好的两大高手将胤禩捆好押在一旁。

裕亲王福全从隆科多手中接过遗诏仔细辨认一下说："此遗诏确系出自大行皇帝之手，绝非伪造。"

此言一出，静观事态发展的众王公大臣一齐高呼万岁，俯身跪倒在地。胤禛双手接过福全递来的遗诏，捧在胸前，泪如泉涌，痛哭道："阿玛，您走得如此匆忙，儿臣还没来得及在榻前服侍几日，您就……阿玛，您把这个担子交给儿臣，儿臣如何担当得了哇……"

"皇上节哀。"张廷玉抽搐着扶起胤禛，"皇上应以龙体为重，许多大事等着皇上做主呢？"

张廷玉把胤禛扶在龙椅上坐下，隆科多对众人说道："国不可一日无主，大行皇帝遗命授大位于四阿哥，君臣名分已定，我等当行大礼。"

隆科多说完，率先跪下行三跪九拜大礼。众臣也都跟着行大礼，隆科多回头见十阿哥与胤禵不拜，立即喝问道："尔等为何不拜，想谋反不成？"

十阿哥冷笑道："不是我等谋反，是你串通胤禛篡改诏书，偷梁换柱图谋不轨。大行皇帝诏书明明是传位'十四皇子'，你等将'十'字改为'于'字，这等瞒天过海、欺人灭天的事，瞒得了何人？我等不服！"

众大臣又是一惊，都把目光集中在胤禛身上，胤禛冷冷地说道："既然有人怀疑大行皇帝遗诏有假，我这皇帝还是暂不忙着做，先验明诏书真伪再做处理。"

胤禛把遗诏交给胤祉："三哥，你对书法最有研究，也最了解阿玛字体，还是你来验证一下吧？"

胤祉接过诏书仔细辨认一番，跪奏道："正是皇阿玛手迹，绝无一个更改之字，认为此诏书是伪作都是妄说。"

这一下众人再无话说，纷纷跪地叩拜登基的新皇帝。即便其他几位皇子在不服气，在这不争的事实面前也无可辩驳。

胤禛说着扫视一下众人，眼眶一红，看着几位兄弟，难过地说："我初登大宝主持事务，一时间理不出头绪，更何况诸多事宜急需料理，望众兄弟和内外臣子辛劳一些，朕不胜感激。待朕正式颁诏天下总理山河之时，一定论功行赏，各有加封，现在朕先布置一下当务之急要处理的几件大事。十三弟，你和隆科多舅舅负责京师防务事宜，每日加紧巡逻，严防不测之事，对京畿各大要塞严密防守，不得有误！"

"嗻！"胤祥躬身退出。

"上书房大臣张廷玉！你会同礼部及内务府官员拟定大行皇帝庙号尊

谥及朕的帝号,庙号要雅,体现大行皇帝轰轰烈烈业绩及朕的孝诚之心。帝号要吉,体现大清江山万世永昌,繁荣强大之意,不得有误。"

"三哥胤祉,你暂不要去翰林院编纂图书,到上书房任职,协助张廷玉草拟诏告天下文书,拿来与朕过目。"

胤禛又对隆科多说道:"舅舅,多日来你一直服侍在大行皇帝身边,实在太操劳,是否需要休息几日再另作安排其他事务?"

隆科多伸伸懒腰:"累是累些,但如今正是用人之时,哪能歇着,皇上有何吩咐尽管说吧?"

胤禛点点头:"你除了负责京师防务之外,还要负责大行皇帝丧事。大行皇帝梓宫不可停在这僻远之处,应该移到乾清宫办理丧葬,这事可让胤祺、胤祹协助你办理。"

"那好吧。"隆科多带领二人走了出去。

胤禛想了想,对一直守卫在旁边的鄂伦岱说:"从今日起你升为大内侍卫总领。"

"喳!"鄂伦岱想不到胤禛还没有正式登基就提升了自己,受宠若惊,急忙施礼谢恩。

胤禛吩咐完这几件事,看着胤禔一直默默地陪跪旁边,叹息一声:"大哥,这些天来你受苦了,先休息几日,朕再对你另作安排。"

胤禔凄然说:"承蒙皇阿玛厚爱在宾天之际将我赦免,我已经感恩戴德了,怎敢别有所祈求呢?何况这多年的禁闭生活早已忘却尘世,如果皇上应允,就让我负责宗庙祭祀吧,也算我为新皇登基尽微薄之力。"

胤禛点头答应,胤禔也辞了出去,除了几位较年轻的阿哥,就剩下胤禩了,他的两位帮手早被押走,胤禛特意不处置他,以免让众朝臣认为新皇上刻薄记仇。

胤禛仔细欣赏一下胤禩的寒酸劲,带着几分胜利者的口吻说:"老八,朕知道你内心不服,但上苍垂青于朕,阿玛厚爱朕,你也就认命吧。你不是为胤禵抱不平吗? 朕这就分配给你一个任务,你负责发旨给胤禵,令他把兵权移交给岳钟琪,火速来京奔丧,不得有误!"

胤禛缓缓口气说:"你等都是朕的兄弟,只要你等安守本分勤于事务,朕何不高兴呢? 九泉之下的阿玛也会欣慰的。倘若谁再有非分之心,就不能怪朕不讲手足之情了。"

胤禩见胤禛一口一个朕,听起来是那样刺耳,但他只能把不满放在心中,把最后一线希望寄托在远在西域边陲的胤禵身上了。

康熙六十一年十一月十三日(公元1722年12月20日),康熙病逝,终年六十九岁,庙号圣祖,谥号合天弘运文武睿哲恭俭宽裕孝敬诚信功德大成仁皇帝,简称仁皇帝。

康熙六十一年十一月二十日（公元 1722 年 12 月 27 日），四十五岁的胤禛正式登基。御太和殿，年号雍正。胤禛其余兄弟为避圣讳，都将各自名字中的"胤"改为"允"。

新皇登基，为了稳固江山愚民赂臣，大赦天下。

雍正也明白皇位是如何得来，为了拉拢人心，贿赂亲臣，采取加封行赏的办法掩人耳目。

当然，第一功臣便是隆科多，雍正封他总理事务大臣，袭一等公，授吏部尚书衔，又加封太子太保，赏三眼花翎和黄马褂，并尊称其为"舅舅"。

于是，"舅舅隆科多"这个称号响遍朝野。隆科多的儿子玉柱加封刑部侍郎，侄子鄂伦岱早在雍正即位当天便封为大内侍卫总领，另一个侄子顺安颜也封为銮仪使。

其次当数张廷玉，授礼部尚书兼南书房总理事务大臣，权倾于朝。其弟张廷玖也授江南学政一职，另一弟弟张廷璐授户部主事。

鄂尔泰也因站在雍正一边，被破格升为大内侍卫都统。

对于众兄弟，雍正采用两手策略，打击一批，拉拢一批。允禵恢复其一度被剥夺的王爵，仍授直郡王封号。允祉与允祺已经是亲王封爵，则赏赐封地。允祐因为腿残不能外出做事，但他对雍正一直友好，也授其淳亲王封号。对于允禩，雍正本来准备夺其王爵，又怕众臣不服，更主要的是因为他一直负责管理旗务，雍正担心引起旗主不服，才决定采用欲擒故纵的策略麻痹允禩及众人，不但不追究责任，反而晋封为和硕廉亲王。

允祥自不必说，雍正破例直接封他为和硕怡亲王，为了表示对允祥的厚爱，加封世袭罔替，成为大清开国以来第八位铁帽子王，能够代代相传。除此之外，令其执掌军务与户部事务。

对于原来的十四阿哥，自己的亲弟弟的处理上，雍正还真是有些头疼，他不能对其太过重用；否则，一定会威胁到自己的皇位。但也不能对其太过苛刻，这样会给天下人落下口实。正在犯愁的时候，他想起了那位足智多谋的人邬思道。

邬思道在浴兰堂内寂寞地度过了多日，胤禛顺利地登上九五之尊，成为大清国的第五位皇帝。邬思道从心里不服气，他自认为才华胜胤禛十倍，同为帝胄，自己只能做他的奴才。

邬思道把自己的悲剧归为一个"命"字，正是这"命"让他绝望了，真是人谋不如天谋，人算不如天算。他梦想的胤禛夺位所引发的清廷内讧、国家大乱也近乎成为泡影，似乎根本不存在夺宫一事，一切都是那么自然，一切又是那么顺理成章，所有的设想都被那场雪掩盖了。人的力量智谋是有限的，只能俯身听命于"天"。

邬思道正在嗟叹命运不公，太监王子才告诉他皇上有请，邬思道愣了一下才醒过神来,知道雍正找他,急忙随王子才来到雍正寝宫。

初登皇位政局不稳,雍正并没有立即迁入皇宫,便将这潜龙邸作为行宫,白天去皇宫守丧处理事务,晚上仍回雍亲王府休息。

邬思道明白现在见胤禛不同于往日那么随和,要行大礼才行。他入内纳头便拜,雍正说道:"邬先生请起吧,这里不同于皇宫,你与朕可以随便一些,像先前一样无拘无束地交谈。"雍正将自己烦恼的事情告诉邬思道,想争取他的意见。邬思道知道雍正早就对自己有所防备,要想保命,最好及早脱身。便趁机请求归隐。雍正本就对其心存戒备,但也感念他这么长时间对自己的帮助,因此不想置其死地,便同意了他的请求。

不过邬思道并没有放弃自己的责任,走之前,他为雍正举荐了贾士芳。雍正欣然应允。

邬思道在对十四阿哥的处理上,他让雍正命令十四阿哥去守护大行皇帝陵寝,实质上就是一种囚禁,但此举确实是对十四爷有利。能够保全他的英名和人身安全。倘若再让他回西疆,难免不生出许多不必要的祸端,到那时皇上将如何处置呢,不仅大动干戈,也坏了手足之情、君臣之份,对谁都无益处,皇上以为呢?"

雍正点点头:"邬先生言之有理,但不知邬先生何时去终南山治疾,还需要什么尽管说来。"

"谢皇上恩典,奴才明日就动身,力争早日治好病陪贾道长下山服侍皇上。"邬思道忽然又想起了什么,建议说:"奴才临行前还有一事想提醒皇上,隆科多此人不可不用,也不可大用,不可不信,但也不能太信。奴才估计他要对皇上留一手,粘杆处的人报来消息,大行皇上曾有一份传位给十四爷的诏书,而隆科多仅仅给皇上一份诏书,另一份是他找到了没有呈给皇上,还是根本没有找到?皇上要留心一些。"

邬思道说完,道一声安就告退了,雍正望着他一瘸一拐的背影陷入沉思,邬思道的提醒有些道理。

"阿玛……"一声撕心裂肺的号啕大哭在乾清宫内回荡。

允禵面对大行皇帝灵柩扑通一声跪倒,泪如泉涌,他跪行着爬到康熙朱红棺椁旁边,用手拍打棺壁哭喊着:"阿玛,你醒醒,阿玛,你醒醒,孩儿出征前你亲口对孩儿说要等儿臣凯旋,儿臣回来了,你睁开眼睛看看儿臣,阿玛,阿……玛,你要对儿臣说的话为何没有说,你许下儿臣的诺言为何没有兑现,阿……玛……"

心碎肠断的哭声感染了灵柩旁的皇子皇孙、文武大臣及众多嫔妃福晋,众人都跟着哭起来,有真哭的,也有干嚎的,整个灵堂乱作一团。

裕亲王福全走到允禵跟前,拍拍他的肩膀说:"禵儿不必伤心过重,应保重身体,人死不能复生,何况有许多事要等着你去做呢? 你阿玛生前最疼爱你，宾天之际唯一遗憾的是没有见上你一眼。大行皇帝是喊着你的名字离开人世的，也许因为没有见到你而遗憾，他死不瞑目啊！"

福全这一说，允禵更伤心，抱住裕亲王又是号啕大哭："皇叔，您老真的老了吗？阿玛的心意难道从来没有给您透露？呜呜……"

福全也老泪纵横，一边给允禵擦眼泪，一边难过地说："禵儿认命吧，皇叔的确老了，谁还把你皇叔放在眼里哇，你要保重，保重。"

福全这句话惹恼了一直在旁边静观事态发展的允祥，他是奉雍正之命专门来灵堂监视允禵言行的。

允禵无论怎么哭怎么说，只要没有什么太出格的话都由着他，这是雍正的吩咐，但福全的几句劝慰话让允祥听了刺耳，这哪里是劝慰，简直是煽风点火。

十三阿哥佩服雍正的谋略和胆识，哪里允许他们二人在这里煽风点火。

允祥走过去和十四阿哥拌起嘴来，最终二人竟在皇陵前扭打起来。

雍正的母亲此时已被封为太后，按理说四阿哥和十四阿哥都是自己的儿子，不管是谁当上皇上她都有尊荣，但从她的内心来说，她更希望十四阿哥能当这个皇上。自小四阿哥就因为母亲的卑贱身份与其疏离，而十四阿哥却是孝顺有礼。看着他们二人闹到今天这个地步怎能不伤心。

德妃走过去抱住十四阿哥的大腿，让其住手，否则就要去死。十四阿哥非但不住手，还口出狂言，对雍正毫无敬意。

恰巧雍正闻报来到灵堂，看见这个乱糟糟的场面气得脸色铁青，听到母亲与允禵的对话更是火从中来，怒喝一声："成何体统！"

允祥这才松手站在一旁，灵堂里的所有人都上前见驾，只有十四阿哥直直地立着，丝毫没有跪拜的样子。

雍正的脸色更为难堪，盯着十四阿哥厉声道："皇阿玛尸骨未寒，你大闹灵堂，是为不孝。皇额娘规劝你，你不仅不听话，还出言相逼，是不仁。允祥不与你计较，主动退让，而你乘机殴打兄长，是不义。见朕不参反而出言相撞，是为不忠。来人，把这不忠不孝不仁不义的狂妄之徒给朕拿下！"

鄂伦岱等人早已对允禵目空一切狂妄至极的行为看不惯了，几人一齐围上前来拿允禵。允禵大吼一声："没有先皇圣谕谁敢拿大将军王！"

这话更让雍正恼火："既然如此，可别怪朕无情，这可是你逼的。来人，削去允禵大将军王封爵，将他拿下！"

允禵再硬也犟不过几位大内侍卫之手，被牢牢地押住了，尽管他破口大骂，也无济于事。

乌雅氏知道除了自己谁也救不了允禵，急忙跪在雍正面前一把鼻涕一把泪地哀求。

雍正知道仅凭这一点罪名将允禵治罪众朝臣不服，俯身搀起额娘，跺一下脚转身走了。鄂尔岱急忙示意将允禵松开，也随皇上走了出去。

允禵在母亲的劝阻下出了灵堂，回到阔别几年的府中，他见到自己的房舍失修，布满了灰尘，冷冷清清没有一点生机，就像自己此时的心绪和处境，不觉又滚下泪来。

多日旅途奔波没有睡上一天安稳觉，也没有吃上一顿如意饭，吃不下也睡不着，辛劳不说，内心的苦痛与哀伤更是难以名状。今天回到京城，头一遭就给了一个下马威，内心能不气吗？

允禵让膳食房的人随便给炒几个菜，要了两壶酒，菜没吃多少，酒却喝得不少，直到喝得酩酊大醉。

允禵一觉醒来天已变黑，见允禩坐在旁边，两个人都在屋里唉声叹气，商量这雍正登基前的情景。他们预备联合众兄弟及各位旗主出兵讨伐，逼迫胤禛说出真相，向列祖列宗认罪并交出皇位。"

十四阿哥让八阿哥趁着管理旗务之便，与东北五位旗主取得联系，让其配合发动兵变。

两个人认为，康熙在世时一直中意十四阿哥，并且亲口应承将皇位传给他，现在四阿哥雍正却夺得皇位，一定是他们联合起来逼宫夺位。或许在这之前康熙早就准备好了遗诏。要想发动兵变，必须有合适的理由，将士们才会一呼百应。因此二人认为，为今之计首要任务就是找到册立十四阿哥的那份遗诏。

第十四章　雍正立壮志济苍生
众人巧安排除异党

　　张廷玉来到养心殿西暖阁奏报册封后妃之事,猛抬头看见西墙上挂着一副对联:"唯以一人治天下,岂为天下奉一人。"张廷玉知道这是雍正手书自勉的座右铭,于是赞叹道:"皇上胸怀天下,心系黎民百姓,大有效法大行皇帝之心,实行仁政之为,可称为明君英主也。"

　　雍正叹息一声:"朕想用宽仁之策治天下,就怕天下人不以宽仁之心待朕。"

　　张廷玉估计皇上一定是因为几位王爷不服之事发出的感慨,这几天不断收到东北下五旗的几位旗主对雍正指责的折子,说什么的都有,有的说皇上得位不正,有的对遗诏质疑,也有的说雍正心太狠毒,还没执政就拿亲兄弟显君威。

　　张廷玉正在寻思如何向皇上奏报册封后妃之事,雍正随手从御案上递过来一张纸:"这是朕昨日闲暇信手写的一首诗,赐赠张学士,不知平仄还当否,请你斧正。"

　　张廷玉见上面写道:"峻望三台近,崇班八座尊。栋梁才不添,葵霍志长存。大政资经划,于漠诗讨论。还期征霖雨,为国沛殊恩。"

　　雍正写此诗吹捧张廷玉,也算是与他进行一种心灵的沟通,以此拉拢他,表示对张廷玉的感激之情。张廷玉急忙跪倒,诚恐地说:"微臣只是尽了一个臣子分内之事,皇上如此谬奖微臣,我当之有愧。不过臣一定以此诗自勉,兢兢业业听命皇上吩咐,为朝廷尽微薄之力。"

　　雍正说道:"朕虽然有幸坐到这个位子上,朕的苦心何人知道?阿玛一生英明,拓疆开土,征战南北,可谓业绩煌煌。但在垂暮之年所作所为朕实在不敢苟同。处处宽容,以仁推行天下,致使吏治腐败,贪赃枉法官员不计其数。消耗日盛,财政亏空,国库空虚,加上平定准噶尔部叛乱的连年征战,国库储备所剩无几,倘若遇到歉收之年便入不敷出。朕接下这个烂摊子,等待朕的不是坐享其成,朕生性也不是爱享乐之人。因此,在登基之日就准备大刀阔斧地干一场,改革弊制,推行新政。"

　　说至此,雍正看一眼张廷玉,"如果张学士也是不甘安于现状的热血之人,就协助朕完成此宏愿,至于是非成败,就留给后人评定吧!"

　　张廷玉眼圈一红,哽咽道:"皇上有此壮志雄心,微臣纵肝脑涂地有何辞焉!臣愿闻皇上从何处入手改革弊制、推行新政?"

雍正从御案上拿起一份拟定好的方略,一边递给张廷玉,一边说:"朕决定改变大行皇帝推行的'宽仁'之策,而以'猛严'代之。以张学士之见,如何才能保证'猛严'之策顺利进行呢?"

张廷玉泰然答道:"任何一种新政策的推行都会遭到人的反对,这是古今变法所遇到的共同难题。皇上若推行新政,可以根据反对与支持者的多少而决定此法是否可行。这反对与支持者当然不是仅指一般王公大臣,要取信于民而用之于民。孟子曾提出'民为贵君为轻'的思想,他主张'保民而王',唐太宗也说:'君为舟,民为水,水能载舟,水也能覆舟。'皇上须视民意而定方略。"

雍正对张廷玉的回答十分满意,又问道:"依你之见,当务之急应当从何处抓起呢?"

张廷玉边同雍正讲话,边一目十行地浏览雍正的新政方案,见上面所提到的内容很多,整顿吏治,清查亏空,摊丁入亩,治理黄河,兴修水利,巩固边疆,改革八旗,每一项内容写得都很细致。张廷玉见皇上登基不久就在百忙中制定这么一整套的新政方案,十分钦佩。"皇上刚才提及火耗之弊端,臣在南书房看到一份折子,是山西巡抚诺敏所奏,他主张全省实行耗羡归公和养廉银制度,将每年所得耗银提存司库,以二十万两留补无着亏空,其余分给大小官员作为养廉津贴。臣以为这个办法可行,有四点好处。"

雍正也看到了这个折子,但他只是看看,并没放在心上,一听张廷玉说有四点好处,便问道:"哪四点好处,快说与朕听听?"

"第一可减轻百姓的负担,其次能够弥补部分钱粮的亏空,第三,增加地方府库收入,最后一点是限制了官吏的贪污受贿之风。"

"火耗"是正赋钱粮之外的私征,多为各地方官中饱私囊。由于朝廷允许,地方官便明目张胆地任意加增,致使百姓怨声载道。雍正对火耗之事一直深恶痛绝,一听张廷玉分析诺敏的主张有这四点好处很是高兴,当即拍案而起,连声赞道:"衡臣分析得在理,可以诏告天下推行诺敏的建议。你回上书房后再拟定一份诏书对山西巡抚诺敏嘉奖,赏双眼花翎和黄马褂,晋升诺敏为山西总督。再下一道谕旨,凡是官吏不论大小都可上疏言事,能给朕提出可行措施者重赏!"

张廷玉急忙把雍正布置的几件事记在随身所携带的簿子上。

这时,隆科多也来到养心殿西暖阁。

张廷玉知道他一定也有要事相奏,自己不便久待,忙把折子递给雍正。

雍正一看,结发福晋那拉氏封为皇后理所当然,上徽号为孝敬。年氏侧福晋拟定封为敦肃贵妃,弘历之母钮钴禄氏侧福晋拟定封为熹贵妃,其余几位侧福晋都是妃。

雍正深知张廷玉如此安排的深意,摇头说道:"年氏应该封为敦肃皇贵妃更合适一些,而钮钴禄氏暂且封为熹妃吧。"

张廷玉急忙跪下说道:"皇上圣明!"

雍正知道此时正需要年羹尧鼎力相助,对他的妹妹岂能怠慢。最近从粘杆处的人得知允禵曾派人与年羹尧接触,在此之前,关于允禵与年羹尧交往过密的奏报也经常听到,对他这样在外带兵的封疆大吏在自己没有站稳根基前只能抚之,绝不能随意得罪,防止政敌乘虚而入。正是基于这样的考虑,雍正才对年氏信爱有加,将她封至仅次于皇后的位置,以此让年羹尧感恩戴德。

张廷玉又问道:"对几位皇子及太后的封号请皇上训示。"

雍正沉吟片刻说:"弘时、弘历封为贝勒,弘瞻、弘昼封为贝子,至于太后的封号,等一段时间再说吧。"

提及太后封号雍正十分为难,按理说他登上九五之尊,生母德妃乌雅氏应该晋封皇太后;但是,由于雍正幼年时候曾过继给孝懿仁皇后佟佳氏,他也认佟氏家族为舅家,正是这样才博得以隆科多为首的佟氏满门鼎力相助,从而登上皇位,没有佟家他万万没有可能成为皇上的。正是这样,如果立即册封他的生母乌雅氏为皇太后,势必引起隆科多的不满。在雍正危机四伏,根基未稳之时,他怎敢轻易得罪佟氏家族呢?

张廷玉一听雍正要推迟皇太后的封号急忙奏道:"请皇上明鉴,皇上不给太后上徽号势必引起万民猜疑,内外臣工也会提出质问。十四爷便会抓住此把柄肆意诽谤皇上,可能对皇上声誉有损,请皇上三思!"

雍正一想张廷玉言之有理,当着隆科多的面又不好同意张廷玉的奏请,于是侧身问隆科多:"舅舅以为衡臣所奏之事是否妥当?"

隆科多当然明白雍正心意,却故意说道:"还是皇上定夺吧,臣怎好过问皇室之事。"

雍正沉默了足足一盏茶的工夫,淡淡说道:"就以衡臣所奏,晋额娘为皇太后,上徽号为仁寿二字吧。"

"喳!"张廷玉躬身退下。

雍正见隆科多神色不悦,忙赔笑说:"舅舅有何事尽管说来!"

隆科多不紧不忙地说:"皇上登基之后封赏内外臣工及皇亲国戚,如今又将正式册封太后及后妃皇子,不知臣是否在封赏之列?"

雍正笑道:"朕怎会忘了舅舅呢? 朕已经晋升舅舅为吏部尚书,掌管官员升降,赏一等阿达哈哈番世职及总理事务大臣了。"

隆科多嘿嘿一笑:"这是臣应该得到的。"隆科多转向雍正,似笑非笑地说,"皇上好健忘啊!"

雍正一怔,想起自己曾在隆府密室许下的诺言,心一寒,故意装作不知地问:"初登大宝,朕诸事缠身,实在忙得不可开交,对舅舅所奏之事从来没有怠慢过,不知舅舅说朕健忘,忘的是什么事?"

"既然皇上真的如此健忘,老臣只有提醒啦。皇上是否记得在臣的府中曾许下的诺言?"

雍正见隆科多果真厚着脸皮提起了那事,心中很不高兴,只好强装笑脸搪塞道:"朕并没有忘记,只是现在立即封舅舅为异姓王怕引起众人猜疑。就是现在已有人私下有所非议,认为朕给舅舅的荣誉太高了,几乎达到亲王的地步。舅舅还是耐着性等上一年半载,过了非常之时,朕再给舅舅封赏也不迟。朕答应的事就一定会做到,请舅舅尽管放心!"

隆科多见雍正故意推脱,马上拉下脸来,冷冷地说:"我为皇上所出的力用'汗马功劳'概括并不过分,对有再造之功的人封个异姓王并不过分吧。当年顺治爷不也封了三个异姓王吗? 他们还都是汉人呢!"

雍正趁机说道:"可那三个异姓王的下场并不太好哇,朕正是考虑到这一点,才不敢轻易封舅舅为异姓王,朕可不想看着舅舅早死,希望舅舅长久地辅佐朕呢。"

雍正故意把话说得轻松,实际上是威吓隆科多,隆科多当然听出雍正话中的意思,哈哈一笑,说道:"人们常说做皇上的都是黑心肠,如今看来果然不假。但皇上也不要忘记一句俗语,狡兔有三窟,老臣也防备皇上卸磨杀驴这一招呢! 实不相瞒,允禵已经多次问及老臣关于先帝遗诏的事,当然,我不会轻易告诉他的,我与皇上是一根绳上的蚂蚱。但皇上也应该知道大行皇帝曾留下一份传位给允禵的诏书,先皇立遗诏传位给皇上时,曾命令臣把第一份遗诏毁去,臣当时多了个心眼,在去'正大光明殿'取遗诏时只是换换位,并没有销毁那份遗诏。"

雍正一听这话,惊得目瞪口呆,他想起了邬思道的猜疑,果真还有一份遗诏被隆科多私藏起来。如果这份诏书传扬出去,其后果不堪设想,不用说允禵会拥兵谋反,就是东北下五旗的旗主也会打着勤王诛逆的旗号置自己于死地。这份诏书公开之时,就是他皇位坐到头之时。

雍正惊魂未定,又听隆科多嘻嘻一笑说道:"请皇上放心,老臣不会向外公开那份诏书之事,公开后对我也没有什么好处,老臣还指望把那份诏书作为护身符呢!"

雍正一想也有道理,泄露那份诏书的秘密对他确实没有什么益处,怦怦乱跳的心稍稍平静一些。

隆科多临走时又扔出一句话:"老臣恭候皇上的册封大典呢!"

雍正安葬了大行皇帝之后,立即着手推行新政,但粘杆处的人接连不断从各地送来密报,允禩与允禵正联络各位旗主和部分军营都统准备谋反。这些消息给初登大宝的雍正带来一种无形的压迫感,各项改革措施无法进行,到手的帝位还有可能落空,真是山雨欲来风满楼。

这天，雍正忽然接到李卫从四川密奏，说年羹尧已经和允禵的亲信富宁阿秘密接触多次，有拥兵谋反之心。雍正起初不信，不久又接到蔡珽从年羹尧军中送来的密信，再次提到年羹尧有勾结允禵谋反之举动，雍正不能不信了。李卫、蔡珽对雍正忠心不二胜过亲生儿子。

接下来，岳钟琪也从西疆送来奏报，说允禵旧部傅尔丹、富宁阿、祁里德、都罗等人不服调令，频繁与年羹尧大军接触，有不轨之心。

为了对付年羹尧，十三阿哥特地向雍正推举了一个将才延信，此人骁勇善战，而且非常懂得用兵，是个可用之才。雍正暂时找不到更合适的人选，最后只能让延信担当讨伐年羹尧的重任。

只要能够清除允禵在西北军中的势力，京城这边就好办多了，但对于东北的五位旗主雍正十分犯难，他们都拥有旗下兵马，又是世袭亲王，没有特大过错不受皇上惩处。鄂尔泰主张先稳住五位旗主的心，待平定这次谋反后再逐步剥夺旗主的权力。雍正采取了鄂尔泰的建议。

雍正担心铲除允禵、允禩与年羹尧时，必然引起隆科多的恐慌，害怕他在关键时刻倒向允禵，供出遗诏秘密，决定一不做二不休，干脆将所有威胁皇权之人全部铲除，宁可错杀千人，绝不使一人漏网。

当雍正提出铲除隆科多时，允祥吓了一跳，惊恐地问道："皇上铲除逆党并不过分，为何连拥戴功臣也一并铲除呢？传扬出去，国人岂不要说皇上忘恩负义过河拆桥，请皇上慎重考虑。"

鄂尔泰估计隆科多一定掌握了皇上的某种秘密，雍正才会在铲除异党中将他也一同铲除，便提醒说："皇上虽然夺了隆科多的兵权，但此人影响仍在，更何况他的儿子与侄子都手握重权，皇上不能不慎重行事。特别是鄂伦岱，他如今是大内侍卫总领，负责皇上安全，皇上要铲除隆科多就必须拿下鄂伦岱。"

雍正微微叹息了一声说："朕正是考虑到这一点，才在王府召见你们，就是害怕泄密。朕这样做也是不得已，说句心里话，朕并不想整人，更不想妄杀无辜，朕也不想引起朝臣恐慌，落个兔死狗烹残暴狠毒的千古骂名，但朕不这样做又别无选择，为君难啊！朕过去对世祖除多尔衮、大行皇帝除鳌拜也持有异议，现在却可以理解了。不过，无论何人，只要对朕忠心不二，踏踏实实做事，本本分分做臣，朕都会宠爱有加，让他封妻荫子，世代享受皇恩。当然，对脚踏两只船，这山望着那山高的人，无论他对朕就多大功劳，与朕有何种关系，朕也决不手软！"

雍正见众人都傻愣愣地坐着，知道众人被自己刚才的话震住了，他转变刚刚阴厉因素的口气，和善将擒拿鄂伦岱的任务交给了鄂尔泰，博尔多负责擒拿隆科多。允祥主动请战，去捉拿允禩和允禵。

一切准备就绪，雍正秘密下达了拘捕命令。为了确保将逆党一网打尽，拘捕行动采用双管齐下、四面开花的方式进行。

年羹尧正为起兵响应允禵之事大伤脑筋，他身为国舅，享受皇亲国戚的殊荣，如今又是川陕总督，可谓有权有势。他当然不想造反，更没有拥兵杀往京师之心，他只想安安稳稳当他的西北王。

允禵让年羹尧配合他出兵夺位。年羹尧当然不会同意，他不愿拿身家性命与显赫的爵位冒险。但正由于过去的见风使舵给他埋下了祸根，允禵以公开他赠送的物品及信函为要挟。年羹尧当然明白他给允禵送了什么，在那些信中又写下了什么，只要允禵将那些东西抖了出去，就算雍正看在妹妹的情分上留他一命不死，但一切荣誉职位就失去了。对于年羹尧，他宁愿去死也不愿失去得到的一切。

而且允禩和允禵已经控制了京城中的五旗将士，或许造反成功，还能为自己增添更多的殊荣，年羹尧在幻想中坚定了谋反之心。

既然坚定了信心，就要做充足的准备，这天年羹尧正和自己的心腹汪景祺、钱名世商讨起兵的布置事宜，就接到报告钦差大臣金昆与四川巡抚戴铎到来。

这让年羹尧吃了一惊，以为自己造反之事暴露。他想此处是自己的地盘，他们要真是知道事情，就将其除掉。

雍正早就料到了年羹尧的心理，因此这次来并不是揭穿他的阴谋，而是将计就计，将他封为了抚远大将云。年羹尧心花怒放，这就等于他掌握了整个大清兵马的三分之一，此时，允禵不谋反更好，谋反有他参与那是稳操胜券。

年羹尧将自己在此地的人物交接之后，就带着家人、亲信与部分随从去西宁赴任了。刚进入甘肃境内就被等在甘肃的将军延信带兵围住了，并将其一干人等全部捉拿。

与此同时，岳钟琪接到密旨，以聚众饮酒为名把允禵亲信富宁阿、博尔丹、祁里德等人擒住。

雍正接到年羹尧等谋反党徒被捉拿的密报后，立即也在京城行动起来，令允祥将允禩与允禵及其在京党羽一并拿获。

为了彻底铲除异己，消去后患，雍正下了狠心，派兵包围了隆府，将隆科多及其子岳兴阿、玉柱、侄子鄂伦岱等人全部捉拿入狱。

几乎是在一夜之间，允禵、允禩被捉，隆科多全家入狱，年羹尧被缉拿入京，其余所牵连的人更是不计其数。消息不胫而走，整个朝野震惊了，人人恐慌，谁也摸不透一向寡言少语的新皇葫芦里卖的什么药。似乎审都没有审，年羹尧押解杭州赐死，其子年富被斩，家人发配广西充军。隆科多以四十一条大罪赐死，雍正因为他手中有一份致命的遗诏没有找到，将他永远圈禁，试图从他口中查出遗诏下落。其余所牵连的人更是不计其数。东北五位旗主本想等允禵与允禩在京起事,他们拥兵策应,一看势头不对,也都悄悄收敛了兴兵问罪之心。

惩处了其他人之后,雍正本想对几个兄弟以宽容之心对待,希望他们能明白他的苦心,对他感恩戴德。没想到几个兄弟根本不领情,竟然在大殿之上公然辱骂雍正。雍正忍无可忍,痛下决心。

雍正冲着畏缩在一旁进退两难的张廷玉吼道:"张廷玉,你去景阳宫把《玉牒》拿来,代朕把允禩与允禟的名字删除掉,去宗人府告诉裕亲王福全,允禩改名叫阿其那,允禟改名叫塞思黑,并让他两人游市三天,边走边喊自己的名字。"

允禵见雍正气急败坏的样子,仿佛觉得这是一种酣畅淋漓的报复,轻蔑地笑道:"不愧是皇上所为,真是皇阿玛的诚孝之子! 你有种把我等的名字全部从《玉牒》上抹去,仅留下你一人的名字,那才显示出做皇上的至高无上权力呢! 承袭大位更问心无愧了,皇阿玛就你一个孝顺儿子,不把皇位传给你传给谁呢? 也不必费尽心机寻找另一份遗诏了。"

雍正的脸色惨白,心中怒火中烧。就在这时,仁寿皇太后赶了过来,他知道为了争夺皇位,自己的两个孩子一定势不两立,她不想看着任何一个孩子死去,因此赶过来想用母亲的身份救助自己的儿子。她跪在大殿之上,请求雍正饶恕允禵,没想到允禵更是毫无悔改之意,竟然大喊终有一天要谋权夺位。雍正忍无可忍,不顾仁寿皇太后以死相逼的情况,依然下令乱棍打死允禵。

仁寿皇太后知道自己也无能无力,最终一头撞死在大殿之上。

第十五章　甘凤池献身遇腐儒
张敬卿执书劝朝臣

朝中的形式越来越稳定,前朝大明的志士们正在蓄势待发。名满天下的反清复明义士甘凤池终于露面,见到该人却是一个和尚,这让人有些不敢相信。

这天甘凤池在街上遇到了东海夫子吕留良的弟子曾静。甘凤池随曾静来到府中,与其谈起满清的时政。甘凤池还不敢确定曾静的态度,故意以科举取士的话试探其心意。

曾静不置可否,脸色凄然道:"满清乃夷狄之邦,形同禽兽。我堂堂衣冠汉民岂能为之所用。甘大侠是反清义士,我不妨向大侠剖落心迹,我视满清朝廷如寇仇,早已绝了科举入仕之念。"

甘凤池听曾静话中的意思,似乎早已经坚定了对满清仇视的心情。于是便亮出了自己的身份,同时对他说出了自己正在为反清复明做着准备。

曾静为之动容,劝谏甘凤池应该早些起事;但二人想起朱三太子,也就是邬思道和张思邈二人的爹,就是因起事之后响应者甚少,最后被大清抓住赐死。因此反清复明之事,不能操之过急,必须要弄清楚天下人之心才行。

正在两个人商量的时候,曾静小时候的朋友王彭登门造访,他来此的目的就是想请曾静到岳钟琪的帐下做幕僚,或者是让其弟子张熙去也可以。曾静说道,此次前往,或许并非好事。原来他们得到消息,岳钟琪本是宋人抗金英雄岳鹏举的后人,因其忧国爱民,直言犯谏,最终惹恼了当今的雍正皇帝。朝中都传言岳军门不久也会落得像年羹尧一样的下场。

甘凤池一直无心听他们的谈话,这时不禁为之一振。曾静这时也对岳钟琪产生了兴趣,他眼睛一转,似乎想到了什么。

送走了王彭等人,甘凤池也想趁机告辞。但曾静也是一个迂腐的儒生,怎么肯放弃自己的宏图伟业。

于是便拉着甘凤池商量致使天下大乱的计策。他想争取一下岳钟琪,让其假如反清复明的队伍。

甘凤池听得哭笑不得,感觉曾静的想法实在是可笑至极。曾静不顾劝阻,执意要前往劝说岳钟琪。

第二天,天刚放亮,曾静就直奔甘凤池歇息的房间。原来他一宿没睡,连夜赶写了洋洋万言,要上书川陕总督岳钟琪的信。这时正赶着给甘凤池看。却没想到和尚留信一封进行劝谏,竟然自行离去了。

曾静看完，很是气恼。自己剖心倾胆反清复明，却不为名满天下的反清义士理解。甘凤池明明是瞧不起自己，我却偏偏要做一件轰动天下的事，给他甘凤池瞧瞧。

决心已定，曾静便奔回卧室，将准备上书岳钟琪的事告诉了尚未起床的曾夫人。曾夫人苦心相劝却没有用，最后不得已，只得告诉他等待张熙回来一同商议。

曾静也不再一意孤行，只得在加重静等张熙。

说来也巧，天刚过午。一位满面风尘的英俊儒生来到曾府。他就是张熙。

春月、秋风一见，欢喜得一齐迎上前去，接行李，掸风尘。问东问西。曾静这时也从学馆回府，听见动静，忙和曾夫人一起走出房来。

张熙看见老师和师娘亲自迎出房来，慌忙磕头施礼。师徒等人室坐定。曾夫人着急地问道："敬卿，考得怎么样？怎么到现在才回来？"

"唉，别提了，今科没指望了。"张熙垂头丧气地说。

曾静不安地问道："难道考得不顺利？是不是又出偏题、怪题？"

"其实根本就没能考试。全场罢考。"

曾静夫妇吃惊地问道："怎么会出这种事？"

张熙喝了一口茶水，清清嗓子道："说来都是因河南总督田文镜而起。田文镜非科甲出身，因偶然的机会参奏山西巡抚德匿灾不报而得雍正的赏识，直升至今天河南总督的位置。田文镜因不是科甲出身，对待属史和读书人尤其苛刻。在豫省竭力推行新政'官绅一体当差纳粮'，使读书文人不愿在豫省做官。这才引起士子们联名罢考。"

"河南学政怎么料理此事？"曾静追问道。

"河南学政张廷璐就是当朝第一宣力之汉臣张廷玉的弟弟。但据同科的士子说，就是他在暗中煽动罢考，想借机把田文镜赶出河南。田文镜集河南军政、民政、财政、文政于一身，这次罢考是开国第一次，后果严重，田文镜当然亲自过问，为首的士子已被总督衙门拿了。凡参加罢考的士子当年不得应考，也有人说田文镜还要向皇上参劾张廷璐。这位雍正皇帝的'模范总督'根本没把张廷玉当回事。"

曾静安慰道："敬卿，不必难过。雍正任用田文镜这样的酷吏，哪里还有咱们读书人的出路。即便这次不罢考，即使你文章做得花团锦簇，以满清官场的黑暗，也未必金榜题名。"

张熙向老师微微一笑，一副全不在意的样子说道："弟子秉承恩师教诲，时时不忘自己是汉民。绝不为清廷服务。此次赴豫省考试，无非是想借机打入官场，从其内部推倒清廷，恢复汉人天下。"

"你不忘为师教诲就好。"曾静甚感快慰，便道，"为师正有一事与你商议。"说着，从衣内取出那份策反信，放在张熙面前。

张熙一目十行，匆匆看过，吃惊地道："恩师，您要做什么？"

"为师要亲自去上书岳军门，劝其起兵反清，报汉人之仇。"

张熙越加惊奇，钦佩道："恩师真是神人妙算。弟子赴开封赶考，一路听人传言，说岳钟琪本岳鄂王之后，现手握重兵，有朝一日必夺雍正天下，路经长沙岳麓山时，弟子遇见一个白发白须的道人，挑着招牌'云水道人，善观气色'八个字，路人争相请道人看相。道人一一看了，无有不准，临走时，那道人在桥上写了八个字'五星联珠日月合璧'。弟子当时就记下了。"

没想到这张熙不但没有劝谏师父，反而极力赞成，竟然亲自替师父走这一趟，带着师傅的心意去找岳钟琪了。

立冬刚过，古城长安已是一派严冬景象。驿道两旁的老树光秃的枝丫支挺着，在微微的寒风中冷不丁地颤抖几下。

总督府前的清兵还没换上过冬军装，个个捂着双手，怀抱长枪，无可奈何地在寒风中挺立着。

这时，一匹火红的战马挟着寒风飞驰而来，在总督府门前突然打住。马身上跳下一位年轻的军官。门前的清兵一见慌忙接过马的缰绳。

那军官快步如风，进入总督府。自年羹尧被雍正解除川陕总督的职务后。岳钟琪就顶替他的位置，雍正皇帝为示信任，又加兵部尚书衔，任宁远大将军。此刻，岳钟琪正在小客厅跟陕西巡抚西琳谈论公事。"岳大帅考虑的甚是周详。"西琳点头道，"陕、甘两省应该早做准备，以免到忙的时候抓瞎。"

"有巡抚大人这句话，陕、甘两省我无忧也。"岳钟琪欣然道。西琳起身道："下官回去后，就照大帅的意见办，保证陕西省做到平时不闲，战时不乱。告辞了。"

西琳刚刚退出，刚才那位年轻军官走进小客厅。向岳钟琪深施一礼道："王灿叩见大帅。"岳钟琪用手一指旁边道："坐下说吧，最近西边情况怎样？""回大帅，准噶尔王策旺阿拉布坦三天前去世，其子噶尔丹策零继位。噶尔丹策零性行狡诈，野心勃勃。叛贼罗卜藏丹津极有可能投靠噶尔丹。"

王灿又详细禀告了噶尔丹最近军队的动向，岳钟琪细心地听着，不时插话，赞扬王灿几句。王灿刚刚禀完公事，守门戈什哈进来禀道："大帅，府门外有个年轻秀才，说是从南方远道而来，有要事当面呈报岳军门。"

"不见，"岳钟琪没好气道，"又是一个沽名钓誉之辈，故弄玄虚，欺蒙本帅，本帅再不上当了。"王灿听说是南方来的秀才，便道："也许人家真有要事呢。"岳钟琪笑道："将军真好雅量，既如此，本帅就权当再上当一次。传来人进见。"

不一会，一位儒生打扮的青年人来到客厅。这人二十多岁，相貌英俊，虽是一身的风尘，却是精神饱满、虎虎生威，径直走到岳钟琪跟前，深施一礼，朗声道："小民张倬叩见岳军门。""张倬，你有何事，尽管说来。"

"谢大帅！"张倬答道，"小民受人之托，有封书信面呈大帅。"张倬就是化名的张熙。岳钟琪接过书信，展开一看，当时惊得目瞪口呆。

那信的抬头称呼为："南海无主游民夏靓顿首拜上宋鄂王岳元帅武穆公保之后无东元帅东美将军麾下。"岳钟琪当然知道岳飞是南宋抗金英雄。岳飞精忠报国，汉人气节，光照日月。时下有人传言岳钟琪乃岳飞之后。

其实，岳钟琪是四川成都人，字东美，号客斋。其族谱表明成都岳姓与南宋河南汤阴岳飞的岳姓早在西汉时就已分支，根本就毫不相干。但这信的称呼显然是应了时下人们的谣传，自然是有着极深的用意。"无主游民"，意即无皇上之民。是表示不承认现今的清朝朝廷。这显然是一封策反信，岳钟琪怎能不胆战心惊？

岳钟琪强压着怒火将书信看下去。

书信很长。首先是称颂岳飞抗击金兵，百折不挠，气贯长虹。可恨遭奸人陷害。如果赵构英明，坚持抗金，倾南宋之力，尽岳飞的将才，哪里会有风波亭的遗恨。其次是历数满人入关后虐杀汉人的种种暴行。称满人为夷狄，形同禽兽，满人立朝，得统不正。更兼当今雍正皇帝矫诏篡位，继统不正。他身犯十大罪恶：害父、逼母、弑兄、屠弟、贪财、好杀、酗酒、淫色、诛忠、任佞。如此无德残暴的人君，人人得而诛之。

最后说历代勋臣功高震主，绝不会有好下场。岳将军的前任年羹尧就是兔死狗烹的活生生的例证。劝将军勿要愚忠，况且"夷夏之分大于君臣之伦"。

今日的满人，就是当年金国女真、岳氏祖上的仇敌，将军既是衣冠汉人，不可再做夷狄禽兽的臣民。而且将军是忠臣鄂王之后，更应及早改弦更张，替先祖报不共戴天之仇。如果将军能高举义旗，举十万雄兵出三秦讨清，夏靓则一呼可动员江西、湖南、广东、广西、贵州、云南六省响应。

那时，沉睡百年的中原之地复苏，岳帅可正位为天下之君或为新朝的功臣。此时天降大任于岳将军，救亿万华夏黎民人于水火，就在将军一念之间。

岳钟琪一目十行，匆匆扫视来书，越读心情越是沉重，不知不觉头重脚轻，浑身起鸡皮疙瘩，直冒冷汗，颜面失色。这夏靓是何等样人，与我无冤无仇，分明是自己不要命，又写这样发昏的书信陷害我！如今是太平盛世，江山稳固，劝我造反所为何来！造反大逆，灭族之祸。岳钟琪越想越怒，哪里还顾得总督的仪态，将书信往地上一扔，随即大声喝道："狂徒大胆！来人！给我抓起来，重枷送入大牢。"

张熙早将生死置之度外，这时反倒神态自若地道："大人何须动怒，你当然可以拿小民向你的主子邀功请赏。可恨大人功利熏心，甘做岳门不肖子孙，又忍睹亿万苍生于水火，你不是人，是满人的走狗。"

两旁的亲兵戈什哈哪容他多嘴，早冲上前将他擒住。张熙一面大声叫骂，一面被带下去。参将王灿小心问道："大帅，到底发生了什么事，惹您动怒？"

岳钟琪视王灿为心腹，不用瞒他："你自己看看去。"王灿捡起书信，粗略地看了一遍，当即忧虑地道："大帅如今地位显赫，深受皇上宠信。在百官中已成众矢之的。不少朝廷大员说您拥兵自重，培植私党，甚至说您密谋造反。民间则盛传大帅是岳鄂王之后，说大帅忧国爱民，敢直谏，触怒了皇帝，地位已岌岌可危。在此君臣关系微妙之际，冒出这个张倬投书，劝大帅造反，这不是授人以柄吗？"

"我正是为此忧虑。"岳钟琪道，"此事关系重大，本帅不便单独审理。还是请陕西巡抚、按察使一同会审为宜。"第二天，按察使硕色准时来到总督府。巡抚西琳因督察军务暂不能前来。岳钟琪简单地向硕色说明了事情经过，两人便一同来到签押房。

不多时，两名戈什哈把张熙从大牢中提出带到堂前。硕色打量了一下人犯，向岳钟琪道："请督帅审案！"硕色和西琳都是旗人，岳钟琪请他们来会审就是想洗脱嫌疑，堵他们的嘴。因此，他微微一笑道："大人主审吧，本督旁听即可。"硕色见总督大人如此抬爱，颇为得意。便将案上惊堂木啪的一拍，问道："堂下人犯姓名？"张熙被惊堂木惊得一震，反倒来了精神，看来自己要做英雄的时候到了，因此将头一扬昂然答道："无主游民张倬。"

"张倬，夏靓是什么人，家居何处，你们为何要造反？"张熙微微一笑道："夏靓乃是家师。我师徒二人早已立志推翻满人朝廷，恢复汉人江山！"

硕色勃然大怒道："大胆逆贼，你可知造反大逆是灭门之罪吗？"硕色转向岳钟琪道："督帅，请刑。"岳钟琪咬牙道："尽管大刑侍候。"硕色立刻大声命道："来人，重责五十大板。"

五十板子打完，张熙的腰下已是个血屁股，硬是没叫出一声。"说！"硕色厉声问道，"你家居何处？都有哪些同党？"

张熙忍着疼痛，强笑道："实话说了吧，张倬和夏靓都是化名！"说完，便再也不说一句话。"你……"硕色气得说不出话来。

岳钟琪按捺不住，叫道："本督今天非撬开你的嘴不可。""呸！"张熙一听岳钟琪说话，气得一口唾沫吐向书案，咬牙骂道："你这个满人的走狗，岳门的孽种。认贼作父，残害同胞，天下汉人恨不能食你的肉寝你的皮。你等着，不会有好下场。"

岳钟琪气得大叫："来人，给我拉下去，乱棍打死。"戈什哈架起张熙往外就走。硕色慌忙劝道："大帅不可性急，如今尚未审清问明就将人犯打死，恐有不妥。"岳钟琪闻听，心里激灵一下醒悟过来。是啊，要是就这样打死人犯,自己就是跳进黄河也说不清了。"人犯暂押大牢!"

天将近午的时候,陕西巡抚西琳才赶到总督府。

同岳钟琪、硕色见过面后,岳钟琪道:"本督今天身体不适,烦请两位大人审理人犯。一定要撬开他的嘴巴,不惜动用大刑。"说完,便由两名戈什哈扶着走了。

岳钟琪是在推托,他害怕再听到刚才张熙骂他的话。所以将审讯张熙的工作推给了西琳和硕色。

西琳满怀信心地开堂审讯。但是,几个回合下来。西琳有些撑不住了。无论他软硬兼施,所有的刑具用遍,张熙只是一言不发。西琳只得认输,命人将张熙送回牢房。

黄昏时候,西琳和硕色才走进岳钟琪的客厅。岳钟琪急不可耐地问道:"二位大人,审出结果没有?"

西琳摇头道:"此逆贼真是冥顽得很,我是没办法了。"

硕色叹道:"此人真是一条硬汉,可惜不能为我所用。"

岳钟琪一听毫无结果,像泄了气的皮球,一下子跌坐回座位上。

西琳趋前禀道:"大帅,近来,噶尔丹放出风声,说是要遣使来我朝讲和。不知是真是假?"

岳钟琪现在最关心的不是这个,便反问道:"你看呢?"

"属下以为噶尔丹策零较其父策旺阿拉布坦更为狡诈,觊觎我边地已久,今天突然要遣使讲和,恐怕另有所图。我们还是提防些为好。"

岳钟琪心不在焉,不知是不是在听,只是点点头。

西琳道:"为防噶尔丹策零突然偷袭,我们应在北面阿尔泰山和西面巴里坤增派兵力,加强防守。查廪将军的两万八旗兵可就近进驻阿尔泰山,参将王灿的两万绿营兵可屯巴里坤。"

"你下去布置吧。"岳钟琪终于说了一句话。

西琳和硕色起身告辞,岳钟琪命亲兵送两位大人出府。

张倬上书的事没有审出结果,像是什么东西卡在岳钟琪的脖子上,扰得他寝食难安。午饭本来就没吃,晚饭也是在夫人的一再督促下,才吃了几块点心。

经左思右想,权衡利弊,岳钟琪决定还是尽快推脱责任为好。

于是当即展开纸笔给雍正写一份详细的奏折,将张倬如何投书,自己如何与西琳、硕色会审,动了大刑他也死不招供等情由原原本本写出,最后请求皇上准予把张倬押送京城交刑部审理。

书写完毕,亲自用火膝封好,吩咐道:"快,用六百里加急驿使送往京城,交皇上御览。"

只四五天工夫,京中驿使送来雍正亲批御旨:"天下竟有如此可笑、可

恨、可恶的逆匪,在当今太平盛世胡言乱语,难道他没有看到朕几年来所施行的善政? 此事岳卿谨慎对待,不得有半点玩忽懈怠,不得一推了事。卿乃智者,岂能贸然用刑讯呢? 逆贼敢来下书,早已不畏死矣,哪能如此轻易审得结果出来。朕于卿是万分信任,卿就不能辜负了朕。卿无论用什么方法,都要审出实情;卿要慢慢地讲道理,讲我大清立国之政,先帝六十多年文诏武功之盛,讲朕的仁政恩德,再动之以情,劝导逆贼归化本朝,就学岳卿的榜样,干一番事业。只要揭出背后主使,就可将功补罪,不要往死路上走,指派你投书的人,其实是害你的人。岳卿亦可劝道:张倬敢投书策反,犯大逆大罪,真是一条好汉子。你师夏靓更是非凡之人。你师徒皆国家栋梁之才,何不洗心革面,出来为国家做大事,留名青史呢? 总之,朕要卿务必审理清楚。"

岳钟琪反复将雍正批旨认认真真地看了几遍,心里又是喜又是忧又是惊,喜的是皇上仍然对自己宠信有加;忧的是这张倬软硬不吃,得用什么办法方能审出实情;惊的是雍正皇上这样重视逆匪投书,作了如此具体的批示。自己若是处理不慎,就会受到皇上猜疑。

岳钟琪正在揣度雍正旨意。这时,王灿拜见。

王灿施礼问安已毕,道:"大帅,近日噶尔丹军马调动频繁,末将以为戎狄噶尔恐生事端。驻巴里坤我军将士高度警戒,以应急变。"

岳钟琪吃了一惊,但很快恢复了自信,道:"噶尔丹年少气盛,待我军奋戈一击,打他个下马威,他自然不敢再轻举妄动。"

"大帅,据末将的细作探知,青海叛匪罗卜藏丹津和他残余兵将都被噶尔丹收留,其力量不可小视,我军还是谨慎得好。"

"你说的当然也有道理。但就朝廷的实力来说,打败噶尔丹策零的叛乱,应该不是问题,当年,他的父亲策旺阿拉布坦和罗卜藏丹津相互勾结,反叛朝廷。结果落得十万大兵投降天朝,罗卜藏丹津只身逃往准噶尔。如今,噶尔丹策零在走他老子的旧路。"

王灿知道雍正初年平定青海罗卜藏丹津的叛乱,是由年羹尧做主帅,全面指挥的。岳钟琪当时是川陕甘提督,功劳也不小。但如今年羹尧已是钦定罪人,自然不便提起,于是便道:"当年一战而败罗卜藏丹津,当然是皇上英明策划得当,再加上大人您指挥得当,调度有方的结果。"

岳钟琪心中甚是舒帖,口里却道:"算啦! 好汉不提当年勇嘛! 王灿,还有公事吗?"

"没有啦,大帅。"王灿轻轻摇摇头。突然又想起似的道:"大帅,那张倬投书事问得怎样了?"

"你很关心吗?"岳钟琪似有深意地问道。

"不,不。"王灿慌忙摇头。"末将只是觉得事关大帅前程,所以为大帅着急……末将并不认识此人。"

王灿的话明明是此地无银三百两。岳钟琪并没怀疑,只是被他的话提醒,一个主意便在胸中产生,于是说道:"张倬冥顽至极,西琳和硕色两位大人用尽酷刑也未审出个子丑寅卯,本帅唯有让你去审。"

"我?"

"对,就是你,王灿将军。"

王灿颇感意外,为难地说道:"末将乃一介武夫,升堂问案并非所长。何况,末将还有军务在身,明天就要返回军中。"

"不碍事。"岳钟琪胸有成竹地道,"你的军务可暂由副将纪成斌料理。你只管集中精力去问张倬一案。"

王灿有种被赶鸭子上架的感觉,踌躇道:"大帅,我怎么去做?"

"王灿,听口音,你和张倬都是南方人,本帅教你……"

再说张熙被西琳严刑拷打,皮开肉绽,体无完肤。身带重枷,下在死囚牢里,又暗又湿昏昏迷迷熬了三天三夜,几次差点见了阎王。

第四天,突然被去了枷锁,转移到了一处宽敞清洁的宅院。一个温文尔雅的年轻人上前侍奉饮食汤药,关切备至。张倬认识年轻人,正是王澍的儿子王灿。只是不明白王灿身为参将,为什么要来侍奉"逆贼"。也许是岳钟琪命他来套出自己的口供。其实,张熙刚到总督府见岳钟琪的时候,就认出坐在旁边的王灿。因为王灿有几次省亲,排场不小。十里八乡的人见了都认得,张熙也认识他,但王灿却记不起张熙。张熙当时不知道岳钟琪的态度,怕事不成功连累王灿,所以装作不认识他。

一天午饭后,张熙试探道:"这位兄台,听口音像是南方人。"

王灿一听,一改往日的官话,用永兴土话说道:"咱们不止是同乡,还在故乡见过哩,因为我一见您就眼熟得紧。"

张熙一听乡音,倍感亲切,欣喜地道:"我一开始就认出你,你是王灿,只是不知岳钟琪对上书的态度,怕牵连你王家。不敢相认。"

王灿一听,激动得热泪直流道:"张兄真是倾心为我王家着想。王灿感激不尽。如果张兄相信在下,有什么需要帮忙的只管直说。"

张熙摇头道:"我做的事可是犯死罪的事,你帮不了,不过……"

"张兄要做什么,尽管说。"

"我只是想知道,岳钟琪为什么这样不审不问,好生待遇,他究竟在打什么主意?"

"张兄莫急,岳军门只是谨慎行事而已。他是明白人,尊师信中的道理,大帅怎会不懂? 他心里非常赞成夏靓先生的主张。但军中皇上的耳目众多,稍有不慎便会引起皇上的猜忌,使得大事难成。为不走露消息,大帅特命我来侍奉张兄饮食起居,其余人概不得与张兄相见。"

张熙一听,喜出望外,连道:"这是真的吗?"

王灿故作忧虑地道:"岳军门虽有叛清之意,却不敢贸然起事,因为不知夏靓先生到底有多少兵力可供使用。"

"岳将军大可放心。"张熙有些得意忘形,便信口说道,"家师蒲潭虽无一兵一卒……"

"你的老师不是夏靓?"王灿惊奇地问道。

"当然不是。"张熙得意地说道,"夏靓是我老师曾静的化名,人称蒲潭先生,张倬也是化名,我真名叫张熙,字敬卿。"

"小弟明白,请张兄继续说下去。"

"我老师虽无一兵一卒,但结交了不少仁人志士,只要他振臂一呼,江南数省的百姓即可起而响应,千军万马立刻招至麾下。"

"不知尊师都结交哪些仁人志士?"

"这个……"张熙欲言又止道,"我要和岳军门见面后再说。"

"也好。"王灿说道,"我就去禀明大帅。"

不多时,王灿在前,岳钟琪在后,两人走进张熙住的宅院。王灿走近张熙道:"张兄,大帅看你来了。"

张熙站起身来,看着走进门的岳钟琪却没有说话,岳钟琪慌忙一拱手道:"义士,岳某让你受苦了。"

张熙略一躬身道:"张熙不敢。"

三人落座,岳钟琪看着张熙脸上的伤痕,不安地道:"岳某惭愧,让义士受此酷刑。也是岳某糊涂,害怕朝廷见疑,竟对义士动用大刑。当看到义士宁死不屈,是个真正的英雄,岳某才由恨到敬,认真地考虑信中所言和自己的前途。"

张熙道:"岳军门能有此转变,实为我汉人的幸事。"

"岳某早有驱除清虏之心,只是未逢知己不敢稍露,又身在公门,身不由己。今得遇义士和尊师教诲,使岳某迷津顿开,勒马回首。岳某感激不尽。如蒙不弃,岳某愿与义士结为金兰,不知高攀得起吗?"

张熙惊喜道:"张熙从命就是。"

岳钟琪立即吩咐王灿摆设香案,两个人对天盟下誓言。

第十六章 新皇帝勤政为国家
起战事雍正添烦恼

两人自从结拜，一直谈论到深夜，张熙还意犹未尽，岳钟琪无奈，只得起身告辞。

岳钟琪套出口供，兴奋不已，回到书房。连夜给雍正皇帝写奏折，而且把迫不得已的情节也写进了奏折，表明自己竭力为皇上办事，不惜屈身辱志，与逆贼结拜，求皇上宽恕。

第二天，岳钟琪将奏折连同西北军务谍报用六百里加急发往京师。

过新年了，紫禁城内外早已是过节的情景，过年的喜庆的气氛荡漾在人们的心间，使得北方的冬天显得不是那么令人心寒。

雍正皇帝早已退了早朝，回到养心殿，伏案批阅奏折。

胤禛即位以来，致力于刷新政治推行新政，诸多事务，千头万绪。

他每天除了御门听政，接见官员，披览奏章外，最繁重的工作就是朱批这些来自全国各地、各机构的奏折。

雍正比历代皇祖都更重视奏折。首先简化了奏折传送的手续，使臣下的奏折直接送达皇上的手中。送达的奏折越来越多。雍正从中掌握了每个臣子的真实情况，对朱批繁多的密折乐此不疲。

不知何时，雍正感到头有些胀痛，眼前也越来越模糊了。

他这才意识到自己从早朝到现在已经连续操劳两个多时辰没有休息。便站起身来摘下眼镜，走下御座，活动一下疲劳的筋骨。

殿内空无一人。因为雍正吩咐过，所有宫人太监一律在殿外侍候，未经召唤，不得入内。

"吴德才！"雍正突然喊道。

吴德才是雍正的御前太监，听到皇上的喊声，急步躬身进来。

"奴才在，皇上有什么吩咐？"

"去看看衡臣在干什么，要是不太忙，叫他来陪朕说说话。"

"是。"

没多大会儿，张廷玉走进殿门。雍正站在御案前，待张廷玉走近，便问道："衡臣，圆明园的工程完工了吗？"

张廷玉躬身答道："已经完工多日了，只等皇上御临。"

雍正轻轻点头，道："朕每日忙于朝政，实在感到太疲劳。宫中枯燥无趣，朕想搬到圆明园去。"

"皇上说的是,国事固然要紧,但龙体更要保重。"

"衡臣,你陪朕去圆明园看看去。"

雍正吩咐吴德才摆驾,便和张廷玉一起走出养心殿,刚到军机房门口,正巧,方苞从房里走出。慌忙躬身道:"皇上吉祥。"

雍正面带微笑道:"方学士,朕要和衡臣一起去圆明园看看,你要是没什么要紧的事。也一起去吧!"

君臣三人正要走,雍正突然又回过头来,向旁边的小苏拉吩咐道:"告诉兵部捷报处,凡有西北军务的奏折随时送到朕的手上。"

雍正一边往前走,一边向两人说着话。

"近来岳钟琪来奏折说,西北准噶尔首领招兵屯粮,蠢蠢欲动。还有一份奏折说有一个叫张倬的南方人,上书岳钟琪,策动他反叛朝廷,实在是可恨。"

张廷玉道:"当年青海罗卜藏丹津兵败逃往准噶尔,就留下了祸患。现在噶尔丹若是和罗卜藏丹津相互勾结,势力不小。朝廷应早做防范。至于张倬,岳钟琪为脱嫌疑,一定会问个水落石出,皇上尽可放心。"

君臣之间说着话,已是到了乾清门外,车轿早已备齐,三人上了轿。吴德才喊声:"起驾!"三乘轿向紫禁城外走去。

圆明园原是前明朝皇室的一处废园。

康熙四十八年,圣祖将此园赏给刚刚被封为雍亲王的胤禛。康熙亲赐园名:圆明园。

当时的圆明园只是一处水景园,总共五千多亩,包括前湖后湖六十亩。

胤禛即位后,因喜爱此园,便旨令园中进行大规模兴建,历时一年多,圆明园内建起二十八处各具特色的建筑群。

雍正君臣三乘暖轿来到圆明园门前停下。雍正揭开轿帘儿道:"衡臣、灵皋,咱们就在这儿下轿,边走边看。"

"奴才依着主子的意。"张廷玉说着先下了轿,过来扶着雍正。后面方苞也跟着下了轿。

雍正站在门前,抬头看见康熙亲赐的"圆明园"三个字。心中似有所动道:"朕当年独得圣祖皇帝圣眷。圣祖于皇子加封每人赐园一处。朕却分得三处:雍和宫、圆明园、小宫。"

因回头见方苞也仰面注视着园名。雍正便道:"灵皋,你是饱学之士。这'圆明园'三字到底是什么意思?"

方苞素来慎重,慌忙摇头道:"为臣恐怕说不清,不过'圆明园'三字与皇上推行的政策,其意很是贴合。"

"灵皋话虽不多,却是一语中的。"雍正颇为赞许地道,"'圆明园'三字大有深意:圆而入神,君子之时中,旺而普照,达人之睿智也,以此为政,就要符合时宜,既不宽纵废弛,也不严刻满民。"

方苞由衷折服,赞叹道:"皇上诠释贴切,寓意深远,臣望尘莫及。"

君臣三人走进园内。

圆明园的内部建筑也和紫禁城一样分为外朝和内朝两大部分。外朝位于园内的南部,是皇帝的施政之所,正中也修建了正大光明殿,由皇上坐朝。东侧的勤政亲贤殿为接见臣僚,披阅奏章之处。正大光明殿之南依次为内阁和六部值班房。

雍正对这些似乎不感兴趣,只是匆匆走过,不做一句评断,只是当看到勤政亲贤殿后的楹栏时,突然吩咐道:"吴德才,笔墨伺候。"

吴德才没料到皇上这个时候会要纸笔,慌忙下去,好半天,才找到。张廷玉和方苞,一个忙着研墨,一个铺开宣纸。张廷玉研好墨,将笔送到雍正面前,恭敬地道:"皇上,请。"

雍正提笔在手,不假思索,挥笔写下"为君难"三个字,随手将笔一扔,吩咐道:"吴德才,叫人做成匾额,挂到楹栏上。"

张廷玉和方苞相互看了一眼,颇为惊疑。

雍正看得清楚,苦笑道:"朕不想跟你们说什么,这'为君难'只有朕才深有体会,说了你们也不明白。"

圆明园的内朝是皇上和后妃寝息和玩乐的地方,在正大光明殿的北面,前湖和后湖之间,是一处古朴典雅的阁楼式建筑,名九州清晏,意谓四海升平、国泰民安。后湖的对岸有一观音庙,名慈云普护。主持文觉禅师闻皇上驾到慌忙出迎。

雍正上前扶起欲行大礼的文觉禅师,道:"文觉大师,久违了。"

文觉禅师道:"皇上自即大位,便不曾言及佛事。想当年皇上为雍亲王时,对佛学造诣颇深,老衲也甘拜下风。"

"大师所言不差。"雍正喟然道,"当年,朕与佛学颇有渊源,曾想以身事佛。可是,圣祖皇帝将社稷托付于朕,朕不得已,自断佛缘。其实,佛一直在朕的心里。"

从观音庙出来,雍正无心再观赏。君臣回到勤政亲贤殿,那"为君难"三字已做成匾额,高悬在楹栏上,雍正用手一指道:"朕少年时性喜佛学,本无意大位。但圣祖既托大位于朕,朕必倾心竭力。为君之难,可见一般。"

张廷玉知道雍正只要说起"为君难"就没个完,便有意引开话题道:"圆明园的工程已经完工,皇上明日就可搬来办公。"

雍正道:"朕是为了更好地处理朝政,绝不是贪图享乐。这里比较安静,比嘈杂喧嚣的大内更适宜办理政务。再则,朕喜欢幽雅的环境,有山有水,令朕赏心悦目。公务之余,朕可以松懈一下精神。"

张廷玉附和道:"明日的朝会就在后园可好?"

雍正点头道:"可以通知六部九卿的官员们。"

这时,吴德才走进殿内,躬身道:"禀皇上,刚才兵部捷报处送来川陕总督岳钟琪的六百里加急奏折。"说完,将奏折呈上。

雍正接过一看,是两份奏折,便打开第一份,却是西北军务的谍报。仔细看了一遍,说道:"东美说西北的军务紧急。准噶尔首领和青海叛匪罗卜藏丹津互相勾结,不断向官兵挑衅,并掠我财物,杀戮边民。请朝廷定夺。今天不是朝会,我们先略议一议。衡臣你有什么看法?"

张廷玉道:"准噶尔部一直未被我征服,有损我大清国威,本朝元年的青海罗卜藏丹津叛乱就是准噶尔王策旺阿拉布坦的支持下发生的。虽然罗卜藏丹津被我战败,但却逃往准噶尔与之结为一体与朝廷为敌。如果准噶尔不被征服,则我西北边境永无宁日。就我朝廷内部来说,此时已与万岁初登大位时不同。随着新政的逐步推行,天下政局稳定,财力充足,完全有条件解决准噶尔的问题。"

雍正点点头,转向方苞道:"灵皋,你看呢?"

"臣赞同张相的看法,只是在指挥和部署上要因事因时而宜,与准噶尔人的战争有它自己的特点,远距离的粮草辎重运输就是个难题。准噶尔人以骑战为主,机动灵活,我方要想方设法制服敌手。"

雍正笑道:"灵皋的言外之意,朕明白。因为国家安享太平日久,旗人的武功很多被荒废了。现在的议政王大臣都是世袭的贵族,他们大多没有实战经验,早已不熟悉军阵之事。朕早有意选几名股肱之臣,专侍朕的左右,帮朕谋划军机要务,代朕朱批和面谕拟旨。这样,朕的旨意可以直接送达前线将帅,避免人多冗杂,泄漏机密。"

张廷玉一听,暗暗赞叹皇上果然精明过人,这样做,那些议政王大臣、内阁大学士形同虚设,一切权力都抓在皇帝一人手中。

雍正见两人没有异议,便又道:"具体的事宜,明天的朝会上,朕再和廷臣详细议一议。"说完,又打开岳钟琪的另一份奏折。却是奏张熙、曾静上书策反一案的。

雍正脸色顿时一寒,将奏折递到张廷玉手中,怒声道:"朕真是做梦也没有想到天下竟有这样丧心病狂的人,逆情之大,匪夷所思。"

张廷玉以极快的速度看完,递给方苞。道:"皇上应该感到欣慰才是,像曾静、张熙这样的逆贼的暴露,说明皇天佑我大清。"

方苞道:"岳钟琪为套出逆贼口供,不惜屈身与逆贼结拜,实在难得。"

雍正不假思索地道:"岳钟琪一心为国,朕心中明白。逆贼要伏法,勋臣也应褒奖。衡臣,拟旨。着副都统觉罗海兰为钦差大臣往湖南缉捕逆贼曾静等人。行文浙江巡抚李卫,缉拿张熙所供逆犯严鸿逵、沈在宽、孙克用。以上逆犯捕获后,交钦差觉罗海兰、湖南巡抚王国栋审讯,务必深挖细查,究出主使逆贼。审讯结果，随时上奏。"

张廷玉很快拟完旨，盖上雍正玉玺，交付下去。这时，吴德才禀道："皇上，三贝勒来了。"

"叫他来见朕。"雍正扬手道。

吴德才下去，三贝勒弘时走进殿来。弘时是齐妃所生，生得一表人才，面如冠玉，浓眉如漆。只是太消瘦，使颧骨旁的两颊显得深陷发暗，似是破败之相。

弘时行完大礼，雍正道："你十三叔身体怎么样？"

弘时道："儿臣遵皇阿玛的旨意，带着太医去看了。十三叔的身体已经好多了。"

雍政粗略地放下心来，向弘时道："弘时，你要向你十三叔多学点。他日夜辛苦地为国事操劳，替朕分忧，是硬生生累垮的。"接着又像是对张廷玉和方苞说道，"允祥为人公正廉明，位居权力峰巅却从不居功，极其谦抑。只知为国效力。不似阿其那、塞思黑之辈，一心只想谋权夺位，不择手段，置天理人伦于不顾。朕要要是几个像允祥这样的兄弟就好了！"

第二天辰时刚到，大内晨阳钟鼓声大作，悠扬沉重的钟鼓之声漫过重重层楼琼宇，越过灰暗高大的五凤楼，直传出午门来。

"万岁爷起驾乾清宫！万岁爷起驾乾清宫……"一声声的传呼由太监们的口里递送出午门。

早已候在午门外的六部九卿的官员、王公大臣，听见喊声，立即整理一下衣冠，由左右掖门鱼贯而入。

太和殿中，官员越进越多，满殿只闻轻微的呼吸和衣带的塞率声，百官刚一到齐，一个小太监大声道："奏乐。"

立时殿外庑下百余名太监击鼓撞磬，琴瑟筝笙，编钟排律，齐声大作。

在庄严肃穆的歌乐声中，雍正由西阁门迈步走出，缓缓走向御座，他面含微笑，扫视一下黑压压跪在殿前的王公大臣，方才走到座位前端正坐下，怡亲王允祥、诚亲王允祉、宝亲王弘历、三贝勒弘时、方苞、张廷玉跪伏在御座前。

钟鼓礼乐声止，执事太监大声喊道："行跪拜大礼！"

"万岁！万岁！万万岁！"满殿大臣伏地跪拜，山呼雷动。

雍正面上含笑，双手摆平道："众卿免礼。"又转向允祥等人道，"各位亲王、王大臣赐座。"

允祥、允祉、允礼、弘历、张廷玉、方苞等人皆入座。只有弘时站在御座前，脸色如猪肝一样难看。他比弘历大十岁，可还是贝勒身份。

雍正这时也看出有些不妥，正要吩咐太监赐座。弘历却站了起来道："皇阿玛，儿臣是小辈，原不应坐着，就让儿臣和三哥一起站着吧！"

雍正还没说话，大殿里立时传来百官啧啧称羡的声音，因见空着一个座位，便用眼扫视一下群臣道："朱轼大学士，你做过朕的师傅，又是有年岁的人，您请这边坐。"

礼部班中一个苍老的声音哽咽着道："臣朱轼谢万岁盛恩！"弘历一见，慌忙迎上前去扶着朱轼到座位前坐下。

"各位爱卿，"雍正一收微笑，显得异常庄重严肃，声音铿锵有力，"朕即位以来，秉承圣祖教谕，推行一系列新政，浙江由李卫推行'摊丁税入田赋'；河南田文镜则推行'火耗归公''官绅一体纳粮'；鄂尔泰在广西、云贵推行改土归流。到底成效如何？朕接到奏折，浙江府库收入较推行'摊丁税入田赋'之前增加四成，而且浙省原本是南明小朝廷盘踞之所，社会秩序比较混乱，民间反清复明的盗匪活动猖獗，一直是朝廷的心腹之患，李卫一举破获江宁张云如、甘凤池为匪首的逆犯团伙，甘凤池等人在浙省再无立足之地。田文镜在河南的成效也不错，火耗银子只收到四钱，比别的行省都低……"

雍正正说着，突然，殿下有人高声道："万岁，臣有事要奏。"

雍正被打断了话，面露愠色。

吴德才呵斥道："大胆，有什么事待皇上说完话再奏。"

"皇上刚才说到田文镜治理河南事，和臣所奏之事有关。"

雍正这时听清楚声音是从刑部班中传来的，便向跪在前头的刑部尚书周鑫明问道："是谁要奏事？"

周鑫明脸上冷汗直冒，哆哆嗦嗦地说："是刑部员外郎陈学海。"

雍正语气温和地道："陈学海，你站起来，到前面来奏。"

"臣谢主子隆恩。"刑部班中走出一个四十多岁、身体矮胖的人，跪伏在雍正面前道："田文镜是奸邪小人，皇上却多次称他为模范督抚。皇上信任这种误国害民的小人，臣恐有碍新政的推行。"

雍正皱眉道："朕说的是国政，不是针对人品。"

"人品卑劣，何来公德。田文镜在河南垦荒，致使饥民四散逃荒。他实行官绅一体当差纳粮，虐视士子，引起开封士子罢考，百姓有谚：'模范不模范，从东往西看，去年吃不上饼，今年喝稀饭。'"

"河南自古民风刁顽，官善民欺，也是常有的。至于士子罢考一事，"雍正转向张廷玉道："田文镜也上奏了。"

张廷玉脸上一红，道："河南士子罢考一事，皆因臣弟河南学政张廷璐而起，罪不在田文镜。张廷璐已被革职处分。"

下面又有人高声道："臣湖南布政使张井元有奏。"

"说吧！"

"陈学海所说河南饥民四散逃荒是实，湖广乃河南近邻，汉阳三镇的饥民十之八九是河南人，田文镜匿灾不报，反报丰年，而且有嘉禾祥瑞为证，田文镜难逃欺君之罪……"

雍正一声不响，心思却不在张井元的身上。

田文镜并非科甲出身，没有座师同年的援引，出仕四十年还只是个小吏，是靠皇上的赏识提拔上来的，他感激君恩，图报心切推行新政，手段严厉，措施果断，这正是雍正需要的。但他得罪了大批科甲出身的官员，屡遭攻击和议论。

雍正以为，对田文镜的评价，就是对自己用人制度的评价。想到此，便打断张井元的话道："你不要说了，田文镜推行新政，措施严厉，当然会触及一些人的利益。你们所奏均非大节。若是田文镜有失政之处，朕倒是很乐意听听。其实在朕心里，比你们更加关注田文镜。下去吧！"

陈学海和张井元互相看了看，忙谢恩退下殿来。

"弘历，朕更加想知道田文镜在河南到底做得怎么样，朕就命你以亲王身份巡视江南，顺便看看河南的情况。"

"儿臣遵旨。"宝亲王答应着站在一边。

雍正见再无人奏事，便道："宣鄂尔泰进殿述职。"

鄂尔泰就跪在大殿的角落那批进京述职的外官中，闻听皇上召见，慌忙躬身来到御座前，跪拜叩头。"臣云贵总督鄂尔泰见驾。"

雍正面露欣喜之色，起身离座，伸手相扶起："毅庵，你总算回来了，这一去三载，朕无时不在思念，来呀！赐座。"

一个小苏拉太监慌忙搬来一张椅子，放到鄂尔泰跟前。

"谢主子隆恩。"鄂尔泰在朱轼旁边坐下。

"毅庵，西南改土归流的情形详细跟朕说说。"

"是。奴才赴任之前，就将改土归流的方略同主子商议妥当。到任后奴才深入各地山寨，详细察访，对地方的疆界形势、险要山川、域池、衙署、营汛、兵丁、户政、粮饷、赋役等了然于胸。便按照主子的布置，调兵遣将，推荐官吏，剿抚并重。力经三载，云、贵、广西三省七个土府，六个州十个长官司以及东里宣慰司江内六版纳，全部实行改土归流。"

"毅庵为国立了大功。"雍正笑道，"朕要把你留在京师。"

"改土归流虽完，但仍需奴才善后。"

"朕不是留你在京师安享清福，是有更重要的差事让你做。等一下，你就会知道，云贵的差事仍交给杨名时。"说完，雍正转向张廷玉道："衡臣，把东美的西北要务的奏折念给大家听。"

张廷玉说声"遵旨"，便滔滔不绝地念了起来。

雍正待他念完，开口道："准噶尔部一向与我朝为敌，始终是我西北边地的隐患。朕意出兵准噶尔，将其一举征服，既扬我天朝国威，又永葆西北安定。岳钟琪奏折中亦有'十胜'的把握。你们怎么看？"

鄂尔泰因受皇上恩宠,便率先言道:"我大清入主中原以来,安享太平盛世六十余载。臣恐朝廷武事生疏,出兵准噶尔既可历练兵事,又可稳固天朝版图,何乐而不为。"

"老臣没有毅庵那么乐观,"年近七十的大学士朱轼手捻雪白的胡须道,"这打仗岂能儿戏,哪能想历练就历练呢,打胜了固然好,打败了就要损兵折将,劳民伤财的。"

鄂尔泰一听,老大不高兴道:"朱师傅怎么尽说丧气话,我天朝国富民丰、兵强马壮。我大兵一到,准噶尔人必望风披靡。"

朱轼不以为然:"准噶尔地处边远苦寒之地,朝廷恐怕鞭长莫及。即使我劳师动众将其征服,也是得不偿失。"

鄂尔泰还要争辩,雍正发话道:"朱师傅,毅庵,你们不要争了。"说完转向允祥问道,"十三弟,你有何高见?"

允祥的身体太差了,这时感到有些疲劳,但仍打起精神道:"臣弟主张出兵,但朱师傅的话也有道理,准噶尔地处偏远苦寒之地,用兵会有很多困难。皇上应和边将认真谋划,筹措得当,确保一战即胜。"

张廷玉和方苞的意见已经跟皇上说过,雍正不用再问,便道:"看来众卿主张开战得居多。朕明日就下旨开战。但是,现在的议政王大臣都是世袭的,没有实际作战经验,也不熟悉军国大事。况且内阁远在太和门外,离天街更近,人员冗杂,极易泄密。朕便想专门设立一个衙门,专侍朕的左右,帮朕谋划军机,处理军务,朕就叫它军机处吧。首任军机大臣就指定为怡亲王、衡臣、毅庵。"

散了早朝,弘时一个人闷闷地走出午门。迎面一个青衣长随慌忙迎上前去:"贝勒爷,下朝了,乏了吧!奴才陪您找乐子去。"

弘时好像没听见,只管一个劲儿往前走。青衣长随赶紧上前拦住道:"爷的轿在西华门外。"

弘时醒悟过来,转身向西,来到停轿之处正要上轿,忽听身后有人叫道:"三哥!"

弘时听出是弘历的声音,懒得搭理。弘历已赶到跟前,道:"三哥,要是没什么要紧的事,就到我府上去吧。皇阿玛命我巡视江南,明日就动身,不一定什么时候能回来。咱哥儿俩今晚好好叙叙。"

"对不住,宝亲王,您是大忙人,我还是不打扰你的好。"弘时不轻不重地说完,向那青衣长随命道:"冯荒,起轿。"

弘历不明所以,看着绿呢大轿渐渐远去。

弘时坐在轿子里,越想心里越气。今天在早朝上,面子丢得太大了,以后还有什么脸面见人。同样是皇上的儿子,弘历年纪轻轻就被封为宝亲王,自己年近三十,还是个贝勒。皇阿玛太偏心了。在朝堂上也是有意出自己的丑。论才干、论德行，自己哪一点比弘历差，可是弘历总是样样占先，出尽风头。自己则落于人后，默默无闻。

不觉已到了府内，弘时下了轿，直往卧室走去。四福晋佟氏忙跟上去柔声道："爷怕饿了吧，都晌午了，还是先吃了饭再歇息吧！"

"不吃。"弘时硬邦邦地丢下一句话，便走进卧室，自己胡乱脱了官服，一头扑倒在软榻上。

佟氏也走进房内，躺在弘时身边，因见弘时两眼盯着房顶出神，问道："爷不是乏了吗？咋睡不着。"边说边用手抚摸弘时额头。

弘时感觉那小手柔软温暖，十分舒服。便伸手将佟氏拉到身边，另一只手伸进她小衣，在她光滑柔润的肚皮上抚摸。佟氏啐了一口，飞红着脸，娇嗔道："大天白日的，别这么没出息！"

"没出息，你说谁没出息！"弘时突然暴怒起来，一脚将佟氏踹下床去。佟氏不明弘时因何发怒，只是嘤嘤啼哭。

弘时余怒未息，胡乱穿了衣服，也不管佟氏，自顾走出房来，府中奴仆哪个敢上前劝阻。弘时便一个人走出府来，到了街上。

第十七章　邬思道拉拢皇二子
保定府遇刺定惊魂

那街上人来人往，车水马龙，热闹非凡。弘时心中烦闷，边走边看，看了又走。不知不觉便走远了，这才感到腹中饥饿。便在一家小店要了一壶酒和几个小点，自斟自饮，不觉喝得半醉。起身要走，店家拦住道："客官，您还没给钱呢。"

"钱？"弘时有些明白，便用手去摸衣袋，却是空空如也，竟一个子儿没带。

"爷没钱。"弘时眯着双眼，醉醺醺地道。

"没钱？"店家气恼地叫道，"想白吃白喝呀？"

"你放屁！"弘时醉眼一瞪，一手揪住店家的衣领道："爷吃饭从来没给过钱。"

店家吓得把头一缩，再也不敢言语。自认倒霉。

弘时出了酒店，借着酒兴，哼着俚俗小调在街上横冲直撞。行人一见，像躲瘟神一样闪到一旁。弘时却哈哈大笑，径直走到一处高大的宅院前，见那门口进出的人很多，便也跟着人流走进门去。

老鸨带着两个打手走进房来，"这位爷，姑娘您玩了，这银子不能不给。"弘时赶紧赔笑道："匆忙之间，忘了带银子。明日当加倍奉还。"老鸨顿时气极败坏地吼道：哼，加倍奉还。"没钱到这儿找什么乐子，给我往死里打！"

原来弘时走到妓院，事成之后竟然付不出钱，妓院的老鸨刚要打人，却碰见了一个中年男子为其解了围，弘时遇到的人正是邬思道。两个人随后便找了一个茶楼，两个人边喝茶边聊天。弘时笑吟吟地问道："听说邬先生早已离开雍和宫，不知在何处高就？"

"一言难尽。"邬思道叹息道："小人当年原是赴京赶考来到京城，不想名落孙山。无颜回家乡见父老，便投了雍亲王府。如今雍亲王已贵，小人自忖才疏德寡，才乞请离开雍和宫。因无处可去。便在京城到处盘桓寻乐，不想巧遇三爷。"

弘时听了，才知邬思道也是皇阿玛遗弃的人。同病相怜，内心对他便油然而生同情之心。正想着，忽觉他两眼直勾勾地盯着自己，像是见了怪物似的，他心中不快道："邬先生为何这样看我？"

邬思道神秘兮兮地笑道："小人有祖传相面之术，刚才发现三爷竟生成少见的富贵之相，故而惊疑。"

"有何种富贵?"

"贵不可言,轻则出将入相,重则……"

"怎么样?"

邬思道迟疑道:"在下说出来,请三爷千万不可外传,否则有杀头之罪,三爷的贵相可享九五之尊。"

弘时不禁一愣,随即哈哈大笑道:"邬先生真会说笑话。想我弘时已届而立之年,一事无成。哪里来的九五之相。"

"话不能这么说。"邬思道煞有其事地说,"三爷虽生有富贵之相,但须遇贤人辅佐,经自己的努力才可实现。所谓七分天注定,三分靠打拼,即意此也。三爷前半生虽平平淡淡,但如果自己努力争取,再遇贤人辅佐,仍可成就大业。"

一席话说得弘时怦然心动,自己本就生在帝王之家,这将来的皇位,除了弘历,就是自己的。自己以前不存非分之想,是因为看了皇八子一党的下场,心里怯了。邬思道说得有理,虽有富贵之相,自己不去争取也是枉然。自己为什么不能振作起来,同弘历斗一斗呢! 父皇今天的地位也是靠打拼得来的。

弘时心里这样想着,精神便振作起来,眼前的邬思道就是天降的贤人来辅佐自己成就一番事业的。

"邬先生,请随我到府上,有要事相商!"

弘历天还没亮就起来了,梳洗完毕,小苏拉送上早点,便随便用了些,拿一匹白马,急驰而去。

两匹马很快就到了圆明园门口。弘历老远就看见两旁停放着十几乘绿呢大轿,看来六部九卿的官员已经搬来值班了。

刘统勋道:"还是万岁爷圣明,找到这么个地方办理政务,再好不过了。"

弘历下了马,就要进园子,忽听南面有人叫道:"四弟。"

回头看时,却是三贝勒弘时大步走来。

弘时刚从轿中出来,因被几乘轿挡住,弘历没有看见他,他却看见了弘历。

"四弟,这么早来园里有公务?"弘时一脸的笑容,情绪极好,与昨天愁闷的样子简直判若两人。

弘历见他热情,早忘了昨天的不快。答道:"我是来陛辞的,听听皇阿玛有什么训谕。三哥,你有什么公务?"

弘时笑道:"我哪里有公务? 就是来给皇阿玛请安,还有,十三叔也搬进园子里住了,他身子骨儿不好,我也想看看他。"

刘统勋乘他们说话的缝儿,向弘时请安。

"奴才给贝勒爷请安。"

弘时见过他几次，嬉笑道："四弟将来是做大事的，你跟了他，不怕没有好前程。"

弘历今早第一眼看见弘时，就觉得怪怪的，看他嬉笑着说话，仿佛变了人似的。他努力想弄个明白，却总也不明白。

弟兄两人进了园门，穿过山水相间的前湖，又走了一段长长的甬道，才来到勤政亲贤殿的门前。值班的小苏拉太监一见，慌忙跪拜行礼。

"皇阿玛在做什么？"弘时问道。

小苏拉讨好地道："皇上正在生气呢，两位爷进去小心点。"

弘历只是轻轻点点头，举步便进了殿门。

弘时心里却有些惴惴不安，他是被父皇训斥怕了，生怕稍有不慎，又要挨骂。但见弘历神态自若的样子，只得稳稳心神，跟随着进去。

"王国栋无德无能！"弘历刚进殿，就听父皇厉声斥骂。见左边鄂尔泰木木地站着，允祥大概身子不太好，坐在躺椅上，用两只胳膊支撑着身子，无声地注视着皇上。张廷玉和方苞在左边站着，一声不响。弘历蹑着脚在方苞的下首站了，弘时也学着站在他的下首。

雍正正值盛怒，显然没有觉察到两位皇子，自顾自骂着："王国栋在湖南当巡抚两年，是怎么当的！出了弥天逆贼全然不知。他如果能尽力宣扬圣心国恩，让愚民懂得君父天伦，哪里会出这等逆案，如今岳钟琪提供了新线索，着他去缉捕，也没审出个子丑寅卯来，一点也说不清这些逆犯狂言乱语的根源。"直骂得口干舌燥，才端起奶子茶喝了一口。弘时、弘历趁空上前跪拜道："儿臣拜见皇阿玛。"

"你们来得正好，也站在边上听听。"雍正等他们站回原处，接着刚才的话题道："曾静、张熙只不过是偏远地方的村夫野叟，居然也想造反，他们还搜罗了那么多谣言，可见天下毁谤朕的人很多，众口铄金，非同小可，绝不能掉以轻心。王国栋偏偏不是这么重视，他以为抓住了曾静和几名从犯就可以了了差事，却不去深究他们骨子里为什么造反，也不去追究谣言的来源。既然办不好，朕就撤他的职。逆犯押回京师，朕另派员审理。衡臣，就照朕的意思拟旨。"

张廷玉不愧为朝廷权臣，很快拟好了罢免王国栋的旨意，然后说道："这长沙离京城三千多里地，曾静又是逆犯，一路恐怕会有其同党图谋不轨，皇上还是钦点得力官员押解钦犯进京。"

雍正刚才只是一时之气，信口说来，经张廷玉这么一提醒，竟找不出合适人选来。允祥不顾病体，欠身请旨道："皇上，臣弟走一遭吧！"

"不，十三弟，"雍正看着允祥瘦削的脸，心疼道，"你这样的身子骨儿哪经得起鞍马劳顿。"

鄂尔泰深感圣恩有加，这会子也赶紧讨好道："既是怡亲王贵体欠安，就让奴才去吧!"

"毅庵,你也去不得。西北战事正急,朕左右哪能缺少谋划之臣。朕已有人选……"

"皇阿玛,"弘时突然进身上前奏道,"儿臣日夜想着为您分忧。可惜,总没有机会。这次押解逆犯进京,就由儿臣去吧!"

"你?"雍正带着疑虑的口吻道,"曾静是朕钦点的逆犯,一路必有其党作乱,你能当此大任吗?"

弘历也从旁劝阻道:"三哥,那些逆党武功高强,手段狡诈,令人防不胜防,像你这样未经历过江湖险恶,恐怕不易胜得他们。"

"四弟,"弘时一听弘历的话,气就不打一处来,只是记起邬思道的话,才强忍着把那火气压下去道:"你又经历过多少险恶江湖,不也照样可以巡视江南吗? 凡事事在人为,不让我试一试,怎么知道我不行呢?"

"事在人为,好!"雍正面上含笑,赞赏道,"弘时,朕今天就特别喜欢你这一句话。这么多年,你就从没跟朕这样说过。你们都是朕的皇子,朕看着哪个都一样心疼,看着哪个有出息都高兴。其实,朕即大位以来,就存着一个心思,今儿个不妨当着几位爱卿和两位皇子的面说出来。圣祖皇帝在位的时候,他老人家的二十多位皇子中就有几个为着将来继承皇位不顾天理人伦明争暗斗,气得圣祖将太子位反复立废。朕本无心大位,自小就觉得做皇上是最苦的差事,偏偏圣祖就选中朕继承大业,朕不得不以如履薄冰之心躬对天下,偏有阿其那、塞思黑之流,不甘罢休,屡屡给朕使绊子。其党羽、信徒到处造谣、中伤朕。就连曾静这样一个穷苦偏僻的儒生也信其谣言。朕对这皇子党争有着切肤之痛,所以朕就想一个秘密建储法,就是把立为太子的皇子的名字由朕在龙驭上宾前书写在绢绸上,放入匣内,藏在乾清宫'正大光明'的匾后,待朕归天后,由御前大臣共同启示百官,诏告天下。"

允祥、鄂尔泰、张廷玉、方苞一听,都吃了一惊,想不到雍正此刻竟说出这些话来。

无疑秘密建储法比历代立储法都更加明智,允祥心里一番感叹,道:"皇上真是圣明,秘密建储可算是彻底消除皇位之争的根源,实是皇室的大幸。"

鄂尔泰也赞赏道:"皇上此举可谓前无古人,皇子们如果有意大位,必须不断地靠自身的努力去赢得皇上的信任。"

弘历一听,心里有些不快,本来自己很是受皇阿玛宠爱,是被当作接班人来培养的,弘时根本就不被皇阿玛注意,弘昼还小,自己做太子是板上钉钉的事。没想到皇阿玛会突然改变主意,弘时又一改往日不问政事的习惯,这次表现主动,是有意讨皇阿玛的欢心,岂非无心! 看来这皇位属谁,还是指不定的事,自己稍不谨就会前功尽弃,功败垂成。因而,弘历面呈钦敬之色道:"皇阿玛圣明,解决了天下之根本。"

弘时心里高兴，看来邬先生真是料事如神，自己依着他的话去做，果然就见奇效。看来以后只要有邬先生相助，自己再加把力，鹿死谁手，还很难预料呢，于是便道："皇阿玛，儿臣也和四弟一样看法，只是儿臣请旨的事……"

"朕准你就是，"雍正今天显得情绪特别好，"不过，你要加倍小心，为防万一，朕准你从大内挑选几名高手，做你的左右助手。"

"儿臣谢皇阿玛盛恩。"弘时答应一声，高兴地退到一边。

雍正看了一眼弘历道："弘历，朕着你巡视江南，也该动身了。"

"是，皇阿玛，儿臣特地来陛辞的，不知皇阿玛还有何训谕？"

"朕命你巡视江南，是因为朕日夜忙于国事，无法亲自去访查下边的吏治民情。你去了，要多了解民生、社情。朕的新政已经全面推行下去，但究竟成效怎样，朕只是从臣子的奏折里知道一些，恐怕不够全面，也不一定真实。田文镜应该说干得不错，朕是非常相信他的，但是，有那么多人弹劾他，朕心里也不踏实。你路过河南的时候，顺便听听，看看那里的情况，直接奏朕。李卫那边，浙江应该是治理的不错喽，但也有文人骂他，说他收秦淮妓院的烟花捐充作官员的养廉银，听起来确实不雅。谢世济是浙江监察御史，浙江的吏治情形他知道得最清楚。李绂，朕调他任直隶总督，广西巡抚一职暂由金珙代理……"

雍正一口气说了这么多的人，弘历一一记在心头，暗想着如何把皇阿玛交代的事一件件一桩桩漂漂亮亮地办好，以讨得皇上的欢心。

"儿臣一定不负皇阿玛的厚望。"

弘时、弘历从圆明园出来，两弟兄虚情假意，互道珍重，便各自回府，准备动身。

弘历带着刘统勋回到府门前。那些随身的长随侍卫仆从早已候在门外，只待宝亲王的到来，就可登程赶路，弘历看了一眼其中四大带刀的贴身侍卫，不禁苦笑。想二哥弘时得皇阿玛准许，不定能从大内挑选怎样的武林高手，自己身边的这几位平时都是府中娇养惯了的，没见过多大阵仗，怕是着急时根本派不上用场。

刘统勋似是看出弘历的神色变化，忙问道："王爷，您不满意？"

"如果用他们为本王装点门面，倒也不错，若是带他们行走天下，持刀厮杀，恐怕不是他们保护本王，倒要本王保护他们。"

"以王爷的功夫倒是不假。奴才早为王爷留意了几个用得着的江湖好手。"弘历大为惊喜，说："人在何处？"

刘统勋却不急不躁地道："王爷别急，我给您备着，用得着的时候他们自然会现身的。"

北方的春天来得迟，虽说新年已过去半个月，驿道两旁的杨柳还是光秃秃地挺立在料峭的春风中,广袤的平原显得空旷而沉寂。

突然,一阵阵清脆的"叮当"声打破了平原的沉寂,远远的一队人马从驿道的尽头奔驰过来,到近处,方能看出,走在前面的是刘统勋和四个带刀侍卫骑在马上,中间是两匹黄骠马拉的一辆装饰豪华的暖轿,使人一望便知轿内乘坐的肯定是高官显贵,暖轿的两旁是四个奴仆打扮的人,也骑在马上,紧紧跟随着暖轿。

轿车内乘坐者正是弘历,今年才十六岁,生得英俊儒雅,颇有些女儿像。这是他第一次奉旨出巡,心里自是感到新奇兴奋,不时揭开锦绸的轿帘,欣赏着这北方平原独有的景色。

"来人,叫刘都统过来。"弘历大概是一路上老是看宽旷的大平原,腻味了,便吩咐来个人。

刘统勋听到吩咐,便放慢了速度,待弘历的轿车来到身边,忙问道:"王爷,有何吩咐?"

"本王只是要你陪着说说话。"

刘统勋闻言笑道:"这奉旨出巡其实也不是什么享福的差事,王爷您这次要把直隶、河南和江南几省转遍至少恐怕要半年的时间。"

弘历摇头道:"本王不愿花费这么长时间,首次出巡,不游山玩水,只是一味地办差,把皇阿玛交代的差事办妥当就立刻回来。……喂,这里离保定还有多远?"

"没多远,还有百十里的路程吧!"

"叫他们快点,今晚就宿在保定府。"

"喳。"

刘统勋正要传令,忽听身后传来一阵急促的马蹄声,还夹杂着"驾驾"的吆喝声。急忙回头一看,只见身后半里地的地方,五六匹马急驰而来,扬起尘土多高。刘统勋心里一惊,这马跑得这么快,乘坐之人肯定有急事,难道是针对宝亲王而来。忙道:"王爷,快些掩上帘子。"

刘统勋刚把轿帘拉好,那五六匹马已经赶到身后,这时看清楚,马上的人个个生得高大壮实,全是百姓打扮,背后各背一个长形的包裹,最前面的是个三十多岁的黑脸汉子,一双三角眼盯住弘历的轿车,本来按他们原来行进的速度,应从弘历的马车旁一驰而过。可能是黑脸汉子看出轿内乘坐的人不同一般,便放慢速度,与马车并驾而进。

刘统勋登时紧张起来。前面的四名侍卫见此情形,也赶紧四面将弘历护住,双手紧按刀柄。但那黑脸汉子只是打量了轿车一番,便"驾"地吆喝一声加快速度,后面的几匹马也紧随其后,从轿车旁急驰而过。

刘统勋心里一块石头总算落地,看看那几匹马走远,这才伸头向帘子叫道:"王爷。"

弘历揭开轿帘,笑道:"刘大人,这帘子可以揭开了?"

刘统勋却余惊未息地道:"据奴才观察,刚才那几个人绝非善类。明眼人一看便知是江湖中人,却偏偏寻常百姓打扮,他们身后的包裹里肯定藏着兵刃。"

"你倒是看得仔细,"弘历依然是不惊不慌地道,"本王不管他们是江湖中人还是寻常百姓,只要不跟朝廷和本王作对,便懒得管他。"

"话虽这么说,王爷出巡在外,还是小心为上。奴才看您这辆轿车太扎眼了,还是换一辆平常官宦人家的轿车为好。"

弘历用手一指他,笑骂道:"管家婆,本王本来就不愿太过招摇,原是想骑马的,你却偏要本王坐暖轿。这时刻自己又要更改。"

"王爷恕罪。奴才既要您安全,又要您舒服,实在为难。"

"罢了,本王依着你咋办就咋办,管家婆。"

弘历一行,车马前行,八九十里地,两个时辰便到了。太阳落山之前,已经出现在保定城的北门外。保定是府辖所在地,直隶总督衙门也设在城内。所以比起一般府城,城池大,城墙也高。一行车马进了城,直到总督衙门前,派人进去送上公文。保定知府余宝纯恰巧正在总督衙门府,看了公文,慌忙带着一班子师爷、戈什哈出来迎接。余宝纯走到轿前,一甩马蹄袖,跪拜叩头。

"奴才保定府余宝纯给宝亲王请安。迎接来迟,请王爷恕罪。"

弘历温和地道:"起来吧!怎么没见你们总督大人?"

"李大人初来任上,公务繁忙,没来迎接王爷,请王爷恕罪。"

"算了,"弘历异常随和,"本王奉旨出巡江南,路过保定。也不在意他迎接不迎接,只是本王要在此打尖住上一宿,不知可否?"

余宝纯见这位小王爷温和可亲,便也笑道:"王爷您真会说笑话,您能来保定,是保定地方之福。奴才高兴还来不及呢。"说完,起身吩咐道:"来人呀,将衙内正房十八间全部打扫干净,安排王爷歇息。"

余宝纯亲自为弘历等人领路,进了总督衙内。弘历进了房内,便道:"余知府,本王自有人侍候,你忙自己的事去吧。"

弘历由刘统勋陪着用过晚饭,便准备歇息,刘统勋因和他感情甚笃,心里有些疑问便说出来道:"王爷,您说这李绂有什么要紧公务在这个时候办,连宝亲王来了也不见。"

弘历点点头道:"本王也有些奇怪,但人家不来迎接也不好说什么。李绂是皇阿玛的宠信大臣,新近由广西巡抚升任直隶总督,官声很不错的。本王在京里也见过他几次。"

正说着,守门侍卫进来禀道:"王爷,直隶总督李绂求见。"

"噢,真是说曹操,曹操到。"弘历笑道,"请李大人进来。"

时候不大,一位五十多岁的一品大员走进门来,还没来得及跪拜叩头,弘历便笑道:"包龙图回衙了。"

李绂见了礼,道:"宝亲王取笑老奴才了。"

弘历正儿八经地道:"李大人这么晚还在忙什么公务?"

李绂慌忙道:"没忙什么,都是些琐碎的细务,不值一提。"便又反问弘历道:"听说王爷此次是奉旨巡视江南?"

弘历点头道:"皇上命本王去江南几省看看,访查一下新政推行的成效怎样,顺便也可访察一下直隶、河南等省的情况。"

"河南?"李绂鼻子"哼"了一声,似乎极为不满。

"怎么?李大人有什么看法?说来听听,也许对本王有些用处。"弘历诚恳地说道。

李绂稍事犹豫,便叹息一声说道:"说来这河南督抚田文镜和奴才曾经交往甚厚,可是奴才就是看不惯他那一副酷吏加佞臣的嘴脸。抑光(田文镜的字)在河南,对下属官苛刻,对待读书人更甚,百姓不堪其役使,四散逃荒,读书人被逼不得在豫省做官。他因不是科甲出身,对科甲出身的官员横加压制打击,独断专行,搅得河南一片昏天黑地。这样一个佞臣,皇上还称他为'模范督抚',奴才实在无法理解。"

弘历认真地听着,插话问道:"李大人不曾在河南为官,怎么会知道田文镜这么详细?"

李绂讥笑道:"抑光官声不佳,恶名远播,缙绅大夫哪个不知,奴才原本也不相信,来直隶任上,途经开封,以为与抑光有旧,便去拜望。亲自探问竟件件属实,气得奴才和他大吵一场,就此掰手了。"

弘历问道:"大人所说的话,可敢为证。"

"有何不敢?"李绂红了脸道,"奴才绝非泄自己私愤,实为国家大计社稷江山着想,奴才还准备写奏章向皇上弹劾田抑光。"

弘历正要再问,守门侍卫走进来向李绂道:"李大人,您的长随在门外,说有位京城来的客人要见您,叫您快些去。"

李绂闻听,慌忙打断话头,向弘历连连拱手道:"对不起,王爷,奴才告退。您也该歇息了。"说完,躬身退出房去。

弘历一言不发,待他退出,向刘统勋一使眼色。刘统勋会意,立刻尾随出去。

一袋烟的工夫,刘统勋回来了。弘历忙道:"怎么样?"

刘统勋道:"李绂进了后衙的一处厢房再没出来。"

"看来那厢房里就是那位京城来客。"

"王爷,看来这位客人来头不小,连直隶总督也可呼来唤去。"

弘历若有所思道:"看来,李绂晚饭前不来见本王,也是这位客人的缘故。"

刘统勋心里紧张,问道:"王爷,咱们怎么办?"

"什么怎么办?"弘历不经意地一笑,"咱们只管静观其变,那位客人看来不是对着咱们来的,李绂想瞒着本王就由他去,准备歇息吧!"

刘统勋正要退出,守门侍卫进来道:"王爷,李大人又回来了。"

弘历大感意外,便道:"请李大人进来。"

李绂进来,脸上堆满笑意,道:"王爷,您是金枝玉叶之躯,若有个闪失奴才担待不起,所以奴才为了您的安全,在外面加了岗哨。"

弘历一听,故意一惊道:"保定城还有人要打本王的主意吗?"

李绂慌忙摇头道:"王爷,请别多心,奴才只是为防万一。"

李绂躬身退出,刘统勋也回房歇息去了。

弘历躺在床上却翻来覆去睡不着。李绂的种种反常举动老在跟前晃动。那位京城来的客人到底是什么人?他们这样神神秘秘所为何事?由眼前又想到京城,皇阿玛交代的差事非办好不可。弘时的表现一反往常,难道有人暗中相助他?照此下去,他就是自己最有力的对手。

胡思乱想着,迷迷糊糊地听到墙上的金自鸣钟响了十二下。

弘时却不知从哪里跑了出来,脸上带着笑容,连声叫道:"四爷,四爷。"

弘历看他走到跟前,却突然变成一只斑斓猛虎,张开血盆大口,猛扑过来,吓得他叫道:"三哥,你怎么吃我,我是老四!"

那猛虎却嗥叫道:"我不吃你,你就会吃掉我。这世道就是这样。皇阿玛也是老虎,他要吃掉八叔、九叔,你也变成老虎了。"弘历忙看自己身上,果然也披着斑斓虎皮,嘴里巨齿獠牙,手上着锋利钢爪。弘时向他扑来。他也张开大口,迎头扑上去撕咬。两只老虎直撕咬得遍体鳞伤,浑身是血,还不罢休。忽听有人大叫道:"王爷,王爷!"

弘历惊醒过来,原是南柯一梦,睁开眼睛看时,却见刘统勋站在床头叫道:"王爷快起来,外面打起来了。"

弘历这才听到外面已是一片厮杀声和兵器碰击声。忙清醒一下头脑,翻身下床,披上一件夹衣就往外走。

刘统勋一把拉住他的衣袖,叫道:"王爷哪里去,门口已被刺客封住了,出不去。"

弘历用力甩开他的手,径直往门口奔去。到了门口一看,吓了一跳。那院中灯火通明。五六个蒙面人手舞钢刀杀得正欢,弘历带来的两个已被砍倒在门口,其余两个和十几个官兵拼死护住门口。那几个蒙面人显然武功不弱,人数虽少却占尽上风,须臾之间又有两名官兵倒地。这时忽听一个蒙面人叫道:"弟兄们,救九王爷要紧,不可恋战。"

话音刚落,一个蒙面人突然钢刀迭进,猛砍几刀,吓得侍卫官兵后退几步。

那蒙面人突然一个纵身,从敌手头顶掠过,窜进门去,刘统勋正紧拉弘历到了门口,见那贼人进来,吓得他一下子将弘历扑倒在地。

那贼人一见门内有人,一伸手将刘统勋抓起,叫道:"九王爷在哪里?"刘统勋哪里见过这种场面,登时吓得晕了过去。

贼人气得将他扔在地上,伸手又去抓弘历,弘历登时三魂去了两魄,那贼气得举刀就砍。

不料突然一道金光射来,正中那贼面门,立时钢刀跌落在地,一命呜呼了。

弘历劫后余生,看那院中,李绂正和三个青衣人来到,那射中蒙面人的暗器正是青衣人所发。李绂叫道:"逆贼当诛,一个不留,杀。"

那三个青衣人立刻从腰间抽出兵刃,却都是一色青铜软剑。

施展开来,但见三团乌光滚向另外五个蒙面人。

霎时将敌手笼在剑光中。

五个蒙面客也非庸手,立刻分站五个方位,变作五虎困羊阵反将三个青衣人困在其中。

三个青衣人全无惧色,突然同时发出"喋喋"之声,声如啼血,浸入骨髓,令人闻之顿时毛骨悚然,不寒而栗。一个蒙面人失声叫道:"怎么? 你们是啼血谷的人?"

一个青衣人作势应道:"既是知道爷们儿名头,还不束手就擒。"

"呸,"蒙面人声音铿锵道,"今晚就算舍了性命报答九王爷,也不枉是条汉子。"

那青衣人还要说话,忽听圈外有人大声叫道:"少给我啰嗦,将他们一个不留,全都杀掉。"

"遵命。"

那三个青衣人立刻施展本领,剑剑进逼敌方。五个蒙面人虽人数占优,但一袋烟功夫便呈现败象,只是五人拼命抵敌,才勉强支撑。

弘历站在门里,院中灯火通明,看得清楚,向那三个青衣人发令的是站在李绂身边的一个四十多岁的青衣人,也不知何时出现在现场。那人高大身材,白净面皮。弘历乍一看便觉有些面熟,只是想不起是谁。

第十八章　皇子遇刺通晓圣意
　　　　　　雍正帝赐死塞思黑

这时场中胜败立判，三个青衣人攻击越加凌厉无比，五个蒙面人虽是拼死招架，却是抵挡不住。

东南方的蒙面人首先被刺中大腿摔倒。五虎阵登时失去威力，三个青衣人精神大振，又同时发出"喋喋"之声，那四个蒙面人瞬间全部倒地。

三个青衣人却不罢休，遵照主人的命令，给那个首先倒地的蒙面人又补上一剑，才跳出圈外。

弘历惊魂未定，李绂急忙越过地上的死尸来到门内，那白面青衣人也带着三个青衣人过来相见。

李绂给弘历掸着身上的尘土，然后跪伏在地道："王爷受惊了，都是奴才考虑不周，护卫不密，求王爷降罪。"

弘历对李绂虽有些生气，但他心中有好多疑问没有解开，这种场合不宜责怪他。当下便释然一笑道："本王只是有惊无险，也就罢了。再说那五个蒙面人都是一流高手，谅你应付不了。若不是这几位侠士相救，本王怕是不能这样说话了。"弘历说着，拿眼瞄了那四个青衣人一眼。

那白面青衣人见宝亲王说到他们，慌忙上前，跪伏叩头。

"奴才粘杆侍卫唐阿炳叩拜宝亲王。"

弘历惊道："你是粘杆处的唐阿炳，你怎么跑到保定来了？"

"回王爷的话，奴才只是因公路过保定，恰巧遇着有人行刺王爷，奴才就过来保护王爷。"

"行刺我？"弘历心里一阵冷笑，知道唐阿炳不肯说实话，便顺势道："这么说，本王要多谢你相救。"

唐阿炳慌忙又磕了个头道："王爷不要折杀奴才。"

这时，刘统勋已从房内拿来弘历的衣服，侍候着穿上。

李绂忙道："王爷快些回房歇息吧！这里由奴才吩咐人清理一下。"

唐阿炳也道："王爷尽管放心歇息，这里有奴才们守着连只鸟儿也飞不进来。"

弘历长这么大还没见过死这么多人，浓烈的血腥气呛得他一阵阵发晕。只是为了不失王爷身份才硬撑着，这会儿见李绂和唐阿炳这么说，便不再推辞，由刘统勋扶持向房内走去。

弘历进了房内，却没有上床歇息，坐在桌前望着墙上的自鸣钟，此时已是次日丑时,总督府衙门又恢复了宁静,远处不时传来早啼的鸡鸣。

"王爷,今晚的事有些蹊跷。"刘统勋侍立在一旁道。

"当然蹊跷。"弘历摆弄着手中的烟鼻壶头也不抬,说道,"本王倒想听听你觉得哪些蹊跷?"

"王爷,奴才刚才揭开那五个蒙面人的面纱,发现其中有一个是我们在路上遇着的黑脸汉子,其余几个恐怕也是我们路上遇着的。"

"是他们?"弘历略有些惊讶道。

"千真万确。"刘统勋肯定地道,"奴才看来这几个人既是为行刺王爷而来,为什么不在路上动手,却偏偏选在戒备森严的总督衙门。此是蹊跷之一。"

"有道理,"弘历钦佩地道,"那么其二呢?"

"其二,一个蒙面人来抓奴才时,叫道:'九王爷在哪里?'分明他们要找的不是王爷您,这位九王爷是谁? 朝中的王爷们也没有称作九王爷的。"

"九王爷?"弘历脑筋飞转,半晌才道:"莫不是九叔塞思黑?"

"不对,"刘统勋摇头道:"他只是贝子级别,没封过王爷。"

"没封过王爷,但有人高兴这么称呼他。"弘历恍然大悟。据谍报说,当年九贝勒允禟被雍正遣往西北军前效力,但他不甘心失败,在青海西宁仍大肆活动。他招兵买马,扩张武力,胡作非为,气焰熏天,还用金钱收买当地兵民,鼓动他们称呼只有贝子级别的允禟为九王爷。

弘历心中已断定这位"九王爷"就是九叔允禟,口中却道:"这位'九王爷'暂且存疑吧! 你再说说蹊跷之三呢?"

"这蹊跷之三,便是那四位青衣人,为首的唐阿炳是雍和宫粘杆处的,其余三人则是江湖上令人闻之胆寒的'啼血谷'的人。粘杆处到底是怎么回事?"刘统勋很是不解地问道。

弘历暗暗赞叹他思维敏捷,虑事细密,将来这个人也许大有用场。便道:"这粘杆处说来话长,当初皇阿玛为皇子时,王府内院长有一些高大的树木,每逢盛夏初秋,繁茂枝叶中有鸣蝉聒噪,喜静畏暑的皇阿玛便命门客家丁操杆捕蝉,粘杆处便由此而来,当时唐阿炳便是粘杆处的,那时本王只有几岁,便跟在他身后粘蝉捉蜻蜓玩耍,现在的粘杆处组织庞大,总部设在雍和宫,原来的雍亲王府,专事皇上的保卫事宜。雍和宫也被皇阿玛钦定为'龙潜禁地'。"

刘统勋暗自心惊,他其实早已知道粘杆处是雍正皇帝专门设立的特务机构。

在他为皇子时,就招募江湖高手,训练府中家丁,四处刺探情报,帮助胤禛铲除异己。那三名啼血谷的人自然也是粘杆处招募来的。但刘统勋明白,作为皇子的弘历能跟他说出这番话,已是将自己引为心腹。

两人正说话间,房外忽然有人叫道:"王爷,李制台求见。"

弘历听出是侍卫李铣的声音,自己从京城带来的四名侍卫已是两死一伤,唯有李铣一人了,当下便向外大声道:"请李制台进来。"

房门被推开,第一个进来的果然是李铣,李绂在后,身后还跟四个健壮的粗使丫头。李绂躬身道:"王爷,外面已经清理完毕,奴才另外为您安排了侍卫,还有这四个丫头也留下侍候您,敬请王爷安心歇息。"

弘历根本没拿正眼去瞧李绂,鼻子里"哼"了一声道:"李制台,本王只是偶然路过保定,借住一晚,就生出这么大的事端!"

李绂一听,慌忙跪倒在地连声道:"奴才知罪,求王爷恕罪。"

"恕罪?你知道该当何罪吗?本王怀疑你居心叵测,图谋加害本王,你罪当诛灭九族。"弘历突然提高嗓子,疾言厉色道。

李绂吓得脸上冷汗直冒:"王爷若怪奴才保护不力,惊了尊驾,奴才虽死无屈。若说奴才居心叵测,加害王爷,李绂真是天大的冤枉。"

弘历见他诚恐诚惶的样子,便向刘统勋使个眼色,刘统勋会意,向李铣及四个丫头说道:"你们都去大门外侍候,没有王爷的吩咐任何人也不能进来。"

"是!"李铣带着四个丫头出去,随手关上了房门。

李绂一见这阵势,情知不妙,但此刻也只得听天由命,便绷紧神经听弘历发话。

弘历语气稍缓和一下道:"说你有意加害本王,确也冤枉了你。但你欺骗本王是万难逃脱的罪过,你心里明白。本王给你一次机会,看你忠是不忠。不忠本王就办你的欺骗之罪。"

李绂一听,原来这位王爷是揣着明白装糊涂,自己还糊弄个啥,便把心一横道:"王爷想知道什么尽管说,奴才一定据实回奏。"

"好。"弘历非常满意,便问道:"唐阿炳到底是来干什么的?"

"奴才不知道。"

"九王爷是谁?"

"奴才也不知道。"

"不知道?"弘历突然一掌击在桌上斥道,"这也不知,那也不晓,你以为本王就是这么好糊弄吗?你既然一无所知,为什么在事前要给本王加派侍卫?本王初来保定,你身为总督为何迟迟才见?那位京城来客为什么能将你呼来唤去?你若再执迷不悟,本王就不客气了。"

李绂见自己再也无法逃脱干系,只得道:"王爷且息雷霆之怒,奴才只是无凭无据不敢妄言。但据奴才推测,也明白个七七八八。唐阿炳比王爷早半天到保定,他们一行三十多人全是青衣打扮,奴才一看便知其中多是武林中人。内中押着一辆闷皮子马车。唐阿炳对奴才说马车内押解的是一名江洋大盗,怕此人武功高强,半道上砸破囚车逃走,便用闷皮子车押解,奴才知道他们是内务府粘杆处的。官级虽小但每日跟随皇上左右,炙手可热,哪敢得罪,只得亲自安排住宿,加派侍卫,直忙到天黑才来见王爷。谁知奴才跟王爷刚说上几句话。唐阿炳又派人来叫奴才说,他们有可靠线报,说今晚可能有江洋大盗的同党劫囚车。叫奴才赶紧加强防卫。但唐阿炳不让奴才告诉王爷真相,只是叫奴才也给王爷加派侍卫。夜间,果然有十几名蒙面人闯入总督衙门,大概他们看到王爷房间外面戒备森严,侍卫众多,以为囚犯就关在这里,所以便拼命往王爷房里来,其实囚犯关押在后衙的厢房内。唐阿炳亲自带着二十多青衣侍卫守在周围,就连奴才也不曾见着犯人的模样。后来,奴才见前院吃紧,去后衙请唐阿炳派几个人前去协助,才将蒙面强人除掉。”

“那么,依你看这位被称作‘九王爷’的犯人会是谁呢?”

“这,奴才怎么会知道?”李绂脸色煞白,说话也不利索了。

“大胆地说,这里没有外人,本王绝不让你为难。”

“这位九王爷可能就是塞思黑。”李绂终于鼓足勇气说了出来,满以为弘历和刘统勋会大吃一惊,谁知这两人反应轻淡,似乎早已预料到。

弘历出奇地平静,待李绂说完,便说道:“李制台,折腾了一宿,你也乏了,歇息去吧!”

李绂还不相信他会是这样的结局,忐忑不安地道了乏退出房来。弘历站起身,活动一下疲劳的筋骨,向身旁的刘统勋吩咐道:“你亲自去传唐阿炳来,就说本王要见他。”

刘统勋答应一声,走了出去,大约一袋烟的工夫,便领着唐阿炳走进房来。弘历眼角向外一掠,刘统勋会意,便转身出去,随手将门关上。

唐阿炳见宝亲王深夜召见自己,便知非比寻常,但他自恃有皇上撑腰,弘历也不敢拿他怎样,这样想着,心中镇静,便从容不迫地施礼道:“宝亲王深夜召见奴才,不知有何训示?”

弘历慌忙上前伸双手相扶:“阿炳,不要多礼。随意些好。”

一声“阿炳”喊得唐阿炳心中顿时涌起一股暖流,热泪竟夺眶而出。弘历见了也眼圈发红道:“本王哪里有什么训示,只是因为小时候喜欢跟你一起捕蝉捉蜻蜓。经年之后,乍一相见,感到特别亲切,所以才召见你。记得有一次在雍亲王府跟你一道玩耍,竟忘了去上书房读书,害得你被皇阿玛打了二十板子,本王还偷偷为你哭过呢!”

“难得王爷还记得当年的情形。”唐阿炳声音哽咽着道,“王爷小时候是阿哥们当中最聪明可爱的一个,阖府上下没有人不喜爱的。奴才们若是犯了错,只要央求您在雍亲王跟前说个情,准保万事皆无。”

“是啊!一晃这么多年过去了。如今皇阿玛即了大位,刷新吏治,推行

第十八章　皇子遇刺通晓圣意　雍正帝赐死塞思黑

新政。阿炳,你为皇阿玛立了不少功啊!"

"谢王爷夸奖,为主子办差,奴才理当如此。"

弘历见时机成熟,便直入主题道:"昨晚真是好险,如果不是你们及时出手,本王再不能见到皇阿玛了,本王要多谢几位相救之恩。"

唐阿炳暗自得意,嘴上却道:"王爷乃大福大贵之人,自是遇难呈祥,奴才只是做了分内的事。"

弘历话题一转道:"本王只是感到那几个蒙面人并非为行刺本王而来。他们好像专门为一个'九王爷'而来。阿炳,'九王爷'是谁?"

唐阿炳脸上微变,随即佯笑道:"奴才不明白王爷在说什么,他几个蒙面客显然是为行刺王爷而来。"

"阿炳,"弘历含笑的脸突然变色,一字一顿地道,"你连本王也信不过吗? 就是天大的事,本王也会给你藏着掖着,不会让你作难。"

"是,是,"唐阿炳说话的声音都变了,暗想,宝亲王恐怕就是明日的皇上,别人巴结都来不及呢,自己哪敢得罪,于是嗫嚅着道:"奴才办的是秘差,照着皇上的旨意,就是连您也不能知道。奴才这次是奉旨将九贝勒……不,塞思黑从西宁押解进京。塞思黑在西北多年,党羽众多。就是在朝廷上,皇八子党的人也很多。为防意外,奴才遵照皇上的意思,用闷皮子车将塞思黑押解进京。不料,眼见到了直隶地界,还是走漏了风声,才闹出昨晚几个蒙面人闯入的事。"

弘历虽然早已猜测到是这么回事,但乍听阿炳的话,仍感到一股寒意直透心肺。想不到父辈的党争竟演得如此残酷,皇阿玛已经削除八叔、九叔的宗籍,将他们分别赐名'阿其那''塞思黑',为什么还要把九叔秘密押解进京,难道非要置之死地才肯罢休。弘历五六岁的时候还不明白党争是怎么回事。只知道八叔、九叔都很喜欢自己,每次见着都要抱一抱、逗一逗,送些小礼物什么的。如今,自己的父辈们竞争到你死我活的地步,弘历的心里无论如何难以承受。但他面上竭力保持平静,问道:"塞思黑现在何处?"

"就在后衙的厢房内。"

"带本王去见他。"

"这……"唐阿炳颇为难地道,"皇上吩咐过,任何人都不能见。王爷去见了,奴才脑袋不要了?"

弘历气咻咻地道:"你不说,我不说,皇上怎么会知道。"

"王爷不知,皇上耳目灵通得很。休想瞒得过他老人家。"

"你就不能想想办法,本王一定要见他。"

一语提醒了唐阿炳,他一拍双手,喜道:"有了,王爷您等着。"说完,转身跑出房去。

一袋烟的工夫,唐阿炳拿着一包衣服回房来,道:"王爷,委屈您了,换上这身衣服,我带您去。"说完,便忙着帮弘历换衣服。弘历一看,自己换了一身青布衣衫,变成了唐阿炳手下的粘杆处侍卫了。

两人出了房门,向西走了几十步转入一条往后衙去的甬道。此时天还没亮。唐阿炳领着弘历在后衙左侧的一处房前停下。

"就在这里。"唐阿炳用手一指北面的一间房低声说,弘历这才发现窗户里发出微弱的灯光,如果不是唐阿炳指点,自己实在不会留意的。

两人踩上台阶,突然眼前人影一闪,也不知从哪里窜出两条人影,黑暗中问道:"谁?"

"我。"唐阿炳答应着。

"后面的那位呢?"

"京城来的客人。"

两个人影往边上一闪,唐阿炳和弘历走到门前,弘历这才看清楚那两个人也是青衣打扮。

"把门打开。"唐阿炳命道。

一个青衣人急忙从身上取出钥匙,上前打开锁,将门推开。

唐阿炳和弘历进了门内,顺着灯光,拐进右侧的小角门。

这时,一股潮湿的霉臭味迎面扑来,呛得弘历直皱鼻子。

弘历往角门里伸头一看,只见东北角墙根的半块砖上放着一盏将要燃尽的油灯,地上的乱草上躺着个黑乎乎的东西,仔细辨认,才看出是个人。

弘历鼻子发酸,几步跨到那人跟前,不料一脚踩在一堆大便上,一股臭气薰得弘历差点呕吐出来,但他强忍着,俯下身来,用手摇着那肥硕的身体,连声叫道:"九叔,九叔。"

允禟好像睡得正香,叫了半天才睁开眼睛抬起头来,嘴里嘟嘟囔囔地叫道:"我饿! 我要吃东西。"

弘历看他那张脸半边浮肿,污秽不堪,头发又脏又乱,散披在肩上。不由得鼻子一酸,泪珠一个劲儿往下掉。

弘历已有几年没有见过他。儿时的记忆中九叔是个风流倜傥、衣冠楚楚的阿哥。这几年听说他和十四阿哥一起互为党援图谋东山再起,争夺大位。皇阿玛极为痛恨,自己也恨他们故意找朝廷的麻烦。但九叔今天落到这种地步,不管他们谁是谁非,总是让人见了难过。

唐阿炳走到允禟跟前,俯下身大声叫道:"宝亲王看你来了。"

允禟被他吓得一哆嗦,双手撑地坐了起来,身下传来叮当的锁链声。弘历听见声音,往他身下一看,允禟的手上、脚上、脖子上竟都锁着铁链。不由得大怒道:"他这样子能飞了不成,非要用铁链锁缚吗?"

唐阿炳忙应道:"王爷息怒,奴才只是奉命行事。"

弘历觉得皇阿玛做得太过分了,但自己不便说什么,只得说道:"先取下刑具,本王有话跟他说。"

唐阿炳见他阴沉着脸,不敢再多嘴,忙转身出去,取了钥匙来,将允禟身上三条铁链全部打开。

允禟浑身轻松了许多,头脑也清醒了些许,便拖着肥胖的身体艰难地扶着墙想站起来,弘历急忙双手扶住。允禟一双迷茫的眼睛看着他,嘴里道:"我饿,给我东西吃。"

弘历立即命道:"快,去弄些吃的来。"

唐阿炳忙又出去,这时,天才蒙蒙亮,总督衙门的人还没起床,到哪儿去弄吃的东西,转悠了半天,才在伙房里找到半碗红烧肉和两个半硬馒头,忙急匆匆地送到允禟跟前。

允禟一见,抓起一个馒头就往嘴里送。一口就咬去了大半个,两个半馒头眨眼全下肚了,噎得他不停地翻白眼。弘历忙又向唐阿炳叫道:"快去弄点开水来。"

唐阿炳只得又去找开水。允禟端起那半碗红烧肉,用脏兮兮的手抓起。三口两口全吃了下去。弘历看了,泪水如涌泉般流出。

允禟吃了点东西,精神好多了,看了看一身青衣打扮的弘历,大咧咧地问道:"老四想饿死我,你怎么给我东西吃?"

弘历红着眼,仰脸道:"九叔,我是弘历,你仔细看看。"

允禟一怔,凑近弘历脸上仔细看。惊讶地叫道:"真的是弘历,几年不见,你长成大人了。"话未说完,突然又哈哈大笑道,"弘历,宝亲王,怪不得刚才我听到有人喊宝亲王。老四当上皇上,你这儿子也封了亲王。可惜八哥没那个天子命,连我老九也拐带着落个阶下囚的下场,咱这子孙也跟着倒霉。"

"九叔,孩儿是来看您的。"弘历打断他的话。

"我不是你九叔,"允禟冷笑道,"老四给我和八哥改了名字。阿其那,令人嫌厌的狗;塞思黑,迂俗可恨的猪。成者王侯败者寇嘛。弘历,你不必学那套假惺惺的嘴脸。塞思黑落到今天,无话可说。"

"九叔,"弘历竭力表现得真诚,"弘历不管您和皇阿玛谁是谁非,今儿个是真心实意来看您的,没别的意思。"

"是嘛!"允禟摇头叹息道,"看看也好,说不定过不了正午,就见不到这只迂俗可恨的猪了,老四的心黑着呢!"

这时,唐阿炳端着一缸子水走进来。弘历接过来,亲自送到允禟手上,道:"九叔,您喝口水。"

允禟毫不客气地接过,仰起脖子,一气喝干。然后把水缸往地上一扔,笑道:"弘历,不管怎么说,我还是要谢谢你赐食的恩德。人,你也看了。快点走吧,耐不住我又要说皇上的不是,让你听了难过。"

弘历只得道："九叔，您保重，弘历去了。"

"爷会保重的。"允禟梗着脖子，泪水却滚落在浮肿的半边脸上。

弘历走出后衙，天色已经大亮，三三两两的差役忙着赶去前衙值班。弘历低着头，避开早起的人们，回到自己的住房。刘统勋正等得焦急，见他这身打扮，忙迎上前去问道："唐阿炳带王爷去哪儿了？"

弘历阴沉着脸，只顾将那身青衣脱下，扔在地上。刘统勋见他这个样子，不敢再问，忙侍候他穿衣服。刚穿好，他却又脱下外套道："一宿没睡，我也乏了。"说完便一头倒在床上，不一会儿便睡着了。

刘统勋也是一夜没合眼，这会儿见弘历睡着，他的困意也上来了，便伏在桌上也睡着了。

也不知睡了多久，弘历忽然听见有人喊道："王爷，快醒醒。"

他急忙睁开眼睛，只见唐阿炳正站在床头，脸上露出紧张、焦急之色。弘历坐起身，抬头看看床头上的自鸣钟，已是午时，这一觉足足睡了两个时辰，便问道："阿炳，出了什么事？"

这时，刘统勋也被惊醒，惊奇地看着不知何时闯进来的唐阿炳。唐阿炳却眼瞅着他，欲说还休，刘统勋是极聪明的人，立刻起身退出房外。唐阿炳这才小声说道："王爷，您可别声张，要装作没事人一般。"

弘历见他神秘兮兮的样子，有些不耐烦地道："阿炳，你以为本王还是三岁小孩，该怎么做用得着你去教，快说！"

"那是，那是，奴才说就是，"唐阿炳急忙说道，然后伏在弘历耳边轻声道，"塞思黑死了！"

"死了！"弘历心里咯噔一下，"什么时候，怎么死的？"

"就是上半晌，京城里来了位神秘的客人，奴才验他的印信，却是皇上亲自指派的粘杆处大侍卫。奴才听他声音耳熟，却不认得，猜想他一定用了易容术，那人进了关押塞思黑的房间，也不要奴才陪同，没多久就出来走了。等奴才进去看时，塞思黑已是七窍流血而死。"

弘历听得毛骨悚然，一股冰冷之气直透心底，呆呆地半响才说话："阿炳，带我去看看。"

唐阿炳慌得一把拉住他的袍袖阻止道："我的爷，这可使不得。您昨晚去恐怕就被皇上的耳目知道了。这青天白日的岂不更易被人发现。就是现在，奴才的脑袋说掉就掉了。再说，人都死了，您还看什么。"

弘历没再动，是啊，人都死了，自己还去做什么，这世界亲情难道是假的，皇阿玛君临天下力挽颓风，刷新吏治，推行新政曾经令自己多么钦佩、敬仰，但对于政敌，即使是亲弟兄也能下得去手，置之死地，这与每日在朝堂训谕臣子时满口的仁、义、礼、智、信是多么的不协调，多么令人难以接受。这九五之尊也不是那么神圣，他也和常人一样有七情六欲，有卑污的一面。皇权就是残酷无情。

"爷,奴才告退。"唐阿炳的讲话声打断了弘历的思绪,他这才意识到自己存在的现实中,不论皇阿玛做了什么,自己都必须维护他的尊严,维护爱新觉罗家族的尊严,自己将来的命运完全掌握在皇阿玛的手中,他必须做好每一件差事,方能讨得父皇的欢心,为日后登大位增加筹码。

唐阿炳刚出去,刘统勋便进来了,弘历不待他开口便吩咐道:"快准备车轿,我们未时动身,取道河南。"

刘统勋一愣,这位爷说话怎么没头没脑,保定离河南地界最近也得一千里地,未时动身就是再走上一夜也到不了河南。什么事使这位爷急着离开保定?但他不好多问,只得说道:"爷,这刚开春的天还不算长,未时动身到天黑也顶多能到安平。"

弘历不耐烦地道:"能到哪儿算哪儿吧,哪儿天黑哪儿住。"

"是!"刘统勋答应着,赶紧出去派人通知直隶总督李绂。

李绂放下公务急匆匆地赶来,他以为宝亲王肯定是昨晚受了惊吓,才急着离开保定,心想如果得罪宝亲王那罪可就大了。因此再三挽留,热情至极。

但弘历执意要走,李绂不得已,只得连连告罪。又亲自挑了十名懂武功的戈什哈送给弘历做侍卫,选了四个长得还算周正的丫头做使唤。

诸事齐备,弘历动身,李绂率直隶衙门大小官员,直送到城外十里长亭。

弘历从轿中伸出头来向众人微微点头算作最后辞别。李绂却又紧走几步道:"奴才听说王爷要去河南巡视,请王爷督查田文镜营私负国、贪赃不法之事。"

弘历微微一笑道:"李制台的话,本王记住就是。田文镜为官如何,本王已奉王命,必会用心督查,也自会得出结论。"

李绂听他这句话不偏不倚的话后,心里很不是滋味,皮笑肉不笑的言道:"那是,那是。"忙又挥挥手道:"王爷,一路保重。"

第十九章 过浚县遭劫遇红衣
东方待客追随弘历

弘历一队人马离了保定，便往南行。

这支队伍比刚离京城时更为壮观。李绂给了十名戈什哈和四个丫头，再加上弘历原先的侍卫、车夫总计有二十人，李绂另外又送一辆马车，让四个丫头乘坐，侍卫们还骑马。

因为弘历催得紧，天刚擦黑就到了安平县城。

众人以为今晚就住城里了。谁知弘历却催着赶路，一队人马不做停留从县城十字大街一穿而过。小地方的人并没见过这么阔气的队伍，都挤在路边看新鲜，人马好容易才出了城，又赶了二十多里地，天完全黑了下来，弘历才叫停下，人马在一个叫作天宫营的镇子上住下。

弘历由四个丫头伺候着简单地用了晚饭，便洗脸洗脚歇息。小地方的客栈又脏又乱还有股子霉臭味，但乏极了的弘历一躺下就睡着了。

第二天，吃了早饭，弘历又催着赶路，就这样一路穿州过县又急赶了两天，才过了大名府，进入河南地界。

一进河南，弘历便命放慢速度，从窗户口往外看。驿道两边全是麦田，麦苗的长势稀稀拉拉还不如直隶那边。刘统勋见他直皱眉头，便笑问道："爷，看什么呢？"

弘历叹道："民以食为天，皇阿玛命我巡视，我当然先要看看庄稼的长势，农民的收成，才能评判官员的政绩。"

"爷说得是，"刘统勋道，"可看什么都要有个比较。从这儿往南到开封以南是河南有名的黄泛区。通常年景，黄泛区难以生长庄稼，收成自然不会好，即使是好的年景，这里的小麦也比不得直隶的那边。王爷若是以庄稼的长势评判当政者的政绩，也是有欠公允。"

"你这是为田文镜辩白吧？"弘历笑道。

"奴才哪里敢妄自评判朝廷大员。"

"不过，你说得有些道理。河南自古是贫荒之地，且民风刁蛮比不得浙江、江苏等富庶之地，田文镜是捡了块硬骨头啃。"

"奴才也是这样想。朝中有人说皇上偏袒田文镜，其实，皇上给田文镜的是一份苦差，田大人官做大了，可听说他除了那身官服，连件像样的衣服都没有，如今这样的官不太多。"

弘历说说笑笑，情绪似乎好多了。众人见主子高兴，也不急着赶路，感到轻松多了。李铣祖上是河南的,这会儿好像回到老家,神采飞扬,哼起了地方戏。

因为大伙心里轻松,不知不觉半日下来已走到浚县地界。刘统勋抬头看,前面有座小山,虽不大,却是树木丛生,山石嶙峋。在这豫北平原上也算上一道独有的风景。便用手一指对弘历道:"王爷,奴才跟您说过要介绍两个江湖朋友供爷驱使,这两位江湖朋友就在此山附近居住,他们若与爷有缘,必会遇着的。"

弘历点点头赞叹道:"真是一座好山,小巧玲珑,秀而雅、雅而精是也,你的两位朋友真是挑了个好地方居住。"

说话间,一行人已到了山下的十字路口,刘统勋看那路旁石碑上刻着"白道口"三个字。弘历也看见了,因笑道:"'白道口'好名字,看来黑道的朋友难以在此立足了。"

刘统勋正要说话,忽然听到马前"当啷"一声响,看着前面,却是一支响箭落在地上。

众人大吃一惊,侍卫慌忙抽刀在手,将两辆车轿围在中央。李铣走到最前面,朗声高叫道:"道上的朋友听着,是骡子是马拉出来溜溜,是半斤是八两当面较较,为啥藏头露尾让江湖朋友笑话。"

话音刚落,就听"嗖"的一声一枝羽箭从半山坡的树丛中飞出,正射中李铣顶戴上的白色珠子,"啪"地落到弘历车轿前。

紧跟从树丛中"刷刷"跳出四个年轻的女子来,打头的一个红衣短靠打扮,两三个飞跃便跳到山脚,后面三个全是绿色短打扮,也是连跑带跳到了山下。

走得近了,看得清楚,那红衣女子十五六岁,长得俊俏娇美可爱,头发束成朝天撅的姿势,俏皮地往上翘着。手中拿着一张硬弓,腰里悬着一把宝剑,挂着一壶羽毛箭。

李铣一见,刚才那阵子紧张劲儿全没了,嬉皮笑脸地问道:"几位姑娘,意欲何为啊?"

红衣姑娘双手叉腰,手中弓一指,柳眉一竖,双眸一瞪,朗声答道:"此路是我开,此树是我栽。要想从此过,留下买路财。"

弘历在车轿中听得清楚,禁不住"扑哧"一声笑出声来,道:"如今是太平年景,大天白日的竟有人劫道,真是不可思议!"

刘统勋也笑道:"她们哪儿是劫道的,分明是唱《响马传》。"

红衣姑娘听得一清二楚,当即把脖子一梗,用弓点着刘统勋喝道:"姑奶奶可不是劫道的,姑奶奶这叫作杀富济贫,除暴安良。抢的东西都分给穷人,不信吗?待会儿姑奶奶抓住你们,跟着去看看。"

李铣把嘴一撇,世界上还有这样的强盗,抢了人家东西还说不是劫道的,便笑道:"姑娘,你弄错了吧? 若说富,我们主子爷倒是有点儿钱,但不是坑、蒙、抢、骗赚来的,若是'暴',我们爷可不沾边,他从没欺负过人,也没讹过谁,你除的哪门子'暴'。"

红衣姑娘"哼"了一声,讥笑道:"瞧你们这伙子人,这身打扮,能说你们是好人? 你休想蒙得过姑奶奶,来人呀,给姑奶奶上。"

那几个绿衣女子闻听,便直奔侍卫们冲过来。

李铣见她们个个腰悬宝剑却赤手空拳冲过来,心中奇怪,便也将腰刀收起,迎着冲自己扑过来的高个子绿衣姑娘走去。

高个子姑娘走到跟前一记仙女推车当面一掌劈来,李铣怀中抱月双手抓住,随即化掌为爪,一记黑虎掏心直捣姑娘胸部,高个子姑娘羞得满脸通红,斥骂道:"下流!"侧身躲过,右腿一抬,枯树盘根直攻李铣下三路,两人一来一往斗在一处,另两名绿衣女子也和侍卫们纠缠在一起。

弘历也学过武功,一看就懂,那三个绿衣女子的功夫绝对不在这些侍卫之下,侍卫们占着人多的优势,才不至于惨败,而三个绿衣女子却像是比武,根本不像你死我活的争斗。

红衣姑娘见三个女子不能取胜,气得直跺脚,骂道:"死蹄子,收拾不了他们,我扒你们的皮。"

三个绿衣女子听见,突然功力大增,招数依然是原先招数,但招招快猛绝伦,凌厉无比,一袋烟的工夫,侍卫们已是败象显现堪堪难敌。与李铣对阵的高个子攻势最猛,只两三个回合,李铣的脸上已挨了两掌,鼻子嘴全部出血。李铣再也顾不得体面,高叫一声:"亮兵刃!"

随手抽出腰刀,递招进攻,其余侍卫也被逼纷纷抽出腰刀接战。这样一来双方又成平手。

红衣姑娘再也捺不住,高叫道:"死蹄子们,亮剑!"说完,自己抽出宝剑,一个纵身跳到弘历轿前叫道:"姑奶奶收拾你来了。"说着,一剑向轿中刺去。

那帮侍卫此时都在应战三个绿衣女子,弘历身旁只有刘统勋一个,却不会武功。情急之下,举起手中的马鞭向红衣姑娘砸去。红衣姑娘剑到半空,忽见一件东西袭来,匆忙间也没看清是什么东西,只得抽回宝剑拨打。弘历乘机从轿中跳出。红衣姑娘恼羞成怒,弃下弘历,转身来战刘统勋,刘统勋哪里敢战,不待她举剑,纵马就跑。红衣姑娘早飞步赶上,一伸左手,"嘭"地抓住刘统勋的衣带,右手宝剑一下子压在肩上,就要切下去。急听高个子绿衣女子叫道:"虎姑娘,杀不得。"

红衣姑娘怒视道:"杀了又怎样?"

高个子女人赤手空拳对李铣单刀仍绰绰有余,边战边劝道:"虎姑娘,人命关天,千万杀不得,再说人家也不一定是歹人,老爷要是知道,非气死不可。"

红衣姑娘只得垂下宝剑。弘历原本打算上前救刘统勋。见她没动杀机,便放心地站在一旁。不料那红衣姑娘突然又叫道:"死蹄子,不抓几个回去,哥哥面前怎么做人。快些退下,我来拿住他们。"

三个绿衣女子遵命,一齐纵身跳出圈外,个个面不改色心不跳。而李铣他们却个个汗流满面,气喘吁吁。

正想歇息片刻,突听红衣女子叫道:"看姑奶奶收拾你们。"说完一纵身,首先直扑李铣,李铣匆忙应战,只两三个回合,便被点了麻穴,低垂双手站在那儿。

侍卫们大惊失色正欲联手对敌,红衣姑娘快如闪电,十几个侍卫瞬间全被点了麻穴,动弹不得。

刘统勋见势不妙,拉起弘历就跑。

红衣女子哪里肯放,转身来抓弘历。

弘历本不想逃,只是被刘统勋拖着走,这时便甩开他的手,回身迎战。因见红衣女子点穴功夫厉害,便诡秘地一笑道:"姑娘且住。"

红衣女子见他是个潇洒俊逸的少年郎,本无意下杀手,便停了手笑道:"怎么? 怕了?"

弘历笑道:"我就是死在你这位娇美动人的姑娘手上也心甘情愿,谈何怕字,只是咱们要画个道儿出来。"

"什么道儿?"

"姑娘点穴功夫实在厉害。在下佩服至极。可是点穴算不得硬功夫,姑娘若是硬功夫胜得在下,在下甘拜下风,任凭姑娘处置。如果姑娘输了,也由在下处置。"

"行,你说怎么比试?"

"比摔跤,谁被摔倒就是输。"

红衣女子不知是计,满口答应。弘历是满人,满人的功夫除刀马射骑以外就是摔跤。他从小就在宫中向谙达学过摔跤功夫,同他一块儿的弘昼和其他贝勒没一个胜过他。

两人既已说定,比试便开始。弘历熟门熟路,一上去双手就抓住红衣女子的肩膀。红衣女子脸儿羞得通红,因见他生得英俊,也不反抗。弘历见她不动,便叫道:"动手吧! 开始了。"

红衣姑娘哪里摔过跤,只得学着他的架势,双手抓住他的肩膀。姑娘和他脸对着脸儿,因为羞怯双手并没抓紧。弘历却叫道:"开始。"突然双膀用力,把姑娘平空扔了起来。红衣女子毫无防备,突然失去重心,忙用千斤坠稳住身形,哪里还来得及,竟被四脚朝天摔倒在地。三个绿衣女子见了,慌忙上去扶她起来。红衣女子又羞又气又急,站起身来,对准弘历当胸就是一拳,弘历忙用双掌接住:"姑娘说话还算数吗?"

刘统勋也叫道:"言而无信非君子,唯小人与女子难养也。"

红衣女子咬紧嘴唇,脖子一伸道:"杀剐存留,悉听尊便。"

弘历却收起笑容,一本正经地道:"杀人,我可不干,那是犯王法的事。你说你是除暴安良吗?你弄错了。你才是'暴',我们是'良'。我就是要把你交给官府,除掉'暴'。来人,带走。"

李铣等人上前就要抓起红衣女子,三名绿衣女子一见,"嗖"的一声全抽出宝剑,这回是动真格的了。李铣领教过她们的厉害,吓得往后就躲。红衣女子却把眼一瞪道:"你们谁也不许乱来。一人做事一人当,你们都回去吧!"

弘历一见,由衷佩服她一言九鼎如男儿一般,便生怜香惜玉之感。正要说些宽慰的话,红衣女子已走到李铣跟前让他把自己双手捆了。

这时山上传来一声怒吼,震得人两耳轰鸣:"何人敢欺我虎妹?"

众人大吃一惊,还没反应过来,就见两条人影如飞鸟掠过到了山下,定睛一看,却是两个青年男子,长得出奇,一个高个子,生得豹头环眼,两耳如扇,一个矮胖,生得细眼浓眉,鼻如鹰钩。

这两人一到山前,便走到红衣女子身边,见她被捆了双手,齐声吼道:"虎妹,是谁欺负你,哥哥给你出气。"

"大哥、二哥,都怪我自己不好。你们不要管我。"

那两人莫名其妙,三名绿衣女子忙上前说明经过。高个子一下子冲到弘历跟前,气恨恨地骂道:"你敢耍俺虎妹子,看俺咋个整你。"说着,一掌当头劈下,弘历只觉一阵强劲的掌风袭来,知对方功力深厚,不敢硬接,忙双手并拢,轻接一招侧身躲过,饶是如此还是被掌风震得倒退三步。高个子见竟被他躲过更加恼怒,忽然双掌合十,打出一记霹雳掌来,红衣女子惊叫道:"大哥住手。你要让我失信于人吗?"

高个子只得撤回双掌,矮胖子急叫道:"跟这小子讲什么信用?"

"不,小妹一言九鼎,岂可反悔,他要送官,我心甘情愿,你们要陷我于不信不义,我要生气了。"

两个男子只得罢手,干搓着双手,不敢再向弘历逞威。弘历深受感动,忙双拳一抱,笑道:"两位兄台但请放心,令妹如此讲信义,在下岂能没有容人之量,令妹的事,在下不追究就是。松绑!"

李铣立刻上前,将红衣女子捆着的双手解开。弘历笑道:"姑娘,你没有失信,但可以回家了。"

红衣女子脸儿涨得通红,"谢大哥宽恕,小女子得罪了。"

弘历见她娇态动人,心中一动:"敢问姑娘芳名?"

红衣女子听他问起自己的名字,心里欢喜便娇羞地答道:"小女复姓东方,名晓。"又把高个子、矮胖子叫过介绍道,"这是我大哥东方龙、二哥东方豹。"

东方龙答道:"你不是叫虎妞吗? 东方晓这名儿大哥记不得了。"

东方晓娇嗔地摇着哥哥的肩膀道:"大哥,东方晓可是爹给取的名字,虎妞是乳名,哪能在客人面前阿猫阿狗地浑叫。"

一直站在旁边不言语的刘统勋闻听,突然走到东方兄妹三人跟前,上下打量着三人,问:"请问令尊大人可是东方浩宇大侠?"

东方兄妹闻言一怔,齐齐问道:"你怎么知道我爹的名字?"

刘统勋面露喜色,自语道:"果真是世侄世侄女。"

"放屁!"东方豹高声骂道,"你才比我们长几岁,想讨便宜不是。"刘统勋忙道:"在下刘统勋,令尊大人的忘年之交。"

东方晓瞪着眼睛惊叫道:"你就是刘世叔,我爹天天念叨你呢。"

东方龙、东方豹也慌忙倒身便拜道:"刘世叔,得罪了,俺弟兄天天盼着您呢。"

刘统勋笑道:"咋个盼法?"

东方龙道:"俺兄妹从小就跟着叔叔虚无道长在这山上的碧霞宫习学武功。三天前爹来到山上,跟师父说您想请他们下山辅佐一位王爷,师父说什么也不乐意,爹只得作罢。我们弟兄偷听了他们的谈话,便央求爹让我们下山,辅佐那位王爷,师父当着爹的面只好答应了我们。今天早晨,我们兄弟正要动身,虎妞妹子却要跟着同去。我们说她是女孩子,不行。她嚷着说她也要杀富济贫,除暴安良,行侠仗义。还说马上就去做一件给我们瞧瞧,就带着三个丫头下山了,不想遇着刘世叔您了。"

刘统勋惊喜道:"东方兄和虚无大师就在山上吗?"

东方兄妹一齐点头。

刘统勋来不及将东方兄妹介绍给弘历,只是走到弘历跟前喜道:"爷,我带您上山去见两位真人。"

弘历已听到他们的说话,便吩咐众人上山,这时高个子绿衣姑娘突然喊道:"看,师傅和师伯来了。"

众人抬头一看,半山坡的石阶路上果然走来一道一俗两个人。到了山下,看清楚了,两人都是五十多岁,高个头,脸庞长得极为相像,一看便知是亲兄弟。

刘统勋老远就认出这两人正是东方浩宇、东方浩翰。忙快步赶上前去,双手拥住东方浩宇喜道:"东方大哥,想不到会在这儿见到您。"

东方浩宇也感意外,惊喜地道:"小老弟,咱们算是有缘人,大哥昨天还想着你,今儿个就见到了。"

刘统勋忙又和东方浩翰见礼。"虚无大师,在下久仰。"

东方浩翰忙还礼,客气地道:"刘施主,贫道也久仰。"

刘统勋一手一个,拉着两人向弘历跟前走来,道:"小弟要向两位介绍一位贵人。"

弘历赶紧走近几步,拱手行礼道:"两位前辈,弘历有礼了。"

东方浩宇、虚无大师一听弘历的名字登时怔住了。刘统勋忙介绍道:"东方大哥、虚无大师,这位就是当今皇上的四阿哥宝亲王弘历。"

东方浩宇醒过神来,忙双手抱拳,一躬到地,道:"原来是宝亲王爷驾到,草民失敬。"

虚无大师也一揖到地道:"宝亲王爷,贫道有礼了。"

弘历微微一笑道:"两位都是长者,不必多礼。"东方浩宇见弘历温文尔雅、彬彬有礼,且自称晚辈,完全没有旗人的那种骄纵矜持之气,心中颇为感动,便向弘历又施一礼道:"草民和王爷虽是初次相逢,但从刘兄弟口中却与王爷相知甚久。"

东方晓见他们只顾说话,便对她爹不高兴地说道:"爹,这里岂是说话的地方,还不请客人到山上一叙。"

东方浩宇拍着脑袋道:"王爷,请随草民山上叙话。"

虚无大师也道:"贵人,请!"

东方三兄妹和三个绿衣姑娘赶紧帮着整理车马行李上山。弘历弃轿步行,边走边和东方老兄说着话。不知不觉便到了山上,一座古朴雅致的道观矗立在一块平地上,走到近前,看见那门额上书写着"碧霞宫"三个楷书大字。走进观内,却也宽敞、清静,虚无大师请弘历等人人大厅就座,道童儿献茶。东方晓则忙着吩咐人备办晚宴,东方龙、东方豹安置李铣等侍卫杂仆。

主客四人谈得投机,天文、地理、人情、世故无所不谈。弘历博学多闻,人又谦恭,一席话说完,东方浩宇、虚无大师便将他视为知己。东方浩宇感慨地说道:"不瞒小王爷说,草民和虚无大师早年也曾参加过反清复明的活动,和甘凤池、张云如、杨起隆等都有交往。后来见大清江山稳固,百姓安享太平,就是朱明江山也不及之,也就淡了反清的念头,做了大清的顺民。"

虚无大师也道:"贫道也有同感,这天下只要太平,百姓安居乐业,不管是满人做皇帝还是汉人做皇帝都是其次。生灵免遭涂炭,人人乐享天年本是我道教中人刻意所求。"又转向刘统勋道:"刘施主,对不起,贫道不能如你所请出山辅佐这位小王爷。江湖上的朋友大多还心存反清复明之志,贫道虽不反清,但也不能和江湖朋友作对。关于阿龙、阿豹他们,贫道不愿约束他们,由他们自去奔个前程也好。"

东方浩宇也表态道:"小老弟,虚无大师的话也是大哥我的意思,阿龙、阿豹能为国出力,也是我的心愿。但无论如何不许他们助纣为虐,为祸天下。"说完,极有深意地看了弘历一眼。

刘统勋忙道:"大哥放心,宝亲王奉旨南巡,察吏访民,为国为公。阿龙、阿豹只会跟着做利国利民的事,哪里去做坏事?"

弘历坦诚地一笑道:"两位是不相信在下,在下不想表白,只待世人自有评判,两位方知在下为人。"

东方浩宇、虚无大师尴尬地一笑道:"小王爷,请多包涵。"

说话间已是掌灯时分,东方晓已将酒菜置办齐备,东方浩宇殷勤地请弘历、刘统勋入席,东方三兄妹作陪,虚无大师另去别屋用斋饭。东方晓频频为弘历布菜。对她爹也是殷勤备至,东方龙、东方豹却是挤眉弄眼,不时低头嬉笑。东方浩宇知他三个又要弄鬼,只是当着弘历的面不便发作,倒是弘历有所察觉,便轻笑一声开口道:"东方姑娘太客气了,我哪里吃得下去。"

东方晓红了脸,支支吾吾地道:"不,不客气,我……"

弘历道:"东方姑娘有什么事尽管说,我只要能办到一定去办。"

东方晓就等着这句话呢,也不顾她爹在身边瞪眼,鼓足勇气说道:"这事对小王爷来说只是举手之劳,就看你答应不答应。"

"既是举手之劳的事,我就先应下来,你说吧!"

东方晓喜道:"真的,我说,我也想像大哥、二哥一样跟随小王爷左右,供您差遣。"

弘历想不到她竟提出这种要求,自己虽是喜欢她,但把她留在身边算怎么回事,是婢女还是侍妾,正感为难,却听东方浩宇斥道:"虎妞,怎好跟小王爷提出这种要求,没有规矩!"

东方晓却是一付豁出去的架势,争辩道:"爹,我不是虎妞,我长大了,我叫东方晓。大哥、二哥都能去,我为什么不行?"

"你是女孩子,怎好跟他们比?"

"女孩子也行,花木兰代父从军,一样建功立业。"

东方浩宇气得发抖,吼道:"你太放肆了,还不下去。"

东方晓不理她爹,向弘历道:"小王爷,君无戏言。"

弘历一看,只有自己才能平息这父女俩的争执,便开口道:"东方姑娘既是执意跟随小王,且小王也答应了,就由她去吧!"

东方晓如获大赦,竟跳起来叫道:"宝亲王万岁!"

一句话唬得众人都变了脸色。刘统勋忙阻止道:"世侄女,这可要杀头的,宝亲王只能叫千岁。"

东方浩宇不安地看着弘历。弘历宽容地一笑:向东方晓道:"喊过就算了,不过以后不能这样喊,大礼是不能错的。"

东方晓不好意思地一笑。"知道了。"

东方浩宇叹口气道:"不是我舍不得女儿,我是怕王爷为难,这样疯疯傻傻的丫头跟在您身边,算什么事儿。"

"算婢女好了。"东方晓倒是干脆,"我愿伺奉爷一辈子。"

晚饭过后,弘历等人便宿在碧霞宫内,第二天用过早饭,辞了东方浩宇弟兄二人,往开封而来,东方龙、东方豹骑着马跟随,东方晓依着弘历的话,和保定的四个丫头乘坐在后面的马车上,但没走二十里地她便耐不住了,硬是要刘统勋把马让给她,弘历只好让刘统勋上了自己的车。

东方晓紧挨着弘历的车旁,无话找话地说着。

"我说爷,您这一路上挺闷的,想听啥我说给您听。"

弘历笑道:"到了河南,当然要听这里的地方戏,来段吧!"

"好嘞!"东方晓说唱便唱,便来了一段《铡美案》中包公大审:"驸王爷近前看端详,秦香莲告你已婚男儿招东床,将这血泪斑斑的状子压到爷的大堂上……"

她一个甜脆的女儿嗓音却学着男子粗放的唱腔,听起来不伦不类,引得弘历和众人哈哈大笑。弘历冲车外一摇手笑道:"你还是说些轶闻野趣听听吧!"

这倒正对东方晓口味,便道:"那就给爷说段'田制台赤膊修河防'的故事吧!"

"田制台?田文镜!"弘历来了兴趣,"快说来听听!"

东方晓见他感兴趣,来了精神,便有板有眼地讲开了。

"话说田制台一到河南就发现黄河水患是老百姓穷苦的主要原因,就准备修一条河防大堤。可是修河堤一要人力,二要钱财。人力可以靠冬闲时老百姓出工,钱财呢,老百姓穷得饭都吃不上,哪里出得起?唯有要富人家出钱。田制台便有了办法。他在全省推行朝廷新政,其中有'官绅一体纳粮当差'。就是说那些当官的,有钱的人家也要像老百姓一样出工,不出工就要加倍出工钱。那帮乡绅官吏一向高高在上惯了,哪里受过这样的委屈,就不阴不阳地干耗着。田制台为说服他们,就从自己做起。他公务忙,家里又无人出工,就出了钱,但七拼八凑还是差几个工的钱。田制台就趁公务之余和民工们一起到河堤上工,民工们见他上工还穿着官服都很奇怪。干活的时候,田制台浑身是汗,那身官服实在不方便,他干脆脱了。大伙儿一看,制台大人竟打着赤膊,这才知道他除了那身官服,竟连件像样的衣服也没有。那帮乡绅官员见制台大人这样清廉,都只好出了河工钱。"

弘历听了深受感动。大清要是多有几个田文镜这样的官员,何愁江山不固、吏治不清。为什么京城屡有人弹劾他,却无一人奏其忠直。官场积弊之深,由此可见一般。皇阿玛说田文镜是孤臣,不避嫌怨,毫不瞻顾,必成众矢之的。这样的孤臣,应当多加保护。

说完田文镜,东方晓又说起地方上的风土人情,俱是娓娓道来,谐趣横生。弘历听得津津有味,不知不觉已进入开封地界。

第二十章　半途遇民上京告状
　　　　入开封调查生敬意

行走之间,马车突然停住,前面传来嘈杂之声。刘统勋忙道:"爷稍候,奴才去看看。"

刘统勋刚下车,李铁就赶过来了,向弘历禀道:"前面有一伙人,蛮不讲理,非要我们让道。东方两兄弟跟他们吵起来了。"

东方晓叫道:"哪里来的山猫野耗子,姑奶奶去收拾他们。"

弘历忙止住她道:"算了,本王不和他们争一日之短长,就让他们先过吧!"

李铁答应一声正要往前去,刘统勋却回来了道:"爷,前面是一帮官家子弟,声言要进京告田文镜的御状。"

"有这种事,带我去看看。"弘历下了车,跟着刘统勋往前走。东方晓赶紧下了马,跟了上去。前面果然有十几个骑着马的人,衣着华丽,一看便知都是富家子弟。其中一个公子哥模样的人穿着一身孝服,正和东方龙吵得不可开交。

刘统勋到了跟前,先劝住东方龙,然后和颜悦色道:"这位小哥,刚才你说要去京城告御状,告田制台,是吗?"

那年轻公子瞪眼道:"当然是真的,你们别误了爷的大事。"

"请问你告田制台什么罪?"

"他的罪名多啦。这河南做官的哪个不知道,田抑光如虎狼,谁家遇着谁遭殃,我爹就是他逼死的。看你也像是官场混过的,外省的吧,没领教过田抑光的厉害。"

"请问小哥可有告田文镜的状子?"

"状子当然有,抄了十几份呢。"

"可否拿来看看?"

那公子哥儿一脸的讥笑,撇撇嘴道:"你看了有屁用,田文镜是一品朝廷大员,你多大的官,也能扳倒他。"

"他若有罪,当然能扳倒。"弘历一脸的严正之色说道。

那公子哥这才注意到旁边还站着衣着豪华、气质尊贵的英俊少年。自己和人家相比,简直是乌鸦比凤凰,登时气焰矮了半截,忙赔了笑脸道:"这位兄弟好气派,不知令尊何处高就?"

弘历不耐烦地道:"少啰嗦,既是告状,就把状子呈上。"

刘统勋大声道:"这位是宝亲王,你还犹豫什么?"

那公子闻听,大吃一惊,却还是疑惑不语。

弘历喝道:"亮印信,换官服。"

刘统勋赶紧去后面车里取出宝亲王朱砂印信,在那公子眼前亮出。李铣等人已取出官服,当着众人的面给弘历换上王爷服饰,刘统勋也换上四品顶戴官服,其余侍卫杂仆除了东方三兄妹也换上各自的服装。登时一片金碧辉煌。惊得那十几个官宦子弟全都下马跪地,叩头如啄米。

"奴才叩见宝亲王,王爷千岁千千岁!"

"……"

弘历将每个人打量一番,郑重道:"你们不是要告田文镜吗?本王是不是能扳倒他?"

"求王爷为我们做主。"

"王爷为我们伸冤啊!"

十几个官家子弟全都将状子呈了上去,刘统勋一一收起。弘历接着说道:"本王奉旨南巡,河南是重点监察之地,田文镜如有不法之事,本王一定秉公而断,不徇私情。你们先回去,到了开封,本王自会查清事实,给你们一个公正的答案。"

十几个官家子弟慌得磕头谢恩,一哄而散。

弘历上了车轿,众人纷纷上马,继续往前行走。这里离开封不足四十里地,过了黄河,开封城已遥遥在望。不到辰时,弘历一行已到了开封城北门外。

守城的两个清兵见这队人马虽然穿着官服却没打着执事,以为四品顶戴的刘统勋是主子。便迎上前去单膝跪地问道:"请问大人是公差还是私事,可有公文?"

刘统勋听他问得奇怪,便道:"公差怎样?私事又如何?"

"若是公差,小的理应为大人通禀,总督或抚台衙门也好有个接待,大人差事办得利索。若是私事,总督和抚台衙门概不接待,小的也没必要为大人跑前跑后。"

刘统勋闻言一笑道:"这倒是新鲜,看来我们只能为公事而来,若是私事,恐怕连总督大人的面也见不上。"

"大人说得对极了。我们制台大人一到任就立下规矩。"

弘历在轿中听得清清楚楚,便探出头来,笑道:"本王当然是为公事而来,若是为私事而来,岂不吃了田制台的闭门羹。"

两个清兵一见弘历头上戴着王冠,吓得慌忙跪倒:"奴才不知是王爷驾到,罪该万死!"

弘历毫不在意:"你们有什么罪?快起来吧!"

两个清兵起身让开道，弘历的人马进了城沿着北门大街往南走来。大街上人来人往，川流不息，两旁的店铺鳞次栉比，生意红火，丝毫不次于京城。弘历从窗口往外观赏着街景。有的行人看着他王爷打扮，便不停地回头观望。一行人马不知不觉拐上彭楼街，又往西走了一里多路便到了总督衙门。刘统勋下了马，东方晓掀开门帘，半搀着弘历下了马车。

弘历舒展一下疲劳的筋骨，仔细打量着大街两旁，总督衙门和开封府衙门隔街相对，一个在路南，一个在路北，只是令人奇怪的是两个衙门的门前除了守门的兵丁都是空无一人，与刚才喧嚣热闹的大街形成鲜明的对比。弘历正在纳闷，只见总督衙门门前的耳房里走出一名戈什哈径直往这边走来。到了弘历跟前，一甩马蹄袖，单膝跪地，问道："奴才张伏根，请问几位大人是……"

刘统勋不待他发问便介绍道："这是当今四阿哥宝亲王。"

张伏根慌忙行了跪叩大礼道："王爷稍候，奴才去禀告钱师爷前来迎接王爷。"

弘历听了一愣，问道："你们制台大人呢？"

"回王爷，田制台带着总督衙门的官员到大堤上去了。"

弘历道："既是如此，你也不必通禀了，就领我们进衙吧！"

"喳！"

弘历等人进了大门。守门兵丁慌忙跪叩行礼，进了院内。偌大的总督衙门竟只有十几个戈什哈、书吏、师爷模样的人来往奔忙，一见弘历等人慌忙跪地叩头行礼。一名师爷模样的中年人叩头问道："奴才钱昌请问王爷要办何差事？"

弘历笑道："本王要办的差事你能做主吗？"

钱昌不亢不卑道："奴才能办则办，不能办可请制台大人定夺。"

"好！本王正有差事要你去办。"弘历说着向刘统勋要过那十几张状子交给钱昌，"这些状子所说的是真是假，你去核查后回答本王。"

"喳！"钱昌答应一声，转身向身旁张伏根命道："安置王爷和仆佣歇息。"说完起身退出。

弘历和刘统勋跟张伏根进了正堂客厅，那门两旁早站立四名使女，见他们走来，忙齐斩斩地跪地施礼。弘历和刘统勋坐下，回头看那院中，侍仆使佣俱被安置到别处去了。刘统勋感叹道："想不到偌大个总督衙门竟被十几名小吏管理得井井有条，可见田制台治吏有方。"

弘历见张伏根在门外侍立便朝他招招手，张伏根立刻走到前去，恭敬地问道："爷有何吩咐？"

"田制台何时回衙？"

"回王爷，这几日是堤防工程的关键时刻，制台大人和各官员都要到工地亲自督查。衙里要是没有要紧的事，制台大人晚上就不回来了。当然，王爷要是有要紧的事，奴才马上通知制台大人回来。"

"堤防工地离这里有多远？"

"五十多里路，在中牟县城北八里段。"

弘历想了想道："让他先忙着吧，本王明天也去工地。"

张伏根看他再无吩咐，便道："奴才去门外侍候，不打扰爷说话儿。要是有什么吩咐，奴才随传随到。"

弘历和刘统勋又说了会儿闲话，张伏根又进来道："钱师爷来了，说是要回王爷的差事。"

弘历一怔，和刘统勋相视一笑道："这位师爷办差够快，却不知办得怎样。叫人进来。"

张伏根刚出去，钱昌就抱着一叠文书进来了，先给弘历行礼。弘历招手道："算了，你怀里抱着文书不方便，不必全礼了。

"谢王爷！"钱昌站了起来。

弘历和气地道："本王交代的差事办完了？先把文书放下再说。"

钱昌便将文书放在他身旁的桌子上，恭敬地说道："这些状子里提到的多是以往的积案，总督衙门和开封府衙门都做过处理。"说着从文书中抽出第一张状子道："这是原封立知县黄聚才的大公子黄全状告田制台仗势欺人，以大压小，逼死他爹黄知县的。黄全状子上所说完全是颠倒是非，倒打一耙。事实的真相是：田制台初到任上，便厉行新政，做的第一件事就是清理积牍，追交亏空。田大人依照原在山西实施的审追之法，将已查出挪欠钱粮的官员集于省城开封，逐一严讯。审明他们在任所和原籍的财产，令其变卖赔补。其中封立知县黄聚才挪欠钱粮最多，且大多挥霍一空，折尽其所有财产也难以补齐亏空。田制台便将黄聚才拘于省城不放，勒逼其家属想方设法。亏空二十万两者，按律难保性命。黄聚才受了惊吓，在拘押之所咬舌自尽。黄家闻讯，全家出动，到总督衙门闹事。田制台便撤了黄聚才的案子，并抚恤其家属。但黄家仍不罢休，田制台便强行将他们遣送回家。"

弘历听得吃惊，怪不得有人说田文镜待属吏苛刻，追欠亏空，几乎每年都有一次，但谁也没有像他那么认真过。十三叔允祥追欠京城各王公大臣的亏空，可谓公正严明，但还不至于逼死人命。那个黄全所说，田抑光，如虎狼，谁家遇着谁遭殃，也是有道理的。

钱昌见宝亲王正襟危坐，一言不发，以为他还不相信自己所说。便又道："奴才所言都有真凭实据。"说着伸手从桌上拿过一份案卷来。"这里有府库所列黄聚才挪欠钱粮的账目，看押黄聚才的戈什哈的证词、抚台衙门仵作的验尸报告，还有开封府、河南省监察史、巡抚衙门、总督衙门有关黄聚才一案结案的文抄。"

刘统勋赞叹道："钱师爷办差真是快捷老练，短短的一个时辰就调来各衙门的文札案卷，真是难得。"

"谢大人夸奖，"钱昌谦恭地道，"不过这不全是小人的功劳，是各机构值班的差役办差利索，小人才能办得利索。"

"好，好得很，"弘历连声道，"偌大的省城衙门众多，冗务繁杂，仅仅靠几个师爷、书吏、戈什哈就办完这么多差事，真是天下少有。"

"王爷说得是，省内每遇大事、要紧的事，田制台就要各衙门的主要官员都到现场办理，衙门里的日常公务、细务就全交给我们这些末官小吏做。"钱昌说完，又抽出一张状子接着说道："这是原河南学政张廷璐的内弟陈无文状告田制台虐待士子，擅自除去其举人功名的。这事说起来还和去年秋闹开封士子罢考有关，当时的学政张廷璐袒护其内弟陈无文科举作弊，取为举人第一，引起应试士子的不满，全场罢考。田制台知道后，不顾张廷璐是皇上宠臣张廷玉的弟弟，如实上奏朝廷，使张廷璐受到处理，陈无文的举人功名也被除去。陈无文不服，串通无赖文人，屡次造谣，中伤制台大人，这次还和黄全纠合在一起，准备进京告御状。"说着也从桌上抽出一份卷宗，接着说道，"这里有罢考士子揭发张廷璐、陈无文串通作弊的证词、皇上处置张廷璐、革去陈无文举人功名的旨意。"

钱昌说完又抽出第三张状子，弘历摆摆手道："你不必一桩桩一件件说给本王听，这些案卷放在这里，本王自己看就行了。你下去吧！"

刘统勋拿过单上的文书，翻了翻道："爷，这些就让奴才办吧！"

弘历点头道："好，但要据实给这些告刁状者一个公正的裁决，不妨也学学田制台，苛刻些，不要留情面。都给他们盖上本王的印信，看他们还去京城告御状吗？"

"奴才明白。"刘统勋答应着，低头去看那些卷宗，弘历却用手推开道："这些差事留在夜里做吧！人家衙门上下忙得脚不着地，咱们在这儿坐着也不是样儿，干脆也到堤上去。"

刘统勋道："这里到大堤五十多里地，天黑之前赶不回来。"

"咱们骑马去，只带着张伏根和东方三兄妹就行了。"

"总得吃了饭再走。"

"在街上随便吃些就行了。"

刘统勋不明白这位一向稳重的小王爷怎么突然变得这么性急，只好放下手上的卷宗，走到外面，吩咐张伏根通知东方三兄妹，准备马匹。

一会儿工夫，东方三兄妹准备妥当，弘历和刘统勋换了便装走出总督衙门，然后翻身上马，一行六人打马便往北门外奔去。

弘历正赶得急，张伏根突然用马鞭往前一指，说道："王爷，这是铁塔，再过去那条高高的土龙就是黄河了。"

弘历这才注意到已经来到开封郊外，那条长长的土龙就是黄河河床，简直比河边的麦田地高出一人高，怪不得黄河被称作悬河，张伏根介绍道："这里是修好的大堤，田制台修堤的地方离这儿还远着呢。"

弘历却跳下马来，沿着台阶登上土堤，又由堤顶走到堤内，看到由堤顶到河床全部由条石、板石包面严严实实地砌了，全部用白灰带缝，他用力抠那小块的石头，竟一点也不松动。站在堤顶放眼望，整个大堤像一条逶迤伸去的长龙，守护在高高的河床边。

刘统勋也下了马，仔细地察看大堤，他走到弘历身边，叹道："名不虚传，这才叫真正的大堤，任它黄水肆虐也休想侵吞农田半步。"

弘历指着大堤道："你们看看，光这条大堤就是田文镜的无量功德。仅此一条他就不愧'模范总督'的称号。有的人做官论道口似悬河，可就是一点实事不做。"

"四爷说得是，奴才见过的河工多了，但大多偷工减料，敷衍一时，像这样花工花钱花大力气筑造可御百年水患的还是第一次。"

弘历走下大堤，看见堤下的麦田里有位老人正在除草，便走到跟前，轻声问道："老人家，这大堤修得好不好？"

老人只顾除草，不提防有人突然问他，吓了一跳，抬头一看，见是几个官府中人，便答道："好，当然好，没这条大堤，我田也不用种了。因为每年麦子还来不及熟，河水就给冲走了。只是……"老人犹豫了一下，见弘历和颜悦色，才道，"只是修这堤恐怕要把我儿子的命搭进去。"

弘历闻言一怔，仍和气地问道："老人家，您儿子叫什么？怎么没到田里来，反倒您来除草。"

"他叫阿根，被田制台抓到中牟修大堤去了。"

弘历听着不是滋味，道："老人家，这修堤是利国利民的事，您儿子为什么不愿意去，反要制台派人来抓？"

"利国利民，这道理老汉懂。"老人嘟囔道，"可是这位制台大人派下工来要把人累死，为了赶进度，他就叫民工没日没夜地干，我儿子阿根累极了偷跑回来，又给抓回去了，我真担心阿根会活活累死。"

弘历还想问下去，老人突然看见戈什哈打扮的张伏根向这边走来，吓得赶紧站起身来走开了。

张伏根道："王爷，咱们快些走吧，工地远着呢！"

弘历不悦地看了他一眼，走到自己的马前认镫上马。刘统勋等人忙跟随上去，六匹马沿着大堤下的田间小道向西走，约莫走了半个时辰，到了中牟县境内，远远地就看见河堤上黑压压的人群，走得近了，便可听见石头的敲击声，干活的号子声，夹杂着督工的呵斥声，交织在一起，寂静的河滩上一下子变得异常喧嚣。

弘历策马紧走几步赶到工地上,张伏根慌忙追上去,殷勤地说道:"王爷,奴才去禀制台大人,让他来迎您的王驾。"

"不必了,"弘历摆摆手道,"既然来了,还怕见不着他?本王先随便看看。"

工地上民工正干得急,有的两人一组往堤上抬石头,有的挥着大锤砸石块,有的在堤上砌护坡。干活的民工中不时有三两个衙役戈什哈挥舞着皮鞭督促着,遇着偷懒不用力者便毫不客气地甩过一鞭子。

"爷,这是开封知府李立信大人的工段。"张伏根边走边介绍,用手一指前面河堤的拐弯处。弘历顺他手指方向一看,果然有一个穿着四品顶戴的官员正在拐弯处对着身旁的差役指手划脚地说着什么。

刘统勋紧走几步赶上弘历道:"四爷,您看这架势,田制台是把修河堤作为压倒一切的差事来办。省城的主要官员恐怕都到这里来了。"

弘历道:"早就听说田文镜做事雷厉风行,不瞻前顾后,今天算是见着真人了。"

两人正说着,忽听前面堤上传来一阵斥骂声:"妈的,快起来,装什么熊样!"

弘历见前面围着一伙人。挤进人群一看,地上躺着个身材瘦弱的年轻人,一个差役手握皮鞭,凶神恶煞般地吼叫道:"范阿根,老实告诉你,就是累死你也要把今天的活干完,起来!"

瘦弱青年有气无力地道:"官爷,求求你,小人实在没有力气。"

围观的民工议论纷纷:"阿根一个人干两个人的活,哪里受得了。"

"真是太不像话,这不是把人往死里使吗?""阿根真是命苦,身子有病还要做这么重的话。"

那差役听到,气得挥着手中的鞭子叫道:"你们造反不成?范阿根他爹干不动,当然要他干两个人的活。这是上头规定的,不干我的事。你们有能耐去找制台大人说去。在我这儿,只有老老实实地干活。"

弘历一听,莫非这瘦弱青年就是那除草老汉的儿子阿根。便向跟在身后的张伏根吩咐道:"快,把他扶到旁边歇息,再找个郎中来。"

"喳!"张伏根答应一声,抱起范阿根就走。

那个差役一看,心里大怒。但见弘历一身富贵打扮,又见张伏根戈什哈打扮,知道是官宦人家,方客气地道:"这位爷,您干什么?小人怎么跟上边交待?"

弘历气愤地道:"你没看见范阿根病了。你想逼出人命吗?"

"这位爷您是不知道,小的也没有办法,是上头逼得紧啊。"

正说着,忽听左面有人问道:"出什么事了?"

弘时眼睛一瞪,怒斥道:"怎么,你也要辱骂本钦差?"曾静脸上直冒冷汗,边磕头边哆哆嗦嗦地说道:"饶命啊,大人。犯民一时糊涂,不小心,铸成大错,如今追悔莫及。求钦差大人给犯民留条生路。来世做牛做马也要报答您!"

弘历转身一看,是开封知府李立信走过来,那差役像是找到救星似的径直跑到李立信跟前施礼道:"李大人,有位爷带范阿根看病去了。小人阻拦不住。"

李立信已经看见弘历,见他气宇轩昂,非同一般,那身后的三男一女也是气质不俗,便和颜悦色道:"这位小兄弟真是菩萨心肠。但小兄弟未经田制台同意就把范阿根带走,恐有不妥。"

弘历微微一笑道:"李府台请放心,田抑光那里我自会料理,绝不让你为难。"

李立信一听他直呼田文镜的字,便知来头不小,慌忙拱手问道:"请问阁下是……"

刘统勋答道:"这位是四爷,宝亲王。"

李立信一听,吓了一跳,慌得也顾不得遍地灰尘,就要跪拜。弘历忙拉住他的胳膊道:"此地不是行大礼之处,免了。"

这时,几个干活的民工正从跟前经过,听说眼前的英俊少年就是宝亲王,便呼啦一下跪倒在地。顿时一传十、十传百,整个工地全知道了,民工们纷纷放下手中的工具,跑过来给宝亲王磕头。其中有几个胆大的便叫道:"王爷千岁,这样没日没夜地干会把我们累死的。"

"王爷,求您跟制台大人说说,给我们一点时间歇息。"

弘历料不到会出现这样的局面,这样下去会耽搁整个工程,田文镜知道了会怎么想,便只好登上一处高地,向跪满大堤的民工大声说道:"田制台带着大家修这条大堤是利国利民惠及后世的一件好事,本王问大家一句:愿意为修堤出一份力吗?"

弘历话音刚落,民工们齐声答道:"愿意出力。"

"好!"弘历双手握拳,向空中用力一挥,接着说道,"既是大家都愿意出一份力,本王就答应你们刚才的要求,请田制台给大家一些歇息时间。此外,本王还要请田制台给大家改善一下伙食,这样干起活来才更有力气。大家请各归本位,继续干活吧!"

"谢王爷千岁恩典。"

"王爷千岁! 千千岁!"

民工们高兴地欢呼着,向弘历磕个头,四散干活去了。

弘历从高地上走下来,刘统勋轻声道:"四爷,田文镜来了。"

弘历顺着他的目光往前一看,果然,田文镜不知何时带着一帮省城官员正向自己走来。便高声叫道:"田抑光!"

田文镜紧走几步,到了跟前,纳头便拜。"奴才给王爷请安。"

弘历忙伸双手相挽,但见田文镜脸色青黄,发辫被风吹得有些蓬乱,额头和嘴角的皱纹像刀刻一样清晰。摸着他的双手,竟满是老茧,手背像树皮一样粗糙。弘历突然想到东方晓说的"田制台赤膊修河防"的故事。不由鼻子发酸,忙道:"抑光不必行此大礼。"

那帮省城的官员也跟在田文镜后面和弘历见了礼,田文镜道:"四爷何时到的开封?怎么到河堤上来了?"

弘历笑道:"我们辰时就到了你的总督衙门。可衙门里只有几个办差的小吏,本王呆着没意思,就到大堤上找你来了。"

"奴才真是该死,怎敢劳驾四爷来这里。"

弘历却正色道:"来这里好得很,本王不到这里来,怎么能亲眼看到你修的大堤。就凭你这条大堤,以后不管谁在皇上面前参奏你,本王都要为你说话。"

"奴才谢四爷恩宠。"

田文镜回头见那群官员还站在那里,顿时恼怒,斥道:"你们还愣着干什么,快到各自的工段去,谁不能如期完工,谁就回家抱娃娃去。"

弘历见他声色俱厉,那群官员畏畏缩缩地散去,想到黄全所说"田抑光,如虎狼",便忍俊不禁,竟笑出声来,田文镜不解地问道:"四爷,您笑什么?"

弘历正正脸色道:"抑光,好多人说你苛酷为政,你知道吗?"

"奴才当然知道。"田文镜泰然说道,"但现在官员散漫,百姓慵懒,奴才不苛酷,能办成什么事。就以修这大堤为例,刚才王爷跟民工说给他们一些歇息时间,改善一下伙食。其实奴才何尝不知百姓之苦。但河南亟待治理,实在没有更多的时间花在河务上。四爷可知道修这条长堤花去多少银子,河南府库所剩钱粮无几,改善民工伙食,钱从哪里来?黄河水患世人皆知,修堤防水,泽及百世。河南人就是要勒紧腰带修大堤,握紧拳头闯难关。奴才就是不相信多出点力气就能累死人。"

弘历想不到一句话竟引出他一番啰嗦。

田文镜见弘历低头不语,接着说道:"奴才在康熙朝为官二十载,到圣祖爷驾崩也不过是六品的刑部郎中。雍正爷即位,奴才奉命去华山祭告,路过山西,参奏天下第一抚臣德音匿灾不报。得圣心恩眷,三年之内由山西布政使晋升河南巡抚,至特设总督衙门委为总督。奴才受圣恩如此,敢不拼死以报。"

田文镜边说边走,看到地上有一块光滑的大条石,先用袍袖擦去上面的灰尘,向弘历伸手道:"四爷,您坐会儿。"

弘历听他说得真诚,心里有些感动,刚才的一丝不快也烟消云散了。轻轻叹息一声道:"抑光,一样是做官,李绂、李卫他们就比你轻松得多,江浙、湖广那边权事统一,讲究的是政绩,虽然也有人事干扰,官场之气还算正,你这边怎么就不行。本王看你是性情中人,也给你说掏心窝子的话。你锐意革新政治,图报圣恩,天日可鉴,但又处事僵板,缺少人情味,一味地霸王硬上弓,弄得自己四面楚歌。"

田文镜被他说得激动起来,脸上的皱纹乱动,干涩着嗓子道:"四爷真是说到点子上了,奴才又何尝不知自身的处境。但政事要紧,奴才顾不得许多。四爷刚来,也许还不知道,这河南一省,人人讲的都是'门路',个个后面都有'后台'。中州之地,物华文明最早,怎么就出了这种陋习,奴才如果不来硬的,他们就官官相护,阳奉阴违,什么事也做不成。噢,四爷刚才说起李绂,奴才和他早前还是患难之交,只是后来政见不同,就疏远了。李绂赴直隶任上,路经开封,和奴才晤面,他不赞同皇上的新政,还和奴才吵了起来。奴才案上还有他向皇上参奏的折子呢,像这样的折子总督衙门里多着呢。"

弘历静静地听他说着,眼睛不时向远处扫视,忽然看见张伏根带着范阿根迎面走来。待他走得近了,便问道:"你怎么又把他带回来了?他的病好了吗?"

张伏根道:"他根本就不愿意治病,可能是没钱。只歇息一会儿,吃点东西就要回工地,说是怕再被抓回来,要受到重罚。"说完,用手一拉躲在身后的范阿根道:"还不谢过宝亲王。"

范阿根躲在张伏根身后,一双眼睛怯怯地偷觑着站在弘历身旁的田文镜。谁都能看出来,他怕的是田文镜,不是弘历。

张伏根一拨拉,范阿根才颤着身子走到弘历跟前,跪下磕头。

"小民范阿根给宝亲王,制……制台大人请安。"

弘历看他瘦弱的身材,顿生怜悯之心,对田文镜便有了一分厌恶,但嘴上不便说什么,于是说道:"范阿根,你身体有病,家中老父又年老体弱,这大堤上就不用来了。"

"这……"范阿根简直不敢相信是真的,又怯怯地瞟了田文镜一眼。弘历微笑道:"你只管回去,别的事由本王为你做。"

"谢王爷宽典。"范阿根脆生生地说道,又给弘历磕了一个头,站起来,临走时竟大胆地朝田文镜翻了个白眼。

田文镜看得清清楚楚,肚子里气鼓鼓的,却没法说,只得干站着。

第二十一章 皇二子押犯上京城
邬思道化解劫狱案

弘时和弘历是同一天离开京城的,但两人差事不同,行进的快慢也不一样。弘时是赶着去湖南提押人犯,一路上马不停蹄,穿州过县走得飞快。弘历是巡视天下,一路走走停停,听听看看,行走缓慢。

与北方相比,二月的江南早已是春暖花开、莺飞草长的景象。烟波浩渺的洞庭湖边绿柳低垂,鸟语花香,引得驿道上的行人驻足不前,流连忘返。弘时也被这青山绿水,花香鸟鸣给吸引了,不知不觉让马儿放慢了脚步,欣赏起风景来。

冯荒赶上来道:"三爷这一路催得急,这会儿怎么悠闲起来了?"

弘时眼珠一翻,佯怒骂道:"你这个狗才,知道个球,爷是想这里风景不错,做一首诗来。"

"做诗?"冯荒撇撇嘴,心想,就你这样的草包爷,也能作诗,但他嘴上却恭维道,"三爷是风雅之士,一定能作出好诗,流传百世。"

"那是自然。"弘时清清嗓子,做出吟诗的样子。奇怪,刚才看着这山景时,脑袋里好像有种感慨要蹦出来。这会儿怎么又没影了呢?

冯荒看他长脸憋得通红也没能憋出一句诗来,暗自好笑,口里却道:"三爷的诗一出口都是旷世之作,岂能说吟就吟。"

弘时知他嘲讽自己,气得举起马鞭就抽,骂道:"都是你这个狗才扰了爷的雅兴。"

冯荒假作惊慌,拨转马头往回跑,正和邬思道顶个对面,忙笑道:"邬师爷,快来帮我,三爷发了雷霆之怒。"

邬思道骑着一匹白马,见状紧赶几步,和弘时并驾齐驱,开口道:"三爷,不要混闹了,前面就到长沙了,让人家看着不成话。"

弘时收起鞭子,点头道:"我听师爷的就是。"自从他和邬思道邂逅春香楼,便将邬思道留在身边,充当师爷,奉若神明。邬思道也真有能耐,弘时按他说的去做,果然管用,皇阿玛对自己已是另眼相看,居然还命为钦差,虽然不及四爷弘历巡视江南那样显赫。但这只是第一步,首战告捷,一切都充满希望,因此他对邬思道可谓言听计从。

弘时经邬师爷一提醒,马上坐直身子,板起长脸,一副郑重其事的样子。听听后面的马蹄声落得远了。便头也不回,威严地叫道:"冯荒,叫张千、张万他们四个快点跟上。"

"喳！"

冯荒答应着。他知道弘时的脾气，他认真时，自己也得认真。他不认真，自己就不能当真。忙一本正经向后面叫道："后头的四位，三爷叫你们快点儿。"

后面的四个人是弘时经雍正允许，从大内侍卫挑选出来的高手。其中两个高个的、面目相像的壮汉是亲弟兄，哥哥叫张千，弟弟叫张万。其余两个，红脸膛中等个头的叫刚泰，紫脸矮胖的叫石柱天。四人听到冯荒的喊声，便一齐打马赶了上来。

七匹马一溜烟地跑开，只半个时辰，长沙城已遥遥在望。弘时是第一次出这么远办差，而且还是钦差身份，心里自是得意。眼见长沙城越来越近，弘时突然停住，道："邬师爷，马上就要进长沙城了，你看是不是要换上官服。"

邬思道恍然大悟，一路上为了安全方便，几个人全是便服打扮，自己毕竟不是官场中滚出来的，眼见到了长沙城门口，怎么就没想起换上官服呢。于是忙道："三爷说得是，这时候该换官服了。"

冯荒闻命，慌忙跳下马来，从行李包裹中取出弘时的贝勒官服先给已跳下马来的弘时换上，然后取出一身师爷的服饰送到邬思道跟前，最后才换上自己的长随打扮。张千、张万、刚泰、石柱天自己马上带着官服，便都取出换上。

弘时整整衣襟，回头扫视了众人一遍，嚇！果然和刚才不一样，威武多了。心里得意，便向众人大声说道："大家都精神点，要拿出咱京城里爷的做派来，让那些南方的蛮子瞧着眼热。"眼角扫着张千，突然喝道："张千，抬起头来，瞧着你那熊样儿就给三爷我丢脸。"

张千无端挨了顿斥骂，表面没说什么，心里骂道："神气什么，不就放了个解押犯人的差事吗？一样是皇上的儿子，人家弘历早就封了亲王。还是奉旨钦差，巡视天下。丢人吧你！"

邬思道看出张千心中的怨恨，忙向弘时劝道："大家一道出来办差，理应互相关照，点滴小事，何必认真。"

弘时住口不再说话，几个人重新上马，往长沙北门驰去。

长沙监狱。曾静和张熙被单独关押在一间阴暗、潮湿的监牢里。两人的手脚都被锁上了沉重的铁链。因为是朝廷要犯，监牢门外看守三步一岗、五步一哨，戒备森严。其实就是打开牢门，这两个手无缚鸡之力的读书人也没有能力离开这间牢房。曾静在过堂时腿上受的刑伤已经发炎，只要轻轻一动，就撕心透骨地疼。张熙还是西安受审时的伤，早已痊愈，但他内心的伤痛丝毫不亚于恩师的体肤之痛。

曾静躺卧在监牢拐角一堆半湿不干的稻草上，双眼呆呆地盯住南墙上送牢饭的小窗口。此时,外面的世界对他来说是多么珍贵和遥不可及。自己本想建功立业,光宗耀祖,哪料到竟落到身陷囹圄的地步。想到这儿,不无怨恨地看了躺在对面的张熙一眼。重重地叹息一声。

张熙正百无聊赖地数着手上一节一节的铁链,听到师傅的叹息声,便拖着沉重的铁链爬过来道:"师傅,您累了吧!我帮您翻一下身。"

曾静半闭着眼没说话,只是轻轻地点点头。像这样一躺半天,一动不动,他怎么能不累。张熙于是用力举起戴着铁链的双手托住曾静的腰,说道:"师傅,您用力。"

曾静双臂用力往地上一撑,张熙就势猛地一推,终于把师傅翻过身来。但因用力过猛,震动了曾静的腿伤,疼得"哎哟"一声叫出声来。张熙难过道:"对不起,师傅,都是弟子没用,害得您落到这种地步。"

"别说了,敬卿。"曾静知道责怪他也没用,反倒宽慰他道,"事情已经这样了。只怪咱师徒两个命运不济。"

"都是因为岳钟琪这条清廷走狗。"张熙圆睁双眼,咬牙切齿地骂道,"他骗得我好惨。张熙如有活命之日一定生吃其肉,活寝其皮,洗此奇耻大辱。"

"活命?"曾静喃喃自语道,"我们还能有活命之日吗?活一天算一天吧!"见张熙低头不语,便问道:"敬卿,你说为什么这么多天不过堂?"

张熙还在气愤之中,满不在乎道:"管他过堂不过堂,反正是豁出命去了。"

曾静突然神秘地说道:"今早放风的时候,我听见两个看守在议论说王国栋被皇上免职了。新调来一位姓赵的做湖南巡抚。"

张熙想不到恩师此时还对这类消息感兴趣,便答非所问地道:"谁做了巡抚还不一样是满人的天下。咱们该是什么罪还是什么罪。"

"可是,万一……我是说万一,"曾静强调了两遍,"万一这位赵巡抚宽仁些。……我们毕竟只是写了一封策反信,没有命案在身,也许不至于是死罪吧!"他斟酌着词语。

张熙听得一怔,说道:"师傅,您大概是想师娘和两个师弟吧?"

曾静不得不点点头道:"他们娘儿三个因我受了牵连,也被抓起来了,这会儿不知怎样呢?"

张熙一阵难过,慨然道:"师傅,只要有一线生机,弟子都会帮你。虽死无憾。"

曾静清瘦的脸上掠过一丝多日不见的笑意。

弘时一行七人进了长沙城里,还没到巡抚衙门门口,新任湖南巡抚赵弘恩就得了信,领着新任的布政使、按察使一班子人马到门外迎接。弘时进了衙门里,稍事休息,便捧出雍正圣旨,交给赵弘恩查验。赵弘恩看过圣旨,喜出望外。因为有曾静、张熙两个钦犯在大牢里,他睡觉都不得安宁。前任巡抚、布政使、按察使被罢官就是前车之鉴。现在圣旨要将人犯押解进京,他就可甩掉这个包袱,正求之不得呢。因此,对三贝勒弘时这位钦差大人招待得异常热情,设宴款待可谓丰盛,山珍野味、水陆诸馔应有尽有。临了回驿馆时赵弘恩还送给他两个娇美可爱的湖南妹子。弘时乐得心花怒放。这一路上受了邬师爷的约束既没带着侍妾,也没敢碰别的女人。早已是饥渴难耐。赵弘恩是瞌睡送了个热枕头。弘时遂将两个湖南妹子带到驿馆,直折腾到天亮才睡。

正睡得香甜,忽然门外有人大声叫道:"三爷! 三爷!"

弘时被吵醒,一听是冯荒的声音,气得朝着门外骂道:"你这狗才,大清早嚎你娘的丧。"

冯荒在门外答道:"邬师爷有事和三爷商量。"

一听说邬思道,弘时慌忙翻身坐起,匆匆穿上衣服,走出门去。

邬思道候在门外,见他出来,急急道:"三爷昨天就到了长沙,到现在还没见着人犯的面怎么成? 咱们应该见见人犯。"

弘时点头道:"好吧! 我叫人通知赵弘恩。"

早间放风的时候,曾静就感到今天的气氛不对劲。因为监狱里的看守一夜间增加了一倍,有些看守三两个聚在一起低声议论着什么,当他走过时却都停住不说。

"敬卿,今天肯定有事情发生。"曾静一回到监房里就对张熙说。

"事情?"张熙头也不抬一副视死如归的架势,"能有什么事情,大不了要杀人喽!"

曾静脸上一凛,低低的声音道:"但愿不是杀人。"

张熙看他那种样子,心里便有些厌恶。平时师傅总是以反清复明的斗士自居,谆谆教导弟子大义为先,杀身成仁,舍生取义。但现在临到他舍生取义时,却是软皮囊一个。正胡思乱想,忽听狱卒在甬道喝叫道:"不许说话,待会儿有钦差大人来视察。谁不老实,拉出去砍头。"

张熙不以为然地道:"什么狗屁钦差,值得大呼小叫!"

曾静变了脸色道:"会不会因我们而来?"

张熙懒得理他,装作没听见。

大约一袋烟的功夫,忽听外面甬道里传来"咚咚"的脚步声,从送牢饭的小窗口里可以看到戴着红顶子的清兵一队队跑过。脚步声过后,就听到有人大声喊道:"钦差大人到!"

曾静心里咚咚直跳,正惊慌间,外面又传来一阵杂乱的脚步声,紧跟着传来开动铁锁的声音。

监牢的门被推开,新任巡抚赵弘恩陪着弘时、邬思道、张千等人走进来。赵弘恩接任没几天,还没来得及到监狱巡视,因此还不认识曾静和张熙。便隔着栅栏问道："谁是曾静？"

曾静吓得一哆嗦，脸色煞白，但头脑还清醒，一看对方的顶戴官服便知是新任的巡抚。忙用手撑起半个身子答道："犯民便是。"

赵弘恩看了曾静一眼，又把目光扫向张熙叫道："你就是张熙？"

"不是大爷，还会是谁？"张熙昂然答道。

"放肆！"赵弘恩气得大叫道，"犯逆死囚，敢对本抚无礼！"

"无礼？"张熙冷笑道，"你不过是满人的一条狗，谈什么礼？"

"你……"赵弘恩脸涨得通红，一时却无可奈何，只得恨恨地道，"告诉你，今天来的这位爷就是奉皇上旨意，专门押解你们进京伏法的钦差大臣……三贝勒爷。"

"哈哈哈……"张熙突然放声大笑，挣扎着站了起来，铁链"哗啦啦"地响着，用手一指门口，骂道："你们这帮清狗，能得意到几时。我汉人千千万，总有一天，你们会死无葬身之地。趁你们现在还活着，早些杀死大爷。是砍头还是活剐，大爷皱皱眉头不是好汉。"

弘时想不到他连捎带把自己也给骂了，气不打一处来。叫道："来人，把这个狂妄之徒拉出去，打个半死再说。"

赵弘恩见钦差大人发话，正中心意。两旁的差役往里就闯。

"慢！"邬思道突然喊道。差役们一时愣住了。弘时不解地问道："邬师爷，什么事？"

邬思道凑到他耳边，低声说道："皇上既是派三爷亲自押解人犯进京，必然另有用处。三爷要是把钦犯给打个好歹，怎么向皇上交差？"

"邬师爷说得对，"弘时用手一拍脑门子道，"我怎么把这茬儿给忘了。算了，便宜这小子一顿打。"说完，转身就要走。忽听有人叫道："钦差大人请留步。"

众人回头一看，却见曾静不知何时爬起来跪在地上不停地向门口磕头。不用问，刚才那一嗓子准是他喊的。

弘时眼睛一瞪，怒斥道："怎么，你也要辱骂本钦差？"

曾静脸上冷汗直冒，边磕头边哆哆嗦嗦地说道："犯民哪里敢？只是有些话想向钦差大人讲。"

弘时扫了他一眼，面色严正地说道："你有什么话就说吧！"

曾静用脏兮兮的袍袖擦了一下脸上的冷汗，战战兢兢地说道："犯民知道自己犯了大逆之罪，理应诛戮。但犯民真的是一时糊涂，铸成大错，如今追悔莫及。况且犯民认罪老实，供认不讳。求钦差大人看在犯民年老体弱、老实认罪的份上在皇上跟前给犯民求条生路。"

"老实认罪？"弘时冷笑一声道，"你真的那么老实吗？"

曾静赶紧答道："犯民每次过堂，都如实答对，怎么能不老实？"

"你没有供出后台是谁,你又是受谁指使谋反的?"

"后台?"曾静一脸的茫然。

"对,只有供出后台是谁,皇上方会从宽处置你。"

"真的吗?"曾静像是看到一线希望,"如果我供出后台,就可以从轻发落吗?"

"也许可能吧!"弘时的话模棱两可。

曾静却充满着希望,稍加思索便说道:"犯民愿供出后台,犯民的后台是甘凤池,就是他指使犯民谋逆的。"

"师傅,你怎么可以胡说。"站在一旁的张熙再也按捺不住,拖着"哗啷啷"响的铁锁链挪到曾静跟前,气愤地叫道,"甘凤池是名满天下的侠义之士,怎么会认识你?"

曾静却梗着脖子叫道:"敬卿,我没胡说,我真的认识甘凤池。"

邬思道闻听,脸色微变,怒喝道:"曾静,这后台有就是有,没有就不能胡乱攀扯一个出来哄骗钦差大人。"

曾静却咬死口道:"甘凤池真的是犯民的后台,他还在犯民家里住过几日呢。"

邬思道又是一惊,追问道:"甘凤池何时住在你家,详细说来?"

"犯民遵命。"曾静于是把甘凤池路过永兴的经过仔细地说了一遍。弘时听了不到一半就急了,说道:"好了,你的这些话到了京城再说吧,本钦差今儿是专门押解你们进京的。"

曾静一听,顿时瘫倒在地。

第二天,弘时办理完一切交接手续,便准备押解钦犯回京。赵弘恩亲自带人把曾静、张熙从监牢里提出,押上两辆囚车。还专门从巡防营挑选出两百名精壮的官兵,由一名千总带队护送钦差到京城。

辰时刚过,人马启程。穿过监牢和巡抚衙门之间的巷道,拐入南北走向的建湖大街,直往北门而去。弘时回头一看,这可比来时壮观多了。因为多了两百名官兵和两辆囚车,队伍拖拖拉拉足有一里多长。这在太平年景可不多见,引得街上的行人驻足观看,不知道是怎么回事。

这支人马出了长沙城,上了官道,逶迤北去。因为押解着囚车,还跟着两百名步兵,所以行动迟缓。辰时动身到了午后申时,这支人马还在洞庭湖边缓缓爬行。刚开始的时候弘时还没感觉到什么,骑在马上,悠闲地欣赏着两边的山水美景。但半天过去,就显得急躁不安起来,因为是按原路返回,那些风景大多都看过了。而且再美的风景也有看厌的时候。邬思道见他一会儿打马飞驰,一会儿又停下,便知他有些急躁。忙策马追上,跟他并驾齐驱。弘时叹息道:"照这样走下去,何时方能到京城?"

邬思道苦笑道:"至少要一个月吧!"

"这么长的时间,还不把三爷憋死。"

"三爷,您这样的急性儿,怎能出来办差事。您看人家宝亲王巡视天下,到江南转一圈回来,就得一年多。"

弘时一听到他提起弘历,满心的不痛快,叫道:"休提老四。三爷不跟他比。"

邬思道明白他的心思,一本正经地说道:"三爷哪点比不得宝亲王,可惜的是没有抓住机会。"

"抓什么机会?"弘时莫名其妙地问。

邬思道故作神秘地说道:"机会就在爷的跟前。宝亲王这次出京巡视,至少要一年不在京城。岂不是给三爷极好的机会。只要三爷办好这趟差事。得到皇上的信任。皇上就会把差事交给三爷办。京城的大权就可以一步一步抓到手。"

弘时一听,他说的还真有道理,但自己仍没信心。摇头道:"一年? 太短了,我能抓到多少权力。"

"那就两年。只要三爷愿意,奴才有办法让宝亲王回不了京师。"

弘时被他说得热血沸腾起来,咬着牙说道:"到了那一天,你就是天下第一功臣。"

邬思道明白他说的"那一天"指的是什么,会意地一笑道:"三爷,你一定是赢家。"

天色将近黄昏时,总算到了岳阳。岳阳知府带着一班子地方官绅把弘时等人接到城里,安置住宿。弘时虽然没走太远路,但在马上颠簸了一天,感到十分疲劳,连岳阳知府为他接风洗尘的宴会也没参加,就简单地吃点东西,回驿馆休息了。

次日起程前,弘时跟岳阳知府要了一辆马车,他是被昨天的马上颠簸累怕了。离京城路程远着呢,想快也快不了,干脆换乘马车,人也舒服些。岳阳知府为讨好他,特地把马车装饰得富丽堂皇,里面铺着厚厚的棉花,就是路面再差,人坐在里面也不觉得颠簸。

人马出了岳阳城,走了还不到三十里路,弘时一个人坐在马车里又觉得憋得慌,便一掀小窗口上的绸布帘子,向骑着马跟在身边的邬思道一招手叫道:"邬师爷,你也乘马车吧!"

邬思道忙摇头,对着窗口说道:"三爷的心意奴才领了,但奴才是什么身份,怎好跟主子乘一辆车。"

弘时伸出头来,笑道:"少来了,我什么时候拿你当奴才看? 快上车吧!"说着,便向车夫叫道:"停车!"

邬思道知他出自真心,而且自己也真的累了。便跳下马来,将马交给后面的清兵,自己上了马车。

有人陪着说话，弘时觉得路上的时光好打发多了。两天过去，已行至河南、湖北交界。

行走之间，马车突然慢了下来，两人往窗外一看，只见山峰耸立。马车正在上坡。弘时问道："这里是什么山？"

邬思道看着窗外答道："快出湖北地界了。肯定是鸡公山。翻过这座山，就是河南信阳府地界。"

两人正说着话，忽听一阵马蹄声到身旁止住，车外传来张千的声音："三爷，奴才觉得不对劲儿。"

邬思道伸出头来，不解地问道："出了什么事？"

张千忙道："奴才刚才看见几个行商打扮的人，骑着马越过我们，到前面去了。以奴才的眼力看，那几人都身有功夫，恐怕不是善类。况且这里山势险恶，地形于我不利。又是两省交界处，极易为逆党所乘。所以请三爷倍加小心。"

邬思道这才注意到两旁都是悬崖峭壁，人马走的是两山之间的羊肠小道。如果逆党此时突然发难，后果不堪设想。忙向弘时道："三爷，咱得加点小心着……停车。"

弘时却拉住他，毫不在意地说道："怕什么，爷正想等他们来呢，也要抓几个逆贼带回京城向皇阿玛请功呢！"

邬思道不安地道："万一逆贼势大，岂不坏事。"

"放心吧！邬师爷，天下承平日久，哪里会有成气候的逆贼。"

邬思道一想也是这个道理，连甘凤池、杨起隆这样的反清复明斗士都不在江湖露面了，还会有谁能劫走囚犯。

说话间，前头的清兵千总带着百十名兵丁已拐过山嘴，弘时二人乘坐的马车居中，后面是三名侍卫和一百名清兵押着囚车。张千行走江湖多年，一向谨慎小心。这时见地势险恶，早把心提到嗓子眼，一双眼睛不停地扫视着两边山上的一草一木。两只耳朵也竖了起来，留意着轻微的风吹草动。

前面的山路越来越窄，清兵仅能单队通过，弘时的马车通过都极为困难，所以走得很慢。张千跟在车后，不安地看着两边的山崖。但见山上野草青青，树木枝叶繁茂。山风吹过，树枝随风摆动，沙沙作响，似乎藏有千军万马。

张千正在暗自心惊，张万从后面赶了上来，眼瞅着他哥着急地叫道："哥，不对劲，我们来时没走这条道。"

张千面无表情道："还不是三爷的主意。"

这时张万旁边的一个清兵插话道："两位大人可能不知道。进山之前，我们千总老爷跟几个过路的打听道儿，那几个人说从这条道到信阳要近一半的路程。千总爷就命小的请三爷的示下。三爷说当然走近路，所以就走了这条道。"

张千一听,心头一惊,急忙问道:"是什么样的路人?"

"骑马的行商。"

张千惊道:"又是那几个人。不好,快传命停下,原路退回。"

清兵得令,一个接着一个往前面、后面传出口令。但这支两百多人的队伍在羊肠小道上足有二里路长,口令也不能很快传到首尾,不知情的急着打听,队伍乱糟糟的。

正在这时,左边山崖上的草丛中突然扑棱棱飞起一群山鸟。张千眼尖耳灵,惊得大叫道:"山上有人,快躲开!"

话音未落,忽然几枝响箭飞来,紧跟着从山崖上滚下无数石头,像下雨一般,挟着风声砸向清兵。

清兵毫无防备,遭到突然袭击,一个个吓得抱头乱窜,但路两边全是悬崖峭壁,连个躲闪的地方都没有。一阵石雨下来,清兵死伤了过半。

弘时和邬思道乘坐在马车上,张千和张万的说话声他们听见了,心中也感到不对劲,正要下车,忽听张千大叫"山上有人"。弘时心中发慌。这时,一块磨盘大的石头飞来,正砸在驾车的马身上,马车翻倒在地,弘时和邬思道从车里滚了出来。

张千、张万见石头飞来,无处藏身,只得上蹿下跳,左躲右闪。所幸没多久,石雨就停了。张千叫道:"快,保护三爷!"

弘时和邬思道摔倒在路边,所幸有那辆马车挡着飞来的石头,两人只是擦破点皮。弘时哪见过这种阵仗,吓得趴在地上一动不动。

张千、张万慌忙上前把他和邬思道扶起来,见两人无大碍,才放心。忽然,后面传来阵阵喊杀声和刀剑碰击声。四个人忽然想起后面还有囚车。忙往后看,只见身后五十多步远的地方,堆着无数的山石,足有两人多高,把两山之间的小路完全卡死。石头下面血肉模糊,全是清兵的尸体。石头堆里还不时传来呻吟声。喊杀声就是从石堆后面传来的。

张千、张万知道后面肯定是一场恶战,忙向前面的清兵喊道:"快,翻过石堆,保护囚车。"两人身先士卒,施展上乘轻功,几个腾跃便飞过石堆。前面的清兵惊魂甫定,忙跟着向后面冲去,到了石堆跟前,踩着石块往上爬。有不小心的,石头扒拉滚下来,又砸伤几个,折腾半天,总算有几个翻过石堆后面去。

弘时心里惊慌,见张千、张万弃下他不管,气得骂道:"该死的狗才,保护爷的性命要紧。"

邬思道忙安慰道:"三爷不用怕,盗贼是瞄着囚犯来的,不会杀到这儿来。现在是保护钦犯要紧,要有什么差错,爷的差事办砸了,皇上从此不信三爷的本事了。您在这里别乱动,奴才去那边看看要紧不要紧。"

弘时一听也对，第一次出京办差千万不能出差错。忙把身体往翻倒的马车里挪了挪，道："快，你快带人去那边帮忙，不用管我。"

邬思道站起身，快步跑到石堆跟前，见几十名清兵正往上爬，忙叫道："你们别忙，先扶我过去。"

几个清兵见是师爷，赶紧过来，搭成人梯，好不容易把他送到石堆顶上。邬思道往南面一看，那两辆囚车旁。有五六个蒙面人跟张千、张万、刚泰、石柱天和几十名官兵正杀得激烈。囚车后面的山路上，也堆着几人高的石头。两堆石头把这支队伍切作三段，首尾的清兵干着急也只能断断续续地翻过石堆增援。

邬思道踩着石头，小心翼翼地往下走。到了跟前，他向蒙面人小声亮明自己的身份，拿出随身携带的信物日月旗，告诉其留下犯人，自己另有他用。蒙面人知晓了邬思道的意思，假意寡不敌众，就带着其他几个人撤走了。

张千、张万等人眼见贼人就要得手，却突然弃战而走。都觉得奇怪。但也暗自庆幸。贼人虽然人数不多，但布置周密。山路上的两堆石头就是明证。依这几个贼人的能力，绝不可能在片刻之间扔下这么多的石头。肯定是几天前就在山上布置好的石头阵，等囚车人马来到，突然放下，而且这几个贼人，个个武功高强，任务分得清楚，前后有阻截援兵的，当中有抵敌厮杀的，还有专门救人的。绝不是一般的山匪草寇。如果不是贼人自行撤走，今天这盘棋是输定了，恐怕还得搭上几个侍卫的性命。

张千、张万赶紧翻过前面的石头堆，去看弘时和邬思道，他们恐怕贼人另有图谋。石柱天、刚泰则指挥剩下的清兵救护伤兵，清理战场，保护囚犯，还得派人清理那两堆石头，忙得不亦乐乎。

张千、张万赶到马车跟前一看，弘时和邬思道正对面坐着说话呢。弘时一看他俩来到，忙问道："那边怎么样？怎么没动静了？"

张万道："贼人走了。"

弘时一听大喜，夸赞道："几位不愧是大内高手，果然好本事，回到京城，我给你们请功。"

张千却没好声气地说道："贼人是自行退去的。我们几个敌不住人家。可是不知为什么，眼见贼人就要得手，却突然退去了。"

"有这样的便宜事？"弘时张大嘴道。

邬思道扶弘时站起，掸掸两人身上的灰尘说道："也许外面有官兵赶来增援，贼人得了消息才退走的。"

"不可能，"张千语气坚决地道，"这里是两省交界处，官兵不可能来这么快。"

邬思道扫视一眼四周，道："先不管这些，赶快收拾一下离开是非之地，安知那伙贼会不会再来。"

弘时觉得有理,便一面派人骑快马先行通知就近的河南信阳府派兵接应,一面着张千、张万带残余的清兵清理路上的石头,以便囚车通过。忙活了好半天,总算清理出山路来。弘时、邬思道和四名侍卫带着没受伤的几十名清兵押解着囚车先行。清兵千总带着伤兵在后慢慢行走,等待信阳府的接应。

弘时的马车被飞石砸坏,只得骑马。经过这场惊吓,他再也神气不起来了,端坐马上,一言不发地想着心事。邬思道看着他心事重重的样子,就上前搭讪道:"三爷,想什么呢?"

弘时回头扫了后面的囚车一眼,蔫蔫地说道:"没劲。原想办好差事讨皇阿玛欢心,没想会出事。"

邬思道哂然一笑道:"爷,这算得什么。钦犯不是在您手上吗?只要能平安地到达京城,皇上肯定会说三爷有能耐。"

"可是张千说,贼人是自行退去的,安知他们不是另有图谋。"

"三爷甭管这么多,只说是亲率官兵击退企图劫囚车的盗贼同党,皇上怎么知道底细。"

弘时一想也是,就这么说。只要囚犯能平安到京就成。

第二十二章　惠香楼聚首谈秘事
宝亲王亲审朝廷犯

鸡公山下的居民不多,且分散居住。所以山里发生了这么大的事,山外的居民竟全然不知。信阳府更没听到任何消息。弘时一行一直走到离信阳还有三十里地的柳林镇,才遇着先行的送信清兵带着五百名信阳府的巡防营官兵,前来接应。带兵的是个游击,先给弘时行了个礼说府台大人随后就到。弘时一听,气不打一处来。骂道:"没用的东西,贼人早被爷打跑了。还用得着你们这时来帮忙,你们府台大人不用来了。"

邬思道从旁劝解道:"三爷,就让他们去把死伤的兵丁弄来。"

弘时怒喝一声:"滚吧!"那名游击慌得带着部属往鸡公山奔去。

弘时一行继续往前走。刚走几里路,果然遇着信阳知府周学成带着一班子地方官绅前来迎接。弘时懒得理他们,随便敷衍几句,接着赶自己的路。没多久便进了信阳城。周学成亲自安置弘时等人在驿馆住下,并加派官兵巡逻、守卫,确保两名钦犯万无一失。

弘时刚坐下歇息,冯荒便嬉笑着进来道:"三爷,您想不到的事儿,四爷宝亲王来了,就在门外呢!"

弘时一愣,这么巧,他怎么也到这儿了? 面上异常惊喜,责怪冯荒道:"还不请宝亲王进来,哪能让他在门外候着。"嘴里催促道,自己忙着起身往屋外去。

弘历正是从开封会过田文镜往南来,准备巡视湖北之后,由汉阳顺江而下,前往江浙。因见天色已晚,便在信阳城住宿一晚,不想这么巧竟遇着弘时押解钦犯也赶到信阳。

弘时到了门口一看,果真是弘历和刘统勋站在那儿说话呢。忙脸上挂着惊喜,快步走到跟前,双手拥住弘历的肩头,异常亲热地叫道:"老四,何时到的? 也不差人说一声,三哥也早高兴一会儿。"

弘历也被他的热情感染,眼角微潮道:"我也是今儿个到的,只比三哥早一步,听说三哥来,就急着赶过来了。"

弘时一听,责骂起周学成来:"什么狗屁知府,见着三爷也不告诉一声四爷来了。回头见着他别怪我臭骂他一顿。"

正骂着的时候,猛抬头见周学成已到跟前。弘历忙岔开话题向周学成道:"周府台,三爷的随行都安置妥了吗?"

"四爷放心,全安置好了。"周学成答应过弘历,又向弘时道:"三爷,您刚才骂奴才,奴才可有点冤枉了。您见着奴才时,没容奴才说话。四爷交代过奴才给三爷问安,可奴才没来得及说话呢!"

弘时听他啰嗦,心里不耐烦,面色微怒。弘历看得清楚,忙向周学成道:"周府台回衙办公去吧。我和三爷好久不见,说说闲话儿。"

周学成施礼退下。刘统勋觉得也不方便在场,便也告辞回驿馆。

弘时手拉弘历道:"老四,屋里说话。"

两人到了屋内坐下,婢女献上茶来。弘时端起,呷了一口,看了弘历一眼道:"老四,你是奉旨出巡,这一路看到什么了?"

弘历道:"主要就是监察雍正新政推行的情况,有没有不妥当的地方。该改进的改进,该变通的变通,执行不力的要追查主要官员的责任。还有的一时无法解决,就要上奏皇阿玛,请皇上亲自裁决。"说着话,突然想起塞思黑之死,心中一凛。

弘时看出他面上有变化,便问道:"老四,差事办得顺利吗? 遇到过麻烦没有?"

"还算顺当。"弘历哪肯向他说出允禟之死的事。

弘时知他有事瞒着自己,便哂然一笑道:"还是你的差事称心。奉旨巡视,一路游山玩水,何等快活,我这差事可苦了。天天不敢离开那两个钦犯一步,弄不好还可能搭上性命。我这贝勒爷倒成囚犯的保镖了。"

弘历被他说得笑了起来,道:"我知道,三哥只是发发牢骚而已。心里巴不得多为朝廷出力,为皇阿玛分忧呢。今儿个听说鸡公山那边有钦犯的同党半道上劫囚车也被三哥打跑了。"

弘时一听,心里得意,忍不住吹嘘起来。

"那些盗贼,有好几百人,个个武功高强,全是江湖好手。三哥我一点也不慌张,举刀打马先迎了上去,当头砍倒几个逆贼,后面的官兵侍卫跟着我一阵痛杀,盗贼只有几个逃跑,其余全被杀死。老四,你要是看了,非吓晕不可。当时是死尸遍地,血流成河……"

弘历听他吹起来没边没沿,心里反感,便道:"三哥真是神勇无敌。只是这一日的厮杀恐怕早乏了吧! 小弟不打扰三哥歇息了。告辞!"说完,站起身。

弘时正吹得起劲,被他打断,心中不快,也不挽留,客套几句,便送他出门。

送走弘历,回到屋里。弘时还沉浸在刚才吹嘘的胜利中,猛地想起应该把这次的胜利经过写成奏章,上奏皇阿玛。于是便叫道:"来人!"

冯荒慌得进来问:"三爷,有何吩咐?"

"快请邬师爷过来。"

冯荒答应着出去,好半天才回来道:"三爷,内外都找遍了,不见邬师爷。"

　　弘时一听，心里奇怪，嘴里嘟囔道："这个牛鼻子，半日见不到，到哪儿去了？"

　　邬思道没走远，还在信阳城内。他随弘时一道进城。周学成安排住宿的时候，为了安全，他便去驿馆四周转了一圈。刚转到西北角无人处，忽听"叭嗒"一声从对面墙外飞来一样东西，正落在邬思道脚下。低头一看，是个纸团。急忙捡起打开，见里面是一面日月小红旗。小旗的背面写着几行小字，他一下子全明白了，赶紧将小旗藏好。回头见弘时和弘历正在说话，便悄悄出了驿馆的门，换上便装，按照那几行小字所说，穿过驿馆门前的大街，顺着一条窄巷一直往北走。此时天已经黑了下来，巷子内更是漆黑一片。邬思道深一脚浅一脚，有几次差点摔倒，好不容易走出巷子拐向一条东西走向的大街，老远就看东边五十步开外一处高大的宅院，门前灯光明亮，人流不断。邬思道老远就听见有女人打情骂俏的声音。走近一看，门口有几个花枝招展的女人正和过路的男人拉拉扯扯。抬头见那门额上书着"蕙香楼"三个楷书大字。原来这是一家妓院。邬思道一看正是这里，没错。便一提袍子，往大门里进，门旁一个妖艳的女人赶紧迎上来，媚笑道："哟，还是位斯文爷，就让我伺候您吧！那些丫头野得很，别让她们把您给吓着了。"

　　邬思道没心思跟她纠缠，忙闪身躲开道："我找老鸨。"

　　"找妈妈？"那女人一阵浪笑道，"真是，妈妈也有人要？妈妈，快来，这位爷专门找您呢！"

　　"来啦！来啦！"一个大嗓门高声答应着，从门内左边走出一个胖得水桶似的女人。往邬思道跟前一站搔首弄姿一番，娇声道："这位爷，您找我？"

　　邬思道看着一阵恶心，差点把五脏六腑吐出来，强忍了半天才道："老妈妈，我是来找一位姓田的客人。"

　　"姓田的，有。"老鸨一听，心想，那姓田的说得不错，果然有人来找他。于是一边用手捏捏衣内姓田的赏给的足有五两重的银子，一边满脸堆笑道："这位爷，您随我来。"

　　邬思道跟着老鸨上了二楼，在拐角处的一房门前停住，老鸨一指房门说道："那位田爷正在里面等您呢，您自个儿进去吧！"

　　邬思道用手轻轻一推房门，门开了。见对面桌子后面坐着两个富商打扮的人，不由一愣。两名富商听见门声，抬头看见邬思道微微一笑，邬思道这才认出正是甘凤池和杨起隆两人。忙回身关上房门，走到桌前。甘、杨二人赶紧起身行礼道："见过少主人！"

　　邬思道忙拉起两人，流泪叹息："我不是说过多次嘛！你们都是先父的朋友，就是我的长辈，还有什么主仆之分。老天不可怜我朱家，我朱姓再也享受不起这种尊荣。"

甘凤池、杨起隆只得齐声劝道："少主人,不必难过。"

"别喊我少主人!"邬思道激情难抑,"我愧对朱家先祖,枉为朱氏子孙,从此再不敢姓朱,邬思道才是我的名字,对内对外都是一样,两位前辈就叫我邬先生吧!"

"邬先生!"甘凤池、杨起隆一听,觉得这样称呼也好,不会暴露少主人的真实身份。甘凤池道:"邬先生,咱们谈谈正事吧! 你为什么阻止我们在鸡公山劫救曾静二人呢?"

杨起隆也说道:"是啊,为了劫囚车,甘大哥是费了不少的力气。请来南阳五鬼不说,光摆那石头阵,我们七个人干了两天两夜,也不敢请民工帮忙,怕走漏消息。可眼见就要得手,却被你一句话全毁了。"

邬思道等他们说完,才平静地问道:"甘大侠,请问你为什么要冒这么大的风险救曾静?"

甘凤池不知他问这话是什么意思,但还是直言不讳地答道:"说起来曾静也算是甘某的朋友,但我冒险相救却是因为他是反清复明的义士,和我们也是同道中人。"

"朋友? 义士?"邬思道嘴角露出一丝讥笑道,"想不到名满天下的甘大侠会结交这样的朋友,还会冒险犯难救这样的'义士'。"

甘凤池、杨起隆被他的话搞得莫名其妙,甘凤池不解地问道:"少主……不,邬先生,我不明白你的话,曾静到底怎么了? 我也不了解他的为人。"

"不了解,还说是朋友。"邬思道说起话来毫不客气,"在长沙监牢里,我亲眼看到他跪在弘时面前,像一条癞皮狗一样乞求活命。为推卸罪名,他供称甘大侠是指使他谋逆的后台。"

甘凤池听完如梦方醒,感叹道:"没想到他竟卑劣到如此地步。"

杨起隆听两人说完,才插话问道:"邬先生,你为何投到弘时门下?那家伙是草包一个。"

"我需要的就是草包。"邬思道目光游弋着说道,"我的行止跟甘大侠有过交代。满清正值鼎盛之时,我等数次举事都遭失败。看来义举大业难成。但我却不甘心朱明天下从此泯灭。昼思夜想,我决定另辟蹊径,毁掉满清江山,我朱明才有望恢复。雍正已过五十,又兼日夜操心政务,必不能长寿。清江山必由弘时、弘历选其一承继。那弘历自小受康熙亲自调教,加之聪慧过人,年纪虽小,却有治国安邦之才,雍正也偏袒于他,有意让他承继大位。而弘时,正如杨大侠所说的草包一个,连其祖、父也不正眼看待。但我们却希望这样的草包能够承继雍正之位,做满清的皇帝。将来借'草包皇帝'的手毁掉满清江山。我现在做的就是帮助弘时跟弘历争夺未来的帝位。如果算计成功,则我朱明恢复有望!"

甘凤池、杨起隆听了眼角湿润,感慨这位朱明后裔,为恢复大明江山,不惜忍辱事仇,可谓用心良苦。但他俩是江湖出身,讲究的是"侠义"二字,对这种使"阴招"的手段一向鄙视。因此甘凤池吞吞吐吐地道:"邬先生为匡扶大义,不惜屈身事敌。甘某佩服至极。只是……说来容易,未必能如愿以偿。"

"甘大侠别给我泄气,"邬思道真诚而正色地说道,"只要有两位侠士相助,何愁大事不成。"

"我们相助?"甘凤池惊讶地说道,"我和杨兄弟只会打打杀杀,对你这种'文斗'可是一窍不通。"

"'文斗'有时也需要打打杀杀。鸡公山一战,你们就帮了大忙。弘时既保住囚犯,又杀退了贼逆,上奏皇上,岂不是大功一件? 提高弘时在朝廷的地位就是增加他将来登上皇位的筹码。除此之外,我还要两位帮忙做一件大事。"

"什么事? 还是打打杀杀?"杨起隆急着问。

"说得对,但这次要你们杀的是一个人,就是弘历。"

"杀弘历!"甘凤池也吃惊叫道。

"就是要你们杀了弘历。单单文斗,何时才能大功告成? 只要你们杀了弘历这个强有力的竞争对手,我就可以帮助弘时继承皇位。待弘时做了皇帝,我就是他的开国功臣。江山就有一半是我朱家的。"

甘、杨二人被他说得热血沸腾,久已破灭的梦想,重新燃起希望的光芒。两人齐声说道:"为匡扶大义,愿听邬先生差遣。"

邬思道双目闪烁,异常兴奋叫道:"愿你们马到成功。"

弘时遍寻邬思道不着,心里焦急,忽然心念一转,暗忖:这种上奏捷报的折子何不交给信阳府来写,这样既可向皇阿玛邀功,也可避自卖自夸之嫌。想至此,便向侍候在门口的冯荒吩咐道:"马上去府台衙门把周学成叫来,就说三爷有事和他商量。"

冯荒躬身道:"天这么晚了,周学成多半不在衙门内。"

"不在衙门,你就去他府上找,一定尽快把他叫来。"

"喳!"冯荒答应一声退出屋去。弘时虽然焦急,也只得耐着性子等下去。半个时辰过后,冯荒才领着周学成来到。周学成还没来得及施礼,弘时就迎上前去,面带微笑说道:"周府台不必拘礼,坐下说话。"

周学成等他落座,才敢斜欠着身子坐下,恭敬地问道:"三爷深夜召奴才前来有何要事?"

弘时轻描淡写地说道:"也算不上要事,就是白日里鸡公山上,本钦差率兵杀退劫囚犯的逆贼一事。我想这事非同小可,你信阳府也有责任。周府台还是如实写一份折子上奏皇上的好。"

"只是奴才并没亲临现场,怎好落笔?"

"这个不妨,本钦差自会详细地说给你听。"弘时便将鸡公山一战添油加醋地吹嘘一通。还没说完。周学成就忍不住插话道:"三爷,奴才也听到一些有关的消息,和您说的不一样。"

"你听到什么?"弘时吃惊地问。

"奴才听说那伙逆贼是自行退去的。"

"胡说!"弘时突然暴怒地站了起来,手指用力敲着桌子斥骂道:"周学成,你是朝廷官员,竟也相信这些道听途说的消息,诬本差清誉,该当何罪?"

"三爷息怒,"周学成吓得"扑通"一声跪倒在地,连连叩头道,"奴才依着三爷的吩咐就是。"

第二天天还没亮,弘时睡得正香,被一阵敲门声惊醒,门外传来邬思道的声音叫道:"三爷!"

弘时对着门外骂道:"你还敢回来,不怕三爷摘下你的脑袋。"

邬思道谦恭的声音说道:"奴才知罪就是,三爷息怒。让奴才进去,有要紧的事儿跟三爷讲。"

弘时听说他有事,只得穿衣趿着鞋打开房门。看见邬思道劈面斥问道:"牛鼻子,昨晚到哪里去了? 爷急得火烧眉毛似的也抓你不着。老实给爷讲!"

"是……是,三爷。"邬思道诚恐诚惶,一副难为情的样子嗫嚅着说道:"三爷也是知道的,奴才跟着您,连个家室也没有,心里空落落的。所以昨儿个夜里就去了蕙香楼……"

弘时听了忍不住哈哈大笑,好半天才止住笑声,讥讽道:"爷原说你是个正人君子,想不到也会去蕙香楼。也怪爷想的不周到,等回到京城也给你正儿八经地娶几房妻妾,安个窝儿,"

"奴才谢三爷美意。只是奴才一向散漫惯了的,怕是受不得家室的约束,您还是饶了奴才吧!"

弘时一想他说得也对,真要是有了家室,牛鼻子还会这样为自己卖力吗? 于是微微一笑道:"爷就由着你的性儿,只是想要女人的时候跟爷说一声,爷一定给你找个可意儿的。"

邬思道却又说道:"其实奴才去蕙香楼也不全为找乐儿,也是为爷打听事儿。所以大清早就来找三爷。"

"你听到什么事儿?"弘时惊问道。

"三爷,您出来看。"邬思道也不管他披着衣服趿着鞋,一手拉着胳膊往外走。那院内的驿丞、差役都奇怪地看着他俩。邬思道全不在乎,一直把弘时拉到驿馆的大门外才放开手说道:"三爷,您看!"

弘时往大门两旁和大街上一看,顿时吃了一惊,只见两旁站立着十几个清兵,个个刀出鞘、弓在腰,如临大敌。那大街上,不多时窜过一队清兵,来往巡逻。弘时忙问："出了什么事？谁搞得这么紧张？"

邬思道闷声不响，又把他拉回房内，才一字一顿地说道："三爷是贝勒身份，又是奉旨的钦差，竟对这信阳城发生的事一无所知，可见有人没把三爷放在眼里。"

弘时被他说得心头火起，忍不住骂道："周学成，这个王八犊子。背着三爷搞什么鬼……"

正骂得起劲，冯荒躬身进来说道："三爷，宝亲王来了。"

弘时一怔，向邬思道投过探询的目光，问道："老四来干啥？"

邬思道闷声道："恐怕是无事不登三宝殿吧？奴才待在这儿不方便，回避吧！"说完，起身向后房走去。

弘时看了冯荒，本想让他请弘历进来，转念一想，老四是亲王，品级比自己高，还是委屈一下出门相迎吧！便往外走去。到了门口一看，弘历和刘统勋正在门口候着呢，身后站着两男一女，像是保镖。

弘时老远就笑呵呵地打着招呼道："老四，毕竟是巡视天下的钦差，这么早就赶过来。"

弘历看着天笑道："三哥，这还算早？乡里的农人早在田里干半天活了。我这钦差只能算是慵懒的钦差。"

两人边说笑边往里走，刘统勋也跟着进去，那二男一女就是东方三兄妹，守在门外。

到了房内，两人落座。刘统勋瞅着空子和弘时见过礼。侍女献上茶。弘历开口道："三哥，我来就是想问你一件事儿，你要说真话。"

弘时一听，满心的不痛快。面上却一本正经地说道："老四，这是什么话？三哥还会蒙你吗！"

"那好，"弘历问道，"你说鸡公山贼逆劫囚车是怎么回事？"

弘时一听糟了，老四肯定听到信儿，只得含糊其辞地答道："不就是有人劫囚车嘛！没啥好讲的，钦犯不是在这儿吗？"

弘历却不愿糊弄下去。进一步追问道："那些盗贼劫掠囚车，眼见得手，为何突然自行退去？其中有什么阴谋？"

弘时脸上再也挂不住，突然拂袖而起，怒气冲冲地说道："老四，你是在审讯我吗？我怎么知道为什么？不要来问我。"

弘历想不到他会是这种态度，心里也很生气，面上却强笑道："三哥，我是跟你商量事儿嘛！贼逆敢在光天化日之下劫掠朝廷钦犯，胆量不小。绝不是一般山匪草寇所为。而且逆贼眼见得手，却又自行退去，安知不是另有图谋。如此重要情况，我们应当慎重对待，而且具实上奏皇阿玛，请旨裁决。为谨防曾静、张熙两名要犯有失，昨晚我已命信阳府全城戒严，盘查可疑人员。今天早晨又忙着来和三哥商议。"

弘时终于弄明白这信阳城里的紧张空气都是眼前这位老四弄出来的。看来老四果然虑事周密，办事果断。只是事情已经做出来，还来商议个屁。心里不痛快，嘴里揶揄道："你是宝亲王，可以全权决断，跟我商议个啥！"

弘历看出他的心思，知道无法规劝。但仍坚持把要说的话说完，于是又说道："三哥，昨晚你要周府台写的上奏折子还是撤回，这边的事恐怕不简单呢！"

弘时一听，知道周学成把自己卖了。心里骂道，王八犊子也是狗眼看人低，瞧不上三爷。心中气愤，面上只得不愠不恼地说道："都由着你们看着办吧！老四，我有些乏了，先歇着去了，失陪！"

弘历不好再说什么，只得起身告辞。

看着弘历走远，弘时才在背后"呸"了一声。

"三爷，好大的火气，别伤着身子骨儿。"邬思道面含微笑从内屋走了回来道。

弘时见他出来，一下子找到了倾诉的知心人，毫不掩饰地斥骂："老四欺人太甚，根本不把我这个贝勒爷放在眼里，小小年纪，如此狂妄，只有自己独活，哪容他人偷生。"

"说得好，三爷。"邬思道夸赞道，"您终于明白跟老四是势不两立的对头。这对三爷可是至关重要的。"

"废话！牛鼻子。"弘时又一次坐下，并往邬思道跟前挪挪身体说道，"爷早知道和老四不共戴天，留你，就是要对付他的，你的阴谋诡计，现在可以在我这里大胆地尽管施展吧！"

邬思道正色道："办法肯定有，但不知道三爷到底想让他怎样？"

弘时脸上阴沉沉的，低声道："附上耳朵来。"

弘历从弘时房里出来，心里也很生气，边走边和刘统勋说着话："三哥也真是的，出了这么大的事他竟不当回事似的，钦犯由他押解到京城，太让人担心了。"

刘统勋接口问道："爷看这事该怎么办？"

"贼人既然敢光天化日之下劫囚车，必是钦犯同党无疑。"弘历说着，突然停住脚步道，"也许从钦犯嘴里能问出些蛛丝马迹，本王还是亲自见见钦犯再说。"

刘统勋犹豫着说道："三爷是奉旨押解钦犯的钦差，还是跟他打个招呼为好。"

弘历笑道："还是你考虑周到，干脆你去跟他打个招呼吧！"

刘统勋答应一声，转身回去。弘历便到门口和东方三兄妹说着话等他。一会儿的功夫，刘统勋回来了，答道："三爷说了，一切随四爷的便。只是要四爷甭耽搁久了，三爷还要赶路呢！"

弘历笑道："他还是在跟我斗气吧？谁去管他！"

曾静、张熙就关押在知府衙门后院的两间侧房里。张千、张万、刚泰、石柱天带着一班子清兵轮番在门口守卫、巡视。衙门的外围则由周学成亲自布置信阳府的地方官兵，三步一岗、五步一哨，戒备森严。曾静、张熙还是关在囚车内，吃喝拉撒都有专人过问。

弘历五人来到侧房门口，张千、张万等人赶紧跪倒叩头施礼。弘历先命众人平身，然后说道："本王特来向钦犯问几句话。"

张千忙道："四爷，您请。"说完，亲自搬过一把椅子放在正对着曾静的地方，请弘历坐下。然后向着囚犯说道："宝亲王有话问你们，必须老实回话。"

曾静一听又来了位宝亲王，强挣着麻木的双臂，哑着嗓子哭叫道："该说的我都说了。你们说话要算数，从轻发落我。"

弘历听了，不再理他，回头问张千道："他都招认过什么？"

张千忙答道："他向三爷招认过甘凤池是指使他谋逆的后台。"

"甘凤池！"弘历重复了一遍。向站在身后的刘统勋低声说道："暂且记下此人。"随又向曾静平静地说道："甘凤池是江湖中人，你是个落第的秀才，和他偶然相遇倒也可信。但你是读书人，和江湖中人恐难意气相投。你所写逆书，本王也曾看过，内中'夷夏之分大于君臣之伦'之说绝非甘凤池之流江湖人士所能言。你不是说希望得到从轻发落吗？本王当着众人的面告诉你，只要你说出叛逆之论从何而来，本王就为你请求皇上从轻发落。好好想一想，再回答本王。"

弘历短短的几句话，着实击中曾静最痛心之处。这些天的牢狱之苦使他后悔当初太糊涂，竟对吕留良的论著笃信无疑，以致酿成今日的灾祸。这位宝亲王果然非同一般，一语揭出自己谋逆思想的根源。为了救一家大小的活命，拿一个死去几十年的人做挡箭牌，太划算。想到此，便开口说道："既然如此，犯民就说出来。犯民实是中吕留良之毒太深，不辨是非曲直，妄发大逆悖论，危害朝廷。而今追悔莫及……"

正说着，另一辆囚车内的张熙突然高声斥骂道："曾静，你真是无耻至极，为苟且偷生，不惜出卖恩师、朋友，猪狗不如。我张熙恨不能食尔肉饮尔血以雪天下士子之耻辱。"

张千呵斥道："住嘴！"

张熙双手拼命地摇动着囚车，声嘶力竭地叫道："你们这帮清狗，有种的就杀了爷，爷也痛快一回。"

张千大怒，握紧拳头就要冲过去。弘历却阻止道："慢着。把他两人分开关押，严加看管，不要为难钦犯。"

吩咐完毕，起身就往外走。刘统勋、东方三兄妹赶紧跟上。弘历走得很快，也不说一句话。出了知府衙门，还一直往前走。刘统勋小心翼翼地问道:"四爷,这是去哪儿?"

弘历一怔,方才醒悟过来,还是不说一句话,只是折转身往左转了个圈子走到驿馆门前,进了自己住房,一屁股坐在椅子上望着房顶出神。刘统勋看他那样子肯定有事,也不敢多问,闷声不响地在旁边候立着。

弘历独自思索了好半天,才想到反清复明党最可怕的并不是那些武功高强的打手,而是能够激荡人心的言论。要想彻底解决前明余党,必须要铲除蛊惑人心的言论才行,而散布言论的人,吕留良就是一个,一言激起千层浪啊。

弘历和刘统勋正谈论着,就有人过来报告,说弘时要带着犯人上路。弘历担心弘时还在生气,赶紧带着随从来给弘历一干人等送行。

弘历自知弘时小心眼,原以为他还在为今天的事情记恨自己,现在看他没事人一般,自己心里也高兴,便走上前去和他寒暄了两句,说些一路小心的话。弘时跳上马背,学着弘历的样子,双手抱拳道:"老四保重。"便两腿用力一夹,转身带着一行人,押解着身后的囚车,一同远去了。

第二十三章 信阳城弘时起杀心
宝亲王中途多遇刺

刘统勋望着弘时渐渐远去的身影,愣了半天才回过神来。弘历用眼角一扫他说道:"你发什么呆?人家早走远了。"

刘统勋眨眼说道:"奴才觉得三爷怪怪的,实在弄不明白。"

"有啥不明白?"弘历边往回走边说。

刘统勋紧紧跟上,说道:"奴才以为,三爷昨儿个生四爷的气,今儿个肯定不会搭理您。没想到他启程前还派人跟您打了招呼,刚才和四爷说话时,也像没事似的。三爷的脾气,奴才早就知道,喜怒哀乐像写在脸上似的,竟变得像个极有城府的人。"

弘历却轻描淡写地说道:"这也值得你大惊小怪。三哥现在是奉旨的钦差,当然要显出胸有城府才行。"

这时,周学成过来,给弘历请了安,便要请宝亲王到衙门去商议事。因为信阳府离省城比较远,田文镜太忙,无暇顾及这边,但他对雍正新政推行落实逼得紧。周学成对新政不太了解,一时感到无从下手,便想到请宝亲王亲自指点迷津。

弘历到了知府衙门,先和官员们讲了新政实施的方法措施,又和周学成一道去城外访查具体情况,直到天黑才回到驿馆。又累又乏,晚饭也没吃,由几个粗使丫头伺候着简单地洗漱一下就歇息了。

到了下半夜,弘历醒了,因为浑身酸软,头昏脑涨,他知道肯定是白天受了风寒,这会儿发起烧来。必须马上让郎中来诊治。

"来人!"他嗓子发干,但还是喊出声来,门外的耳房内就有值夜的丫头,随传随到。等了一会儿没有人答应,他又连喊了几声,还是没人应声,心里觉得奇怪,只得强撑着身子坐起来,想自己下去倒点水喝。就在他刚下到床下。忽然一条黑影"唰"的一阵风似的,无声地飘进屋内,挟带的疾风差点把点燃半截的红蜡吹灭,弘历大吃一惊,还没明白怎么回事,一条寒光森森的长剑已指在胸前。

弘历登时吓出一身冷汗,头脑霎时变得异常清醒,明白自己遇上刺客了。性命交关之际,他竟突然说道:"甘大侠,别来无恙吧!"

那人高大的身材,面上蒙着黑纱,在灯光的照射下身影拉得老长,更显出阴森可怖。听到弘历竟喊出自己的名字,暗吃一惊,但宝剑却没有刺下去,而是将蒙面黑纱揭去。露出一张中年男子的脸。那人轻轻地冷笑着,声音虽小，却透着疹人的寒意："既然被你认出，就让你做个明白鬼吧。"说着，宝剑就要刺下去。

"慢！"弘历突然叫道，面上却毫无恐惧之色，竟带着轻微的笑意，"能死在江南名侠甘凤池的剑下，我弘历也不枉此一生，我只是不明白甘大侠为什么要杀我。"

甘凤池又是一声冷笑道："甘某向来以反清复明为己任，杀皇帝的儿子，还用问为什么吗？"

"不，甘大侠。你休想蒙骗我。我与你虽势同仇敌，却仰慕大侠的侠义之名，知道你虽从事反清复明，却不愿做鸡鸣狗盗式的暗杀勾当，李卫虽为你所恶，却未遭刺杀，就是因此。弘历自知从无作恶于世人，你却为何要刺杀我？说出实情，弘历也不枉做糊涂之鬼。"

甘凤池暗暗佩服，雍正的这个儿子果真是非同一般，利剑之下竟能谈笑自若，巧言善辩。见弘历目光凝聚看着自己，只得答道："算你说对了，甘某本无意杀你，但如今受人之托，忠人之事，不得不如此。"

"受谁所托？"

"无以相告……"

甘凤池还没说完，弘历不知何时将桌上的砚台抓在手中，乘其不备，突然击出。甘凤池不躲不闪，伸左手将砚台接住，右手剑立刻刺下，但毕竟慢了一步，弘历早有打算，一个矮身侧肩，那柄剑只刺破肩头，他就势钻到桌子底下，甘凤池一时宝剑施展不开，只好用腿扫向桌子下面，就听"哗啦"一声，桌子被击碎，连同弘历一起被踢向墙角，甘凤池长剑在手，又朝墙角刺去，突然一声娇叱："刺客休走。"

同时一道金光由门外激射而入，直刺甘凤池的后心。甘凤池吃了一惊，只得抽回宝剑罩住身后，只听"当"的一声，金光被击落在地。借着烛光低头一看，那暗器却是一个非方非圆，非尖非扁，毫无规则的金黄色的东西。甘凤池俯身拾起，失声叫道："东方金芒！"

"算你有见识！"门外传来男子的声音，甘凤池见门口站着两男一女，急忙问道："请问三位是东方老前辈的什么人？"

"他是家父，你待怎样？"

甘凤池一怔，昏暗中双手一抱拳道："得罪了几位，在下和东方老前辈曾经有约，江湖上行走，互不为敌。几位既是他的后人，在下岂敢开罪，告辞了。"言毕，纵身跃出窗外，刹那间全无踪影。

那三个正是东方三兄妹。他们住在侧房中，听见弘历的喊声，慌忙赶进来。东方龙见刺客逃走，起身要追。东方晓拦住道："别追了，先看看宝亲王再说。"

三人急忙冲到墙角，弘历已撑扎着坐起来，东方三兄妹将他扶起，东方晓惊慌地问道："四爷,怎么样? 伤在哪儿?"

弘历挣开东方二兄弟的手,活动一下身体觉得还好,除肩头被甘凤池的长剑刺破却衣服却无大碍。东方晓此时才注意到门旁值夜的丫头还直直站在那儿,到了跟前一看,那丫头直递眼神,却不能动弹,不能说话。方知被刺客点了穴道。忙上前运功在掌,打开丫头的穴道,那丫头才"哇"地哭出声来。这时,刘统勋听见动静,急慌慌地赶来,身上只穿着内衣,鞋子也没顾得上穿,一见弘历,紧紧地拉住,上下左右看个遍,见完好无损,才惊慌地叫道:"我的爷,怎么会发生这种事? 刺客是什么人? 爷看清楚没有?"

此时,屋外的仆佣差役都已闻讯赶来,围在门口唧唧喳喳,议论不休,弘历向众人扫视一眼,异常平静地说道:"本王有惊无险,你们放心吧! 刚才不过是一名窃贼,现在没事了,都回房歇息去吧!"

门口的仆佣差役赶紧跪倒叩头请了安,陆续退出去。刘统勋用疑惑的目光望着弘历。弘历低声道:"刘统勋,你留下来。"

东方龙见众人都退了出去,便向弘历拱手道:"四爷,奴才职责所在,就在门外候着,行吗?"

弘历宽厚地道:"我知道二位是担心本王的安全,其实用不着这么小心。刚才刺客不是说过,他在江湖上行走,永不与东方世家为敌吗? 我相信刺客再不会为难本王,自食其言。二位放心地歇息去吧!"

东方龙、东方豹弟兄只好道了晚安,回房去了。东方晓却站着不动,两眼紧盯着弘历不安地说道:"四爷,这怎么成? 您身边没个人保护怎么行? 刚才的事多危险。要是有奴婢在,您哪儿会遭这么大的风险。"

弘历见她一脸焦虑,眼泪在眼眶里打着转转,心念一动,走到她跟前,用手轻抚乌青的秀发,笑道:"你瞧,我这不是好端端的吗?"

"四爷,人家可是担心死了,您却当作没事一样。"东方晓的泪水终于滴落下来。

弘历深为感动,慌忙连声说道:"好,好,好,我就依着你,你要我怎样就怎样。"

东方晓吓得跪倒在地,惶然道:"四爷是什么身份,怎好听奴婢的? 奴婢只有一个请求,请四爷让奴婢留在您身边。平时可以服侍您,遇有险急可以保护您。奴婢总比那些使唤丫头强。"

弘历急忙双手相扶。半晌方说出话来:"东方姑娘,弘历心里从没把你当作奴才看待。今天依着你,岂不愧对东方老前辈……"

刘统勋见东方晓还跪地不起,也向弘历劝道:"四爷,奴才觉得东方姑娘的主意不错。有她在您身边,既可服侍爷,又能随时保护爷,岂非两全其美。"

弘历冲他一翻眼,佯怒道:"用不着你多嘴,本王早就答应过她,岂能言

而无信。刘统勋,你不是半拉子郎中吗?"

刘统勋一愣,我这半拉子郎中他什么时候知道的,忙答道:"奴才略懂医理,对付一些头痛脑热、感冒伤风也还管用,有人说笑称奴才为半拉子郎中。四爷怎么忽然提起这个?"

弘历听他声音发抖,想到他还只穿着内衣,光着脚站在地上。便向东方晓笑道:"东方姑娘,做婢女的差事来了,快把爷的衣服、鞋子拿给刘统勋穿上,他这半拉子郎中也抗不住冷。"

"是,四爷。"东方晓高高兴兴地走到里面捣鼓了半天,才给刘统勋找来穿上,又另给弘历拿件外套披上,弘历道:"我说正事儿。今晚多亏这场伤寒扰得我半夜醒来,发现了刺客。这会儿被刺客吓出一场透汗,反倒好了。刘统勋,待天亮你去抓两副治伤寒的药来。"

"四爷,那刺客是什么人? 您看清楚没有?"刘统勋问道。

"我就说正题儿。刺客就是甘凤池。"弘历遂将遇刺经过详细说了,刘统勋想了半天才说道:"甘凤池是名满天下的侠士,他的话应该是可信的,到底是什么人能请得动他来刺杀四爷呢?"

弘历没有理睬他的问话,自顾自地说道:"鸡公山劫囚车的逆贼必是甘凤池等人无疑。为什么他会突然弃曾静于不顾,而专事刺杀本王。这其中必有道道。刘统勋,三贝勒一路顺利,半月可到京城。你代本王写封信给军机大臣鄂尔泰,命他暗中调查跟随三贝勒办差的有哪些人,中途有人离队没有?"

"四爷,您是说三贝勒他……"

"我什么也没说,明日我即取道汉阳,你跪安吧!"

刘统勋心里冷飕飕的,什么也不敢说,忙道了晚安退出去。

东方晓见弘历还坐在那半张椅子上发愣,柔声说道:"四爷,您一宿没睡,身子骨当紧,趁天还没亮,睡一会儿吧!"说完,便去整理乱糟糟的软床。

"爷心里在想事儿,不困。"弘历抬起头,看见她笨手笨脚地整理着被褥,忽而笑道:"东方姑娘,你猜我第一次看见你,想到什么?"

"母老虎!"东方晓不假思索地答道。

"你怎么猜得着?"

"很多人都是这么说的,要不,他们怎么会喊我'虎妹子'!"

"虎妹子!"弘历亲切地叫道,"好名字,可是你现在一点也不像母老虎,简直是一只温驯可人的小绵羊。"

"四爷。"东方晓被他一声"虎妹子"叫得浑身战栗不止。她放下手上的被褥走过来。双目低垂着,低声怯怯地说道:"见到四爷以后,我也觉得自己是个女子,再不能像哥哥他们一样疯疯癫癫,我自己也吃惊变化咋这么快。"

弘历全身的血一下子涌到脖子上,他不敢看东方晓那张娇艳动人的脸。

其实,从第一次和她相识起,弘历就注意到她在关注着自己的一举一动。这一路上,东方晓没说话,只是默默地恪尽职责。弘历天生的多情种子,怎会不明白姑娘无言背后的衷情。但他不敢放任自己。雍正不仅是个冷酷的帝王,也是严慈的父亲,尤其亲历皇子为争夺江山、相煎火并的教训,因此对子女管制极严。尤其对弘历简直近乎苛刻。有这样一位皇阿玛,弘历岂敢有半点猛浪。况且弘时近来锋芒已露,有意争雄,大有咄咄逼人的架势,他怎敢轻易授人以柄,想到此,故意释然一笑,说道:"老虎变作小绵羊,那是好事,本王高兴还来不及呢!"

说话的功夫,天已大亮,刘统勋送来治风寒的药,东方晓亲自去厨下煎好端到弘历面前。弘历一闻那股子草药味,便皱着眉头笑道:"我这病昨晚让刺客给治愈了,这药也用不着喝了吧!"

东方晓一听,急道:"四爷,这风寒哪能说好就好呢,您可不能拿身体不当回事。"

弘历接过她手上的药碗,放在身旁的桌子上,一本正经地道:"东方姑娘,你不懂,这种小毛病,只要见好就成,没必要非吃药不可,是药三分毒嘛。"

东方晓没办法,只得把药端下去。弘历却向站在身旁的刘统勋问道:"车马都准备好了吗?"

刘统勋道:"都准备好了。为了四爷的安全,随行人员全换了便装,而且也没通知周府台。"

弘历赶紧摇手道:"我的总管大人,不必这样小心谨慎。随行人员除侍卫长随,一律乘马车,全部官服。通知信阳府送行,但要说本王身体不适,送行官员只对本王车轿跪拜即可。"

刘统勋不知所以,迟疑着道:"四爷,那么您……"

"我和东方姑娘便衣快马,从小路直插汉阳,入水路。"

刘统勋这才明白弘历的用意,连声赞叹:"四爷妙计,那奸人如何算得过您。"

刘统勋道声"四爷保重",退出房去,按照弘历的吩咐去做。

东方晓听说弘历要和她一道去汉阳,别提有多高兴了,忙去吩咐人准备早点。不多会儿,早点送到房中。弘历一招手道:"东方姑娘,你也一起吃。完了,还要赶路呢。"

东方晓也不推辞,便在弘历下首坐了。早点很简单,但东方晓觉得从没吃过这么香的饭。

吃过早饭,两人换上行商打扮,弘历还特意找来一只斗篷戴在头上,遮住整个面部,东方晓初出江湖,没人认得,只是她的长剑藏在行李中。两人走出门外,就听驿馆外已是沸沸,刘统勋造出的声势果真不小。这时驿丞牵过两匹快马，弘历和东方晓上了马，直往南驰去。

信阳距汉阳三镇不过二百多里地，两人又是抄近路，所以在太阳离落山还有一竿子高的时候，就赶到汉阳的龟山脚下。两人都是年轻人，彼此情意相投，一路上说说笑笑无所顾忌，时间过得飞快，两百多里路一口气赶下来，竟没有丝毫疲劳的感觉。

东方晓跳下马，看看山脚有一块平坦的石头，便用衣袖拂去面上的灰尘，请弘历坐下歇息。因为这里就是他们和刘统勋、东方兄弟约好碰头的地方，所以不敢胡乱走动，以免对方来人见不着面。弘历并没坐下，而是很有兴致地观赏山景。

东方晓抬头看见不远处的山坡上有家酒店，便向弘历道："爷，你在这儿歇着，我去弄些吃的来。"

弘历忙一摆手道："不用了。刘统勋他们说不定马上就到。你不是带着干粮吗？要是饿了就先吃点儿。"

"我不饿，"东方晓眼睛里充满关切之情，"我是怕四爷万金之躯受了委屈。"

弘历心里涌起一股暖流，亲切地笑道："我是男子，身子骨总比你一个女子强，这点儿委屈算什么。干粮拿出来，咱们一起吃！"

东方晓顺从地坐下，从随身的囊中取出馒头、牛肉、凉开水等，弘历拍拍手上的灰尘伸手拿过一个馒头，另一只手抓起一块牛肉，大口大口地吃起来，似乎饿得很急的样子。东方晓却没有吃，只是一双眼睛紧紧地盯住他，看他吃得很香的样子，自己脸上挂着满意的笑容。弘历见她怪怪的，忙咽下一口牛肉问道："你怎么不吃？怪怪地看什么？"

东方晓赶忙收回目光，吃吃地笑道："四爷，您是宝亲王，平时在宫里头吃的肯定是山珍海味。今儿个恐怕第一次吃这种干粮吧？"

弘历被她说得笑了起来，好一会儿才说道："你只说对了一半，皇宫里好吃的东西是不少。但我从没留意，往往忙活起来就忘了用膳，过后随便吃点儿点心什么的就过去。像今天这样吃点儿干粮，那是常有的事。就是皇上也是如此。"

"那么你们宫里岂不是跟老百姓一样生活？"

"应该说，很多地方跟老百姓一样，吃、喝、拉、撒、生儿育女等……"

东方晓忽闪着一双大眼睛，静静地听着弘历说话，突然冒出一句话道："四爷，您要是个寻常百姓该多好。"

弘历一怔，想不到她竟说出这种话来，一时不知怎样才好。东方晓意识到自己的失态，赶紧将目光移向山路上，却见大哥东方龙骑着青鬃马飞驰而来，后面是东方豹、刘统勋二人。忙欢喜得一跃而起叫道："四爷，您看，他们来了。"

弘历也听到了马蹄声,忙转过脸来。东方龙已到了跟前,翻身下马向弘历拱手道:"四爷,久等了。"

弘历忙道:"我们也刚到半个时辰。你们路上顺利吗?"

东方龙笑道:"一路平安,啥事没有。四爷您算是白费心思啦!"

"没事就好。"弘历见东方豹和刘统勋也跟了上来,后面却没有马车的影子,面露焦急之色。刘统勋慌忙上前道:"四爷放心,那班仆佣杂役都在后面的马车上,奴才几个怕四爷等得着急就先来了,马车随后就到。四爷,咱今晚住哪儿?"

"当然住抚台衙门了。"东方晓不假思索地说道。

"不!"弘历语气坚决地说道,"我们今晚就顺江而下,直驶金陵。刘统勋,爷吩咐的事办了吗?"

"办妥了,四爷,奴才离信阳之前,已令驿丞给浙江总督李卫送信,叫他沿江接应。"

"办妥就成。"弘历满意地笑了,又向刘统勋道,"你和东方龙两个去湖北巡抚衙门要一支官船兼带水手来。我们马上上船。"

"喳!"

刘统勋答应,便和东方龙遵命而去。他心里明白,弘历表面似乎漫不经心,暗中却十分小心谨慎,每走一步,都在跟暗中的敌手较着劲。

弘历和东方豹、东方晓兄妹留在江边等候。半个时辰后,刘统勋、东方龙回来说湖北巡抚衙门已备好船只、水手,只待起航了。

弘历见一切都按预先的设想顺利地进行,心里非常高兴,只要登上官船,顺江而下,三两日就可到达李卫管辖下的江浙地区。李卫是雍正藩邸旧人,是看着弘历从小长大的,和弘历有着非同一般的感情。只要进入李卫的管辖之内,任何杀手、强盗慑于他的威名都不敢在江浙犯案,就连大侠甘凤池也不例外。可见李卫在剿匪、缉盗方面颇有些手段。

弘历一行五人直接奔汉阳门码头。到了码头一看,这里的船可真多,大多是运送货物做买卖的,也有装饰豪华的富人豪船和官船,船上、岸上全是人,吵吵嚷嚷、唧唧喳喳,一片嘈杂。汉阳三镇历来有九省通衢之称,这水路和旱路一样一天到晚船来船往,川流不断。几个刚要上船。那几个被刘统勋等人甩在后面的仆佣差役,坐着两辆马车也赶到了。弘历原打算他们要赶不上开船,就让人留下话叫他们回信阳,现在正巧赶上,心里自然更加高兴。主仆人等登上最大的一艘官船。弘历一看,船上不仅水手齐全,还随船跟着十几个清兵护卫着。弘历由东方晓侍候着住在后舱。前舱由那班仆佣差役住。中间的小空舱内,刘统勋和东方二兄弟居住,一方面刘统勋可以随传随到,另一方面也便于东方二兄弟保护弘历。

一到船上,刘统勋才感到真正地安全多了。虽然弘历没跟他说什么,但他跟弘历一样清楚目前的处境。自弘时和弘历在信阳相遇后发生的一件件事,都使他意识到这对皇子又像他们的父辈一样为争夺天下最尊贵的皇位拼死相争。现在他只能把自己的命运绑在弘历这条船上,最终会飘向何处,只能听天由命了。

"开船喽!"

随着水手一声雄浑有力的喊声,官船缓缓离岸,在风平浪静的江面上顺流而下。

刘统勋见已开船,便站起身走向后舱。刚到后舱门口见弘历正同东方晓对面坐着说笑着,便想退回去,却听弘历高声叫道:"刘统勋,你鬼鬼祟祟做什么?还不进来。"

刘统勋只好走进去,在门内站着说道:"四爷,您赶了一天的路,饿了没有?船上带着够几天吃的酒菜呢,要不要奴才吩咐人弄些来?"

弘历笑道:"我这里已经有个管家婆了,被她逼着吃干粮呢。只是这一天也没能吃上一餐安心饭。你既然来了,就陪本王喝几盅吧!东方姑娘,你去吩咐人准备些酒菜来。"

东方晓遵命走出后舱。刘统勋望着她远去的背影向弘历一拱手笑道:"四爷真是好福气,得了东方姑娘这样的贴身知己。"

弘历佯怒道:"胡说,东方姑娘只是暂时充作婢女而已。"

刘统勋故作不满地道:"四爷这是怎么啦?奴才也没说什么,您发什么怒?这不是此地无银三百两嘛!"

弘历只得说了实话:"东方姑娘真的很讨人喜爱,只是,唉!"

"四爷何必烦恼!"刘统勋劝慰道,"您的心思奴才一清二楚。您放心,东方姑娘决不会让您为难,四爷万不可太冷了人家姑娘的心。"

"我明白。"弘历又说道,"还有东方弟兄二人,我总不放心。"

刘统勋吃惊地问道:"四爷有什么不放心的。他弟兄二人对四爷一片忠心,天日可鉴……"

"我说的不是这个,"弘历忙解释道,"刘统勋,恐怕什么事也瞒不过你。今儿个在这船里说的话,出了门,我就不承认,明白吗?"

"奴才明白着呢!四爷尽管说。"

弘历瞪着眼,终于说道:"这一路上,总有人想置四爷于死地。一连串发生的事都在说明老三是最大的嫌疑。皇阿玛和八叔、九叔、十四叔闹得天下人议论纷纷。如今老三又和我紧张到这种地步。东方浩宇、东方浩翰两位前辈会怎样看我?东方龙兄弟知道真相,还会留在我身边吗?"

刘统勋一听,弘历的担心绝不是多余的。自己从没有往这方面认真想。如今真需要好好想一想。沉思了半天,终于开口说道:"四爷倒也不必多虑。所谓是非自有公理在。奴才看四爷一向仁厚纯正,不曾做过一件伤害天理人伦之事。而三贝勒，竟泯灭天良，勾结逆贼，欲置手足于死地。天下人有目共睹，谁会说爷的不是呢。东方世家，两代义士，岂会不明此大理，责怪四爷呢？"

说话间，东方晓带着两个丫头端了酒菜上来。两人便对面坐下，边喝边谈，直至掌灯时分，刘统勋才告退。

后舱里只剩下弘历和东方晓两人。自信阳驿馆遇刺后，那四个粗使丫头便没再侍候弘历。东方晓身兼使女、侍卫两职。使弘历备感称心如意。东方晓听见壁上的自鸣钟响了八下，便说道："四爷，您赶了一天的路，早该乏了。歇息吧！"只见此时弘历脸色发黄，一个站不稳竟然摔倒在地。东方晓赶紧将他扶到床上。看着弘历的样子应该是连日劳累，致使出现了晕船的迹象。东方晓为了给他缓解难受的感觉，让其脱了上衣为其传送一些功力。两个本就有情的男女此时同坐在床上，怎么能把持住自己。

东方晓一代侠女，自知自己喜欢上了一个不该喜欢的人，但她控制不住自己，不求名分，只求与宝亲王的片刻相守，两个人最终成就好事。

第二十四章 采石矶江上遇险情
心上人失足沉江底

弘历乘坐的官船因是顺流而下,行驶飞快,第二天夜里已进入安徽境内。这两夜一日弘历和东方晓已是如漆似胶,难舍难分。

凌晨,官船还在无声地行进着,船上一片寂静。值夜的水鬼一声不响地忙碌着。月亮还没有落,毫不吝惜将它微弱的光撒在江面上。远处的行船、岸上的城池依稀可见。

"呜……"

不知何时起风了,而且越吹越猛,官船不安地在水上摇晃着身子,灰色的船帆猎猎作响,前舱过道上值夜的清兵不由自主地缩紧脖子,将冰冷的长枪丢在身边。

一阵疾风吹向后舱,将东方晓白天贴上去的窗户纸撕破,江风灌进舱内,将睡得正香的弘历和东方晓惊醒。

"四爷,又起风了。"东方晓紧紧拥着弘历道。

弘历感觉到船身在摇动,不安地说道:"风好像很大,叫值夜的水鬼小心些。"

"爷真是小心,这是天下最大的船,这点风浪算什么。"东方晓嘴里说着,还是披衣起来,也不点亮蜡烛,只是借着月光将吹破的窗户纸封好。重又回到床上,将弘历拥在怀中。

弘历不再说什么,他知道东方晓时时刻刻都想把自己拥在身边,生怕突然失去似的。"春宵一刻值千金。"弘历突然低声吟道。

东方晓听不懂他的话,只是将头埋在他胸前,贪心地吮吸着那种醉人的男人气息。弘历不忍打扰她,只是用手怜爱地抚摸她那长长的秀发。

突然,东方晓叫声"不好!"一下子从床上跳起,抓起衣服,胡乱披上,从床头抽出宝剑锦囊,一跃出了舱门。刚到甬道,就听前舱有人叫道:"有贼!"

弘历吓了一跳,也胡乱穿上衣服,跟着东方晓,到了前舱一看,东方龙、东方豹正同两个黑影厮杀。东方晓的脚下躺着一人,钢刀扔在一边。片刻功夫,又是两声惨叫,东方龙弟兄将黑影砍翻在地。这时,刘统勋也闻讯起来,一见弘历站在舱板上,慌忙叫道:"四爷,您怎么还呆在这儿。东方姑娘,快保护四爷去后舱。"

东方晓走到弘历跟前,用手向江面一指道:"四爷,您看!"

弘历这才注意到官船的四周围着十几只小船。船上人影晃动,寒光闪闪。方知已被贼人包围,东方三兄妹所杀的显然是刚刚登上船的贼人。

那伙贼人听见大船上的惨叫声,知道已被发觉,便一齐大呼小叫起来。就听一个刁声恶气的声音叫道:"水癞子,你先上,那一千两黄金可不是随便一个粗声大气的声音愤愤地骂道:"赤水怪,你不仗义。"

弘历听得清楚,知道这帮贼人是专为自己而来。便向船上的一个水鬼问道:

"这里是什么地方? 贼人是些什么人?"

那水鬼答道:"四爷,这里是采石矶,离金陵不远了。听他们说话,一个是当地的水匪水癞子,另一个是鄂州的水匪赤水怪,不知为何纠集到了一起。"

弘历暗暗冷笑,老三也真够狠的,居然买通这帮水鬼来截杀。今儿个非抓住你的尾巴不可。于是便向东方龙、东方豹说道:"这帮水匪是受人主使,谋杀本王,你们务必生擒一个,也好问出幕后主使。"

东方二弟兄一听,颇感为难。东方龙道:"四爷,贼人势重,不容我们手软。要命的是,水匪习惯于水上厮杀如履平地,我们在船上风浪大,摇摆不定,十成武功只能使出四成,万万不可再让水匪上船。"

东方晓却毫不在意,反驳她大哥道:"抓个活的,四爷有大用。就是冒点风险也值得。"

东方龙不满地道:"虎妹,你有本事自己抓个活的,大哥没能耐。"便向东方豹叫道,"老二,暗器准备好,千万不能让这帮王八羔子上船。"

这时,水癞子和赤水怪已经协商好了,赤水怪大声叫道:"弟兄们一齐上,做了这趟买卖,回去就发财了。"

"杀……"水匪们一齐喊叫着,十几条小船直冲向大船。

刘统勋一见,慌忙一拉东方晓的衣襟叫道:"东方姑娘,快保护四爷到后舱去。"

东方晓醒悟过来,伸手拉起弘历就往后舱跑去。

水癞子亲自指挥着小船向大船靠近。这时江中风浪越来越大,小船在浪涛中时隐时现,但水匪们如履平地,小船仍顽强地靠近大船,几个水匪借着风浪的起伏,一跃跳上大船。

大船在巨浪中行进,时而被托起老高,时而被抛入谷底。东方龙、东方豹左右摇摆着,双手紧紧扣住东方金芒、保持着身体平衡,双眼如铜铃般盯住舱板。

这时,两名水匪跳上舱板,挥舞着钢刀向前舱扑来。东方龙看得真切,叫声"着",一只东方金芒尖啸着激射出去。一个水匪惨叫一声栽倒在舱板上。与此同时,东方豹也打出一只金芒,将另一名水匪击毙。

水癞子见状哪里甘心,嚎叫着命令水匪们继续往大船上跳。东方龙、东方豹索性登上船头,对准前面的小船就是几只金芒,又有几名水匪栽落水中。

水癞子一见不妙,忙向赤水怪叫道:"大哥,你从前舱上,我带弟兄从后舱上。"说完,便指挥几只小船向船尾滑去。

东方晓拉了弘历回到后舱,先将舷窗撕破以便观察船尾的动静。但船尾一点儿动静也没有。听着前舱传来水匪的喊叫声和阵阵的惨叫声。东方晓的心里急得猫抓似的,恨不得冲出去杀个痛快。但一想到弘历的安全担负在自己身上,只得强忍着。因见弘历铁青着脸,一动不动地盯着后舱板,便问道:"四爷,这帮水匪为什么要杀你?"

弘历不便回答,只得反问道:"你说呢?"

"我说嘛,"东方晓笑道,"他们是为财,你是宝亲王,肯定很有钱。"

弘历摇摇头道:"有人出他们每人一千两黄金,我身上五百两黄金也没有。"

"那为什么?"

"为了比钱财更重要的东西。"弘历阴沉着脸道。

正说着话,忽听船尾传来一阵喊叫声。东方晓喜道:"这帮水崽子,总算来啦!"

弘历往外一看,已有两名水匪跳上舱板,东方晓纵身就要往舷窗外跳,弘历一把拉住她道:"虎妹,小心点,还是用金芒射他吧!"

东方晓一挣道:"四爷,我抓来活的给您。"

弘历见船身摇晃得厉害,厉声道:"虎妹,不能冒险。"

东方晓感觉到他的关切之意,便不再倔强,随手扣住两只金芒。看那两名水匪已近舷窗,忽地用力打出,两道金光直射出去。那两名水匪还没出声便一命呜呼了。

东方晓听到船尾喊叫声更剧。忙伸头往舷窗外看了看道:"四爷,这窗口太小,看不到两边的情况。您在这儿呆着,我到舱板上去,防备他们从两侧跳上船。"

弘历听她说得有理,只得点头说道:"千万小心,风浪大,不要跟他们较力,只用暗器制敌。"

东方晓柔声答道:"爷,我记着呢!"说完,一纵身跳出窗外。

这时,水癞子已知后舱亦有人防守,但前头赤水怪正攻得急,自己这边不便先退。只得向水匪们吼叫道:"快上。谁上去宰掉一个,老子叫邬爷多赏他五十两黄金。"

水匪精神大振,重又呼叫着跳上船尾。东方晓站在舱板上,看得清楚,早从锦囊中取出东方金芒扣在手中。见一个打一个。一会儿工夫,又有七八个水匪被打落水中。水癞子一见不妙,急叫手下退走。

东方晓听得清楚,心里着急,水匪一旦退走,哪里去抓活口。一着急,她便站在舱板上大声叫道:"喂,你们这帮水崽子,怎么像孙子似的,告诉你们,姑奶奶暗器打完了。谁有胆量上来跟姑奶奶过两招。"

水癞子一听,是个女子声音,气得大声骂道:"闹了半天是个娘儿们。大爷要是让个娘儿们给吓走了,以后还怎么在江湖上混。"便又调转头,向大船靠近,到了跟前,将身一纵,跳上大船舱板。

这时,风浪愈急,大船像只风筝一样不停地盘旋徘徊。水癞子从小长在江边,早已习以为常,跳上大船,双脚站稳,纹丝不动,一只手将钢刀抄在手中。东方晓第一次在船上对敌站都站不稳,只得不停地跳跃,掌握平衡。

弘历在舱内看得清楚,失声叫道:"虎妹子小心,用金芒取胜,不可力敌。"

"四爷放心。"东方晓摇晃着身子,左手掣剑在手。用剑一指水癞子,娇声斥道:"哪里来的山猫水鬼,也敢打四爷的主意,今天非活擒了你不可。"

水癞子借着月光一看是个娇美可人的姑娘,心里像是六月天吃西瓜,美滋滋地。淫笑道:"我说美人,早知道是你,我就不带这么多弟兄来了。来、来、来,到我的水寨做个压寨夫人得啦!"

"呸。"东方晓勃然大怒,嘴里骂着,右手宝剑当胸刺去。

水癞子正得意,忽见一道寒光刺来,吓得慌忙用钢刀来挡。东方晓不待他刀到,早变了招势,宝剑突然向下斜刺,往软肋刺来。水癞子想不到她剑法变得这么快,吓得一个大卧身匍匐在地,东方晓的宝剑只把腰间的衣服刺了个洞。

水癞子吓得冷汗直冒。其实他还不知道东方晓不习水战,剑法比平时慢了一半。要在岸上,这小子的一条腿怕是早分家了。

东方晓见接连两剑都被他躲过,心里着急,趋前几步,一个举火撩天式,直刺对方头顶。不料,因抢得急,脚下不稳,一个趔趄,险些跌倒,宝剑刺到半路只得收回。水癞子见她宝剑刺来,吓得直往后退。忽见她宝剑半路收回,方知她不善水战,脚下不稳。于是心机一动,计策顿生。

弘历起初为东方晓担心,见她连刺三剑,水匪竟无还手之力才约略放心。但仍大声叮嘱道:

"虎妹子,速战速胜,不可与之恋战。"

东方晓几个跳跃,稳住身体,右手宝剑瞬间连续三招刺向敌手。水癞子这次镇定多了,钢刀根本不做进招的打算。只是一味借着船身摇摆之势闪转腾挪,而且边躲边往后退,以引诱东方晓来攻。

东方晓连刺几剑都没得手,心中便觉不安,左手暗将金芒扣在手中,以便紧急时打出,右手剑仍是一阵猛攻。

水癞子渐渐退到船尾,东方晓仍是不依不饶,剑剑不离水癞子的胸前、

脖颈。有几次差点将水癞子逼下水去。但水癞子凭借绝顶的船上功夫，在船舷边飞腾蹿越，得心应手，反将东方晓也诱到船舷。他见时机已到，突然一个大跌身、上半身突然倒向船舷外。东方晓一见大喜，一步欺上，挥剑直刺对方胸前。不料，水癞子突然一个倒身，全身只用双脚倒挂船舷。东方晓一剑刺空，慌得撤身，哪知一脚蹬空，大船倾斜，身子倒向船外。惶急中左手金芒骤然打出。水癞子刚翻身上船，正中腰部，疼得他大叫一声栽倒在舱板上。东方晓却失身落入江中，瞬间被汹涌的江水吞没。

弘历看得真切，顿时心胆俱裂，一脚将舷窗踢开，纵身窜到舱板上向着轰鸣的江水呼叫着："虎妹子！虎妹子！"

这时，前头赤水怪见大船上暗器厉害，自己已有十几名弟兄被击落水中。只得使出最后一记狠招。只听他向身旁的水匪们大声叫道："孩儿们，下水！凿沉大船。"

水匪们听见老大号令，立刻从身上取出准备好的烧酒，一仰脖子，一壶烧酒全部下肚。随后酒壶一扔，一个个跳进冰冷的江水中。

刘统勋听见水匪的喊叫声，吓了一跳，慌忙带着一班官兵水鬼挨着检查舱底，不多时已发现几处舱底被凿通，江水汹涌而入，刘统勋带着人拼命堵漏。但漏水处越来越多，哪里顾得过来，大船开始进水。

东方龙、东方豹在舱板守了一会儿，不见水匪靠近大船。听到刘统勋等人的惊呼声，方知水匪另施新招。两人慌忙跑进舱内，见江水已漫出舱底，惊得呆住了。

刘统勋惶急中突然想起弘历，急得向东方二兄弟叫道："快，快去看看四爷。"

三人急匆匆冲进后舱，后舱也被水匪凿通，江水已没至膝下。但不见弘历的踪影，三人正惊疑，忽听船尾舱板上传来弘历凄惨的呼叫："虎妹子，虎妹子……"

东方龙、东方豹一步跳到舱板上，看到弘历万分悲伤的喊声，方知妹妹已跌落江中，忍不住号啕大哭。东方龙一转身看见一个水匪还在舱板上蠕动，忙上前一手提起，另一手挥掌就要劈。

"住手！"弘历上前拦住，阴沉着脸说道，"且留他一个活口，好问出何人指使，抓住主使之人，为虎妹子报仇。"

东方龙只得大叫一声，将水癞子扔下。刘统勋急得叫道："四爷，这船眼见要沉，怎么办？"

弘历这时方知他们已面临绝境，急得四处张望。这时天已微明，江上情形已清晰可见，突然，他惊喜地叫道："看，有船过来了！"

刘统勋顺他手指的方向一看，果然有五六条快船排着一字形向大船驶来，几个人惊喜不已。不料那几条快船突然改变航向，向几条水匪的小船追去。刘统勋隐约看到当头的一条船上悬挂"李"字红旗。高兴地叫道:"是官船,李卫的官船!"

弘历急忙命道:"快,喊他们过来救本王性命。"

刘统勋双手罩在嘴上大声喊道:"宝亲王在此,速来救驾!"

那几条快船听见喊声,忙弃了水匪小船,向大船靠近。走得近了,方看清当头快船上站着个捕头打扮的中年汉子。中年汉子见大船已没到船舷,不待靠拢,一个纵身跳上大船,高声叫道:"宝亲王在哪里? 快随奴才走。"

"在这儿呢!"刘统勋慌得拉着弘历迎上前去。这时,几条快船已靠拢大船。中年汉子来不及行礼,只说声:"李制台命奴才来迎王爷。"便半扶半背将弘历扶到快船上。东方龙、东方豹拖着半死的水癞子也和刘统勋一道上了船。大船上的仆佣、杂役、官兵、水鬼上了另几条快船。众人刚离开,大船就沉没了,惊得众人唏嘘不止。

弘历登上快船,虽然脱离了危险,但一想到东方晓葬身江中,悲痛难忍,脸上像是挂了一层严霜。中年汉子以为他怪罪自己救助来迟,慌忙上前请罪。

"奴才韩景琦迎接王爷来迟,让王爷受了惊吓,罪该万死。"

弘历一听这人就是李卫手下大名鼎鼎的缉盗能手韩景琦。不由打量了他一番。韩景琦原为金陵的一名镖头,后为李卫起用,查盗枭,缉海盗,屡建奇功。尤其一举破获甘凤池的窝点,使得浙省的混乱秩序得以大治,韩景琦功不可没。但弘历一想到李卫竟不亲自接驾,心中便有气。便问道:"李卫现在何处?"

"回王爷,李大人就在前面江宁织造府内恭候您。"

"江宁织造? 你说的是曹家? 李卫怎么会在那里?"

"回王爷,不光李大人在那儿,两江总督范大人也在。"

弘历一怔,莫非曹家发生了什么事?

江宁曹家是当地名门望族。曹家现在的主人曹𬣙在其祖曹玺、父曹寅死后继任江宁织造,曹家连续三代任职江宁织造。曹家属汉军正白旗,是皇室的"包衣",曹𬣙的曾祖母是康熙的乳母,曹𬣙的父亲曹寅则是康熙的奶兄弟。康熙即位时,曹家得以重用,曹玺当上了专办皇帝及官署纺织品等事务的江宁织造,其后两代继任江宁织造。曹玺之子曹寅博学多才,康熙帝对他特别赏识。六次南巡,有四次都住在曹寅的江宁织造署内。最后两次康熙帝还带着最宠爱的皇孙弘历,所以弘历对江宁曹家非常熟悉。

采石矶距江宁不过二十里地,韩景琦的快船顺流而下,很快就到了。弘历、刘统勋等人在韩景琦的引领下登上岸,浙江总督李卫、两江总督范时绎带着一班戈什哈、笔帖式早在岸上等候,一见弘历上岸,李卫、范时绎慌得迎上前去,齐甩马蹄袖,跪地请安。

弘历藏着一肚子愤怒,但碍着两人的面子,不便发作,只说了句"免礼吧",便让两人引领着直进了江宁织造署内。

弘历刚一坐定,范时绎便迫不及待地说道:"四爷,您来的正是时候,奴才有一肚子的委屈无处诉说,您可得给奴才做个主。"

弘历心里烦,懒得理他,坐在那儿一声不吭。范时绎没在意宝亲王的心情,自顾自地诉说道:"怡亲王爷查曹家历任亏空钱粮达百万两之多,着奴才查抄曹頫家。奴才奉命办差,尚未完结。李又玠(李卫字)随后赶到,在曹家夹墙内搜出高六尺的金狮一对。此金狮乃帝王之制才能享用之物,当然不是区区末节。李又玠便借此指责奴才怠渎公差,心存恂念。四爷,奴才不管怎样也是朝廷一品大员,李又玠出言冒犯,实是恃宠傲物,粗鄙无礼。"

弘历听说曹家被抄,心念稍为之一动,但东方晓失足落水一幕顷刻间又填满脑际。耳边,李卫的粗鲁的声音反驳道:"老范,你不要在四爷跟前恶人先告状。我李卫是个粗鲁人,只知一意报效圣恩,不像你们读书人做官瞻前顾后,算得算失。你老范身上的脓包,我会挨着个儿的挤。上次甘凤池一窝子从你的眼皮底下开溜。你怎么解释?你以为我不知道你和他们有那么一腿。我老李打开天窗说亮话,这件事我已上奏了皇上。今天你奉怡亲王的命,查抄曹家。人马未到,声势先到。这不是故意给曹家送信,让他们转移钱粮吗?你的心思甭指望瞒我老李。你是同情曹家。觉得圣祖爷南巡住在曹家,曹家的亏空都是迎接圣祖爷的驾造成的。你以为这样做是维护圣祖爷的圣颜,其实万岁爷和怡亲王早将曹家接驾的花销刨去。就是圣祖爷驭天后,曹頫的亏空还越来越多。值得你老范同情吗?我来曹家是奉旨而来。那对金狮子也是先有人举报才搜出的。老范,什么事都明摆着。就是你的脑筋硬着了。"

弘历听得脑袋都快炸了。霍然站起,怒道:"你们尽管吵好了,什么时候吵够了,再来见本王。刘统勋,咱们走。"一边斥骂着,一边拉起刘统勋走进一间侧房,随手将门关死。

李卫和范时绎吓得全跪在地上,磕着头爬到侧房门前,哆哆嗦嗦地叫道:"四爷息怒,奴才该死!""宝亲王,您开门,奴才向您请罪。"

弘历更加恼怒,声嘶力竭地叫道:"刘统勋,让他们滚!"

刘统勋慌忙打开门,说道:"两位大人,四爷正值盛怒之时,你们还是待会儿再来请罪吧。"

范时绎、李卫慌得磕了头,站起身来,连声道:"是……是……"忙不迭地走开了。

弘历赶走李、范二人已是泪流满面。东方晓给他的两天两夜的恩爱是那样刻骨铭心。眼前忽而显现她娇嗔的一笑,忽而显现她忘情的拥抱,忽而显现她跌落江中。半个时辰过去了,他终于冷静下来,口里喃喃地说道:"我要为她报仇……"

刘统勋一声不响地站在他身旁,暗暗捏着一把汗。弘历从来没有这样失态过。这会儿稍有不慎惹怒了他,眨眼功夫便会人头落地。站了半天,听他嘴里嘟嘟喇嚷嚷。忙赔着小心问道:"四爷,您有什么吩咐?"

弘历牙齿咬了又咬,一字一顿地说道:"把水匪带进来。"

刘统勋瞥见他眼里的仇恨,心里一紧不敢多说,赶紧退出门去。到了大门外,见到东方龙、东方豹二弟兄,忙叫他们去带水癞子。

不多会儿,东方二弟兄架着水癞子跟在刘统勋身后来到弘历面前。刘统勋怒喝道:"大胆水匪,见了宝亲王还不下跪。"

水癞子的左腿被东方晓的金芒击断,只能靠右腿站立。一听眼前就是自己要刺杀的宝亲王,知道再无活命,索性将脖子一硬,朗声道:"大爷既敢做,就敢当。要杀要剐,随便来,皱皱眉头,不算条汉子。"

"好一条汉子,"弘历仰起脸讥笑道,完全没有了刚才悲愤欲绝的神态,谈笑自如地说道,"可惜你只是为了一千两黄金,就是站着死,也没有人说你是好汉,也还是死得不值。本王给你个明白话:不杀你。"

"不杀我?"水癞子惊奇不已,忽而笑道,"把话说透吧!大爷喜欢痛快。"

"好,痛快。本王放你走,还给你一千两黄金。但你必须说出是受何人指使。"

"行,我说。反正那小子也不地道。大爷没必要给他藏着掖着。"水癞子爽快地说道:"这桩买卖是鄂州赤水怪揽下的,他怕自己做不下,才拉着我来做。我怕这小子耍我,便派人去鄂州打探。赤水怪的手下中有我的内线,经打探才知道是一位京城来的邬先生做的这笔生意,酬金极高的,赤水怪那小子心黑着呢……"

弘历一听,果真是老三。忙追问道:"你可打探到这位邬先生为京城哪位大爷做的生意?"

水癞子摇头道:"吃我们这行饭的,只关心酬金,不在意客人。"

弘历知道再问不出新的内容。便向东方二兄弟说道:"你们也都乏了,先下去歇息吧!"

东方龙、东方豹不放心地看了水癞子一眼还是起身告退了。

弘历等他俩走出门去,才向水癞子说道:"本王说过饶你性命,绝不食言。但你必须依着本王,本王叫你怎么说你就怎么说,不必害怕别人。本王是宝亲王,救你一命,易如反掌。"

水癞子听他啰里啰嗦,不耐烦地道:"你只管说,要我怎么做?"

"待会儿李制台审讯你,你只咬定那位邬先生是京城里的三贝勒爷派他来买通你们谋杀本王即可。"

刘统勋一听,吓了一跳,心想这位四爷也够狠的,不管是真是假,便将罪名扣在弘时身上。

李卫、范时绎去织造署外转了一圈回来,因不知弘历心情好些没有,便忐忑不安地站在门外等候。

不多会儿工夫,刘统勋陪着弘历走出房门。李卫、范时绎慌得跪倒在地,连声说道:"奴才给王爷请安。"

"奴才特向王爷请罪!"

弘历看也不看他们一眼,大步走过。刘统勋却停步说道:"两位大人,宝亲王在你们管辖境内遭贼人谋刺,你们难辞其咎。屋里的那个水匪务必严加审讯,查出幕后主谋,给四爷一个回答。"

"是……"李卫、范时绎连忙应道。

刘统勋又道:"四爷要去金陵,二位大人还呆在这儿干什么?"

范时绎忙向李卫道:"又玠公,你是缉盗的行家里手,这水匪就由你带去,当着宝亲王的面审讯,曹家的事就交给下官办好了。"

李卫一看,眼前只能先顾宝亲王这头,于是点头同意,带着韩景琦等一班人保护着弘历往金陵来。

第二十五章　宝亲王暗查遇刺案
邬思道漏疑惹弘时

府衙设在金陵的江南巡抚尹继善得报宝亲王到来,亲率金陵文武迎出十里,在接官亭设酒宴为弘历洗尘,恭送入巡抚衙旁边的驿馆内。李卫因雍正为他专设浙江总督一职,故在金陵也有临时衙署,当下李卫便将水癞子带回衙署审讯。

弘历在驿馆呆了一个时辰,满脑子都在想着东方晓的死。他自己也明白这样的情绪对自己极为不利,必须想办法从失去东方晓的悲伤中解脱出来。于是一个人走出驿馆的大门,看见西面隔壁就是尹继善的江南巡抚门,便信步向门前走去,东方龙、东方豹远远地跟着。

尹继善接待完弘历后,回到衙署刚办理完公务,正要起身往后院去。忽有戈什哈进来报:"禀抚台大人,宝亲王来了,就在门外。"

尹继善吃了一惊,自己刚刚接待过宝亲王,他怎么又来衙署?莫非有事?忙斥道:"既是宝亲王来到,还不快些请进。"边说边往门外急走。还没到门口,弘历前脚已迈进门内。

尹继善慌忙施礼让座,命人献茶。谦恭地问道:"四爷来奴才衙门,不知有何训谕?"

弘历经这一问,才意识到自己来得突兀,忙轻松地一笑道:"本王待在驿馆里有些烦闷,随便过来看看。你不必拘谨礼节。"

尹继善已经知道弘历在采石矶遭水匪袭击失了个女侍,听了他的话,明白过来。便说道:"奴才体察不详,请四爷恕罪。"

弘历宽容地一笑道:"你们这些封疆大吏公务繁冗,担子不轻,本王奉旨巡视,要亲自到地方听听看看。要是整天被你们这些地方官围着,还不如果在京城看你们的奏折呢。"

尹继善钦敬地看了这位少年皇子一眼,说道:"四爷果真圣明。为政者最忌受人蒙蔽,奴才任上如有失政之处,请王爷当面训示。"

正说着话,驿丞进来,向尹继善禀道:"京城鄂相爷有急信托抚台大人转交宝亲王。"说完,双手将信函呈上。尹继善侧过脸道:"宝亲王在此,就面呈吧!"

弘历接过信札,当众撕开。展开信笺一看正是鄂尔泰的亲笔。信中说,已按宝亲王的意旨,察明弘时身边有一可疑的师爷。据侍卫说,这位姓邬的师爷深得弘时信任,一路南下,不离左右。但在返回途中,突然没有音讯,此人行迹极为可疑。

弘历看完，已知这位邬师爷就是买通水匪截杀自己的那个人。看来一切都由弘时一人所为。于是，不动声色，将信札收起，正要接着原先的话题说下去，戈什哈却又进来报："两江总督范大人求见宝亲王。"

弘历点头道："请范制台进来，陪本王说说话。"

不多会儿，范时绎低着头进来。他是从江宁办完曹家的案子赶来请罪的。先去驿馆听说弘历在巡抚衙门，便赶过来。

范时绎小心翼翼地给弘历磕头谢罪。弘历像是忘了似的，口气温和地说道："你来得正好，本王正想听听你这位朝廷大员的政见呢！"

范时绎看他情绪极好，放下心来，忙殷勤地说道："四爷错爱，奴才一定直言。只是奴才不知说哪一方面？"

"这个不拘。"弘历宽容地一笑道，"大到大政国策，小到百姓生计，但有真知灼见，只管说来。"

"是，"范时绎道，"现今西北战事日非，岳钟琪谎报军功……"

弘历一听，吃了一惊，惊问道："西北战事怎样？"

尹继善不解地看着弘历说道："昨日的邸报四爷不是看了吗？"

弘历恍然大悟，才想起昨天的邸报里确有西北战事，只是当时自己沉浸在痛失东方晓的悲愤中，根本没放在心上。想至此忙掩饰道："西北战事，朝野关注。两位有何见识？"

尹继善叹息一声说道："岳钟琪贻误战机，纵敌逃去。徒然拥兵数万，不能料敌于先，复不能歼敌于后；而谎报军功，尤其可恨。皇上削其公爵，议处斩监候，实不为过。"

弘历暗暗吃惊，想不到仅仅不到一个月，西北战事糟糕至此。皇阿玛不是专设军机处，统筹西北事宜吗？十三叔、鄂尔泰、张廷玉这班干国之才也会有失策的时候。正胡思乱想，却听范时绎慨然道："西北兵败，东美罪不可恕。但罪不全在东美。据说准噶尔兵马来袭时，满将查凛不战而逃，致使全线皆溃。东美副将王灿将查凛当场军法从事。东美因曾静一案怕受牵连，遂将满将查凛兵败的事隐匿不报，谎称打了胜仗。皇上初始犒奖，后知实情，龙颜震怒。着满将查郎阿取而代之。阵前易帅，军心不稳，安得不败。"

尹继善听他言语之间，对满人兵将颇有微词，心中不满，便道："岳钟琪乃川陕督帅，不论满将汉将都归其节制。倘若赏罚分明，号令统一，存恤士卒，虚纳善言，断不至于将帅离心，师久无功。"

弘历听他两人争执，便从中说道："东美失策，满将骄横，皆是西北兵败之故，故宜具折上奏，其后用兵，以此为鉴。两位不要为政见不一红了脸。皇上的新政，河南的田文镜一力地推行，直隶的李绂却推三阻四，李绂也并非完全反对新政，只是还没看到新政的好处而已……"

尹继善听弘历扯出了田文镜和李绂，观其话音，可知他真没看昨日的邸报，于是便说道："四爷，您休说田文镜和李绂。这两个倔头已顶出个你死我活了，还捎带着监察御史谢世济。"

弘历愕然不解，问道："元长（尹继善字元长），怎么回事？"

尹继善道："李绂不满田文镜在河南所为，在赴直隶总督任上，途经开封还和田文镜对面争吵过。到了京城，便具折参奏田文镜，但田文镜已先奏密折。皇上未做表示。谁知这时杀出个御史谢世济。他刚上任不久，也上了一道弹劾田文镜的奏折，所讲竟与李绂一一吻合，丝丝入扣。皇上由此推论谢世济是受了李绂的指使。李绂和谢世济被列为'朋党'。皇上一贯痛恨科甲出身的官员私结朋党，互为庇护，腐败吏治。一怒之下，将李绂、谢世济革职待问。这事儿恐怕还不能完。"

范时绎不屑地说道："田文镜非科甲出身，一向以耿介自诩。其实他的花花肠子比及第的进士都多得多。他参奏李绂的折子里，无端诬称李绂结党营私，把圣上的注意力引向一向痛恨的朋党上。谢世济也赶得正是时候，便被皇上对号入座了。田文镜以言辞左右圣意比任何读书人都高明，权术高明到家了。"

弘历听他言辞之间，对皇上颇有怨意，面露愠色道："皇上于君臣之礼一向推崇公诚二字。何为'诚'？《礼记·乐记》云：'著诚去伪，礼之经也。'诚，即天道在人间的现实体现，是臣事君的基本准则；诚即忠也，坦诚相待才是处理君臣关系之根本。皇阿玛常训谕臣下，君臣之分，最亲最近，只要你们事君同心一德，偶有错误，为君者必洞鉴其情，不加责备。田文镜得获异宠即在于他唯知有君，忠心耿耿。诚贪若浼，嫉恶如仇，虽有小节不淑，皇阿玛亦不为罪。李绂、谢世济，究其苦心，徇私排陷实为维护科甲人既得之私利。他们获罪也是咎由自取。"

尹继善是满洲镶黄旗人，一向对汉人官僚拉帮结派、互为党援深恶而痛绝之。便附和着说道："四爷训谕的是，科甲官员侈谈道学，不务实政，只能因循守旧，博安静持重之虚名。前次各地整顿吏治，清查亏空所遇最大阻碍就是官员们的偏徇庇护。奴才任内，钻营势利之徒，也是广通声气，投拜门生，一拜师生，遂成朋党，求分说情，每每以直为曲，偏徇庇护，不顾纲纪。此陋习自隋唐科举以来相沿多年，难以易移。我圣主洞悉其奸，抑压科甲朋党，实属必要。"

范时绎只是对田文镜得雍正异宠心怀不满，并不反对皇上打击科甲朋党。没想几句牢骚话引起宝亲王和尹继善的一番议论，自己倒像豆腐掉进灰堆里——吹打不干净，竟闷声不响半天没有说话。

这时，驿丞引着一名太监直入中厅，高呼："有谕旨！"

弘历、尹继善、范时绎慌得离座起身，跪伏在地。弘历眼角扫去，认得正是奏事处的太监王太平。

王太平尖声细气的嗓音高声念道："范时绎协同浙江总督李卫缉贼不力，致使逆酋甘凤池漏于法网，为祸朝廷。着即革去两江总督之职，交部议处。两江之职着江南巡抚尹继善署理，克日进京陛见。钦此！"

弘历、尹继善不约而同地看着呆若木鸡的范时绎。这道谕旨来得太不是时候，倒像是有意作弄范时绎。两人都有些不自然。尹继善不安地说道："范大人，不要着急。下官回京陛见时，一定跟皇上做些解释。"

范时绎醒悟过来，谢过圣恩。轻松地一笑，向弘历说道："四爷，奴才打心眼里感谢皇上的这道谕旨，这两江总督的任上实在难为。圣上总算卸了奴才的担子。谢主隆恩，谢主隆恩！"

弘历因为看见李卫、尹继善对待范时绎的态度，所以一下就听出他话中有话。范时绎是两江总督，官位比李卫、尹继善都高。但李卫深受雍正宠信，皇上还专为他设置了浙江总督一职，他因经常缉盗而插手江南几省的事务。尹继善是大学士尹泰之子，是旗人中最年轻博学的才子，年不到三十即位列封疆，深得雍正信任。这两位宠臣硬生生将两江总督范时绎架空了。范时绎故心有怨言，早有离任之心。

尹继善见范时绎不理睬自己，不便再说什么。便站起来欲向弘历告退，却听范时绎说道："尹大人，待会儿请到总督衙门办理印信文牍案卷交接手续。下官先行告退。"说完又向弘历拱手一揖，退出大厅。

弘历也觉得这时是出巡以来最乏味无聊的一刻，正想回去，却见驿丞进来禀道："王爷，李大人正在驿馆恭候。"

尹继善起身送弘历到衙门外，却见李卫正同刘统勋赶到门外迎接。弘历进了驿馆，向跟在身后的李卫问道："又玠，你有什么事？"

李卫眼睛扫视四周，迟疑着说道："四爷，还是去您房间说吧！"

弘历已猜到他要说什么，便向身旁的刘统勋示意一下。刘统勋立刻告假说道："四爷，奴才有点私事要办，先行告退。"

待刘统勋走后，弘历带李卫进了房间，还没坐定，故意大声说道："又玠，什么事神神秘秘的？"

李卫神色庄重低声说道："四爷，奴才刚才审了那个水匪，他供说是受一位邬先生买通谋害四爷，而邬先生又是受京城的一位显贵所托。"

"京城的显贵，是谁？"弘历故作惊奇地问。

"是……是三贝勒！"李卫努了努嘴，终于说出口。

"三阿哥！"弘历失声叫道："他怎么会……"

"如果真是三贝勒所为，此事非同小可。是否奏明皇上？"

弘历显得异常震怒道："想不到三哥竟会对本王下此毒手。人心不古啊！皇阿玛如果知晓会怎么想？他老人家身历皇储之争的痛苦，一定会迁怒于三阿哥。三阿哥难道也是为争大位谋害于本王?"

李卫愤懑地说道:"不是为此,那是为什么! 奴才眼里揉不得沙子,这件事一定要弄个水落石出。三贝勒押解钦犯遭贼逆半路拦截,贼逆眼见得手却自行退去,其中必有缘故。从信阳到金陵,四爷两遭劫难也决非偶然。甘凤池其人,奴才知之甚详,此人虽是贼逆,行事却光明磊落,绝不会以暗杀的手段对付四爷,奴才怀疑那个邬先生是个比甘凤池阴险十倍的逆贼。"

"那个邬先生也是逆贼?"弘历吃惊地问道,这倒真出乎他的意料。

"四爷当然不知道。圣祖爷时,前明朱三太子隐匿民间,为逆贼念一和尚、甘凤池等奉为明主,蛊惑民人在浙省大岚山举旗造反,被圣祖爷剿灭,念一被诛,朱三太子也被押解到京城伏法。但其二子为甘凤池等残余逆匪搜走,至今下落不明。奴才在浙省查获甘凤池等人窝点,倒也缉捕不少贼逆,但甘凤池和朱三太子之遗子仍然未获。甘凤池不足为患,但朱氏后裔恐为乱民所乘,贻害我朝。奴才日夜不安,今图谋四爷的逆贼是不是朱氏后裔,奴才一定要弄个水落石出。"

弘历听着,倒吸冷气。原只想到老三和自己在皇阿玛跟前争宠才下此毒手。经李卫这么一点拨,恐怕有人借老三之手,另有图谋。但无论怎样,老三这个敌手非扳倒不可,东方晓的仇一定要报。弘历是个极有心计的人,对李卫施欲擒故纵之计,于是说道:"又玠,亏你提醒,我原是只怪三哥下手狠,想不到当中还可能有曲折。此事还需你这缉贼能手详细查明,再做结论。况且皇阿玛身受皇子争储之苦,对竞争一向深恶而痛绝之。又玠你要谨慎,不要惹怒他老人家,毁了自己的前程。"

李卫性格豪放粗疏,做事从不瞻前顾后,听了弘历的话连连摇头道:"四爷这么说是小看李卫了。皇上对奴才宠信有加,奴才应该以死报效圣恩才是正理,怎么可以为保一己之私,隐匿匪情不报,不管皇上信与不信,还是有其他的猜疑,奴才愿承担一切后果,与四爷无关。"

弘历满意地点点头,却说道:"刚刚有谕旨到来,范时绎被革去总督职,尹继善署理两江总督。"

李卫并不感到意外,笑笑说道:"皇上给奴才朱批谕旨早透出风来了。"一会儿又收了笑容道,"四爷的安全比什么都重要,奴才想奏请皇上结束四爷的巡视,亲自护送四爷回京。正巧,奴才也该回京述职了,四爷以为怎样?"

弘历带着正色点点头。此次出巡,江南几省基本上也看过了。李卫的政绩还不错,浙江治理得井井有条,府库充盈,百姓安居乐业。而且还设了义仓,即使年成不好,遇上灾荒年,也足以应付。最重要的是李卫忠勇可信,能保护自己安全回京,如果皇阿玛恩准,本王即刻回京。尹继善也要回京陛见,正好同路。

弘时押解着曾静、张熙离了信阳,一路晓行夜宿,还算顺利,经过二十多个日夜,终于到了京城地界。

还没到丰台,弘时就派人骑快马往宫里送信,他的意思是第一次奉旨出京办差圆满完成任务。皇阿玛要是一高兴,派个一品大员出城迎接,自己可就风光到家了。但是好事不是想想就来的。人马过了丰台,也没见着一个人来迎他,只得自己带着人马囚车进永定门,到了城门口,总算见着个大内太监,传皇上口谕,叫弘时先行将钦犯交由刑部看押,然后去朝房等候陛见。

弘时将曾静、张熙押解到刑部衙门门口,自己进去,办妥人犯交接手续。亲眼看着刑部来人提走人犯,才不顾一路劳乏往朝房等候陛见。

今天不是朝会的日子,但宫里的人特别忙。弘时远远地看见军机房和养心殿之间太监、书吏抱着文牍卷宗来回穿梭,忙个不停。当中还夹着不少二、三品的官员出出进进,一片繁忙的景象,也有进出宫的官员和太监不时从弘时身旁走过,有认识的,忙着施礼问安,之后又都匆匆离去。

弘时等了一个时辰,也不见有人来宣召。他还是早上在丰台吃的点心,到现在已经两个多时辰了,早已饥肠辘辘,便有些耐不住,见里面走出一个兵部的官,忙过去一把拉住问道:"喂,皇上在忙什么呢?"

那官员一看,认识是三贝勒,慌忙施了礼说道:"皇上这阵儿正忙着呢。贝勒爷您还不知道,西北战事不利,岳钟琪谎报军功,皇上动了怒,夺了他的兵权,派查郎阿署理西路军务。此路的傅尔丹也是有勇无谋,中了大、小策零敦多卜的计,二万大军只有二千人逃回。皇上无奈,降了傅尔丹的军职,以顺录郡王锡保代为靖边大将军。但我官军仍连吃败仗。皇上在一个月之内三易主帅。仍不见战局转机,这阵儿,怡亲王、鄂相爷、张相爷都没昼没夜地守在军机处。"

弘时一听,傻眼了。照这样不一定何时才能召见呢。想回府去,又不敢。因为是奉旨召见,自己哪能等得着急就走呢,眼见着日头西沉,弘时实在耐不住。看见一个小苏拉太监走过来,急忙喊住。

小太监一见是三贝勒,慌忙施了礼。弘时道:"烦请小公公进去跟皇阿玛说一声,我在这儿等候陛见快一天了。"

小太监连忙摇头道:"皇上这时候心里烦着呢,奴才可不敢拿脑袋开玩笑。"

弘时急了,忙从身上摸出一块银锭塞进小太监的宽大衣袖里,央求道:"小公公,帮帮忙。机灵点,瞅准机会。"

小太监只好点头同意。去了老半天,才回来说:"皇上说了,今儿个太忙了,明天再来吧。"

弘时像泄了气的皮球,跌坐在地,心里好生怨恨,如果换了宝亲王弘历,皇阿玛决不会这样对待他。

怨恨归怨恨，第二天弘时还得早早赶到朝房等候陛见，今儿个他是耐着性子等下去。还好，天刚巳时，便有执事太监来传旨召见。

弘时整理一下衣袍冠带，大步走进养心殿，见殿内只有皇阿玛和十三叔允祥。雍正自是端坐在御座上，允祥却是半躺躺椅。弘时到了御座，跪倒施礼，"儿臣给皇阿玛、十三叔请安！"

雍正面色温和地说道："起来说话吧！"

弘时站起身，允祥用和蔼的目光看着他，声音虚弱地说道："弘时，你这次差事办得不错，有长进、有出息了。昨儿个你皇阿玛太忙，没能召见你，你不要有什么想法。"

"哪能呢！十三叔。"弘时谦恭地一笑说道，他从小就喜欢十三叔脾性好，讲信用，比起一向凶巴巴的皇阿玛，他更喜欢接近十三叔。当看到允祥脸色枯黄的时候，弘时走到跟前，显得很难过地说道："十三叔，您身体不好，就不要太操劳了。"

雍正十分满意地看着弘时，觉得他变得越来越懂事，也许是他人近中年的缘故吧。自己觉得从前那样待他太不公平，此刻心中涌起一种慈爱之情，脸上挂着慈祥的笑容说道："弘时，你十三叔刚才请求朕赐封你为盛郡王，朕答应他，明日就在朝会上宣布。同时为示朕不偏袒于你，敕封弘昼为和亲王。"

"谢皇阿玛恩典，谢十三叔恩典。"弘时意想不到的高兴，连忙磕头谢恩。虽说盛郡王比不得宝亲王、和亲王级别高。但毕竟圆了自己的王爷梦，今后在人前也抬得起头来。看来依着邬师爷的话做，果真见成效，几年以后说不定比老四更得皇阿玛的宠爱呢！

雍正又道："你押解钦犯平安抵京，也算大功一件。曾静一案，非同小可，朕做梦也没想到天下竟有人这样诬蔑朕。其逆情之大，在本朝前所未有。其所诬朕十大罪状，朕当一一辩白于天下。"

允祥左手在躺椅的扶手上无力地抬了抬，粗喘了一口气说道："皇上乃万乘之尊，怎好与区区逆匪同堂对质。依臣弟之见，莫若遣一得力大臣先审讯，再做他计。"

雍正叹息道："朕也想省心，却难如愿。前次遣海兰、杭奕禄会同湖南地方审讯逆犯，均未得到预期的结果。杭奕禄、王国栋等人鼠目寸光，他们只看到逆犯赤裸裸地造反，不能看到隐藏在逆犯身后无形的主谋。曾静逆书中语涉朕即位以来所有重大事件。他一个穷山僻谷的儒生，何以知之甚详，谣言由何而来？前日宝亲王弘历由信阳递来折子，奏称曾静谋逆受惑于浙江名儒吕留良。吕是圣祖朝理学名家，一贯仇恨我朝，在士林中影响相当大。虽然他已死去几十年，逆犯曾静仍奉为宗师，承其反清复明之衣钵，心存谋逆之念。朕自圣祖皇帝之后承继大统，即致力改革，铲除积弊，清查钱粮,推行耗羡归公和养廉银制度,整饬吏治,追赃、抄家、惩贪、打击不法绅缙,抑压科甲,摊丁入亩,毫不手软,才有今日的政治稳定,百姓乐业、国库充盈。但朕心里也清楚,得罪了不少人,官僚、绅缙、士子当中反对朕的大有人在。至于塞思黑、阿其那之流自不必说。这些人心怀不满,恶意造谣惑众,诋毁朕躬。加之吕留良流毒在世,汉人仍有强烈的反满情绪。此等舆论,干系我大清江山社稷的稳固。所谓千里之堤,溃于蚁穴,不可不防微杜渐。但朝野非议,朕不便指明,公开论辩也不便追诘造谣者,只好隐而不发。曾静现在自己跳出来,对朕来说未尝不是件好事。"

雍正的这一番发自肺腑之言也只有在自己最宠信的弟弟允祥面前才肯说出来。允祥听得连声慨叹不已。曾静一案,不过一个小小的痴人说梦的政治案件,高明的皇上却将它当作抨击政敌、肃清反满流毒的绝妙武器加以淋漓尽致的应用。怪不得当年他在争储战中能力挫群雄、一击成功。

慨叹之余,允祥决定自己拣重担子挑,便说道:"如此说来曾静一案的审理非同小可,还是由臣弟亲自主审吧!"

"不,十三弟。"雍正摇着左手关切地说道,"这些日子西北战事扰得朕头痛,你也受累不少,这样的身子骨,再也经不起折腾了。朕就不相信满朝的大臣竟无人理解朕意,审理好曾静一案。朕已决定交由刑部尚书达哈维会同九卿翰詹科道主要官员公开审理,不管涉及任何人事都不许隐讳,包括朕在内,有什么难以决断的事,可直接问朕。"又转向弘时道,"你十三叔有好些天没回府了。你陪他回府歇息吧,身子骨儿要紧。朕已命各地督抚注意访寻名医给老十三叔治病,弘时你也留意点,那班子御医太没用了。"边说边又叹息着骂几句。

弘时道:"儿臣日夜挂记着十三叔,只是还没遇着能医好十三叔的人。"说完,走到允祥跟前,双手扶着他起来。雍正也亲自站起,送允祥出了养心殿,才回到御座准备拟旨。

弘时送允祥到午门外,亲自扶着他上轿,然后骑着马跟在轿后,护送进怡亲王府,允祥由他搀扶着进了卧房歇息,弘时还没有离去的意思,孝敬地为叔叔揉搓着肩头和后背。允祥从没见过他这样孝顺。心里舒帖极了,惨淡的脸上显出欣慰的笑容,说道:"弘时,你也乏了,歇会儿吧!三十大几的人了,直到今儿个才像长大的样儿。不是十三叔说你,你没有弘历懂事儿早,不过也不要紧,你只要照你皇阿玛的训谕去做,你皇阿玛也会喜欢你的,今儿个封你个盛郡王那就是证明。"

弘时听他说弘历,忙关切地问道:"十三叔,四弟最近有消息到京城没有?他第一次出巡天下,我也为他担着心哪!"

允祥赞叹道:"难为你们手足情深,你皇阿玛常跟我说,他再不愿看到你们弟兄像父辈一样为争权夺利没了手足之情。塞思黑、阿其那谋逆之心不死，你皇阿玛不得不把他们圈禁起来，以绝天下祸患，这都是无可奈何的事。噢，忘了回答你，弘历还没有消息传到京城，算着他也该到了江浙二省。"

弘时约略放了心，又陪着说了会儿闲话，见怡亲王妃带着两个丫头进来，忙上前见过礼然后向允祥道："十三叔，您老可要保重身体。皇阿玛不能没有您，大清国不能没有您。"

允祥挥挥手笑道："你就放心地走吧！你十三叔死不了。再说我也不像你说的那么重要。离了我，太阳还是东升西落。"

弘时又向怡亲王妃揖了一揖，告辞出府去。这时已知弘历没给皇阿玛递折子，心里略安定些。到了怡亲王府外，两个亲兵正牵马等候，正要上马，却见一乘绿呢大轿在门前停下，一名朝廷一品大员从轿中走出。弘时一看，认识来人是刑部尚书达哈维。达哈维一抬头见是三贝勒，慌忙上前施礼道："是贝勒爷，您也在怡王爷府上？"

弘时猜想他是找怡亲王有事。这段时间，他在邬思道的调教下，开始对政事关注起来，也就多了些心眼儿。当下便脸色一沉道："达哈维，你有什么事非来烦怡王爷，难道不知道他老人家的身体经不起折腾。告诉你皇上可是有口谕，命怡王爷在府里好好歇息，言外之意就是叫你们少去烦他，明白吗？"

"奴才明白，"达哈维脸上汗涔涔的，堆着笑脸恭敬地说道，"贝勒爷训谕的是，其实奴才的事儿跟贝勒爷说也是一样，求贝勒爷赐教。"

弘时正中心意，便一本正经地问道："什么事儿？你说吧！"

"皇上降旨，叫奴才会同九卿科道官员审讯钦犯曾静、张熙二人，贝勒您是知道的，这两名钦犯刁悍无比，王国栋、杭奕禄审讯的结果，皇上都不满意，王国栋还丢了巡抚的职位。奴才自觉揣摩不准圣意，特来求怡王爷指教，没想到在这儿遇着贝勒爷。奴才想您即是押解钦犯的钦差，想必知道其中奥妙，恳请贝勒爷不吝赐教。"

弘时心里有了底，便一手拉着达哈维走到旁边，得意地说道："你这狗才，算你问对了人，恐怕怡王爷也没我摸得准皇上的意思。告诉你，审讯钦犯时要引诱他们供出皇上需要的口供。那个曾静是个软骨头，还不是听任你拨弄。你要他供出是受浙江名儒吕留良流毒所害而生谋逆之心的。其中那些悖逆狂妄的消息来源要供出是塞思黑、阿其那众犯流放经过湖南时散布出来的，你得了这两方面的口供，保证皇上不会降罪于你。"

达哈维一听，幡然醒悟，感激得跪倒在地连声道："多谢贝勒爷指点迷津。今后爷有用得着奴才的地方，肝脑涂地，在所不辞。"

"算了吧！"弘时故作大度地说道，"以后事以后再说吧！爷先走了。"说完，几步走到马前上了马，带着几个亲兵回府去了。

达哈维这会儿也不想进去找怡王爷了，向着弘时远去的方向揖了一揖，吩咐人掉转方向,回刑部去了。

弘时回到贝勒府,天色已晚。便直往后院佟氏的房里来。这两个多月出外办差,和佟氏从未分手过这么长的时间,昨晚虽说一夜的颠凤倒鸾,但还是没亲热过来,所以这会儿又急急地寻来。谁知刚到甬道口,便被从大厅走过来的邬思道拦住去路。弘时一见四下无人生气地道:"牛鼻子,你事儿办砸了,本爷还没问罪呢,少来烦我。"

邬思道扯住他的袍袖,不依不饶地说道:"三爷,你以为四爷是那么容易对付的吗?你跟他一起长大,胜过他几次?奴才这次失算了,以后还有机会。只要有三爷这座靠山在,奴才一定有办法扳倒他。奴才有一位朋友……"

"牛鼻子,少提你的那帮朋友。"弘时极不耐烦地道,"你的那帮酒囊饭袋的朋友不给带来麻烦就算是万幸。告诉你,以后这种招数少用,弄得不好,连三爷我也得搭进去。你想好别的高招再来找我。"说完,也不管邬思道再说什么,硬是挣脱开,往佟氏房中走来。

第二十六章　邬思道施计博信任
雍正帝遵化遭刺杀

佟氏平日最得弘时宠爱,她是雍正原御前一等侍卫玉柱之女,隆科多的孙女,自隆科多被囚禁,玉柱被罢职后,佟家从位极人臣一下跌为阶下囚。但就是这时,弘时不顾雍正的反对,纳玉柱之女佟氏为妾。因为佟家已经败落,佟氏进府后仅一侍妾而已。但佟氏自幼受过良好的家庭教育,琴棋书画针黹女红无所不通,而且年轻美貌,进府一年尽得专房之宠。

佟氏自母家失势以后,便郁郁寡欢。但她是个极精明的女子,从不在弘时面前有所表露,总是竭力调弄他开心,以固其宠。这时见弘时进来,忙一扫脸上的忧戚之色,笑脸相迎。

"三爷回来了,还没用过晚膳吧!丫头们,快些为三爷弄些可口的点心来。"一边吩咐一边亲自为弘时端上茗茶。

弘时却不饮茶,用手拉住佟氏温柔细嫩的小手,嬉笑道:"佟儿,你想我吗?我可是一整天都在想着你。"

佟氏用羊脂般的手指指着他的额头,娇嗔地道:"男人都会说这种话,我才不相信呢,你要是一整天都在想我,怎么到这时候才回来?"

"我是郡王爷,公事这么多,抽不开身嘛!"弘时一边拉着佟氏在身旁坐下,一边解释道。这时丫头们献上晚膳,弘时亲自为佟氏斟上一杯酒,自己先端起酒杯道:"佟儿,来,为咱们久别重逢干了此杯。"

佟氏媚笑道:"三爷尽说浑话,昨儿个咱们不是见过面了嘛。"

弘时感叹道:"佟儿你不明白,我的感觉还像昨儿个一样,久别重逢,兴奋而激动。昨夜一晚,真是春宵苦短。"

佟氏羞红了脸,向着门口一努嘴道:"三爷小心些,让这帮丫头听见,背后不知怎样嚼舌头。"嘴里说着,还是举起酒杯陪弘时饮了。

两人说着话儿,又饮了几杯,佟氏的脸儿俨如三月桃花越发娇艳动人。弘时看了,心荡神摇,见她已有醉意,推辞不饮,便匆匆用了晚膳,扶着她进了后面的卧房。佟氏虽然微醉,头脑却清楚,知道丈夫昨晚没有亲热过来,便强撑着帮弘时宽衣解带,自己胡乱脱了衣服,便瘫倒在弘时怀里。弘时只当她也和自己一样饥渴难耐,便猴急地行将起来。谁知越来越觉得佟氏不对劲儿,慌得用手一摸她鼻息,竟气息全无。弘时慌了手脚,想喊人,可两人都光着身子,没奈何,只得胡乱披上衣服,又给佟氏穿上内衣,才惶然喊道:"来人啊!快来人!"

守候在门外的丫头、婆子闻声一拥而入，见此情景，慌得齐声叫道："少夫人！少夫人怎么啦？"

弘时吼道："快，快喊御医来。"

腿脚利索的丫头忙着跑出去。没多大工夫领着两名御医跑进来。两名御医又是把脉，又是针灸，折腾了半天，无可奈何地道："三爷，少夫人脉息越来越弱，怕是没救了。"

"放屁！"弘时气得跳起来，一脚一个将两名御医踹倒在地吼道，"废物！统统是废物。"

这时，门吏跑进来，禀道："三爷，门口来个道人，说是专救危难之人。是不是请来一试。"

"混账！"弘时一个耳光打过去骂道："一个臭道士，胡吹八擂你也相信。快去大内请太医来。"门吏慌得连声答道："是，是。"一边捂着火辣辣的腮帮子跑出去。

一个老婆儿摸着佟氏的脉搏，惶急地道："三爷，大内离这儿太远，怕是来不及了。"

弘时急得踱来踱去，脸上青筋暴起。这时一个丫头进来道："邬师爷来了。"

弘时一向把邬思道奉若神明，此时一见，更如救命稻草一般，一把拉住他，急道："老邬，快些想想办法救佟儿。"

邬思道摇头道："奴才哪有这个本事，门外那位道人口称能救人危难，三爷何不招来一试？"

弘时一想也对，反正死马当作活马医吧！在大内御医到来之前，在这干耗着也不是办法，忙吩咐道："快请那位仙长进府来。"

邬思道却道："三爷，您这是求人家救人，依奴才看，还是您屈尊到门口去请为好。"

弘时此时只盼救得佟氏活命，哪里还顾得上自己的身份，忙连声道："三爷我亲自去就是。"

说完，也顾不得换衣服，只穿着一身内衣领着一班有头脸的丫头婆子、奴仆杂役亲往府门外迎接那道人。

到了门口，却不见有什么道人，弘时急问道："仙人在哪里？"

门吏忙用手往东一指道："那道人只喊三声'救人危难，不取分文'便往东去了。"

"快，备马。"弘时慌忙和邬思道上了马，举起马鞭用力一抽，两匹马如飞而去，亲兵侍卫提着灯笼慌忙追上，追了一里多地，借着街道两旁店铺的灯光，隐约可见前面有个身穿道袍的人。弘时救人心切，双腿一夹，马儿如飞赶到那人前面，弘时跳下马，借着路旁酒店的灯笼看得清楚，眼前的道人白头发白胡子,恐怕也有九十多岁,一件道袍虽然陈旧,却是灰尘不染,一身整齐,大有仙风道骨的味道。弘时慌忙一揖,双目流泪道:"仙长救命!"

那道人手捻胡须,轻轻摇头道:"贫道救人,仅凭一时之念,彼时能救,此时却不能救。官爷莫要为难贫道。"

弘时一听,竟双膝跪倒求道:"贱内命在旦夕,仙长有好生之德,救她一命,可添多年修为。"

邬思道这时也赶到跟前跳下马揖手道:"仙长,这位爷一片虔诚之心,天日可鉴。适才不识真人,多有冒犯,还请仙长见谅。"

道人似乎无可奈何地说道:"贫道只得一试,如果官爷造化好,令夫人也许有救。"

弘时闻听大喜,亲自牵过马来谦恭地道:"仙长,请上马。"

道人微微一笑道:"官爷请上马先回府上,贫道随后就到。"

弘时怕他行走迟缓,误了佟氏的性命。想再催促,却怕恼了道人,只得和邬思道一起上马先走。不多会儿到了府门口,门吏迎上来说道:"三爷,那位道长已进府去了。"

弘时一愣,怎么没看见他超过自己,况且也没有便道可走,众人全惊异不已,只有邬思道处之泰然。

弘时走进后宅佟氏卧房,却见道人正坐在佟氏跟前的椅子上,双目紧闭口中念念有词,只是声音太低,众人听不清楚。弘时正惊异,道人却微睁开眼睛,对着弘时道:"令夫人真好造化,居然还有救。"说完,从贴身衣内取出一颗黄豆大小的药丸,叫人端来半碗水,将药丸化了,然后亲自送到佟氏嘴边服下。大约一袋烟的工夫,便听佟氏喉内咕噜作响,弘时慌忙伏在佟氏脸上,听见有力的呼吸声,喜得他连声叫道:"佟儿有救了,佟儿有救了。"

这时,佟氏慢慢睁开眼睛,看着满屋子的人,吃惊地道:"怎么回事?我怎么会在这儿?"

弘时流着泪道:"佟儿,是这位仙人的神药救了你的命。"

佟氏疑惑地看着跟前的道人。道人淡然一笑道:"非是贫道的药丹灵验,乃是夫人大限未到。适才不过是夫人和她令尊大人阴间一晤,半道上贫道喊夫人回来,夫人才回转阳世。"

佟氏惨淡一笑道:"仙长真神人也。刚才我梦中和家父晤面。家父说他已是另世为人,只求我能救祖父一命。"

弘时闻言,吃了一惊道:"佟儿不可胡说。泰山只是流放,并无生命之虞,令祖虽被囚禁,待遇尚好,也无性命之忧。"

道人站起道:"人已经救了,贫道也该告辞了。"

佟氏忙撑起身子感激地道:"仙长救命大恩,理当厚报。三爷,怎么报答仙人才是?"

弘时忙吩咐道："快,取一千两黄金送与仙人。"

道人双手一拂道："财色于贫道都是空的,要它何用!"

弘时忙问道："仙人要什么,尽管说,在下无不应下。"

"贫道什么也不要,告辞了。"

说完,道人不顾众人阻拦,自顾往外走。弘时跪地,固执地拉住道人的袍袖道："感谢仙人,请仙人留下道号,也好心存感激。"

道人没办法,只得言道："贫道贾士芳,白云观修行。"

四宜书屋是圆明园九州清晏建筑群中极不起眼的一座小殿,只是因为临溪而建,隔溪野花繁盛而受雍正青睐。并亲书御匾"四宜书屋"。何谓四宜? 雍正曾向近臣张廷玉解释道,春宜花,夏宜风,秋宜月,冬宜雪。但此时此刻,正在四宜书屋批阅奏章的雍正皇帝却无心观赏窗外如画的美景。西北战事的失利,新政推行的波折,汉人排满的强烈情绪等等关乎大清江山社稷的重大问题时刻纠缠着皇帝,使他不敢有丝毫的懈怠,御案上的奏折越来越少。

熹贵妃钮钴禄氏悄然来到御案前,柔声叫道："皇上!"

雍正闻声抬起头,略显惊奇地问道："熹贵妃,怎么是你?"

钮钴禄氏嗔然一笑,道："奴婢擅自闯入皇上勤政之地,是不是有干政之嫌,请皇上降罪。"

雍正站起身,活动一下酸麻的腰,温和地一笑道："爱妃没问朕一句话,哪里有干政之嫌,不过,朕想知道你为什么到这儿来。"

"还不是吴德才那个奴才。"钮钴禄氏解释道,"他见皇上日夜勤政,怕伤了龙体,自己劝谏几次,皇上都不听,就去把奴婢请来,还让奴婢求皇上不要怪罪。奴婢其实也心疼皇上,没推辞就来了。"

"难得吴德才一片孝心。"雍正感叹道。一边走下御座,拉着钮钴禄氏的手一同坐在御案旁的椅子上。

钮钴禄氏原是孝敬皇后那拉氏入雍正府时带来的一个侍女。当时虽只十三岁,但天资聪颖,生得也美,深得胤禛的宠爱,后钮钴禄氏生了弘历得康熙皇帝激赏,被册封为雍亲王侧福晋,雍正即位后,即封为贵妃。宠爱仅次于敦肃皇贵妃年氏。年氏死后,钮钴禄氏得雍正专宠,特许留圆明园伴驾,这其中得益于其子宝亲王弘历在皇上心中的地位。

钮钴禄氏看着雍正显得苍老的脸,心疼地说道："皇上,您要当心身子,保重龙体要紧,大清江山靠你支撑着呢。"

雍正不经意笑道："怎么? 你是不是看朕老了?"

"不,"钮钴禄氏慌忙摇头道,"皇上怎会老呢? 您是万岁嘛!"

"万岁?"雍正叹息道,"古来人君都称万岁,但长命百岁者尚无一人,何况万岁。朕不想奢望长寿,但倒想多活几年。因为朕想做的事还很多,是为大清江山,为天下臣民,而非为朕一己之私。朕很清楚自己的身子骨儿,算不上康健,那班御医也全是废物,没能耐让朕多活几年。所以朕不分昼夜,勤于政务,就是想治出个太平盛世,也不负圣祖爷所托和天下臣民的期望。宫里上下都能看到,朕做这个皇上,实在是苦差事,苦不堪言呀,可是偏偏就有人为争着做皇上斗得头破血流,朕如果不怕有负先祖所托,真想把大位让给那些想做皇上的人。"

钮钴禄氏想不到皇上竟在她跟前说出这番话,心里知道皇上相信自己,但雍正平时性格急躁,喜怒无常。所以她仍是小心翼翼地说道:"奴婢不懂国政,也不敢干政。但却知道皇上日夜操劳,不利龙体康健。皇上既想多为大清江山和天下黎民施行仁政,就应该保重龙体,公务之间,不妨歇息,所谓一张一弛,相得益彰。"

雍正站起身,爽快地笑道:"好吧! 今儿个朕就依着爱妃,也来个一张一弛。"遂向门外叫道:"吴德才,吩咐下去,摆驾怡亲王府。"

雍正其实是对十三弟允祥的病情放心不下,早有打算亲自过府探视。怡亲王为国事终日操劳,积劳成疾。皇上怎能不牵挂在心,钮钴禄氏毕竟是女人,以为皇上真的听从自己的话,放下了政务。心中满意,向着准备外出的雍正施礼道:"奴婢恭送皇上。"

雍正由太监侍候着更衣完毕,走出养心殿,执事太监早准备齐备,吴德才搀扶着皇上登上明黄大轿。

"起驾!"随着执事太监一声高呼,轿夫们抬起大轿一行人大摇大摆出了皇宫。怡亲王府离大内并不远,出了宫门往东二里多地再往北一转弯,朝阳门大街第一座高大的宅院就是,在这条街的另一头则是廉亲王允禩,现在叫阿其那的府邸,因为主人失了势,廉亲王府里只有几个老奴仆看守着,当年煊赫声势一扫而空。

雍正车驾还没转弯,允祥已得了通报,带着福晋、儿子和府上有头脸丫头婆子在府门外等候着。待明黄大轿到了门口,允祥和府上人等跪倒一片。吴德才等轿子落稳,忙着上前扶皇上下轿。雍正却一把推开他从轿中走出,径自来到允祥面前,双手搀起道:"十三弟,你是朕第一宠臣,何须多礼!"

允祥感动地道:"皇上恩宠,臣弟明白。但君臣大礼不可少。"

雍正微微叹息道:"难得十三弟如此忠心。可惜朕的兄弟不能都跟你一样。塞思黑、阿其那一流不顾君臣大义,形同禽兽。假如他们都能像十三弟一样辅佐朕,省却烦恼,大清江山何愁不兴盛。年羹尧、隆科多不顾君臣大义,结党图私、贪赃不法,使朕不得不处置他们。"雍正说着话见允祥之子弘晓跪在旁边,便伸手拉起,和蔼地说道:"弘晓,书读得怎样? 要好好地读,有了学问、本事,朕将来要重用你,像你父王一样做一代忠臣、名臣。"

弘晓已经十多岁,极懂事地回答道:"孩儿谨记皇伯伯训谕,学好本事,为皇伯伯分忧。"

"好好，"雍正激动地流出热泪连声道，"朕封你父王为世袭怡亲王，弘晓，你就是小怡亲王。"

允祥一家慌忙又跪地谢了圣恩。允祥再次站起道："皇上，此地不是说话的地方，请入府吧！"

雍正点点头，随着他进了府门，因见他步履轻快，精神饱满，便道："十三弟，你身子恢复得不错嘛！"

允祥边走边答道："托皇上的福，臣弟这几日安心在家调养，总算恢复得不错，这会儿正想进宫入值。不想皇上竟亲自来了。"

雍正笑道："朕也和你一样的想法，你是朕的左右手，须臾离不了。但是朕真怕把你累垮了。"

说着话已进了大厅，君臣落座，侍卫献茶。允祥叹口气道："臣弟的身子原本就虚弱，根底差。这会儿恢复成这样，也算是奇迹了。臣弟只想抓紧时间多为朝廷做些事，也算是变相延长了寿命。总担心哪天突然追随圣祖爷去了，就是想做也做不成了。"

雍正被他说得有些伤感，也叹息道："你我真算是兄弟相知了。朕枉称万岁，也知有天命，总想在有生之年治理出一个太平盛世，也不负圣祖爷重托。奈何朕躬常觉违和不得已为计。"

允祥大吃一惊，忙问道："皇上为何出此不吉之言？"

"不为什么。"雍正见他一脸的紧张之色，先轻松地一笑说道，"朕只是想到日后陵寝之地，特来和十三弟商议。"

允祥明白过来，郑重地道："皇上思虑的是，陵寝乃积世大计，宜早做安排，不知皇上有意选址何处？"

"朕的陵寝当与父祖陵寝建于一地。孝陵、景陵皆在遵化，朕之陵寝也宜选址遵化。数日前，白云观道长姜近垣说遵化九凤朝阳山风水最佳，朕有意选址于此，只是不曾亲做勘验，放心不下。"

允祥道："陵寝大事皇上宜早做决断，以便动工修建。臣弟愿陪皇上前往遵化，亲做勘验。顺便拜祭圣祖爷。"

雍正点点头道："朕也有此意，只是御弟身体欠佳，是否经得起车马颠簸，还是留在京城代朕办理政务吧！"

"皇上不必为臣弟担心。陵址大事，臣弟不亲赴勘验，心实不安。臣弟一向以为生死由命，富贵在天。大限不到，想死怕也死不了，大限既到，就是躲在家中，小鬼照样索命；至于京城政事可交给盛郡王代为办理，也可历练弘时。"

雍正笑道："真是知朕者唯御弟也，朕也有意交弘时一些政事办理。就这么定了。咱们明日就动身。"

允祥沉思一会儿，不缓不急地说道："勘查陵址不宜张扬，还是秘密进行为好，而陵址未必拘于遵化。汉唐诸陵虽都建于陕西，但汉高祖、文帝、景帝、武帝诸陵分别在咸阳长安等地；唐高祖、太宗、高宗、玄宗之陵分别在三原、醴泉等四处。因此，易地设陵与古礼不为不合。"

"御弟所言固然有理，但易地建陵恐为奸人所乘，造谣惑众。朝野原有非议，谓朕矫诏篡位，曾静更为恶毒，竟诬蔑朕为夺大位谋害圣祖。朕若易地建陵，奸人岂不以为朕不敢面先皇圣灵吗？"

允祥心里一动，皇上的忧虑绝不是多余的，其实自己刚才的话只是想拓宽选陵址的范围，根本没考虑得太过复杂。望着雍正一脸的悲愤之色，只得劝慰道："皇上不必为奸人谣言耿耿于怀。推行新政、处理允祀党人、诛戮年羹尧，朝野均有非议。但这都是英主所为，有利于江山社稷，有利于黎民百姓，皇上将圣祖开创的一代盛世更加发扬光大，天下有目共睹。奸人构陷，岂能颠倒乾坤。皇上大可付之一笑。"

雍正苦笑道："朕枉为人君，恐怕不能像御弟说的这般大度。曾静恶毒之至，子虚乌有为朕罗列了十大罪状：谋父、逼母、杀兄、屠弟、贪财、好杀、酗酒、淫色、怀疑诛忠、好谀任佞。曾静凭空捏造罪名，天下臣民不明真相，以为朕无德。朕岂不受不白之冤。朕不甘心受奸人摆弄，朕之心可以对上天，可以对皇考，可以共白于天下亿万臣民。"雍正说到最后，简直是站起来狂呼怒吼。大厅内外的太监一个个吓得面如土色，体似筛糠。

允祥知道雍正为皇子时性格急躁，即位后，性情稳定了许多，极少失去理智。但这次显然是郁怒在心，在自己知心的御弟面前，暴躁的性情暴露无遗。当下便站起身双手拉住雍正坐下，劝慰道："四哥，您是曾经沧海难为水的人，怎么还没定性呢。圣祖在世时，送您'戒急用忍'四字，不是悬在养心殿的墙上吗？咱们今儿个说的是选陵址的事儿，其他事放在以后说。"

允祥突然不称"皇上"，改称"四哥"，使雍正一下子想到为皇子时兄弟二人患难与共的情景，不禁潸然泪下，一手拥过允祥，凄然道："好兄弟，朕只有在你跟前才可一泄无余地发出心中的郁闷。现在好多了。来人，准备酒菜，朕要和御弟痛饮几杯！"

第二天，雍正将弘时、张廷玉、鄂尔泰召进宫内，告知欲往遵化勘查陵址一事，旨命张廷玉、鄂尔泰辅助弘时料理京城事务。言明圣驾外出京城，只限他三人知道。诸事交待完毕，雍正和允祥开始动身。因为是秘密出京，也没有官员相送，两人全换便装，只带着贴身太监、侍卫和道士姜近垣，全是便装打扮。允祥身体孱弱，坐在一辆马车里，雍正不顾众人的反对，执意骑马，只是为着安全加了一副浓黑的假胡须。加着那一身便装，连允祥乍一看也认不出是当今天子。雍正这一装扮，全然没了往日的雍容尊贵之气，倒像是放了外任的京官赶着赴任似的。

遵化距京城不过两、三百里地。雍正一行轻装简从,驰驱飞快,第一日便到了蓟州。允祥吩咐不必惊扰地方,命人随便找到一家干净的客栈安置雍正歇息。太监、侍卫则轮班休息,保护皇上和怡亲王的安全。

晚膳过后,雍正客房里的灯光亮了没多会儿就熄灭了。显然,皇上经过一天的鞍马劳顿也乏了,又不是在京城,有那么多的奏折未批。今日改了往日勤政的惯例,早些歇息了。值班的太监松了口气,揉揉有些发涩的双眼,半躺在墙根下,迷迷糊糊地睡着了。

更深夜静,因为阴着天。客房笼罩在黑漆漆的夜幕中,显得阴森可怖。突然,几条黑影从黑暗中窜出,悄无声息地扑向客栈。寒光在黑影的手上闪烁,显然持着钢刀利刃。到了客栈墙根下,黑影分成几拨,扑向各个房间。雍正的客房在楼上,有条黑影娴熟地抛出飞抓,只听轻微地"叭"一声飞抓抓住窗口。黑影抓住绳子,"嗖嗖"几声便爬上二楼窗户,然后腰间拽出一道寒光,跳进房内。

"啊……"一声凄厉的惨叫在寂静漆黑的夜色中传出老远,令人毛骨悚然。

"抓强盗……"客栈里外顿时灯火通明,雍正和允祥的太监、侍卫突然从各个角落冲出来。几个黑影一下子全暴露在灯火中。行刺雍正的黑影听到惨叫声,已知得手,正要跃窗而出,不料,房门口一条人影飞身而入,挡在面前,黑影丝毫不慌,抢起钢刀,照头就砍。那人在黑暗中像长着夜视眼似的,身影不动,却躲开贼人的钢刀。黑影情知碰到高手,忙着抢攻一招,突然撤身后退,想夺门而逃。可是那人身手更快,怒喝一声:"逆贼哪里走?"已是到了门外。黑影收势不住,被他一个空中霹雳掌打倒在地。

这时,几个太监高举着火把拥着允祥飞跑过来。几支火把齐集到搏斗着的两人面前。那一掌击倒贼人的正是雍正贴身的侍卫,大内高手余一掌,人称漠北第一掌。那逆贼如何是他的敌手。余一掌见允祥来到,忙揖手道:"怡王爷,逆贼已被奴才拿下,请王爷处置。"

允祥看着那逆贼扑倒在地,手脚挣扎着,像是忍受巨大的疼痛,却不叫出声来,便命道:"拉起来!"

余一掌一伸手,像抓小鸡似的将那人抓起,嘴里笑骂道:"就这样的熊包也敢来行刺皇上。我只用了二成的力,若不是王爷吩咐,一掌下去,你小子也用不着挣扎了。"见那人脸上还蒙着黑纱,便一伸手撕下。允祥一看,失声叫道:"怎么是你这个狗奴才?"

那人正是允禩的太监吴守义。吴守义咬牙切齿,忍住疼痛,一字一顿地说道:"怎么? 想不到吧! 俺吴守义今儿个会在这里。"

允祥斥道:"你不过是阿其那的奴才,皇上加恩,留你性命,流放广西。不想你勾结当地奸吏,买通看管的兵卒,私逃回京。还敢行刺皇上,既被拿获,且等王法加身吧!"

"哈哈哈……"吴守义突然放声大笑,好久才止住笑声,得意地叫道,"允祥,我既杀了胤禛已报八爷知遇之恩。此生还有何求。"说完,突然转身往墙上撞去。余一掌手疾眼快,一手抓住他的肩头,稍一用力,吴守义便原地返回,允祥冷冷一笑道:

"狗才,就凭你也能行刺皇上? 来人,给他看看杀的是谁!"

余一掌一手拎着吴守义走进客房。几个太监举着火把跟着进去。一个太监走到床边伸手揭开血迹斑斑的被子。吴守义仔细一看,那床上血肉摸糊的尸体竟是太监吴德才。顿时,如五雷轰顶,他挣开余一掌的手,突然扑到尸体上号啕大哭道:"兄弟,怎……怎么会是你!"

允祥便是一愣,"吴守义,吴德才是你什么人?"

吴守义只顾抚尸痛哭,好半天才止住哭声,慢慢站起,一步一步走向允祥。余一掌怕他伤着怡亲王,伸手就要拿下。允祥却命道:"放开他。本王听他说什么。"

吴守义怒视着允祥,厉声道:"是你害死我兄弟!"

一个太监讥诮道:"王爷早有安排,皇上只在这房里稍坐片刻就另寻别处歇息。吴公公是自个儿乐意假充皇上在房中歇息。除了皇上和王爷,大伙儿都在暗处盯着呢。是你自己着了道儿,也别叫屈了。"

吴守义如梦方醒,转身看着吴德才的尸首,又抱头痛哭。

允祥见他手足情深,心中感慨,便近前一步,口气温和地说道:"吴守义,八爷待你不薄,你知德报恩也是人之常情。但如今君臣名分已定,你再一条道走到黑就是谋逆犯上,天理不容。"

允祥的话字字铿锵有力,叩击着吴守义伤碎的心,渐渐地他止住哭声,仰起脸望着允祥,完全没有了敌对的情绪,叹息一声道:"怡王爷,奴才弟兄是穷人家的孩子,自小缺衣少食,受尽饥寒,后来,父亲为了不让我们弟兄饿死,就托人引荐为奴才们净了身送进宫中。弟弟一直留在大内,而奴才后来分到八阿哥府上。再后来,阿哥们明争暗斗,为着皇帝宝座拼死拼活。奴才自是跟着主子一边。可怜我们兄弟虽同在京城,却因侍奉各自的主子不敢相认。说起来奴才弟兄只是为了一餐饱饭才净身进宫的。阿哥们争储,与奴才这样的穷人家孩子何干。但八爷待奴才恩重如山,奴才虽是阉人,也知道知恩报主的道理,所以拼着性命也在所不惜。想不到为了主子之间的恩怨,奴才弟兄竟自相残杀,老天有眼,也该睁开看看这不平的世道才是。"

允祥听得唏嘘不已,太监侍卫们也悚然动容,也许是同病相怜吧。有个太监竟嘤嘤哭出声来。允祥转身叫道:"朱儿,哭什么,还不快去叫人安放好吴德才的尸首,准备运回京城厚葬。"

第二十七章　雍正帝下狠心杀弟
拜母陵相见亲胞弟

朱儿就是那个哭出声的太监,听了怡亲王的吩咐,慌忙止住哭声,出去叫人去了。允祥转向吴守义道:"吴守义,本王看你也是个明白人,跟你说句掏心窝子的话,如今皇上励精图治,一心要创出一个清平盛世。允禩执迷不悟,继续党争活动,就是逆天而行,逆势而行,天理人情皆不容。你不要一棵树上吊死,你一个奴才,本王苦口婆心劝你,全是看在死去的吴德才的分上。如果你答应本王从此与允禩决绝,效忠朝廷,本王可以在皇上面前为你求情,免去死罪,给你再生之路。"

"十三爷,"吴守义感动地给允祥连磕两个头,流着泪道:"您也是个体谅下人的好主子,可惜奴才今世无缘服侍您。十三爷的恩情奴才心里记下了。只是奴才深受八爷大恩,怎可背信弃主。十三爷说的道理奴才也明白,但效忠四爷就是背叛八爷,这种事奴才如何做得出。奴才已是无路可走,还是追随弟弟而去,向他认个错才可安心。奴才也告诉十三爷一句掏心的话,皇上身边有人图谋不轨。"话未说完,已是满嘴鲜血,扑倒在地,惊得允祥慌忙叫人抢救。几个太监掰开嘴巴一看,竟已咬断舌头,眼见着没救了。

允祥命人收起吴守义尸首,便和余一掌等侍卫到楼下来。那楼下四名刺客已被侍卫们当场解决掉,允祥叫人提着灯笼仔细地挨着尸首查看,发现其中一个竟是允禵的太监马起云。看来允禩、允禵的太监纠合起来,共同参与这次行刺行动。

小小客栈一夜之间竟出了数条人命,血流遍地。老板和伙计早吓得没了踪影。允祥一边吩咐人打扫干净,一边走向客栈后面一间极不起眼的破旧房子。雍正和道士姜近垣及几名侍卫就躲在这里。虽然刺客没有到后面来,但客栈里阵阵的厮杀声和刀剑碰击声仍惊得侍卫们变了脸色,他们真担心这小小的客栈会突然冒出无数刺客,扑向雍正。

允祥一走进房内,雍正急不可耐地问道:"御弟,哪里来的逆贼,竟敢行刺朕?"

允祥把客栈里发生的一切说了一遍,雍正听说吴德才已死,霍然站起咬牙切齿道:"吴德才跟随朕多年,忠心不二,今日竟遭乃兄毒手。看来塞思黑、阿其那害人不浅,余孽不除,天下不安,来人!速往京师传朕口谕,着将阿其那严加看管,不得使其再有行动。"

雍正说到"不得使其再有行动"时,故意加重语气,同时一双蜂目冷森森透出寒意。听命的那个小太监领会了旨意,浑身哆嗦了一下,慌忙答应一声退出房去。

允祥坐得贴近,看得清楚,他深知这位四哥的禀性,必是致允祀于死地,心中一阵惊悚想规劝几句。但碍着侍卫、道士都在,一时无法开口,只得眼睁睁地看着小太监离去。

经过这一夜的折腾,天已大亮,蓟州知州已得了消息,派来捕头差役勘验现场。允祥知道,隐瞒住雍正身份要紧,便亮明自己的身份。那班蓟州差役听说是怡亲王,慌得跪倒一片,哪里还敢勘验现场,忙抬着几具尸体回衙交差。

允祥没想到刚离开京城就会遇到刺客,这前面的路谁能担保没有刺客,想到此,忧虑地向雍正道:"臣弟担心的就是皇上的安全,这次出京非常秘密,只有弘时、张廷玉、鄂尔泰几个知道,奴才也都是贴身靠得住的,他们也不敢泄漏,阿其那、塞思黑的太监是从何处得的信儿?"

雍正冷笑道:"御弟不必细察了,朕心里明白,朝廷上下图谋朕的大有人在,从王公大臣到使唤奴才,你怎么一个个去查。吴守义一伙儿行刺朕,必是阿其那死党提供消息无疑。老八能耐大着呢,这上上下下的官员,表面臣服朕,背地里不知有多少人和他勾着手脚,等机置朕于死地,但朕的江山铁桶般结实不怕他们,有胆量的大可跳出来,省去朕费尽心机逐个查访。"

允祥听他越说越远,拉回话题道:"吴守义自尽前告诉臣弟一句话:皇上身边有人图谋不轨。"

雍正愕然一愣,旋即释然一笑道:"朕身边的人朕信得过。用人不疑是朕的用人准则。鄂尔泰、张廷玉、御弟你,还有朕的几个皇子,外任的李卫、田文镜等朕信之不疑,这些贴身的知心的臣子岂会图谋朕。至于下头的奴才,即便有这个胆,也掀不起多大风浪。吴守义居心险恶,临死前还要离间朕和宠臣的关系,可恶至极。"

"臣弟为着皇上的安全,宁可信其有,不可信其无。"允祥直言不讳说出与雍正相反的见解,"吴守义虽然只是个奴才,但知恩图报,誓死效主,臣弟钦佩的就是这种人。人之将死其言也善,吴守义死时说的话,臣弟信之不疑。臣弟想,向吴守义、马起云泄漏皇上行止的人就是皇上身边图谋不轨的人,皇上的一举一动恐怕都在人家的掌握之中。"

雍正看他一脸紧张兮兮的样子,轻松地一笑,伸手接过小太监递过的热毛巾,擦了一把脸,道:"朕心里有数,你是朕的总管家,大可照着自己的思路去做,朕不会干涉。但前头马兰峪还有几十里地,你和朕总得去景陵拜祭圣祖爷。如果朕被几个刺客吓住,岂不为阿其那之流耻笑!"

"皇上放心,这马兰峪、凤凰山一定要去的,臣弟自会安排,保证皇上安然无恙。"

说话的功夫,客栈里已经打扫干净。允祥陪着雍正走出后房,来到一间干净的客房,一边吩咐人端来早点,一边派人给马兰峪总兵范时缝送信。吃饭的工夫,小太监跑进来禀道:"王爷,蓟州知州前来拜见,还请王爷示下是否要地方上帮忙。"

允祥一怔,用眼睛看着雍正。雍正只管吃着点心,见他盯住自己半晌,才开口笑道:"现在外面的人只知道你怡亲王驾临蓟州,朕只好委屈做你的跟班。还愣着干什么,自己做主吧!"

允祥抿嘴一笑道:"好吧!"

便转向小太监:"告诉他,就说本王公差在身,没工夫见他。昨晚的事就说是强盗抢劫,那几具尸体扔掉算了。"

小太监答应着出去,雍正这时已用完早点,接过下面送来的热毛巾,擦擦手道:"御弟,是不是可以动身了?"

允祥道:"臣弟已派人往马兰峪送信,范时缝很快就会带人来接应圣驾。还是等他们到了再动身吧!"

雍正有些性急,道:"那要等到何时?朕还要等着回京处理国政呢,耽搁不起啊,朕就是不相信阿其那还能掀起多大的风浪,连区区的几十里路也不让朕过去。"回头见道士姜近垣站在身后,便一招手道:"姜半仙,昨晚的事儿不是你算得准,叫怡王爷布置的吗?你再给朕算一算,前面还有没有人行刺朕?"

姜近垣慌忙走上前来,应声"遵旨",便就身上取出卦筒,摇了几摇,抽出卦签,仔细看过,大喜叫道:"皇上,这是泰卦,主大吉大利。皇上只管放心上路,诸神皆在庇佑圣驾。"

允祥看了,约略放心,便叫人准备车马动身,又叫人给客栈留下二百两银子,算是赔偿昨晚损坏的东西。雍正还是便装打扮,只是改乘马车。允祥已露了身份,便命换了王爷官服,怡王府的人也换上官服。这支队伍离了客栈,出了蓟州城,往东而行。走不到十多里地,便和马兰峪总兵范时缝相遇,范时缝老远就跳下马,快步走到前面的马车前,正要跪倒施礼,却听后面有人叫道:"没长眼的奴才,十三爷在这儿呢!"

抬头一看,允祥正从后面的马车上走出,笑眯眯地看着自己。范时缝忙走到跟前,看看允祥,又回头看看前头的马车。允祥笑喝道:"你看什么?难道认不得十三爷!"

范时缝忙跪倒施礼,赔笑道:"哪能呢,奴才是十三爷带出来的兵,时刻记挂着您,奴才只是不知前面车上是哪位贵人,也好以礼相待。"

"知道是位贵人就好,你带来多少兵,好生保护贵人。"

范时缝不明白这位比怡亲王身份还尊贵的人到底是谁,但语气坚决地答道:"回王爷,奴才只带两百兵,但个个都是奴才军中拔尖儿的,绝对保证贵人和王爷安然无恙。"说完,走到前面的马车前,深施一礼。然后起身走到那两百名官兵面前吩咐下去。两百名官兵立刻分成扇形,将这支小队伍围在中间,范时缍骑马走在最前面。又走了三四十里地远远可以看见马兰峪大营的帐篷和营房。范时缍忽然听到身后马车里传来一个威严的声音:"停下!"

车把式慌忙勒住缰绳,马车停住。旁边的太监慌忙上前,一个跪伏在门前,一个伸手撩开丝绸帘子,雍正踩着太监的身上走下马车。范时缍回头一看,惊得跳下马来,转身连走几步,来到雍正面前,双膝跪地,低低地叫道:"奴才范时缍给贵人请安。"

雍正已扯掉假须淡然一笑道:"什么贵人,朕就是当今的天子。这儿是你的驻军大营,用得着藏首露尾吗?起来吧!"

范时缍谢恩起身,雍正和蔼地道:"朕认识你,你和范时绎是一母同胞,在怡亲王手下当过差,是吧?"

范时缍点头称"是",雍正又道:"你长兄范时绎被朕刚刚免去两江总督的职位。不过只是差事上的原因,朕以为他不宜担任两江总督之职,可另做任用。"

范时缍想不到皇上会这么耐心地解释哥哥被免职的事,感动得再次跪倒,哽咽着道:"做奴才的本应受主子驱使,主子调度得宜,本是常理。奴才长兄必能领会圣意,心存精忠报国之志。"

这时,允祥也走下马车,来到跟前。雍正笑道:"十三弟,朕一路上受你约束不少,这会儿也该轻松一下了,快些还我旧时裳。"

允祥立刻吩咐道:"快给皇上更衣。"

太监们慌忙取过龙袍皇冠,就在马车前为雍正穿戴起来。片刻工夫,一个尊贵威严的大清天子出现在众人面前。唬得那二百名马兰峪的官兵跪倒一片,山呼万岁。

雍正双手平摊,说道"平身",然后抬头看着连绵起伏的群山。颇为感慨地说道:"这里就是汤山吧,再往北就是马兰峪大营。朕为皇子时,曾经随圣祖爷来过,算来已有三十年了。那时景陵刚刚完工,圣祖爷一处处地看了,很满意。如今山水依旧,圣祖爷却龙驭上宾了。"说着眼中流下几滴清泪。

允祥拉着劝慰道:"过去的事皇上还想它干什么!"

范时缍忙道:"奴才去找两乘轿子来,叫人抬着皇上和王爷上山。"

"朕步行上山,给御弟找乘轿子就行了。"雍正道。

"得,我也陪皇上步行上去吧!"允祥拦住范时缍,拉着雍正的手向山脚走去。那山路上早有范时缍安排的清兵,三步一岗、五步一哨,戒备森严。范时缍见他两人执意步行,只好带着十几个亲兵和几个太监远远地跟在后面。

雍正即位后,终日勤于政务,极少出宫。更没爬过山,五十多岁的人了,走不上几步就已气喘吁吁。允祥虽说小几岁,但身体素来孱弱,比雍正强不到哪里去。两人互相搀扶着走走停停。雍正用袍袖擦了一把汗,苦笑道:"朕真是老了。当年随圣祖爷来时,朕一口气跑到山顶,只不过一袋烟的工夫,心不跳、气不喘,现在竟是这副狼狈相,岁月无情啊!"

允祥拉着他在一块干净的山石上坐下,喘着气道:"皇上那时不过二十多岁,黄金一样的年龄。这种小山还不是如走泥丸。"

"人要是永远年轻该有多好。"雍正自顾自地说着。突然又向允祥问道:"十三弟,你说天下真有使人长生不老的仙丹吗?"

"难说,"允祥不知雍正突然发问是何意图,斟酌着词句说道,"圣祖爷在世时,不信炼丹之说,却享国六十一载。有些史书对炼丹之术言之凿凿,僧道两门更是说得神乎其神,令人难辨虚实。臣弟想炼丹使人长生不老未必可信,但使人长寿却是真的。康熙朝时,湖南有一农妇,吃了一位道士的仙丹,长寿一百三十四载。"

雍正看出他脸上的犹疑,不经意地一笑道:"朕也不是要长生不老,只是想多活几年。虽说朕的新政已铺陈开来,大清江山正如日中天。但朕不满足,还想把这河山治理得更好,朕还有一整套的计划要施行。"

"皇上雄才大略,是大清的福分。臣弟会命下面的人留意有懂长寿之术的人,荐进宫去。"

"莫要只为朕,御弟的身子一向孱弱,朕时刻牵挂在心,已命人寻访名医为御弟诊治,你要自己保重。"

汤山并不太高,山路上全铺了青石板,走上去并不十分吃力。即便如此,两人走到山顶,都已热汗涔涔,气喘如牛。

雍正面向北俯瞰山下,连绵数十里星罗齐布的军队营房尽收眼底,山下背靠山脚处一面大纛旗迎风摆动,隐约可见上书一个"范"字,显见是范时绎的中军大营。这里就是和丰台大营、密云大营齐称三大主力御林军的马兰峪大营。

允祥一指山下,无限仰慕地说道:"马兰峪大营的布置还是前朝名将周培公所为。不管是各营之间的相互策应,还是粮道水道的护卫都安排得天衣无缝。范时绎熟读兵书,仰慕周培公,仍按其旧制,只稍做充实。"

允祥说着话,发现雍正并没有听,只是低头沉思,便止住话头,看了半晌才叫道:"皇上!"

雍正仍旧一动不动,半晌才轻声问道:"十四弟还在这儿吗?"

"应该在这儿!"允祥嗫嚅着应道。想不到雍正会突然问起允禵。离京时,允祥就考虑到是否要见守卫景陵的允禵,但雍正只是一字不提,自己也不便提起。想不到到了跟前皇上还是提出来了。

"不知他还好吗?"雍正幽幽地问道。

"臣弟叫范时缉过来问问。"允祥说着,看雍正点点头,便向身后招招手。范时缉远远地看见,忙紧赶一阵到了跟前,恭敬地问道:"十三爷,有什么吩咐?"

允祥还没开口,雍正冰冷的声音问道:"你十四爷还好吗?"

范时缉小心翼翼地答道:"十四爷身子骨儿还算好,只是睡眠不太好,吃饭不香。"

"是下人故意怠慢,伺候不周?"雍正的话透着寒气,阴森可怖。

范时缉打了个寒噤,嘴上哆嗦着道:"奴才哪里敢让下人怠慢,不管怎样,十四爷还是固山贝子,就是没有了王爵,也是金枝玉叶。况且皇上还有旨叫奴才厚待十四爷,奴才不敢不尽心。"

"十四爷每天都做些什么?"雍正的口气缓和了许多。

"有时打打布库,也打太极拳。多数时候都是散步,只是从来不跟人说话。"

"你下去吧!"

允祥揣摩着圣意,试探着问道:"皇上是不是想见一见十四弟?"

雍正眯着双眼,面如止水,嘴角动了动,却没有说话。允祥知道他左右为难,便道:"十四弟对皇上积怨太深,恐一时难泄其愤。皇上有什么话交待给臣弟,由臣弟去见他。"

"算了吧,十四弟难道就不恨你?还是先到中军大营再说吧!"

两人顺着青石板铺成的台阶山路一步步走下山,范时缉早率着军中大小头目在营房前迎接,雍正虽觉劳乏,却不愿在将士们跟前显出疲劳的样子。他振作精神,脸上挂着慈祥的笑容,向跪地叩头的兵将频频挥手致意。允祥也打起精神,关切地询问着军中的布防、粮水供应等情况。随后,范时缉在中军大帐摆开酒宴,为皇上和怡亲王洗尘。雍正、允祥走了半天的山路,也有些饥饿,便吃了些。

酒宴过后,范时缉亲自陪雍正和允祥到中军中最奢华的房间歇息。安排完毕,正要退出,雍正突然问道:"你十四爷用过午膳没有?"

范时缉跪倒在地,哆哆嗦嗦道:"奴才该死。这就给十四爷送饭菜去。刚才没有皇上的旨意,奴才不敢请十四爷入席。"

雍正并没发怒,只是平静地说道:"起来吧!朕不会怪罪你。你十四爷气性大,他不入席也好,省得搅得你们都吃不好,你不是说要给十四爷送饭菜吗?快去吧!等十四爷用完膳,你过来告诉朕一声。"

"喳!"范时缉答应一声,躬身就要退出。

"等一下,先不要告诉他朕和怡亲王来了。"

"喳!"

过了好半天，范时缍才回来，一进门便禀道："十四爷不在房中，奴才带人到处寻找，发现十四爷在后山太后陵前。奴才们不敢惊扰，忙着赶来回禀皇上。"

允祥看了雍正一眼道："十四弟是去拜祭仁寿皇太后？"

雍正沉思半晌没说话，最后像是下了决心似的，自言自语地道："朕也去后山！"

范时缍一听，忙道："奴才就去带人护送皇上去后山。"

雍正一挥手道："不必，朕一个人去。"

允禵性格高傲，脾气又倔强，和雍正积怨太深，允祥知道他要去见允禵，以他们现在的关系，难保他们之间不会发生意外。因此他诚恳地道："皇上，就让臣弟陪你一起去吧！"

雍正知道他为自己好，担心自己的安全，不忍拒绝，只得点头道："就由御弟陪朕一起去吧。"

吉时已到，整个景陵一片肃静，此时，唯有杏黄龙凤旗在风中猎猎作响。雍正对着陵碑三叩头，站起再跪拜三叩头。当第三次跪下时，忽听身后"啪"的一声，雍正回头去看，却见那面杏黄龙凤旗竟拦腰折断！还好没有伤到雍正。

雍正生母仁寿皇太后乌雅氏的陵寝就在康熙景陵的下方。一条青石铺就的山路从中军大营一个盘旋斜向西北，直通仁寿皇太后的陵前。范时缍为保证雍正安全，派了清兵隐藏山路两旁的草丛中，暗中保护，雍正和允祥换了便服，沿着山路而上。两人都是熟路，允祥边走边不无忧虑地道："允禵生就的倔骨头，宁折不弯的主儿，对皇上又抱着成见，说话怕不中听，皇上要担待些。"

雍正宽容地笑道："朕并不是没有容人之量，允禵的禀性朕也一清二楚，但要看他在什么事上犯倔，过去的事朕一概不究。如今朕和他君臣名分已定，如果他还和阿其那一样图谋朕，就是大逆不道。朕就是能饶恕他，奈何上边还有天理呢。除此之外，朕大可由他。今儿个给你透个底，朕这次来见允禵，实在的有求于他，西北战事失利，岳钟琪谎报战功，朕苦恼不已，思量着允禵在西北带兵打过仗，召回京师可以帮朕参襄军务；再则他和朕是一母同胞，朕着实不忍心就这样把他囚着。"

允祥心里一阵轻松："皇上既这样想，不愧为仁厚之君。"

两个人说着话儿，已是到了仁寿太后陵前，允祥眼尖，老远就看到一人青布衣衫跪在那儿，猜想必定是允禵无疑。雍正走到允禵身后，眼望着生母的陵碑，脸上有着说不出的复杂表情。允祥见允禵毫无反应，便往他跟前探头细看，见地上摆着几碟点心和两盏水酒，回头见雍正已是不声不响地跪下，忙回到下首也对着陵碑跪下，却听到允禵沙哑的嗓音冷冷地说道："雍正,你要杀我,在哪儿不行,难道非要在额娘陵前?"

雍正、允祥这才知道允禵早知道他俩来到,允祥耐不住性儿问道:"十四弟,你怎么一见面就这么个话,哪个要杀你?"

允禵猛地转身站起,一双虎目怒视着雍正大声道:"老四,现在你赢了,你是皇帝,雍正皇帝。我是臣子。君要臣死,臣不得不死,不死就是不忠了。杀了我,你就省心了。省得担心我和哪个王爷联手对付你,也不用害怕哪个劫持我去做傀儡皇帝。我输了,当然要输得起,要杀要剐我毫无怨言,只是不能在这里。雍正你积点阴德,成吗?"

雍正的脸上青一阵、白一阵,阴晴雨雪,瞬息万变,但他终于没说一句话。允祥害怕他真的动起怒来,不顾一切,真能杀了允禵,慌忙向允禵说道:"干么这么神经兮兮的,过去的事已经过去了。还说他干什么,皇上和我只不过来看看你,哪个要杀你?"

允禵一脸的讥讽,道:"不杀我?树林里埋伏人做什么?"

雍正、允祥听得一愣,转身看身旁丛林中果然有人影晃动。雍正怒极,厉声喝道:"哪个奴才,在此鬼鬼祟祟?"

树枝晃动,范时缬带着几个清军头目畏畏缩缩走了出来,来到雍正跟前,跪倒在地:"奴才们该死,惊了皇上和两位爷的驾。"

雍正斥问道:"你们在那儿干什么?"

"奴才担心皇上和怡王爷的安全,特地暗中保护。"

雍正冷笑道:"树丛中还有多少人?"

范时缬向身后一名清兵头目挥挥手,那清兵头目站起,向着树丛一声呼哨,但见山上山下树丛一齐晃动,走出无数全副武装的清兵。雍正微微一笑道:"范时缬,难为你对朕一片忠心,你要朕如何褒奖你?"

"奴才不敢领赏,保护圣驾安全乃奴才职责。"

雍正突然变了脸色:"朕不是要赏你们,朕是要杀你们,朕早就有口旨,不准任何人尾随上山,你们是有意抗旨不遵!"

范时缬吓得面如土色:"皇上饶命,奴才知罪了。"

"朕在这儿杀你们,怕是污了太后的陵寝,听着,回营后自裁谢罪。也算朕从轻发落了。"

范时缬等人哪里肯起,只管拼命叩头,乞求饶命。

雍正咬牙道:"范时缬,你敢抗旨吗?"

允祥想不到会弄成这样。范时缬是他亲自调教出来的将军。这会儿好心办了坏事,丢了皇上的面子,雍正当着允禵的面多半要挥泪斩马谡,允祥只得硬着头皮求情。

"皇上,范时缬也是初犯,可否从轻发落,或革职或流放……"

"不成。"雍正铁青着脸道,"不是朕不给御弟情面。范时缬身为总兵,抗旨不遵,朕将来何以立威。"

允祥还想再说什么,范时綖长叹一声道:"十三爷,别说了,奴才领情了。"说完,又对着雍正磕了个头道:"奴才遵旨就是。"

允禵自始至终看着跟前发生的一切一言不发,见范时綖一脸的愤懑,万念俱灰而去,才微觉意外,想想范时綖待自己一向谦恭有礼,从来没有半点不恭的表现。雍正如果因为自己的原因而杀了他倒是着实不忍,于是,双眼冷漠地一扫雍正,平静地说道:"皇上是不是以为自己杀的人还不算多?范时綖这样的奴才也要杀,天下人不会寒心吗?"

雍正清清楚楚地听见他称呼自己为"皇上",心中颇为受用。面上却不形于色,只是平淡地道:"朕并非要杀人。范时綖之生死在于十四弟一念之间。"

"救人一命胜造七级浮屠。我这样的人,还在乎什么。"允禵说完,向着雍正微微低头道,"请皇上饶恕范时綖之罪。"

雍正要的就是这个,忙向不远处正往山下走的范时綖大声道:"范时綖,十四爷为你求情,朕赦免你,还不快回来谢过十四爷。"

范时綖万念俱灰,只管低头走路,忽听皇上喊叫自己,顿时惊喜交加,一扫满面愁容转身快步跑到雍正和允禵面前,连连叩头谢恩:"奴才谢过万岁不杀之恩。多谢十四爷救命之恩。"

允祥也转忧为喜,笑道:"范时綖,你十三爷没面子,没求下这个情,你就不来谢了。"

范时綖忙又过来给他叩头道:"奴才也多谢十三爷的求情之恩,虽说皇上没准您所请,奴才也会记在心上的。"

允祥道:"你十三爷不看重这些,既逃了性命,就快些下去。记住以后要听皇上的话。"

范时綖一场虚惊,忙答应一声"喳",忙又向三人各叩了一个头,满心欢喜地退去了。

第二十八章　拜景陵雍正得怪病
贾士芳趁机救皇命

经过这场误会，允祥自觉三弟兄之间的气氛缓和了许多，便看了看雍正和允禵道："咱们一起给太后上炷香吧！"

雍正点点头，移步站在上首。不料允禵却走到陵碑前，以手抚摸上面雕刻的文字，一边悲怆地道："额娘，您瞧，如今您不在了，有人就给您上了这么尊贵的谥号：孝恭宣惠温肃定裕赞天承圣仁皇后，可是这个人却活活逼死您，儿子无能，连您最后一面都不能见，您若泉下有知，就显显神灵，惩治恶人吧！"

允祥吃了一惊，看看雍正脸上青一阵、白一阵，正要上前劝阻允禵，却听雍正冰冷的声音问道："你说谁逼死皇太后？"

允禵全然不惧，用手一指雍正愤怒地道："就是你，雍正，你谋父逼母，丧尽天良。我胤禵再无能，也还有一丝血性天良，大不了你像对待八哥、九哥一样惩治我。来吧，是明杀还是暗鸩，悉听尊便。"

雍正仰望景陵，一声长叹道："皇考有灵，胤禛之心，天地可鉴。兄弟逐鹿，自然有输家赢家。十四弟，既然输了，就要输得起。老八、老九也输不起，他们不甘心我做皇帝，就命人四处散布谣言，说我即位不正，谋害父皇，诋毁我。如今我是皇帝，君臣名份已定，他们这么做就是悖逆犯上。我不能一而再、再而三地容忍他们。就在我和十三弟来马兰峪的途中，老八、老九的太监还在半道上行刺呢。老八居心叵测，手段阴险。十四弟，你不过被他当枪使，却还糊里糊涂。所以，老八不除，国无宁日。实话告诉你，阿其那恐怕活不过明日。"

允祥听罢，心中一凛，顿时明白昨日雍正交待小太监那句'不使其再有行动'的话的含义。想想允禩虽说其罪当诛，但都是皇室弟兄，弄到你死我活的地步总不能算光彩的事情，便也有些兔死狐悲的感觉，不觉眼角有些发潮。

允禵也是心里一惊，想不到雍正果真对亲兄弟下得手去，允禩的今天未必不是自己的明天。但允禵傲骨不改，仍讥讽道："新皇帝果然好狠的手段，连自家弟兄也能置之死地。但这些怕是吓不倒我，要我俯首听命万不可能。要我低眉顺眼、摇尾乞怜更不必去想。不过，老八都死了，再没有哪个王爷敢来和我联手对付皇上，也没有谁有能耐劫持我去做傀儡皇帝，我可以陪着圣祖爷参禅悟道了。"

雍正冷哼道:"朕是一国之君,不做妇人之仁,究吏苛民乃是为国谋正,阿其那之流不顾大体,为逞其一己之私欲,不惜悖逆犯上,为害社稷。朕诛他乃是顺应天理民情。凡罪不当诛者,朕也不会滥行杀戮。"

允禵哈哈大笑道:"罪不当诛者,莫不是我么。这么说我倒是要谢谢雍正皇帝不杀之恩了,我就是不明白我这种人留着到底有什么用。"

允祥见他夹七夹八地说着,恐怕再惹起雍正大怒,忙从中周旋道:"皇上的意思够明白的了,过去的事儿,咱们谁也别追究,为着祖宗传下来的江山,咱们爱新觉罗的子孙都应该出把力。"

"为江山社稷出力,我何曾含糊?康熙五十六年,策妄阿拉布坦举兵叛乱,父皇命我代为征讨。整整三年,我没能下马睡过一个囫囵觉,没能安安稳稳地吃过一餐饭。叛乱平息了,可是父皇驭天了。我这个平叛的将军不但无功,反被革去王爵,拘禁在此为圣祖守陵。十三哥,兄弟的眼珠子没有你瞅得准,若是也瞅准了主子,恐怕今日也不在你之下吧!"

允祥没想到他连带着自己一番挖苦,心中怒火顿起,脸上一阵狂风暴雨,正欲发作。忽见雍正一步跃到允禵面前,抢起右手,就是一记响亮的耳光,口中斥道:"你逐鹿败北,内心失落,发些牢骚,朕可以不管,但你无端侮辱十三弟,朕岂能容你!这一记耳光算是警告你。"

允禵一边捂着火辣辣的半边脸一边破口大骂:"雍正,你这个凶残不仁的暴君,不讲人伦的畜生,你为什么不杀了我?为什么……"

允祥再也忍耐不住,招手就往上冲,却被雍正一把拉住,转身就走,边走边道:"御弟,咱们不和他斗气,让他折腾去吧!走,回营去。"

允祥哪得解气,边走边不甘心地道:"你的脾气哪儿去了?他这样骂你,你也忍得下去。"

雍正嘴角抽搐着道:"为着仁寿皇太后,朕还要接他回京呢!"

回到范时绎中军大营,天色已晚,范时绎忙着吩咐人备办酒菜,为皇上和怡亲王接风。雍正因为和允禵争吵,心情不太好,但是为了表示对范时绎等将士的恩宠,还是满面笑容地入了酒席,允祥也陪坐在他身旁。

酒宴完毕,范时绎等将官送雍正回到行宫便请安退出。允祥道:"皇上,明日是吉日,宜拜祭景陵。"

雍正点头道:"朕也想选在明日,但拜祭景陵是大事,需要慎重,还是请姜半仙占卜一番为妥。"

允祥表示赞同,便吩咐人去叫姜近垣。没多大工夫,姜近垣来到,先给两人请了安,问了缘由。便从身上取出卦筒,摇了几摇,让雍正抽出一支卦签。姜半仙接过卦签,仔细查看一番,欢喜道:"皇上放心,明日就是黄道吉日,宜拜祭祖陵。"

雍正终于放下心来,叫人立刻去通知范时绎,做好一切准备。

第二天,天还没亮,马兰峪大营的官兵就吃过早饭。卯时刚到,中军大营里"轰隆隆"二十四声礼炮响过。雍正皇帝着龙袍皇冠,由怡亲王允祥和贴身内侍护卫着骑马出了营门。范时綩率一千名官兵簇拥两旁。十几里夹山驿道上三步一哨,五步一岗,全是范时綩昨儿夜里安排好的。走了大约小半个时辰,范时綩紧赶几步来到雍正马前道:"回皇上,前头就是圣祖爷陵寝,请皇上和十三爷下马走几步吧!"

雍正点点头,早有太监伏在马身旁,雍正踩着下了马,允祥和其他兵将也全下了马。范时綩的一千官兵井然有序,各自走到自己的哨位,他本人则带着十几名亲兵在雍正左右跟着。雍正向北望去,从马兰峪山口出去约一箭之地一片宽阔地带坐落着寂寥无人的康熙陵寝。高大的景陵背山而起,依山而下是巍峨的拜殿,环绕着长城的下面,是老得发黑的古松柏,当中是一座座飞檐斗栱的屋宇。陵寝正门是三座一块整石刻的石坊,鹅卵石通道从当中穿过。甬道两旁也是郁郁葱葱的松柏,每一处都打扫得纤尘不染。正门前的陵碑上镌刻着:合天弘运文武睿哲恭俭宽裕孝敬诚信功德大成仁皇帝之陵。陵碑前摆设香案,长明烛、三牲供品。青烟缭绕。

吉时已到,雍正正冠整衣,双手接过司礼太监奉上的香烛,向着景陵陵碑跪倒。允祥也在下首接过香烛跪下。两旁侍立的太监、侍卫、清兵将士齐斩斩跪倒一片,整个景陵一片肃静,唯有雍正身后的杏黄龙凤旗在风中猎猎作响。雍正对着陵碑三叩头,站起再跪拜三叩头。当第三次跪下时,忽听身后"啪"的一声,接着一片惊呼声"啊……"

雍正吃了一惊,回头去看,却见掌旗太监手中的杏黄龙凤旗不知何时,拦腰折断,太监手中只拿着根旗杆儿,傻呆呆地站在那儿。允祥也听出异响,回头看见,惊得面如土色,不顾一切冲到掌旗太监跟前,夺过半截旗杆,扔在地上,一扬手"啪啪"两记响亮的耳光打过去,声音恐怖地叫道:"怎么回事?"

拜祭祖陵,龙旗折断乃是大为不吉之兆,在场的宫监、侍卫、清兵无不惊恐失色,景陵前顿时一片骚动。

允祥忙着上前扶住雍正,只见他脸色煞白,双目呆滞。登时怒极,一边吩咐人侍候雍正,一边吼道:"来人,把这个没用的东西拖下去,乱棍打死。"

那掌旗太监早已吓得瘫软在地,闻听允祥的吩咐,吓得只顾拼命叩头,语不成声地叫道:"王爷饶……饶命……"

范时綩也吓了一跳,但他毕竟经历得多,慌忙吩咐清兵将雍正围在当中,严密保护。当听到允祥的吩咐时,立刻命几个清兵上前,拖起掌旗太监就往下走。那太监拼命嚎叫道:"皇上饶命,皇上饶命……"

"慢!"雍正突然神志清醒,推开身边的人大声叫道,"放开他。朕自有道理。……来人,将折断的龙旗交朕验看。"

早有人捡来折断的龙旗,听见皇上的吩咐赶紧呈上来。雍正面色平静,接过龙旗和那旗杆仔细查看,突然勃然大怒大声叫道:"分明是有人蓄意图谋朕,提前折伤旗杆,怡亲王,你看这断痕,一望而知。"

允祥正不知所措,听了他一番话,顿时明白,暗暗佩服老四果然有些手段,当下便装模作样验看一番,道:"皇上圣明,旗杆果然先有折痕,分明有奸人施诈。掌旗太监押解回京,查明真相,再做处置。"

一个可怕的突发事件就这样被雍正轻描淡写的几句话化为乌有,众人心里一阵轻松,拜祭景陵还在按部就班地进行着。气氛依然肃穆庄重,神圣的感情从每个人的心底涌起,仿佛刚才的事根本没有发生过。

拜祭完景陵,雍正由贴身太监扶持着回到行宫,允祥放心不下,紧紧跟在身后。两名太监架着雍正进了寝房,说道:"皇上歇着吧!"

不料,两个太监刚一松手,雍正就歪倒在卧榻上,吓得他们尖声叫道:"主子怎么啦?"

"皇上晕过去啦!"

允祥也慌了,但心里明白,皇上肯定被龙旗突然折断吓坏。忙着上前又是掐人中,又是揉后背。一边叫人去范时缝军中请军医来。少顷,雍正悠悠醒转,口中喃喃地道:"父皇,你不要这样……"

允祥急忙道:"皇上醒醒,臣弟在这儿陪着您呢!"

雍正睁开眼睛,看见允祥,一把紧紧抓住,神情紧张道:"御弟,朕害怕极了。"

允祥扶他靠在床头故意轻松地一笑道:"皇上还是为圣祖陵前折断龙旗的事。您不是说那是有人故意折断旗杆,恐吓皇上的吗?"

雍正叹息一声道:"真人面前不说假话,那不过是朕的一时权宜之计,旨在稳住众人的心。拜祭圣陵,龙旗折断,此大不吉之兆,鬼神之事,即天地之理,不可以偶忽也。凡小而山陵,大而川岳莫不有神焉主之,故皆当敬信而尊事,景陵乃皇考灵柩所在,莫不是圣祖爷有怨怒迁怒于朕,稍示薄惩。"

允祥也是敬天命、信鬼神之人,发生这样的不吉之兆也是惶恐至极,只是为着安慰雍正不敢形于颜色而已。现在听了雍正的话,竟惊慌失措,问道:"皇上,现在怎么办?"

"叫下面人只说是有人故意折断龙旗,图谋不轨,对外不许泄漏朕身体有恙的消息,姜半仙占卜失灵,徒有虚名,但朕不愿再开杀戒,不究其罪,赶出宫去,还有那个掌旗太监也一并饶过吧!"

正说着,太监朱儿进来道:"禀皇上、怡亲王爷,范时缝带着军医来了。"

雍正莫名其妙,望着允祥,允祥忙道:"臣弟刚才见皇上昏迷不醒,特地吩咐人去请军医来。"

雍正听明白了,微微欠身,向朱儿吩咐道:"朕现在没事,要安心歇息,叫范时绽带人回去吧!"

"喳。"朱儿应着,躬身就要退出。

"慢着,"雍正突然叫道,"刚才朕和怡亲王的话你都听到了?"

朱儿极伶俐,听出雍正话里的意思,爽快地答道:"奴才听到了,请皇上放心。奴才知道规矩,不会乱嚼舌头的,自打去年秦少义口无遮拦,被主子活活蒸死,宫里的太监宫侍规矩多了。"

"知道规矩就好。"雍正安定了许多,但脸上仍无血色。这时侍女端过一碗参汤来,雍正看也不看道:"给怡王爷吧!"

允祥也只喝了半碗。看着雍正疲惫不堪的样子,不安地道:"皇上,您龙体要紧,还是叫军医看看吧!"

"朕没有病。"雍正显得极不耐烦,一手抓住允祥的手,虚弱的声音不容置疑地说道,"御弟,马上陪朕离开这里,快,马上就走。"

允祥感到那只手冰冷冰冷的,心里又惊又怕。此行的最终目的——勘查陵址,还没有进行,难道就这样回去? 于是迟疑着问道:"皇上陵址还没勘查呢!"

"顾不得这么多了,朕要你现在就离开。"雍正狂躁极了。

"喳,臣弟遵旨。"

允祥不明白他为什么急着要离开马兰峪,莫非和景陵前折断龙旗有关。但此刻不容他细想,一边叫人照顾好皇上,一边亲自出去吩咐人准备车轿,另命人通知范时绽带一千名清兵护送。一切准备妥当,便回到雍正室内命人搀扶着皇上上了一辆华丽的马车。允祥不放心,自己也和皇上同乘一车,也好一路上照应。

范时绽稀里糊涂被允祥召来,大营的军务也来不及交代,要见皇上也不准。只得遵命莫名其妙地带着一千兵护卫左右。

马车沿着山路行驶,盘旋而下。因为山路崎岖难行,所以行走缓慢,雍正脸色煞白,靠在允祥身上,不停地催促车夫,车夫不停地甩着响鞭,吆喝着健壮的蒙古马。雍正仍然嫌慢,不停地吼着。车夫吓得头冒冷汗,小心翼翼地赶着。允祥不明白皇上今天为什么这样失态,看着他喷火的眼睛,又不敢问,只得婉言劝慰,这队人马一个劲儿往西赶,一路上的行人看见皇上的执事急驰而过,不知道发生了什么事,互相打听探问。眼看天已过午,人马过了蓟州,雍正丝毫没有歇息的意思,允祥只得传令下去,叫人马行走之中随便吃些干粮。范时绽带了多年的兵,从来没有这么紧张过,心知必有不寻常的事发生。

雍正、允祥乘坐的马车因为赶得急,一路颠簸。雍正不时发出呻吟之声,苍白的脸上冷汗直冒,允祥大惊道:"皇上,您龙体欠安,应该马上请医生疗治,不可如此奔波。我真后悔没带太医来。"

雍正努力张口道："太医在也没用，朕心里明白，也许朕的大限就在今天，听天由命吧，朕现在只想马上回到京城。"

允祥害怕极了，再次传命加紧赶路，一边又命范时绎派快马先去京城请太医接应。人马急行，再不停留。经过一夜的兼程，次日寅时已过通州。因为京城没有接到驿报，也没有人来迎，通州知县倒是听到差役的禀报，等穿戴齐整，带着一班县丞等赶到驿道时，皇上早已急驰而过。

雍正半睡半醒，听到外面人声嘈杂，慢慢睁开眼睛，低声问道："到了京城没有？"

"已经过了通州，马上就进城了。"允祥答应着，突觉雍正身子一歪，几乎从自己身上瘫倒下来，吓得允祥失声大叫："皇上！皇上！……"

跟随左右宫监侍从听到喊叫，慌忙喝叫停车，范时绎听到喊叫，慌忙赶到跟前，才知雍正龙体有恙。允祥急得捶胸顿足，狂呼乱叫道："太医呢，太医怎么还不来？"

范时绎倒是带了军医来，慌忙叫过来。几个军医围着雍正，号脉、翻眼皮、掐人中，雍正依旧脸色煞白，昏迷不醒。军中郎中都是外科好，治疗跌打损伤不在话下，于内科都是外行，有说是痰涌的，有说是中风的，有说是虚脱的，乱糟糟吵成一片，范时绎见允祥急得直敲脑袋，忙道："十三爷，太医们没到，咱们也别干等着，先进城吧！"

允祥没办法，只能这样，范时绎带着几名亲兵在前面开道，车夫小心翼翼地赶着马车，因为怕颠着皇上，不敢走得太快。进了城，才遇着弘时带着张廷玉、鄂尔泰等人和几个太医来到，范时绎一见，如遇救星，也不及施礼，慌得在马上叫道："皇上龙体有恙，救人要紧。"

弘时等人吓得变了脸色，慌忙拥到马车前，允祥早已探出头来，叫道："快叫太医来。"

几位太医早已上前，只是被弘时、张廷玉等人挡住，近不得前。弘时顾不得上前探视，忙着让太医近前。众人都是一片慌乱，小小的马车被围得水泄不通。

毕竟张廷玉遇事沉着，大声说道："大伙这样乱糟一团，于万岁龙体无助，前面就是驿馆，先把皇上送到那儿医治。"

允祥觉得有理，首先点头同意，弘时亲自上前把雍正抱下马车，太监们找来一只软床让皇上躺在上面，然后抬起，拼命往驿馆跑，允祥一路紧张惊吓，刚下马车就晕倒了，慌得众人一阵忙乱方清醒过来，叫人背着往驿馆来。

鄂尔泰早带着人来驿馆安排妥当，驿丞哪见过这阵势，慌成一团。雍正被抬进一间上房，太医们赶忙围上前去，仔细检查救护。允祥由太监搀扶着坐在旁边守着，弘时等人神色紧张地站在一边。

突然，院内传来一个粗大嗓门的哭叫声："主子啊！您这是怎么啦？"

众人惊得往门外看,却是李卫和尹继善急惶惶赶来,李卫只穿着睡服趿着鞋,扯着大嗓门叫着。

"主子啊!您好歹和奴才说句话,咋能就这么不声响就……"

允祥气得强挣着站起,走前几步,吼道:"李卫,你嚎得什么丧?皇上还有气息呢!"

尹继善也是衣冠不整,来不及给允祥施礼就急火火地问道:"万岁爷怎么啦?"

弘时拦住他们道:"都别吵吵,太医正要救治。"

允祥听见他说话,气咻咻地道:"弘时,我早就派快马来宫中请太医,你为什么迟迟不到?"

弘时委屈地道:"十三叔,我哪敢耽搁,得了信儿就带人赶过来了。许是你派的人半夜里找人耽搁了时辰。"

张廷玉劝说道:"盛郡王说得有理。十三爷,现在怪罪谁都没用,还是等皇上醒过来要紧。"

李卫耐不住性子,抹着泪珠子叫道:"主子咋这么长时间醒不过来,这班太医干什么吃的?"

尹继善忙着劝慰他。这时一名太医走到允祥跟前,躬身道:"王爷,奴才们无能,看不出皇上有什么要紧的病,虽说受了点风寒,也不至于昏迷……"

允祥瞪着双眼,喘息着骂道:"一群废物,难道皇上没救了?"

几个太医吓得跪伏在地,连连叩头,一个战战兢兢地说道:"皇上气息均匀,一时不会有生命之忧。"

"就是这样昏迷着也急死人了。"李卫大声叫着,挤开众人,跪倒在雍正旁边,嚎哭起来,允祥、弘时等人急得干搓手,嘴里反复着一句话。"这可怎么办?"

这时,一名驿丞来到允祥跟前,双手递上一张道箓道:"王爷,外面有一道士求见,声言能救人危难!"

"不见。"允祥气得骂道,"你瞎了眼,我顾得着见什么道士!"

驿丞吓得唯唯连声,正欲退下。弘时却近前问道:"什么样的道士?"

"白头发、白胡须,慈眉善目的样子。"

"快快请来。"弘时如遇救星,连忙道,"十三叔,这道士有些道儿,侄儿见识过。"一边说着,也不管允祥同意不同意,就大步走出,亲自迎接去了。

允祥、张廷玉等人半信半疑,不多时,弘时引着一个白发皓首的道士进来,态度极为谦恭。

那道士正是贾士芳。弘时指着允祥等人一一介绍,那贾士芳只是对着允祥一揖道:"贫道贾士芳给怡亲王爷请安。"

允祥虽说将信将疑,但此刻却把希望寄托在这个道士身上。所以谦和

地还了一揖道："仙长,皇上蒙难,还请援手相救。"

贾士芳平静地道："不劳王爷吩咐,贫道知道贵人有难,特来结缘。"说完,分开众人,来到雍正卧榻前,李卫一把拉住道袍,可怜兮兮道："好道士,你显显道法救救皇上。我李卫给你修殿宇、塑金身,下辈子做牛做马都成……"

他杂七杂八地混说一通,众人觉得好笑又不敢笑出来。弘时伸手把他拉开道："又玠,大伙跟你一样着急,你耐心等着,贾道长会救皇上的。"

贾士芳走近雍正,不知何时手中竟多了一根细细柳条,口中吩咐道："取水来!"

宫女慌忙端过一碗水来,贾士芳用柳条蘸着水,轻轻往雍正脸上扑洒,然后从贴身药葫芦里倒出一粒黄豆大小的白色药丸放入雍正口中。做完这一切,面向众人,微笑道："贵人无大碍,稍待片刻即会醒转过来。"

允祥不相信他有这么大的能耐,眼角不安地扫着依然昏迷的雍正。贾士芳像是猜中他的心思,似笑不笑地说道："怡亲王爷,信不过小道吧? 其实您根基也很虚。恐怕撑不得多久就会晕倒。贫道这里有丹药一粒,服下即可无妨。"

允祥本就半信半疑,哪里肯吃他的丹药,口中说道："本王自料无妨,还是先看看皇上再说。"

众人一齐将目光盯着床榻上的雍正皇帝,不多时便见雍正蠕动了一下身躯,翻身坐了起来。李卫第一个冲上去,也不顾君臣礼仪,只管上上下下打量着雍正。

雍正的双目中带着少许的迷茫,像是刚刚从梦中回来,看了一眼李卫,有些惊奇地问道:

"怎么是你这个奴才? 这是在哪儿?"

允祥见皇上醒过来,惊喜得流出了眼泪,挣扎着身子站起来道："皇上不是和臣弟一起从马兰峪急赶着回京吗? 谁知刚过通州您就昏迷不醒,若不是这位道长……"他话未说完,竟身子一歪,瘫倒下去,幸亏两名太监扶得快,才不致摔倒,雍正和众人又唬得失声大叫。弘时忙向贾士芳一揖,谦恭地道："请仙长再结善缘,救怡亲王于危难。"

"贫道早有意相助,奈何王爷信不过贫道。"贾士芳嘴里说道,还是从葫芦内取出一粒黄色药粒,放入允祥口中,只一袋烟的工夫,允祥醒转过来,开口第一句话便道："惭愧,惭愧,本王对仙长失礼了,该着有此一劫。"

贾士芳淡淡一笑道："是王爷命中该有此劫,不是因不信贫道才有此劫。"

雍正像是大梦初醒,上下审视着贾士芳道："朕想明白了,是这位仙长救了朕。"

李卫接口道:"主子终于明白了。不是这位仙长还会是谁? 真把奴才们吓得够呛。奴才还答应为仙长修殿宇、塑金身呢!"

"朕不听你啰嗦。"雍正依旧打量着贾士芳像是熟识很久似的道:"朕和怡亲王都亏得道长相救,朕应该厚厚赏赐道长才是。"

贾士芳无所谓地一笑道:"贫道也没为皇上做什么,皇上只是和圣祖爷晤得久了,贫道给召回来而已。至于怡亲王,只是疲劳过度,体质虚弱所致,并无大碍。贫道只为结缘而来,无意于赏赐。"

"结缘?"雍正目光灵动,像是对着贾士芳又像是对着满屋的人道:"朕自幼便和佛法有缘。为皇子时,曾随柏林寺主持性音大师参禅悟道,感悟颇深,自号破尘居士;可是,圣祖却将江山托付于朕,朕岂敢稍事懈怠? 遗憾朕只是个不穿僧服的野盘僧,无有闲暇为众生走奔四方,在这一点上,朕很羡慕贾道长。"

雍正像是遇着知音,当着众人的面,和贾士芳大谈佛道。允祥也是信教极虔诚的,曾被雍正视为道士,这时加入谈佛论道之中。

第二十九章　病愈调官吏除朋党
雍正为大臣断家事

雍正似乎十分投入,边说边连发感慨。最后,淡然一笑道:"贾仙长道学渊博,朕有意请教一、二,你们先退下吧!"

众人一愣,想不到皇上竟要和一个不曾相识的道士单独晤谈,但皇上的话就是圣旨,谁敢抗旨。张廷玉对着允祥附耳道:"这贾道士说不定是妖人,魔镇皇上也未可知,十三爷您要防着点。"

允祥会意,点点头,看着众人一个个躬身退出,便向雍正道:"臣弟一向信教极虔诚的,这会儿也想和皇上一起聆听仙长圣教,请皇上恩准。"

雍正面上一丝不悦之色闪过,随即一笑道:"御弟的心思,朕明白,且把心装到肚里去,退下吧!"

允祥从未被雍正冷遇过,这会儿折了面子,满心的不痛快,但也只得闷声不响地退下了。

房内只剩下雍正和贾士芳两人,贾士芳哂然一笑道:"皇上,私晤贫道,恐怕是冒天下之大不韪。"

雍正道:"仙长果然看得明白,朕的这几个近臣,都是忠勇可敬之臣,为着朕的安全担忧,他们信不过仙长。"

"皇上怎么就信得过贫道,还要私晤贫道?"

"仙长若有不轨之心,何须救朕!"雍正面色微变道,"朕一向还算康健,此次拜祭景陵却突然病倒,不知为何?"

贾士芳笑而不语。

雍正颜色愈恭:"请仙长赐教。"

贾士芳正容道:"皇上虽为九五之尊,但乐善事佛,慧根深厚。其实已是心知肚明,何烦小道聒噪。"

从来没有人敢在雍正面前说这种不软不硬的话,但雍正一反常态,异常的谦恭道:"仙长所言极是,只是朕不知怎么做才可以平息圣祖爷之怒。"

"解铃还须系铃人。"

雍正顿时脸色煞白,惶然道:"难道还要朕再上景陵,向圣祖爷告罪?"

"这倒未必。"贾士芳语气轻松地道,"圣祖爷只是有些生气而已,不会降罪于皇上,不管怎么说,四爷做了皇上,把大清治理得国富民强,连圣祖爷也自叹弗如。圣祖爷生气的是四爷心太切,大位继承得不光彩。"

"这个,其实不关朕的事。"雍正心虚地辩解道,"都是隆科多那个狗奴才,为着讨朕的恩宠,故意威吓圣祖爷。如今,朕已经治他的罪,圣祖爷若是还不满意,朕就处斩他。"

"这都是王室家事,贫道焉敢妄加议论,该说的话儿,圣祖爷昨儿个一夜也和皇上说了,皇上好自为之就是,圣祖爷那边,贫道自会为皇上说些好话,请皇上放心。"

雍正约略放心,亲自走下卧榻,称谢道:"多谢仙长美言。"

道士贾士芳慌忙揖手道:"折煞贫道了。皇上还有政事在身,贫道也该告退了。"

"仙长留步,请问仙长仙居何处,有事也好早晚请教,指点迷津。"

"贫道一向在白云观修行,皇上有事,便会前来。"贾士芳说完,又是躬身一揖,缓缓离去。

允祥被雍正赶出房来,满心的不痛快。瞧见弘时、李卫等人都在院子里坐着,只好叫人搀扶着走过来。驿馆并不算小,但一下子来了这么多的王公大臣,宫监侍卫,显得拥挤不堪。范时捷带来的一千马兰峪大营的清兵还呆在外面。李卫瞧着院中的阳光温煦,便招呼众人干脆就呆在院子当中,宫女、太监赶忙找来杯子、大板凳,请各位大人就座。李卫见允祥过来,急不可耐地说道:"十三爷,皇上到底怎么啦?跟个牛鼻子道士搅在一起,像什么话!"

允祥心里窝着火,却无处发泄,气咻咻地说道:"李卫,你见着十三爷就这个礼?当初不是十三爷抬举你,你能混成这样?"

李卫这才意识到忘了给怡亲王行礼,慌忙跪倒,边磕头边说道:"奴才只顾欢喜给忘了,求十三爷多担待。"

"起来吧!"允祥自知不该拿他做出气筒,便温和地问道,"何时到京的?是进京述职吗?"

"奴才是昨儿个到的,进京述职,今儿个才知道皇上和十三爷都不在京里。"

尹继善也忙过来行礼,允祥亲手拉起道:"听说皇上升你为两江总督,这会儿是回京陛见的吧?"一边又向李卫道:"李卫,你瞧瞧人家元长(尹继善字),到底是有学问的人,举手投足皆是礼。如今三十岁不到就做了两江总督,了不得。"

李卫只是涎着脸,一声不响。尹继善瞅空子回答允祥的话:"奴才是进京陛见,碰巧和宝亲王、李大人同路。"

"弘历也回来了?"允祥一脸的惊喜,"你们咋不早说,他人在哪儿?"

李卫道:"宝亲王在京里有府邸,当然不会住驿馆,这会儿当然在他府上。"

"那是自然之理。"允祥自知问得多余,自己打着圆场。看着尹继善,忽然想起什么似的问道:"元长,你府上在京城,怎么也住在驿馆?"

尹继善面色一暗,半晌才道:"奴才瞧着驿馆清静,也便于陛见,就没到家里去。"

"那哪成?"允祥摇着手道,"你出居外任多年,难得回京一次,也该尽些孝道,难道你爹尹泰不生气吗?"

尹继善低头不语。李卫忍不住道:"元长,你也别瞒着十三爷了,说出来也许十三爷能帮你。"

尹继善摇头道:"李大人,怡亲王刚刚消停些,还是别拿这些芝麻大的小事烦他了。"

允祥听得丈二的和尚摸不着头,跺着脚道:"到底什么事儿,神秘兮兮的? 李卫,你说!"

李卫看了尹继善一眼,道:"十三爷,是这么回事:元长的生母是老尹泰的侍妾,在府中地位卑微,虽然儿子官位显要,还得青衣侍候主母。元长早有意接母亲到任上,以尽孝心;可是碍于父亲的面子,一直不敢提出。这次回京陛见,元长本该住到家里,可是他怕看到母亲受尽委屈的样子,更怕和父亲争吵,索性住在驿馆里了。"

允祥听完,鼻子里哼了声道:"尹泰真是太不像话,有这样出息的儿子,高兴还来不及,怎么尽给儿子出难题。待我抽空儿,非教训他一顿不可。"

这时,众人已围坐过来,听允祥说话儿。鄂尔泰第一个吧嗒着嘴说道:"真是想不到,尹泰是翰林殿大学士、有名的理学家,在外头接人待物极有涵养的,一回到家里,竟如此霸道。十三爷,您要是不教训他,元长母亲永无出头之日。"

弘时道:"尹大学士多半是惧内的,所以不敢厚待元长母子。"

"……"

众人一阵乱七八糟的议论。尹继善被说得面红耳赤,只是低头不语。张廷玉止住众人道:"都别说了。所谓家丑不可外扬,元长的心里恐怕不好受。虽说老尹有些不对,但归根结底还是元长母亲没有名分。怡亲王就是教训老尹一顿,恐怕他多半表面应承,回到府上依然故我,怡亲王总不能天天待到他府上……"

正说着,院外忽传来一阵嘈杂声,众人正惊愕间,只见从门外走进来果亲王允礼、恒亲王允祺等人,后面跟着弘历、弘昼、弘晓和几位贝子、王室近族。允礼、弘历等人来不及给允祥行礼,就忙着询问皇上的情况。众人详细做了回答,允礼等人才放下心来。大家互相见过,拉着各自的熟人说着话儿。弘历双目如利箭,直逼弘时。弘时正偷眼看他,目光相撞,弘时心虚,慌忙转过脸。这时,太监朱儿从里面出来,高声喊道:"皇上有旨,各位王爷和大人可以进去了。"

众人一听,慌忙拥着允祥往房子里去,因为人多,挤得满满一屋子,有几个贝勒和宗室只得站在门边,允祥一见只有雍正一人,惊奇问道:"皇上,那位贾道士呢?"

雍正道:"仙长已经离去了。"

允祥一惊。

"怪事!我们这么多人就坐在院子里,怎么没见有道士出去?"

李卫也是一惊一乍地叫道:"是啊!难道他会遁地术,从地下出去的?我看这个道士有点儿邪门。皇上要小心点儿。"

雍正没理这个茬,看看满屋子乱哄哄的人,说道:"对不住,让大家虚惊一场,朕现在没事了,你们牵挂着朕,朕心里明白。但差事重要,你们全来了,宫里的事怎么办?朝廷上的事怎么办?所以请大家都回去吧!弘历、李卫、元长和怡亲王留下陪朕说说话,朕歇息一会儿也回宫去。"

允礼、张廷玉、弘时等人请了安陆续退下,房里只剩下几个人。

李卫往雍正跟前凑了凑,躬着身嬉笑着道:"主子爷,难得您还记挂着奴才。奴才有千言万语要和主子说,这会儿算是有了机会。"

雍正随手摸了把纸扇,敲了敲他低垂的头,正色道:"李卫,你也争口气,别在朕面前这么没规矩,朕听说你在浙江任内也学会文人附庸风雅那一套,还为浙江名族吕家送去匾额表示亲近士人,有这回事吗?"

李卫瞧着不妙,结巴着嘴道:"有……有这回事,主子不是说奴才粗猪狂纵……"

弘历在旁边纠正道:"是粗卒狂纵。"

"啊,是粗卒狂纵,皇上还要奴才多识字多读书、长学问,奴才照着旨意做,想那吕家出了个吕留良,虽然人死了几十年了,文人士子还奉若圣贤,必是有学问的人。奴才就叫人送去一块匾,以示褒扬。"

"够了,李卫。"雍正看着他,无可奈何地摇摇头道,"也许是朕错了。不该让你去识字读书,你还是大老粗一个好。弘历,告诉他,吕留良是什么样的读书人。"

"儿臣遵旨。"弘历答应一声道,"吕留良确实有学问,堪称儒学大师。但此人骨子里装满反清排满情绪,誓死不从我大清,多次拒绝地方官员的推荐,而且著逆书、立邪说,利用他在士林中的名望,散布反清复明的流毒,在江浙一带很有影响,致使江浙叛逆不断。吕留良死后,文人士子中仍有人藏匿书、信邪说。"

李卫听不到一半,就气咻咻地骂开了:"他奶奶的,吕留良他为啥要反清复明?明朝皇帝给他家什么好处……"

雍正哈哈一笑,道:"朕是性情中人,大悲大喜从不掩饰,最是喜欢这种毫无矫饰的谩骂,朕保证以后不逼你去读书识字了,念你这几年把浙江治理

得不错,朕不追究你的过失。但浙江巡抚一职,你不适宜再任……"

李卫不忧反喜道:"谢主子恩典,无官一身轻,奴才正好搬回京师,也能常和主子见面……"

"你想得倒美,朕还要你出任直隶总督,休想清闲。"雍正微微叹息一声道,"李绂朕本来也很宠信他,但他和谢世济私结朋党,朕岂能容他。你们也知道,朕对于朋党,一向深恶痛极。汉人官僚大部分都是科甲出身,他们很多人往往讲假道学,不务实政,只图虚名。"

允祥一听,不胜感慨道:"臣弟对科甲朋党感触颇深。前次奉旨清查亏空,臣弟所遇最大阻力也是官员之间的偏徇庇护。凡钻营势利之徒,皆互通声气,投拜师门,一成师生,遂成朋党,求分说情,常常以直为曲,偏徇庇护,不顾纲纪。官员挪移亏空的原因多半是为了应付'打秋风'。'打秋风',皇上知道是什么意思吗?"允祥看看雍正,又看看李卫、尹继善、弘历三人问道。

雍正摇头道:"朕没听过'打秋风'一词。"

弘历笑道:"儿臣这一番出巡,倒是有所耳闻。'打秋风'就是一人升职,老师、世兄、同年、故旧都要上门送礼。人情的名目很多,又没有来源,必定剥削民脂,贪污亏空。科举场下的师生关系,自隋唐而今日,相沿千年,难以易移。"

允祥道:"弘历所言,可谓入木三分。"

雍正叹道:"朋党为祸不浅。前朝就有一批官员私下聚集在废太子允礽和阿其那门下,图谋不轨,其势可倾朝倾国,连圣祖爷也要让他们三分,朕也深受其累。本朝的年羹尧、阿其那、隆科多也是私结朋党,为祸社稷,朕不得不处治他们。如今又出李绂、谢世济。看来科甲之习一日不革,则天下公理一日不彰。朕一定要彻底荡涤这种累朝积习,就算是废掉科举也在所不惜,明日的朝会上,朕就向朝野颁布诏书,严禁私结朋党。李绂是真正有学问的人,朕非常怜惜这样的人才,不会把他等同于年羹尧、隆科多,对于他,朕是一手打一手拉。"一边说着,一边眼角扫着弘历,问道:"弘历,这一番出巡,看到些什么,有何收益呢?"

弘历见问,脸色一暗,旋即一笑道:"儿臣一路,见闻颇多,一言难尽。皇阿玛龙体有恙,还是明日朝会上再说吧。"

李卫也道:"主子这番遭际不同寻常,还是早些回宫请太医调治为正理,不能尽信那牛鼻子道士。"

雍正点点头笑道:"朕依着你们,回宫就是。李卫,你也不必住驿馆。和怡亲王一起住宫里,早晚也陪朕说说话儿。你是朕的老奴才了,不必讲究太多的规矩。"

李卫正求之不得,高兴得连连给雍正磕了三个头。

雍正眼角一扫,看见尹继善,关切地问道:"元长,你也该回府上住,一年没来京了,也该回家尽些孝心了,政务上的事,明日朝会上朕再跟你说。"

尹继善低垂着头,半晌才答道:"奴才遵旨。"

允祥知道他的心事,站起身,走到跟前,安慰道:"元长,放心回府吧!你爹那里有本王担着。"

"谢王爷。"尹继善一动不动,低声答道。

雍正莫名其妙,问道:"十三弟,你们说什么呢?"

"皇上,您别管,回到宫中,臣弟自会跟您说。"允祥一边说着,一边吩咐人准备起驾回宫。

尹府距驿馆并不远,穿过西大街往东一拐弯四五里地便是。尹继善带着两个书童足足用了小半个时辰。他这样迟疑不前,就是怕见到父亲像呵斥下人一样对待母亲。虽然自己和父亲长谈过几次,但他惧怕大太太,依然故我。这次来京,尹继善原打算住在驿馆不回家,也好给父亲点儿压力。没想到弄得满朝皆知,连皇上也要他回府尽孝心。他哪里敢违旨,只得畏畏缩缩地往家里去。

"老爷,到府门口了。"书童小六子见老爷到了家门口还低头想心事,忍不住提醒道。尹继善抬头看看高大的门楣,脚步迟疑着,思量着见到父亲该怎么说。

这时府里跑出个家丁来。小六子忙大声叫道:"五哥。"

那家丁正是尹府中的小五子,和小六子是同胞兄弟。听见喊声,忙跑过来惊喜地叫道:"小六子,是你们。尹老爷也回来了,瞧你们这阔气劲儿,不仔细瞧还认不出来呢。"边说边给尹继善行礼。

小六子知道主子发怵,故意打听尹泰的情况,便问道:"五哥,老太爷、大太奶奶都在府上吗?"

"都在呢,老太爷为着大老爷的事刚从刑部张大人那儿来,正和大太奶奶说这事呢!"

尹继善一听便知父亲为着大哥尹继厚的事到处投门路、说人情。尹继厚是尹泰嫡生的儿子,年近五十只做个道台。大太太梁氏因为亲生的儿子名位不显,偏偏要压制继善生母徐氏,生怕徐氏倚仗儿子的势力压倒自己,竭力撺掇老尹泰运用自己的名分地位抬高尹继厚,无奈尹继厚才能平庸,政绩一般,尹泰用尽全力也难以如愿。

"二老爷,进府吧!奴才先去禀明太老爷和大太奶奶。"小五子一边说着,一边飞跑进去。

尹继善只得硬着头皮,慢慢踱步进去,完全没有了平时干练利索的劲儿。走了好半天也没有一个人来迎。当穿过一道篱笆花墙时,便听到北书房内有人说话。尹继善心里一惊,竟站住了。这时书房里跑出小五子,对他一揖道:"二老爷,太老爷请您进去呢。小六子,你们两个这边来。"

　　两个书童跟着小五子去了,尹继善只得一个人进去,却见父亲和梁氏对面坐着,父亲的背后生母徐氏恭敬地侍立着。尹继善立刻双膝跪地毕恭毕敬道:"儿子给爹、大娘请安。"一边叩头,一边拿眼瞅着徐氏。徐氏一眼瞧见儿子,脸上闪过一丝惊喜,嘴角动了动,随即又恭恭敬敬地侍立不动。

　　尹泰觉察到徐氏的细微变化,冷漠地道:"徐氏,这里不需你侍候了,下去吧!"

　　徐氏盯住儿子,好半天才恋恋不舍地走开。尹继善心如刀绞,泪如泉涌,却只能在心底呼唤着娘。

　　梁氏看着徐氏走出,才说道:"起来说话吧!"

　　尹继善站起来,尹泰也不看他一眼,面对影壁墙问道:"听说你是昨儿个回京的,是吗?"

　　"是!"

　　"为什么不到府上住,要住驿馆呢?"

　　"儿子为着大哥的事,想请李制台和怡亲王帮忙。"

　　"李卫和怡亲王怎么说?"

　　"他们说,大哥政绩平平,恐怕不好办。"

　　"当然不会好办。"尹泰突然发怒道,"你根本就没尽心去办,还想骗你爹。在驿馆你都说些什么,弄得满城风雨,你是要看你爹的好看。"

　　梁氏也在一旁帮腔道:"元长,这可是你的不对了。俗话说得好,家丑不可外扬。自家里的事,哪能在王公大臣跟前说呢!有什么话不可以在家里慢慢地说呢?"

　　尹继善血往上涌,拼命压着怒气,一字一顿地说道:"儿子说过多少次了?管用吗?儿子不明白,爹在外面接物待人温厚亲切,多么有度量涵养,为什么一回到家里就变了样,除了大娘,什么人都是奴才。"

　　梁氏一听,脸上挂不住了。她是尹泰随康熙西征时半道结识的将门之女,一身的好武艺,随夫立下赫赫战功,被康熙钦封为一品诰命夫人。可惜这位巾帼英雄养了个才能平庸的儿子,年近五十才做到道台,还得尹泰舍着老脸皮托人情找门路。偏偏徐氏的儿子年不到三十,一路做到两江总督,连老尹泰的侯爵也是沾了尹继善的光封的。梁氏怎会甘心,当时便使开了火暴性子,指着尹继善骂道:"你这不知礼义的东西,也配做到封疆大吏,居然说你爹在家里变了样,你说他变成什么,是土皇帝还是太上皇?你就不怕犯逆!我在他眼里也能算上人吗?我也是他的奴才。"

　　尹泰跺着脚道:"你吵什么!这里还有老爷我在。"

　　梁氏这才有所收敛,住口坐在一旁。尹泰看着儿子,嘴唇哆嗦着说道:"好,好,你今天终于说出要说的话了,你娘受了委屈不是?你看着难过,要尽孝心不是?其实爹心里也为她抱着冤屈。你和你大哥,无论嫡出庶出,爹都是一样地疼。只是现在你官位显赫,位居封疆,而你大哥只做到道台,做爹娘的自然偏心于他、操心于他。关于你娘,她是乐户出身,是贱民。爹有什么办法,总不能为她去求皇上开豁贱籍吧!"

梁氏听着,得意地一笑道:"这会儿你该明白了,你娘是吹鼓手出身上不得台面,只能永远做奴才。"

尹继善心头抽搐一下。母亲是贱籍,自己有什么本领能为她脱籍,但无论如何,这次一定要把母亲接到自己任上去,尽尽孝心。正要说话,忽见母亲端着茶盘进来,口里说道:"老爷、夫人请用茶。"

先给尹泰,而后梁氏,最后递给尹继善,尹继善忙起身一揖,又长跪在地,双手接过。母子已是泪眼相向,却听梁氏一声冷笑道:"不就是儿子来了吗!又不是客人,用得着过来献茶吗!不管怎么说,元长也是老爷的儿子,难道老爷能把他吃了!"

尹泰看了看徐氏,威严地道:"这儿不需要你侍候,还不快些退下去。"

"是!老爷。"徐氏从儿子手中接过茶盅,眼含着泪,转身欲走。尹继善恶从胆边生,一把拉过他娘紧紧拥住,咬牙道:"娘,不要走。儿子有胆气、有声势、有学问,这会儿就带你回南京享福,任谁也休想阻拦。"

尹泰气得一阵发昏,嘴唇动了动,却只说了句"你们母子好自为之",一甩手,夺门而去。梁氏呆住了,狠狠地瞪了尹继善一眼,哭喊一声"老爷",追尹泰去了。

徐氏哪见过这么大的乱子,流着泪埋怨儿子道:"儿啊,娘知道你心疼娘,可是也用不着这么说这么做啊!娘只要能看上你一眼,心里就踏实了。不管到了哪里,娘都是乐户,是贱民,对你的前程不利啊!还不如让娘呆在这儿,也不挨饿受冻的……"

"不,娘,儿子一定把您带到南京去,没有娘,哪来儿子的今天。外面人任他们说去,儿子官位再高,也还是您的儿子。走,去您房内收拾东西,儿子这就带您走。"亲母子拉着手到了徐氏居住的小房间里。尹继善帮着胡乱收拾一下,便往外走。迎面却见小五子飞跑过来,气喘吁吁地道:"尹老爷,有旨意。"

尹继善不知旨意何事,提着包裹有些慌乱。徐氏接过来推着他道:"儿子,快去接旨,娘自己能行。"

小五子忙道:"不只二老爷一人接旨。老太爷、大太奶奶、二姨奶奶都去接旨。"

徐氏愕然:"还有我?"

"就是您,没错,快些去吧!"小五子一边说,一边夺过徐氏手里的包裹。

母子二人你看我、我看你,愣了半天,徐氏才忙着去翻衣服。尹继善按住她的手道:"娘,你甭打扮了,就这样去吧。"

徐氏一阵心酸,只得随着儿子往前头大厅走,却见满院都点着灯烛,照得一片雪亮,那台阶上内务府的人站得到处都是。尹府的仆佣忙着燃放爆竹、置办酒席,一片忙碌。尹继善扶着母亲进了正堂,见香案早已摆好。尹泰袍冠整齐,梁氏霞帔凤冠站立在一旁。两人看见他母子进来,面无表情。尹泰良久才轻声道:"你们也一起站过来吧。"

尹继善忙扶着母亲在梁氏下首站了。徐氏何时见过这种场面,吓得瑟瑟发抖,站立不稳,尹继善双手扶着她才站稳,一抬头才看见是宝亲王弘历前来传旨。

第三十章

上早朝除朋党必行
审反清吕留良定诛

　　弘历一脸的严正,目光由尹泰而梁氏、徐氏换个儿打量个遍,直到小太监喊道:"接旨人已齐。"才点点头,向身后轻轻一挥手。

　　转眼之间,一个小太监上来,双手托着一只金盘,金盘里放着一套金光辉煌的一品诰命服饰,边上两个鸡蛋大的金元宝,诰命服上压着镶金花座的朝冠,三颗朝珠围着一粒红宝石,颤突突熠熠生辉。此时,大厅外的廊下早已站满仆佣长随丫头婆,黑压压一片,一看这套行头都知道是大太太梁氏独有的,却不知怎么又送来一套。尹泰一家四口也目不转睛地看着,整个大厅静得连一根针落地都能听出声音。

　　弘历这才到香案前,面南而立,取出圣旨,高声叫道:"尹泰、尹继善、尹夫人、尹徐氏听宣!"

　　"万岁! 万岁! 万万岁!"尹泰四人慌忙跪下叩头。

　　弘历朗声念道:"尹泰累朝老臣,卓有功绩,且教子有方,其子尹继善忠诚事主,清廉爱民,位居封疆以来于军国政务办理殊为妥善,可谓一代名臣,父子同为柱石之臣,乃朝廷之幸,亦乃汝家之福也,然继善之生母尹徐氏相夫教子之功亦不可泯。今继善名显,而其母仍屈列青衣,实有悖于母以子贵之礼,着即遣宝亲王弘历亲往宣诏,开豁尹徐氏乐户贱籍,加恩抬入镶黄旗,封一品诰命夫人,赐一品诰命服饰。尹徐氏受封可随子赴任,勿负朕望。钦此!"

　　尹泰、尹继善四人一齐愣在那里。

　　弘历双手捧着圣旨,对尹泰嘻嘻一笑道:"尹相爷,想不到吧! 还不快快谢过圣恩。"

　　尹泰如梦方醒,慌忙连叩三个头,声音哽咽着道:"老臣谢恩!"

　　尹继善三人也慌忙叩头谢恩领旨,弘历看着他们,道:"这可是天大的喜事,本王也特别高兴,想讨杯喜酒吃,不为过分吧!"

　　尹泰、尹继善慌忙站起,却见徐氏和梁氏两个瘫软在地,站不起来。尹泰涨红着脸,忙扶起面条似的徐氏。尹继善极机灵的人,忙着扶起梁氏。四人各自有不同的心情,尹泰按捺住激动的心情拉过弘历的手道:"四爷这杯喜酒是吃定了。来人,准备酒宴。"

　　徐氏一听,慌忙往外走,道:"老爷,我去吩咐下去。"

　　弘历上前拦住,笑道:"这些让下人去做,你现在是一品诰命夫人了。来人,为夫人更衣。"

徐氏一阵迷惘无措,却被四个丫头扶着进了内间。一袋烟的工夫,四个丫头又扶着出来。一个凤冠霞帔、光彩照人的贵妇人出现在众人面前,真个把梁氏给比下去了。

少顷,酒席抬上来。尹泰躬请弘历入席,弘历极谦逊、诚恳地道:"尹相累朝老臣,小王岂敢僭越,还请相爷上座。"

尹泰不再推辞,便坐了主席,两个一品诰命夫人分坐两旁。弘历坐了客座,尹继善则转着圈儿斟酒。

几杯酒下肚,尹泰的脸更红了,一边喝酒一边摇头叹息道:"不怕小王爷笑话,尹泰枉称理学大师,于贱内徐氏甚是有愧,倒不是我有意冷遇她,实在是她那乐户的贱籍令人望而生畏。继善有意带她到任上尽孝,我也是知道的,但不能由她去,怕的就是误了继善的前程;现在好了,万岁恩宠有加,开豁了她的乐户贱籍,治好我们全家的一块心病。尹泰深感皇恩浩荡,敢不以死效命。"说着,站起对着紫禁城深深一揖。

弘历笑道:"皇恩浩荡,岂止相爷一家沐浴甘霖。皇阿玛决意开豁天下所有贱民贱籍,准予贱民改为良人。"

"真的?"

一直拘谨不言的徐氏惊喜得泪花翻涌,口中连念阿弥陀佛。尹继善为母亲擦着眼泪道:"娘,不是菩萨有灵,是万岁为天下贱民脱了籍,您要感谢的是万岁爷。"

"对,对,是万岁爷。"徐氏拉着儿子的手连声道,"儿啊!万岁爷的大恩,娘没本事报答。你现在官做大了,一定多为皇上排忧解难,替娘报答他老人家的再生之恩。"

尹继善点头道:"娘,您放心,为儿一定不负圣恩。"

弘历看着,也是鼻子发酸。他双手端起酒杯,送到徐氏面前,道:"二夫人一生卑贱,受尽屈辱,还教养出元长这样的好儿子,实在可钦可敬,本王敬你一杯。"

徐氏见他身为皇子,态度谦和,激动地站起身,恭恭敬敬接过酒杯,热泪潸潸地道:"小王爷折煞奴家了,敢不饮干。"说完一饮而尽。她本不会饮酒,再加上一天的情绪波动,一杯酒下肚,人已有些站立不稳。尹继善慌忙扶住道:"娘,您歇息一会儿吧?"

徐氏却还头脑清醒,推开儿子的手道:"儿啊!宝亲王在座,娘哪能失礼呢。"一边说,一边坐下。对弘历说道:"王爷是皇室贵胄,自然不知道乐户贱民的苦难。奴先祖乃前明翰林侍读徐有贞。景泰八年,帮助在'土木之变'中失去皇位的英宗皇帝发动宫廷政变,扶持英宗再次登上皇帝宝座。然而,兔死狗烹,英宗登基后,即把杀死景帝和兵部尚书于谦的罪名推加在先祖头上。徐有贞当市腰斩,其妻女后人被罚入教坊司,充作乐户,世代相传,至今二百余载,不容乐户跳出火坑。奴不论先祖徐有贞功罪是非,然其后人绵延二百载,蒙垢忍辱,何罪之有?"

弘历凝神听着,唏嘘不止。尹泰、梁氏、尹继善从未听她说过。徐氏一向对自己身世讳莫如深,连尹泰面前也不曾提起。这时细细道来,听得三人心如锥刺,泪如细雨。梁氏想起自己平日对她的嫉妒和压制,又羞又愧,走到徐氏跟前,搂抱着失声痛哭,边哭边歉疚地说道:"苦命的妹妹,我对不起你。"

弘历偷偷抹了一把眼泪,换上笑脸道:"两位诰命夫人,今天是大喜的日子,不许哭哭啼啼的。来,本王陪你们满饮此杯。"

众人破涕为笑,一齐举起酒杯,一饮而尽,弘历看了看尹继善道:"今日元长算是去了一块心病,回去还不写份谢恩折子?"

尹继善热泪潸潸破涕为笑道:"我已经想好了,回去就动笔写。"

紫禁城击鼓撞磬,乐声大作,雍正帝出乾清门,御太和殿。

御座前,允祥、允祉、允祺、允礼、弘时、弘历、弘昼、方苞、张廷玉、鄂尔泰哈腰撑袖趋步而入依次跪下。他们身后,六部九卿翰詹科道的官员,各归本部,依序黑压压跪倒一片。李卫、尹继善等进京的外官单独在大殿的左侧跪侍。整座大殿但闻一片呼吸声,话语咳嗽一概不闻。

雍正端坐在御座上,努力睁大有些发涩的双眼。每晚批阅奏折至深夜,使他严重失觉。但他是个性情刚强的人,既定要做的事,一定要毫厘不爽地完成。于是,他端起御案上的奶子茶,呷了一口,润润喉咙,清声道:"诸爱卿,朕登基以来,致力推行雍正新政,刷新吏治,均平赋税,沿圣祖爷文治武功之威烈,弘扬我朝列祖列宗之圣德,振累朝之颓风,造一代之盛世。而今丁口繁盛,政治修明,生业繁荣,仰赖内外臣悉心辅弼,忠心事主,始有今日。然新政役大投艰,仍须君臣文武同心同德,始有成效。"

雍正口风一转道:"今天,朕还想说说'朋党',朋友本是人之常伦。但作为朝廷官员之间交往情厚,只可对于私事。至于朝廷公事,就要讲究'公正'二字,万不可把平日的私情掺入公事中。朕无论是御门听政,还是朱批谕旨,都曾谆谆告诫臣下要以'朋党'为戒。宋之欧阳修做《朋党论》,说什么君子认同道为朋友。他说的'同道',是什么?是结党怀奸、夤缘请托、欺罔蒙蔽、阳奉阴违、假公济私、面是背非。自古朝廷闹朋党,欧阳修难辞其咎,他的《朋党论》是祸患之源,倘若欧阳修生在当代,朕不会放过他,一定会拿他开刀,但本朝也真的出了个欧阳修一样的朋党分子。"

雍正的话立刻引起轻微的骚动,有人立即猜测出皇上说的是谁,心里一阵发紧,也有人不知所措,小声地嘀咕着,向身边的同僚打听。

雍正清咳一声,阶下立刻一片肃静。他脸色一凛道:"这个人也是朕的宠臣，他和欧阳修一样的有学识。朕钦佩的正是这一点，但朕正是因为宠他，才会抓他朋党的过失。朕是一手打一手拉，全然恨铁不成钢的心情。达哈维！"

跪在刑部班首的达哈维听见皇上点自己的名字，吓得双腿打颤，应道："奴才在。"

"你到前面来，当着众卿的面说说李绂的事。"

"奴才遵旨！"达哈维跪爬到丹墀下，先给雍正叩头，然后面东而跪，脸转向群臣，清了清嗓子高声说道："臣奉旨查李绂、田文镜互参案、谢世济参田文镜案。经查李绂参奏田文镜'任用金刑，贤否倒置'不实。黄振国、张玢、邵言论、汪减都和李绂一样是康熙四十八年进士。黄、张、邵、汪四人在河南私结朋党，形成了一股不可小觑的势力，到处传播田中丞无端排斥士人，不容读书人在豫首做官的流言。另外，黄振国参奏田中丞经查不实。由此可见，李绂与黄、张、邵、汪四人朋党为奸，构陷耿臣。另有原浙江监察谢世济参奏田文镜，所言竟与李绂一一吻合，丝丝入扣，经查李绂、谢世济也是同年，私结朋党，昭然若示。"

达哈维一口气说完，转身面向雍正重新跪好。

雍正双目如箭，射向大殿，语气冰冷道："朋党之议，乃是老话题，今日重提，就是因为除恶勿尽。朋党之徒无君父国法，唯有其一己之私利。不是其同党就攻讦构陷，是其一党则百般庇护，犯了国法也不顾。这是个大事。每个人都要思量清楚，不可阳奉阴违。李绂这个人，朕主张严办。具体交由刑部议处。诸卿有什么不同的意见也可奏来，言者无罪嘛！不要在下头议论。"

大殿内立时一片嗡嗡之声，许久也没有人敢当出头鸟。雍正正要说起下一个议题，忽听礼部班中有人高声道："万岁！臣有话说。"

雍正目光在礼部班中搜寻："有话到前面来奏。"

满殿文武大臣一阵紧张，偷眼看时，却见一名一品文官来到御座前跪倒。

"臣翰林院编修陈梦雷！"

雍正知道，陈梦雷是当代著名学者，现在正和诚亲王允祉、方苞一起主持修纂《律历渊源》和《古今图书集成》大型类书。因此，他和颜悦色地道："陈学士，有话尽管说，朕洗耳恭听。"

"谢万岁！臣不想说李绂、田文镜互参案究竟谁是谁非。臣是专做学问的，于政事一窍不通，但世间总有一些事，且不论是非，总让人如鲠在喉，非发不可，臣的意思是，李绂乃当代著名学者，身上有着一股读书人的耿介之气。也许田中丞施政有偏颇之处、李绂也是如鲠在喉不吐不快。至于存心植党营私，未必是实。"

雍正听完，微微一笑道："陈学士的话真有意思。看来读书太多的人都有一种耿介之气，但看事情未必就深刻。李绂结党营私，证据确凿，是板上钉钉的事，朕不会冤屈他。陈学士，你退下吧！"

陈梦雷不敢再多说，只得悻悻退下。

雍正面向群臣，疾言厉色道："朋党为祸日久，朕今日亲书《御制朋党论》颁诏朝野，晓谕内外臣工，务以'朋党'为戒，公诚事主，公正为国。刑部也要制出具体条例，任命给事中、御史、吏部司官要变通旧例，不一定非从科举出身的人中选拔，知府知县师生要回避，师生随习徇私庇护要处分。朱儿，把朕的《御制朋党论》宣示群臣。"

"喳！"

太监朱儿双手捧旨，尖声高诵："宋欧阳修《朋党论》创为邪说，曰君子以同道为朋。夫罔上行私，安得谓道？修之所谓道，亦小人之道耳，自有此论，而小人之为朋者，皆得假同道之名，以济其同利之实，朕以为君子无朋，惟小人则有之，且如修之论，将使修其党者，则为君子，解散而不终于党者，反为小人乎？朋党之风至于流极而不可挽，实修阶之厉也。设修在今日而为此论，朕必诛之以正其惑世之罪。

"……"

"朕惟天尊地卑，而君臣之分定。为人臣者，义当唯知有君，唯知有君则其情团结不可解，而能与君同好恶，夫是之谓一德一心而上下。乃有心怀二三，不能与君同好恶，以至于上下之情暌，而尊卑之分逆，则皆朋党之习为之害也。

"夫人君主好恶，唯求其圣公而已矣。……人臣乃敢溺私心，树朋党，各徇其好恶以为是非，致使人君惩偏听之生奸，谓反不如独见公也，朋党之罪，可胜诛乎？"

朱儿念完，躬身退到一边。雍正看着一直跪在丹墀上的达哈维道："达哈维，朕还有事问你。朕交代你的差事办得怎样了？"

达哈维结巴着问道："皇上是说审理曾静谋逆一案吗？"

雍正轻轻点点头。

"臣会同六部九卿的主要官员经过一个月的审讯调查，已将曾静谋逆一案审清问明，审讯的结果，都已整理成文，请皇上过目。"达哈维说完，掏出一份折子恭恭敬敬双手呈上。朱儿接过，呈送到御案上。

不料，雍正看也不看，道："朕命你会同六部九卿公开审理，就是要让天下人都知道此案的真相，今天在朝堂上，你不妨当着文武百官的面叙说审理此案的经过，有一说一，不必多虑。"

"奴才遵旨。"达哈维想起被罢职的湖南巡抚王国栋，不知自己的审讯结果是否让皇上满意，是福是祸不得而知。他用袍袖擦擦额上的冷汗，再一次面向东而跪，畏畏怯怯地说道："臣谨遵圣训，不对逆犯用刑，而是晓以大义，臣讲我朝立国之正，先帝六十年文治武功之盛，讲皇上的仁政恩德，再动之以情，劝导逆贼归化我朝。所谓精诚所至，金石为开，逆犯终于幡然醒悟，愿意将功折罪，供出其叛逆思想皆是受浙江名儒吕留良蛊惑所发。其逆书中那些荒诞离奇的谣言皆是听路过湖南的几名钦犯太监所说。臣录供后即调阅从湖南查抄来的逆犯藏书，其中果然有吕留良评选时文数篇，内容大多有反清思明倾向，实为大逆不道。逆犯所言不虚，臣又据逆犯所供，行文广西、湖南，将近几年流放广西的犯人一一查清。经查，近五年流放广西路经湖南的犯人共五案八名：有马守柱、蔡登科、耿桑格、吴守义、霍成、达哈链和儿子达成德。其中蔡登科和耿桑格已死。其余六人经查：达哈链，原大内茶叶库大使，人还老实，儿子达成德少不更事。吴守义，原阿其那太监，流放一路，心怀反叛，谣言惑众，恶贯满盈，到广西后，暗中买通看守脱逃。马守柱，塞思黑太监，充军路上发牢骚造谣惑众，和吴守义同时脱逃。其余两太监霍成、耿六格认罪较好，仍在广西服法。据此，臣敢断言，曾静逆贼的那些昏热胡话就是阿其那、塞思黑的太监吴守义、马守柱等发配重犯散布的。"

达哈维说完，正面跪好，请旨定夺。雍正似笑不笑道："散布谣言的不是他们还会是谁？这两个狗奴才从广西私逃回京。几天前，朕和怡亲王去遵化拜祭景陵，半道还遇着他们行刺朕。可是苍天有眼，他们不但没伤到朕一根毫发，反丧了自己性命，真正善恶有报。看来阿其那、塞思黑余孽未尽。朕不诛他们，天也难饶他们。前日宫人来报，阿其那、塞思黑先后生恶病而殁。但朕对这种丧心病狂之手足实在难生骨肉之惜。"

雍正一言既出，百官中立刻引起轻微的骚动，许多人还不知道允禩、允禟之死，惊闻之下，愕然相顾，知情的低头不语。弘历亲眼看见允禟之死，不觉鼻子发酸，但他是聪明人，强抑住悲愤，保持脸上的平静，往前跪爬几步，说道："皇上，儿臣以为阿其那、塞思黑已遭天诛，虽然罪大恶极，也可弃之不究。"

"宝亲王所言极是。人已经不在，朕还计较什么。"雍正旋即脸上乌云迭起，咬牙道："但是有一个人即便死去几十年，朕也饶他不得。"

"皇上说的是吕留良！"弘历极伶俐，脱口而出。

"吕留良凶恶狠毒、好乱乐祸，蔑视纲常天伦，辄敢私著黑书，立逆说，胡说宋之灭亡，无人人主，天昏地暗，空前绝后，诬我朝入主中原是第二次地陷天崩，其门徒严鸿逵等逆犯承其衣钵，恶毒攻讦，叛逆气焰，甚是嚣张。在逆毒蛊惑之下，曾静等人中毒极深，竟谋逆策反朝廷命官，实为大逆不道。达哈维，按我大清律令，此等逆贼，当做何处置？"

达哈维正在暗自庆幸，看来皇上对审讯结果还算满意，自己大概不会像王国栋一样被罢职，看来弘时的指点不会错。忽听皇上又问到自己，他赶紧大声答道："按我《大清律》,吕留良及其子、门徒犯十恶不赦谋逆之罪。吕留良处凌迟,其子、门徒处斩立决,其余吕氏族人按律坐,处发配充军。吕氏家产全部充公。吕留良所著一切文集、诗集、日记均应列为禁书,民间所藏收缴焚毁,匿藏不交者从重处治。"

雍正点点头道："你退下吧!"

达哈维如蒙大赦,慌忙叩头谢恩,躬身膝行,回到本位,方觉全身冰凉,那两重内衣,竟全部被汗水湿透了。

雍正扫视满朝文武,语气严正地喝道："达哈维乃刑部尚书,于《大清律》自是熟稔,定罪也有根据。但朕想请今日朝会的诸位爱卿一起讨论定罪,朕对此案不自专,也好让逆犯明白其逆行乃人神共愤,天理不容,非朕一人之成见。言者无罪,朕虚心纳谏从善如流。"

雍正话音刚落,便有一群见风使舵的大臣揣摸准了圣意,纷纷上前跪奏,请旨按律惩治吕氏一家,也有顺承雍正之意,力主严惩的,雍正面带慈祥的笑容,一一表示准奏,张廷玉是极精明的人,看出雍正把自己的乾断意志,以集体讨论的名义强加于臣下,手腕可算高明到家。

但也有逆圣意直言上奏的,刑部侍郎陈学海就是一个。他上前奏道:"吕留良乃前朝名儒,倚声名立逆说、著逆书,散布反清复明之流毒,其罪当诛,但吕氏终归只是停留在著书立说上,并未将其言论付诸行为。皇上却说吕氏比曾静恶十倍,臣不敢苟同。况且吕留良与其长子吕葆中已死,凌迟之罪如何加之?"

"浅薄之词!"雍正脸上微怒道:"似你等目光短浅,只能看到曾静表面赤裸裸的造反,却看不到一个死去几十年的人仍在兴风作浪。王国栋就是跟你一样的人,所以朕要革他的巡抚之职,朕居高临远,看得清楚。我朝立国已近百年,天下承平日久,但汉人还有如此强烈的排满反清情绪,千里之堤,溃于蚁穴,不可不防微杜渐。但如何去防,仅仅处斩几个像曾静一样在表面蹦跶的臭虫是远远不够的。秦始皇焚书坑儒,落下千载骂名,朕不可能效法他,但朕也不会有妇人之仁。既然众卿公论当按律惩治,朕即照准,这就是国法难容。陈学海,你逆公论而谏,本该有罪,但朕说过言者无罪,你退下吧!"

陈学海一脸的惶惑,不敢多说,慌忙谢恩。满朝文臣众口一词,再无人敢做仗马之鸣。

雍正似乎颇为满意地扫视一片群臣,又道:"朕还有一事也请诸位爱卿一同议处。曾静谋逆案经由达哈维会同六部九卿的审理已审清问明,再无可疑之处。曾静、张熙两名逆犯该做何处置,请大家议一议。"

大殿上,立刻响起一片嗡嗡的议论声。群臣依着刚才皇上在吕留良案上的态度揣测着圣意,大多认定曾静、张熙必被按律严惩。有几个大臣竟不顾朝堂礼仪,慷慨激昂地述数曾静张熙的大逆罪。雍正只是半睁着眼睛,倾听着大臣们的争论声。约莫一袋烟的工夫,他才轻轻一摆手,朱儿立刻走到阶前,大声喊道:"肃静! 一个个奏来。"

达哈维今天的心情特别好,看来皇上对他的差事很满意,连处置吕留良一案也依从了他的意见。曾静一案是自己亲自审理的,如果不在朝堂上奏明自己处置此案的意见,似乎于理不合。为着再次讨雍正的欢心,达哈维第一个高声叫道:"臣达哈维有本奏!"

雍正欠身扫了他一眼,道:"你就在那儿说吧,朕听得见。"

"臣亲自审理此案,万分震惊。曾静、张熙所犯谋逆之罪,逆情之大,为历朝不曾有。其逆书满纸吃语,荒谬而恶毒,此等大逆不道之徒,非按律严惩而不得立国威、倡圣德。按我《大清律》,臣以为当如此治罪:一,将曾静、张熙凌迟处死;二,曾、张之祖父、父、子、孙、兄弟及伯叔父、兄弟之子,男丁十六岁以上,依律斩立决;三,两家男丁十五岁以下,及母、女、妻、妾、姐、妹、子、女,解送刑部发配功臣之家为奴。臣启奏完毕,请皇上照准。"

雍正点点头道:"你是刑部尚书,按律而奏,自然是正理。诸卿有不同意见,也可奏来。"

话音刚落,礼部班中有人叫道:"臣有话说。"

雍正欠身看了看,却没看见是谁说话,朱儿近前一步喊道:"请到前面来奏。"

礼部班中立刻走出一名二品朝官,来到丹墀前,叩头道:"臣礼部侍郎阿克里。"

雍正道:"说吧!"

"臣参加过曾静一案的会审。曾静谋反大逆,历朝未有,臣审讯之下,无时不切齿恨愤此等逆贼,虽食肉寝皮,难消臣恨,臣请旨立斩曾静、张熙及两家男女、仆佣,以儆效尤。"

雍正打断他的话道:"你的意思是比达哈维所奏还要严惩?"

"是!"

"朕知道了。退下吧!"

阿克里一腔的愤恨,本来还想多说几句,被皇上一句话给打发了。只得悻悻退下。

雍正面带微笑,扫视群臣道:"达哈维和阿克里所见略同。曾静谋逆之罪,乃板上钉钉,毋庸置疑。你们当中持相同看法的人肯定不少,但是朕想听听是不是有不同的意见,同一件事,从不同的角度看,就得出不同的看法。陈学海敢于逆公论而奏,虽然荒唐浅薄,朕还是欣赏他的胆识。朕说过,言者无罪。有什么看法,大胆地讲。"

大臣们你看看我,我看看你,弄不明白皇上到底是什么意思。虽然雍正一再声称言者无罪，但陈学海刚刚遭到申斥，就是有不同意见，谁还敢再做出头鸟。何况曾静一案也如皇上所说，板上钉钉，毋庸怀疑。

见半天没有人出来说话，雍正一笑道："看来大家对处置曾静、张熙一案没有异议，但是朕有不同的看法，不妨今儿个当众说一说。"

群臣中立刻出现一阵骚动，大家面面相觑，不知道皇上葫芦里到底卖什么药。允祥、张廷玉等一班近臣素知雍正处事不拘常理，随心所欲，猜测这一次他肯定又有别出心裁的料理。于是，一个个凝神侧目，洗耳恭听。

第三十一章　惩李卫朝堂树雄风
邬思道奸计教弘时

果然，雍正清咳一声道："达哈维所奏，对曾静、张熙的量刑不为过分。二逆犯大逆不道，虽凌迟处死也不足以赎其罪；但是，朕以为二逆贼尚有可赦之情由，留之不杀，于朝廷功莫大焉。"

雍正一语既出，满朝皆惊，群臣一时交头接耳，议论纷纷。连允祥、张廷玉、弘历、鄂尔泰等人也惊讶不已。李卫是个急性子人，一下子从东屏风下站起来，大声叫道："主子您是怎么啦？这种人也能饶他！"

文武百官从未见过有人敢在朝堂上对皇上这么说话，又是一阵骚动。尹继善用手一拉他的袍袖，着急地说道："李大人，皇上自有道理，你也跪下听听再说。"

李卫不听，索性躬着腰，大步走到雍正御座前，跪倒叩头道："皇上，说什么也不能饶了那两个混球。"

雍正一看是他，气不打一处来，虽说是自己的藩邸宠臣，但是当着满朝文武的面，竟如此无礼，自己若不严加申斥，臣子会怎么看。因此他把脸色一沉，怒道："李卫，该着叫你，朕自会叫你，如此无礼，成何体统，快些退下。"

"皇上！"

"莫要以为功绩卓著便如此张狂，再不退下，看朕怎么砍下你的狗头。"

"是……"李卫见他脸色铁青，心里害怕了，再不敢说什么，灰溜溜地退下去了，群臣中立刻响起一阵轻轻的讥笑声。

雍正缓和一下脸上的怒气道："朕若不念他一片公忠之心，定不饶他。朕接着说。去岁张熙给川陕总督岳钟琪投书，严刑拷打，逆犯至死都不肯说出实情。岳钟琪没办法，只得上奏。朕批示他多动动脑筋，岳钟琪不负朕望，不惜屈尊降贵与逆犯义结金兰，骗出实情。岳卿虽是假意，但结拜已成事实。三尺之地皆神明。朕如果杀了曾静、张熙，岂不令岳钟琪违背誓言，陷他于不义？为着岳钟琪是朕不杀此二逆贼的第一个原因。曾静，一个穷乡僻谷的穷教书先生，居然也想到造反，而且还搜集到这么多诋毁朕的谣言。可见天下诋毁朕躬的不知还有多少人。唾沫星子也能淹死人，这是很严重的问题，朕岂敢掉以轻心？必竭力塞其源而截其流，方为根本，如今达哈维已经查明，恶言诽谤诋毁朕躬的就是阿其那、塞思黑之流。其太监在流放途中，到处散布谣言，为曾静搜集情报。如果不是曾静、张熙投书案的发生，朕恐怕永远也无从知道民间有如此恶毒的流言。没有曾静，也暴露不了吕留良的大奸大恶。单就这一点，曾静还算有功呢，他既然幡然悔悟，朕何必一定要治他的死罪呢。当年圣祖爷平息三藩之乱，那么大的逆情，只要真正悔过，也尽数不加罪。曾静、张熙又算什么？严格地说，他们只是吕留良的从犯，受吕留良的蛊惑才犯逆的。首恶元凶是吕留良。曾静满纸呓语，辱及朕躬的全是荒诞不经，无凭无据的谣言，朕光明磊落，心胸坦荡，此等小人谣言，朕容得下，也就从轻发落他们。诸位臣工也知道朕，一向无妇人之仁，也不想博取仁君的虚名。宽赦曾静、张熙，实在是有利于大清的江山社稷。朕意已决，将曾静受审的全部供词，朕逐条驳斥逆书长文特谕和其他有关谕旨，一并刊刻，朕亲题书名《大义觉迷录》，书成即通行颁布天下各府州县远乡僻壤，使读书士子及乡曲小民共知之，并且各地书馆、学宫必收藏一册，备将来后进新学之士，人人观览知悉。如有未见此书，未闻朕旨者，经朕随时察出，一定将该省学政及该县教官从重治罪。宣诚亲王、方苞、陈梦雷！"

允祉和方苞就在丹墀下，两人早已听见雍正亲口宣他们，慌忙往御座前跪爬几步。"臣允祉见驾！""臣方苞见驾！"

陈梦雷在礼部班中，忙膝行到方苞下首跪了，"臣陈梦雷见驾！"

雍正一脸严正之色道："你三个也算是学界泰斗，朕今日就把《大义觉迷录》交由你们编纂刊刻，务必使出全力，像编纂《律历渊源》一书一样认真，不得有误。"

对于允祉、方苞、陈梦雷三人来说，编这种书还不是小菜一碟？只是他们这样的学界泰斗来编这种小儿书一样的东西，未免有些屈尊，但这是圣旨，圣命谁敢违抗，于是三人一齐叩头道："臣遵旨！"

允祉、方苞、陈梦雷刚退下。朱儿又高声喊道："刑部左侍郎杭奕禄、户部尚书史贻直听宣！"

杭奕禄在刑部班中正跪得双腿发麻，忽听喊到自己的名字，顿觉浑身发软，头皮发炸。当初在湖南审讯曾静、张熙时，就遭到雍正申斥，还险些像王国栋一样被革职，这次又喊到自己，不知是福是祸。他这么一犹豫，户部尚书已到了御座前跪好，朱儿以为他没听见，又高喊一声："刑部左侍郎杭奕禄听宣！"

"奴才在！"杭奕禄忙答应一声，连滚带爬地到了御座前，在史贻直身边跪好。

雍正看着他的狼狈相，半嗔半怒地道："杭奕禄，当初曾静、张熙案发时，朕命你为钦差大臣，会同王国栋审理，竟没有问出任何结果来。王国栋因而被罢职。朕念你祖上有功，只加申斥，未曾降罪。今日朕给你一个立功补过的机会。朕命你为南路观风整俗使钦差大臣，携曾静沿江苏官道，往浙江、江西、湖南一路，史贻直！"

"臣在！"

"朕命你为西路观风整俗使钦差大臣,携张熙沿西安官道往山西、陕西、湖北、湖南一路,曾静、张熙由朕特赦,不再是朝廷钦犯,而是随行的观风整俗使成员。你们两人记住,要一路缓慢行走,沿路让曾静、张熙巡回演讲,现身说法,宣扬《大义觉迷录》,让他们讲我大清立国之正,讲圣祖皇帝六十年文治武功之盛,讲朕的仁政恩德,抵湖南后,可将二人留在巡抚衙门听从观风整俗使调用,也可听随其便。总之,朕就是要让天下人知道,朕的恩德无物不可化悔。曾静、张熙虽冥顽不化、大逆不道,犹为朕恩德所化。"

杭奕禄、史贻直惶惑不解,只知叩头领旨。

雍正这一番出奇料理,不仅杭奕禄、史贻直和满朝文武大为惊奇,就是允祥、张廷玉等一班近臣、宠臣也始料不及。张廷玉是宦海中滚久了的人,至此才明白,案发伊始,皇上就定下了"出奇料理"的方针。利用曾静一案小题大做,揪后台、惩朋党。雍正莫测高深,工于心计,非历代为君者所能比。

满朝文武正在惊愕之机,忽听朱儿又叫道:

"李卫、尹继善进前见驾!"

李卫、尹继善忙不迭地跪爬到阶前。雍正看着自己的两位得意宠臣,略显得意之色道:"你们两个,一个是进京述职,一个是陛见,这些不是紧要的。李卫散朝后向怡亲王述职即可。朕叫你们过来,有两件事。一是李卫补直隶总督的缺,明日走马上任,家眷可派人接来。浙江巡抚之职交由程元章署理。二是元长署两江总督,明日即刻赴任。朕已命兵部捷报处行文浙江杭州将军鄂弥达,缉拿吕留良全家。元长抵任后,即将吕氏全家就地正法,不必押解至京,朕有特旨给元长。朱儿,宣旨!"

朱儿躬身取过圣旨,走到阶前站定,尖嗓高声念道:"浙省逆儒吕留良者,悍戾凶顽,好乱乐祸,自附明代王府仪宾之孙,追思旧国,愤懑诋讥。著邪书、立逆说,丧心病狂,肆无忌惮辄敢于对圣祖仁皇帝任意指斥,公然骂诅,以毫无影响之事,凭空撰造,诋毁圣朝,实为大逆不道。今吕留良虽死,其后子弟仍承其衣钵,敌视天朝,逆情之大,亘古罕有。不惩将律历不行,朝威不立。特旨两江总督按律惩治。一、着吕留良及长子吕葆中二人已死,开棺戮尸;二、充没吕氏家产;三、着将吕留良之九子吕毅中斩立决;吕氏族人按律坐罪,流放荒漠;四、吕留良所著文字,凡文集、诗集、日志皆为禁书,民间收藏,收缴焚毁,匿藏不交者以重治罪。"

朱儿刚读完,朝堂上又是一阵骚动。雍正赦免造反主犯曾静本已出人意料,现在又拉了个死人戮尸灭门,更是奇上加奇。尹继善一下子就看出皇上"出奇料理",棋高一招,忙双手接过圣旨道:"臣领旨!"

雍正面色温和笑道:"元长,此次赴任,一身轻松吧?"

尹继善连叩三个头,感激得涕泪交流道:"皇恩浩荡,臣敢不以死报效圣上。"

"朕今日就当庭颁诏,开豁天下所有贱民的贱籍。"

"万岁！万岁！万万岁！"

临罢朝时,雍正又亲颁赦宥曾静、张熙的特谕,交付达哈维往刑部大狱宣示。达哈维接过旨意,心里却七上八下。因为曾静、张熙两个人的认罪态度,天上地下,相差太远。曾静是个软骨头,为着活命,任由主审官员的摆布。达哈维为迎合雍正的意图,引诱曾静把罪责推在吕留良和阿其那、塞思黑的太监身上。张熙从案发开始就抱定必死之心,任凭主审官员走马灯似的乱换,软硬不吃。达哈维为了交差,自造一份供词,叫几个人硬按着张熙画押。原本想案子审清问明后,这两个钦犯肯定被押到菜市口,凌迟处死。没料到雍正突然来了个"出奇料理",不但赦免两个人死罪,还命他们为观风整俗使成员,游历天下,宣扬皇恩圣德。张熙一旦被赦免出狱,不定会闹出什么乱子。到时候主审此案的达哈维罪责难逃。丢官罢职倒在其次,丢了性命也难说。

达哈维越想越害怕,只觉得头皮发炸,两腿发麻。直到散朝还神不守舍,迷迷糊糊地跟着其他官员走出大殿。刚到朝房门口,看见弘时走在前面,慌忙紧跑几步,追到跟前,谦恭地叫道:"三爷！"

弘时正跟身旁的一个官员说话,听他一叫转过身来道:"尚书大人,什么事？"

"不敢当,三爷,奴才有事请教。"

跟弘时说话的官员见他们有事,忙一拱手告辞了。达哈维看着他走远,才低声道:"三爷,奴才亏得您的指点,审下曾静的案子,皇上很满意。可是那个张熙没真正服罪,皇上赦免他,将来他若闹出点事来,奴才恐怕罪责难逃。求三爷再给想个办法。"

弘时想也没想,鼻子里"哼"了一声道:"那个张熙难道是铁石心肠,不是血肉之躯。你只需……"

达哈维连连摇头道:"不成,不成,奴才试过,他不吃这一套。"

"这次有皇上的宽宥特谕,准成！"

达哈维半信半疑,谢了恩。出了午门,上了轿,也不回府,直往刑部大狱而去。

曾静、张熙押解到京后,刑部遵照雍正意旨,优厚礼遇。两人虽说还是被关押在大牢里,但不上镣链,房间也干爽清洁,洗漱铺盖一应俱全,而且有人专门送饭,餐餐有鱼有肉。曾静起初以为是"上路饭",吓得哭哭啼啼,吃不下去。张熙早抱必死之心,反倒一身轻松,又吃又喝。天天如此,曾静才约略放心,开始进食。半个月过去了,开始过堂,达哈维会同六部九卿的主要官员共同审理,把偌大个刑部大堂挤得满满的,曾静一看这阵势,就吓晕过去了。但达哈维既不用刑,也不呵斥,只是走过场似的过堂两次。只是在

一天夜里,达哈维突然一个人来到两人的牢室,拿出一张拟好的供词,声称只要按照这张供词招供,便可免其死罪。曾静如遇救星,二话不说,当场誊抄一份,签字画押。张熙却是连连冷笑,继而破口大骂,拒死不招供。达哈维恼羞成怒,命人把他打晕按着手在拟好的供词上画了押。张熙醒来,达哈维已走。他再也不依师礼待曾静,当着狱卒的面,羞辱、责骂这个没有骨气的老师。狱卒怕闹出事,只好请示达哈维将两人分开囚禁。

达哈维的大轿在刑部大狱门前停住。达哈维下了轿,带着几个亲兵差役就要往里走,偶尔一回头,忽见一乘绿呢大轿急急而来,在达哈维的轿后停住,轿内走出户部尚书史贻直。史贻直一看他直愣愣看着自己,爽朗地一笑道:"达哈维,不认识咋地?"

达哈维有些慌乱,忙迎上前去赔笑道:"我只是奇怪,史大人下了朝不回府,跑到这儿做什么?"

史贻直笑道:"我还没问你呢,你倒先审起我了。"

"下官还有一些细务没有完,思量着明日交代事宜,怕是来不及,就忙着过来了。"

"下官也一样。皇上旨令明日就动身,所以就赶早过来了。"

达哈维怕他看出破绽,忙道:"请史大人先去西客厅稍坐,下官有些细务要办理,稍事即可。"

说完,一边吩咐人陪着史贻直去西客厅,一边带着亲兵往曾静、张熙牢室来。

曾静自不必说。来到张熙牢室门外,那牢门也没上锁,只有两名狱卒看守着,达哈维推开门,张熙正坐在床边看书,见他进来,头也不抬。达哈维故作严正地说道:"张熙,你的案子已经审结,钦命已经下来了。"

张熙放下书,讥讽道:"尚书大人,你用怎样手段审结此案的,跟皇上说了吗? 其实,我也是多此一问,不管你是怎么审的,我这个谋逆之罪是逃脱不掉的。横竖一个死,大爷早想好了。说吧,皇上怎么说?"

"皇上说,你大逆不道,按律凌迟处死。"

张熙只是淡然一笑,无动于衷。

"皇上还说,你张家男丁十六岁以上依律斩立决;男丁十五岁以下,及母、妻、女、姊、妹解送刑部发配功臣之家为奴。"

张熙浑身抽搐了一下,两滴清泪无声地滚落下来。达哈维看得清楚,故作同情地说道:"下官钦佩你是条汉子,有骨气,不似曾静那条癞皮狗。可惜你死了不要紧,还要连累年迈老母和娇弱的妻儿为你送命,这岂是一个七尺男儿能容忍的。"

"清狗,不要说了。"张熙突然暴怒起来,一下子扑到门口,遥望南方跪倒在地,声泪俱下道:"娘,儿不孝,让您老人家遭罪了。"

达哈维不急不怒,走到他身后,讥诮道:"说你是条汉子,因为你不怕死。可是,堂堂七尺汉子,不能在母亲跟前尽孝,还要她老人家受尽牵连,你也算得上英雄吗? 如有一线希望,你还让老母为你而死吗?"

"希望?"张熙惶然无措,挥舞着双手仰天长叹道,"大逆之罪,诛灭九族,历朝皆然。一人做事一人当,为什么要株连我娘亲、妻、儿,天道不公啊!"

达哈维知时机已到,从身后取出雍正特谕,高声叫道:"有旨,赦曾静、张熙免诛。"张熙茫然地看着他手中的金色圣旨。

"蒙上天皇考俯垂默佑,令神明驱使曾静自行投于总督岳钟琪之前,俾造书造谤之奸人——呈露,朕方得知若辈残忍之情形,明目张胆将平日之居心行事,遍谕荒陬僻壤之民,而不为浮言所惑于万一。亦可知阿其那、塞思黑等蓄心之惨毒,不忠不孝,为天祖之所不容,国法之所难宥处。天下后世,亦得谅朕不得已之苦衷矣。此朕不幸之大幸,非人力之所能为者。即此则曾静不为无功,即此可以宽其诛矣。……除造作布散流言之逆党,另行审明正法外,着将曾静、张熙免罪释放,并将伊之逆书及前后审讯结问之语,与伊口供,一一刊刻颁布,使天下人共知之。曾静等系朕特旨赦宥之人,彼本地之人,若以其贻羞桑梓有嫉恶暗伤者,其治罪亦然,即朕之子孙,将来亦不得以其诋毁朕躬,而追究诛戮之。钦此。"

张熙如被梦魇,半晌说不出话来,自投书岳钟琪案发,他即抱必死之心。因为像这样的大逆之罪,历朝历代也不曾宽宥过,既然必死不如死得轰轰烈烈,堂堂正正,也好成就自己一生的英名。可是没想到,清朝皇帝竟有如此容人之量,真的赦免自己的死罪,家里妻、儿、老母也不必惨遭株连。不可思议,恐怕任何一个汉人皇帝也不可能赦免自己这样的大逆之罪,以后还侈言什么反清复明呢?

达哈维见他干瞪眼跪着不说话,以为他还是一条道走到黑,只得施展出最后一招,威吓道:"张熙,你一个名不见朝野的穷乡儒生,下官看得起你,多方为你周旋,也是皇上圣德宽仁,免你死罪。你若还是执迷不悟,也好办,下官只要将你冥顽不化的真相奏明圣上,这张宽宥旨立刻就变成废纸一张,你和妻儿老母只有在菜市口相见了。"

"不,不,大人!"张熙第一次屈服,他软了骨头,爬到达哈维跟前长出一口气道,"为了我一家老小性命,张熙不再反清,谢皇上圣恩,谢大人从中保全。"一边说,一边连连叩头。

达哈维哈哈大笑,对手下立刻吩咐道:"来人,请史大人!"

弘时这几天一直心神不安,好像总有双犀利的眼睛盯在背后似的。早晨上朝时,总是心惊肉跳地左顾右盼,一会儿看看皇上,一会儿又瞅着弘历,就连李卫进见时,他也不放心地多看了几眼。

"王爷,想谁呢?"爱妾佟儿不知何时走进来,挨着身边坐下。

弘时躺在睡椅上，伸了伸慵懒的腰，面无表情地道："我没想谁，想事情。"佟儿看了两个给弘时捶着腿的丫头一眼，道："你们下去吧！"

等两个丫头走出门，她才柔声问道："我说的事儿，你问了吗？"

"什么事儿？"

"你……你怎么忘了？"佟儿有些生气，但还得忍住气道，"我说过多遍了，让你求求皇上能不能赦免我祖父的罪。"

"又是隆科多。"弘时肚子里都是气，没好气地道，"你们女人不懂，他和皇阿玛之间谁也弄不清楚的事，我敢问吗？"

佟儿一阵子难过，流了泪哭泣道："都怪我命苦，爹死了，祖父不知会怎样，让爹多次托梦求我，可是，我怎么办……"

弘时只好坐起身，好言安慰道："别哭了，小娇娇，邬先生是个有办法的人，把他叫过来商量一下不就成了。"

佟儿破涕为笑，扑到他怀里撒娇道："谢王爷！"

两人正说着话，一个丫头进来道："王爷，邬先生来了。"

"请他进来吧！"弘时边用手捏着佟儿的脸蛋边道，"你看，他不是来了吗？"邬思道走进来，一撒手道："王爷、佟儿奶奶都在。"

佟儿一指桌子旁的凳子道："邬先生，请坐，我和王爷正有事儿跟你说呢。"

"什么事儿？"

弘时接过话头答道："佟儿要我求皇阿玛赦免隆科多的罪。邬先生，你说我有这个胆子吗？"

邬思道双眉一展，用手摸了摸颏下稀稀落落的几根胡须道："隆科多原是皇上宠臣，权重而矜，赏多而骄，因而获罪。但外界传闻，隆科多和皇上之间有说不清楚的事，王爷贸然求情，恐怕要引起皇上的猜疑。"

弘时看了佟儿一眼道："我也是这么看，可是佟儿……"

"佟儿奶奶是重情理之人，为祖父忧虑也是人之常情，王爷应该想办法帮她。"

弘时差点儿把鼻子气歪了，没好气地道："你这个牛鼻子，有理无理都是你说的，要想办法，你去想。"

邬思道莞尔一笑道："办法由奴才想。请佟儿奶奶暂且回避，我和王爷商议一下。"

邬思道以奴才身份竟敢让主子的侍妾回避，真算是狂妄至极，但因他曾做过雍正幕宾，弘时也只是看了他一眼，佟儿因有求于他也不见怪，便站起身来，冲二人一个微笑，袅娜而出。

弘时躺下身来，用脚尖轻轻敲着地面，道："牛鼻子，有什么鬼主意尽可以说了，我就是不明白你为什么要帮佟儿说话。"

邬思道微微一笑道:"奴才自有道理。前次王爷故意向吴守义、马守柱透露皇上行踪,行一箭双雕之计……"

弘时吓得一下子从躺椅上跳起来,伸手捂住他的嘴巴,惊慌地说道:"邬思道,你作死么,这种话也能说出口吗?"

邬思道推开他的手,放低了声音道:"王爷放心,外面的丫头早被我打发去了。奴才今儿个要告诉您一件大好事。"

"什么事儿?"

"隆科多被皇上以四十八大罪囚禁起来,却为什么迟迟不杀?"

"也许是隆科多罪不当诛,也许是皇阿玛仁厚,曾静、张熙大逆之罪尚可宽宥免诛,何况隆科多。"

"王爷差矣!"邬思道以谆谆教导的架势道,"皇上是一代明主,宽宥曾静、张熙,无非是让这两个逆犯感激圣德,到处为皇上呐喊,颂扬皇上圣德。这比杀他们更有利。隆科多则不同,他是拥立皇上登基的人,知道许多不利于皇上的秘密,皇上必欲置之死地而后快。但是现在皇上只是囚而不杀他,说明隆科多手上掌握着不利于皇上的重大物证,一旦物证落到皇上手中,隆科多就是有十条命也休想再活着。"

弘时听得目瞪口呆,半晌才疑惑着问道:"皇阿玛登基时,真的像外面传言的那样对圣祖爷做了什么?"

"外面的传言大多捕风捉影,无根无据,不足以信。据奴才推测,圣祖爷崩逝前,隆科多肯定按照皇上的意图在圣祖爷跟前做了手脚,具体怎么做的,隆科多连皇上也隐瞒不说,致使皇上不敢轻易杀他。"

弘时似信非信地点点头,却又道:"你说的这些和外面的传言也差不多,对我来说,也算不上什么好事。"

"当然是好事。"邬思道神采飞扬地说道,"王爷可以请求皇上准许你带着佟儿奶奶探视隆科多。那时,隆科多看见他的孙女,说不定会把那个重要物证交给或告诉佟儿奶奶,王爷再从佟儿奶奶那里得到物证,以物证做要挟,不怕皇上驭天后不把大位传给王爷。"

弘时脸色微变,胆怯地道:"皇阿玛圣明,岂能容我得逞。"

"哈,哈,哈……"邬思道突然站起来,来回踱着方步,道:"前次皇上秘密出宫,往遵化拜祭景陵,交王爷总理京城事务,王爷便忘乎所以,几乎轻举妄动,亏得奴才想出一箭双雕之计,故意向吴守义、马守柱泄漏皇上行踪,让他们去做王爷想做的事,王爷今才安然无恙。当时王爷有那种胆量,今天怎么反而胆怯了。欲成大事者,必须有胆有识,有勇有谋。皇上当年在众阿哥当中夺嫡成功,十分清楚地说明了这个道理。"

弘时受到鼓舞,精神一振,从躺椅上站了起来,向邬思道一躬身道:"邬先生,本王就听你的,大事成功之日少不了你的好处。"

邬思道正要坐下,忽见冯荒跑进门来,大声叫道:"王爷、邬先生,宫里来人了,叫王爷和邬先生快去。"

弘时眼角一跳,有些慌乱,道:"天这么晚,宫里来人做什么?"

邬思道一手扶着他,平静地说道:"王爷,不必担心,有奴才在,不会有事的。"

弘时约略安了心,两人由冯荒带路来到大厅,却见太监朱儿正坐在大厅里品茶。弘时、邬思道忙迎上前去。

朱儿先给弘时请了安,又看了看邬思道,尖着嗓子笑问道:"邬先生,好久不见了。什么时候端了盛郡王爷的饭碗?"

邬思道显出无奈的样子,苦笑道:"反正是做奴才的,在哪儿也是一样干活吃饭。"

"说得也是。"朱儿似乎很是同情,又向弘时说道,"皇上有旨,宣盛郡王和邬先生见驾!"

弘时一怔,问道:"皇上这么晚召见我和邬先生,有什么事?"

"做奴才的哪能知道,反正去了就明白了。"

邬思道若无其事地说道:"王爷,既是万岁有旨,咱们就动身吧!"

朱儿道:"皇上在圆明园,王爷和邬先生最好骑马去。"

冯荒慌忙吩咐备马,弘时和邬思道跟着朱儿,出了王府大门,上了马,冯荒带两个亲兵打着灯笼,几匹马向着茫茫黑夜驰去。

弘时的王府离圆明园有十几里,但在马身上,也只是一哈腰的工夫。几个到了圆明园门前下马,冯荒和两个亲兵在外面等着。朱儿引着弘时两个人往里走。园里所有的通道都点着灯笼,所以走得很快。没多大功夫,几个人便到了九州清晏大门的台阶前。朱儿手一指当中灯光通明的大厅,道:"皇上在那儿等着呢,王爷和邬先生自己进去吧!"

弘时不安地看着邬思道,邬思道一拉他的手低声嘱咐道:"王爷别怕,就按奴才平时教的说。"

弘时稳稳心神,深呼一口气,迈步走进大厅。进去一看,却见雍正坐在正中的香杌上,李卫和弘历一左一右,分坐两旁陪着说话。弘时一见李卫、弘历也在,心里一惊。他竭力保持镇静,先给父皇施礼。李卫和弘历看着他进来只是略一欠身,拱手一揖,算作见礼。邬思道跟在弘时后面进来,跪倒在地,一一叩头施礼。

"奴才邬思道给皇上请安。皇上万岁万万岁!给宝亲王请安,王爷千岁千千岁!给李大人请安!"

弘历稍微欠身,轻轻一笑点点头,算作还礼。李卫和邬思道算是旧人了,知道他当年和自己一样,在雍亲王府极得宠的。但是李卫面无表情,只是点点头算作还礼,身子竟动也不动。

第三十二章　雍正帝亲审行刺案 美人计欲救隆科多

雍正打量着两人,良久才用冰冷的声音道:"你们也该知道,朕连夜召见,为着什么事?"

弘时慌忙答道:"皇阿玛,到底什么事,儿臣一点也不知道。"

"不知道?"雍正冷笑道,"朕问你,邬思道怎么会到你府中,他帮你做了什么?"

弘时顿时浑身直冒冷汗,一时不知做何回答。正在慌乱,忽听身旁邬思道不慌不忙地道:"皇上,奴才的事,由奴才回答,行吗?"

雍正似笑非笑,点点头道:"邬思道,你说吧!"

"像奴才这种科举不第的穷儒生,仕途无望,又肩不能扛,手不能提。为了果腹,只能用自己浅薄的才识,投身王侯将相府中充当幕宾。奴才有幸,充当过皇上的幕宾,但皇上登基后,处理的都是军国大事,奴才自觉才疏学浅,无能赞襄主子,才乞请离府,皇上也是恩准的。奴才无处栖身,在京城漂泊,一个偶然的机会,奴才得遇盛郡王,素知王爷性情爽直宽和仁厚,蒙王爷不弃,收留奴才于左右。"

弘时听他镇定自若,答对如流,也心安下来,应道:"邬先生说的句句是实。儿臣生性愚钝,幸亏邬先生赞襄辅佐,才对诸政国事从容料理,求皇阿玛不要怪罪邬先生。"

"朕不是怪罪他赞襄你政务。"雍正依然阴沉着脸,"你们对弘历图谋不轨,休想欺瞒朕。"

"冤枉,皇阿玛。儿臣怎么会对弘历图谋不轨。这是何人造谣诬陷儿臣?"弘时一边说着,一边用眼角扫着李卫和弘历。

邬思道显示久经历练的样子,不慌不忙地问道:"皇上,到底是怎么回事,王爷和奴才都是如坠雾中,可否给奴才一个明白?"

弘历站起身来,走到两人身边,不冷不热地道:"三哥,邬先生,我们弟兄在信阳相遇后就发生了一些令人费解的事。先是当晚就有江湖侠士甘凤池行刺本王。再次,当本王沿江而下途经采石矶时,又有水匪劫船。亏得本王的贴身侍卫舍命相救,本王才死里逃生。可惜的是本王失去了几位心腹侍卫。所幸有一名水匪被本王拿住,经李卫亲自讯问,此贼供称是受一位邬姓的京城来客的买通,劫杀本王的,而这位姓邬的人又称受京城一位人称'三爷'的人主使。本王原本不相信是三哥和邬先生所为,但水匪言之凿凿,实

283

在令人费解。"

李卫也站起来说道:"宝亲王说的话句句是实。下官亲自审讯落网的水匪,所供正像宝亲王说的那样。也是下官派人沿江接应宝亲王的,确有水匪劫杀一事。"

弘时跪在地上,不敢抬头,嘴里念叨着:"怎么会这样……"

邬思道双眉上扬,轻笑一声道:"这就奇怪了,奴才和王爷一路押解钦犯进京,怎么可能去劫杀宝亲王,更令人费解的是,那买通水匪的人居然言明自己和主子的身份。如果真的是奴才,断不至于蠢到如此地步。奴才请问李大人,落网的水匪现在何处?"

"这……"

李卫一时不知如何回答,下意识地看了雍正和弘历一眼,雍正道:"李卫,既然那水匪供称曾见过邬先生,不如就把他带过来和邬先生当面对质,也省许多口舌之争。"

李卫道声"遵旨",起身走出去,不多时,他亲自带着两个亲兵押着水匪来到。邬思道突然站起来,快步走到水匪跟前,厉声喝问道:"大胆逆贼,你可要认清楚,哪一个人是买通你们劫杀宝亲王的邬先生?快说!"

水匪吓得跪趴在地上,小眼睛怯生生地打量着大厅里的每一个人,他见人人都衣着华贵气宇不凡,哪敢胡乱攀认,因见弘时跪在地上便用手一指,叫道:"是他,他就是邬先生。"

弘时又是一惊,忽见邬思道又回到原地跪下道:"皇上,请恕奴才刚才失礼之罪。奴才若不这样做,必被那水贼认作邬姓人。现在很明白了。分明是有人要买通水匪,一则刺杀宝亲王,二则诬陷盛郡王,一箭双雕,其计可谓毒也。"

雍正看着眼前的藩邸旧人,不能不佩服邬思道是个鬼才、奇才。当年自己和诸位阿哥逐鹿时,邬思道鼎力相助,奇计、诡计百出,使原本势单力薄的四阿哥从容周旋于强敌之中,雍正能够登基九五大位,邬思道功不可没,但是他也是雍正最感到心惊肉跳的人。比之年羹尧、隆科多,邬思道虽然位卑名贱,却更加高深莫测,令人难以把握,作为主子的雍正皇帝,时时感到他的威胁在逼近自己,却又想不出这种威胁的来由。

邬思道的辩解入情入理,任谁也找不出反驳的理由,何况那名水匪竟当场认错"邬先生",雍正的脸色缓和了许多,道:"邬思道,以你的精明之处,能否说出图谋弘历的到底是什么人?"

邬思道摇头,谦恭地道:"奴才不像皇上所誉的精明,奴才只是一介寒儒,没有未卜先知之能。图谋宝亲王的到底是什么人,还需李大人和宝亲王多方详查,才能水落石出。"

弘历听得清楚,心中恼怒,却不形于色,向父皇一躬身,爽朗地道:"皇阿玛,邬先生所言句句在理,看来图谋儿臣绝不是三哥和邬先生。"说完,站起身走到弘时跟前,躬身揖手,惭愧地道:"三哥,委屈你了,小弟根本不相信是你所为,可是那水匪胡乱咬人,李卫为查明真相特地请父王召见你,小弟不得不走走过场。"

弘时这会儿得了理,长跪不起,抑郁道:"老四,你是有才能的人,人又精明,朝野皆知,三哥一直自愧不如,什么事都甘居你后,怎么会图谋你呢?"

雍正看着这一对儿子,心头似乎一块石头落了地,面色和蔼地道:"既然是误会,朕就安心了。弘时、邬先生,坐下说话吧!"

弘时、邬思道这才站起,退到左侧的凳子前,斜签着坐下。雍正长叹一声道:"朕初听李卫说弘历遇刺牵连弘时,整个心都碎了。弟兄争储,手足相残,朕是过来人,无时不有切肤之痛。圣祖朝,皇子争储,私党林立,使得官员趋炎附势,不以国事为要,唯私党之利为先,搅得朝廷乌烟瘴气,圣祖爷也忧郁成疾。前事不忘,后事之师。朕心里再容不得你们手足相残。因而,朕登基之后,即召集御前王公大臣等宣布密建储位之法……由朕秘密选好皇子中将来谁继承大统,将谕旨封在建储匣内,放置在宫中最高处乾清宫'正大光明'匾额的后面,又另写同样的密旨藏在内府,作为日后核对,所以,只要是朕皇子,好自为之,都有可能承继大统。密建储位之法传之子孙后代,不得更改。"

弘历叹道:"皇阿玛圣明,立储乃国之根本,密建储位之法彻底消除承继大统的祸患波折,是国家之福,黎民之幸。"

李卫揉揉发涩的眼睛,道:"主子,都是奴才多事,让您为着点小事,不得安寝。请主子放心,奴才一定查明真相汇报给您。天太晚了,主子明天还要处理国事,早些歇着吧!"

雍正苦笑道:"没办法,怡亲王去了易县勘查陵址,朕只有亲身过问此事才能放心,既然这事与弘时无关,朕也放心了!天太晚了。你们跪安吧!"

"喳!"弘历、弘时四人一齐起身叩头跪安,便退出大殿。李卫悄悄拉了弘历落在后面,低声道:"四爷,您今儿个怎么了?平日的能言善辩到哪儿去了?弘时明摆着心存歹意,就这么便宜他?"

弘历不理,只是大步往前走。李卫耐不住心里的疙瘩,死追不放。弘历被缠得没办法,只得叹了一口气道:"我能怎样,现在证据不足。皇阿玛也不会相信他真能对亲兄弟下毒手。皇阿玛是从亲兄弟手足相残中过来的,他不会容忍我们再次发生手足相残的事,不论谁是谁非,我们都会受到惩处。"

李卫轻笑一声道:"如果两次行刺四爷,都是弘时所为,难道四爷也这样坐以待毙吗?"

弘历一声冷笑道:"只要他有不轨之心,总会有所举动,心急吃不得热豆腐,你就等着大鱼露出水面吧!"

雍正由朱儿扶着出了九州清晏大厅的北门,回静宜殿歇息,两名宫女慌忙迎上去,服侍雍正在御榻边坐下,一名宫女慌忙端来热水,服侍皇上洗脚,另一名宫女站在身后,用一双柔嫩的小手在雍正肩上轻轻按摩。

雍正日理万机,又累又乏,经这宫女轻轻一按,顿觉舒爽无比。不禁龙颜大悦,笑问道:"兰儿,你何时学会这一手?"

那宫女格格一笑,边轻轻揉搓边答道:"万岁爷,奴婢不是兰儿。您不是说兰儿手脚粗笨吗?总管就让奴婢换下兰儿,来服侍万岁爷。"

雍正恍然大悟,道:"朕每天事儿多,也许说过,兰儿也不错的,就是不爱笑,老板着脸。朕一天的国事忙下来,骨头架都散了,还要面对她那张长脸你说朕高兴得起来吗?你叫什么名字?何时进宫的?"

"奴婢叫蕙儿,进宫一年多了。"

雍正眯着眼,享受着蕙儿一双小手的温柔,肩上的酸麻渐渐消失,双腿双脚还有些酸痛,于是,叫道:"蕙儿,给朕揉揉脚。"

"奴婢遵命。"

给雍正洗脚的宫女慌忙让开,蕙儿蹲在雍正脚前,双手把雍正的双脚放在大腿上,然后顺着足跟神经轻轻揉搓。雍正这时看到她正面,蕙儿约十五六岁,鹅蛋脸白里透红,洋溢着少女的青春气息,乌黑的长发挽了个朝天髻俏皮极了。一件湖绸旗袍裹不住浑圆的玉体,一对高耸的乳峰高傲地展示着少女的诱惑力。蕙儿发现皇上在眯着眼睛,一动不动地盯住自己,便莞尔一笑。雍正似乎被笑声惊醒,微睁双眼,伸出一只手轻轻抚摸着蕙儿的长发,慢慢由长发到脖颈,最后伸进蕙儿衣内,轻轻把玩。蕙儿心中窃喜,今晚若是被皇上幸了,说不定明年就能生个龙子凤孙出来,自己一夜之间身价倍增,封妃、封后也未可知。她想得痴了,竟把脸儿轻轻贴在雍正脚上。

忽然她发觉皇上的大手在自己双乳之间停住不动了。慌忙抬起头来,只见雍正在凝神沉思,蕙儿轻轻地叫道:"皇上!"

雍正一怔,突然叫道:"朱儿!"

朱儿正在外间侍候,慌忙跑进去。蕙儿见雍正的手还放在自己胸前,一时羞臊难当,又不敢挣开。朱儿虽说是个太监,但毕竟还是男人心理,一见此景,慌忙把头低下,怯怯地应道:"奴才在,万岁有何示下?"

雍正这才意识到自己的那只手,忙缩回来威严地清咳一声道:"叫博尔多来见朕。"

"这……"朱儿迟疑着道,"都三更天了,雍和宫怕是上门栓了。"

雍正勃然大怒,斥道:"上门栓你不会叫开,朕要是有军国要事,这三更天就不能办了吗?"

朱儿吓得一哆嗦,连声道:"万岁爷息怒,奴才就去。"一边说,一边退出去。

惠儿这才明白,雍正刚才摸着她的乳头的时候,心里想的却不是她,而是别的事,不由一阵寒心。雍正看她呆呆的样子,明白她的心思,便一把把她拥在怀中,笑道:"生朕的气,是吗?"

惠儿忙嫣然一笑道:"奴婢不敢。皇上是一国之主,日夜忙于国事,哪有时间亲近女色?"

"说得好!"雍正仍把她放回原地坐好,道,"曾静骂朕的十大罪过,其中之一便是淫色。宫中上下都知道朕勤政,极少翻牌子御幸后妃。曾静这样骂朕,朕太冤枉了。"

惠儿为雍正轻轻捶着背道:"是啊,皇上天天忙于国事,一定又累又乏,皇后和贵妃娘娘也该侍候皇上舒服一些。"

"别说她们,"雍正轻轻摇头道,"朕是九五之尊,也没有她们娇贵。她们要的是朕的宠幸,不是侍候朕舒服,更不会像你这样给朕捶捶背、按按肩。"

"不会吧!皇上,您是一国之君,让谁怎样谁就得怎样。"

"朕不愿强人所难嘛,她们不乐意侍候朕,朕何必强求呢。惠儿,你是京城人?"

"皇上圣明!"

"不是朕圣明,是你的口音告诉了朕。"

"奴婢生在京城长在京城,去年选秀女的时候,被选进来的。"

"父母都是干什么的?"

"奴婢的爹,皇上认识的。就是刑部尚书达哈维。"

雍正一怔,想不到刑部尚书的女儿竟在宫中做一名宫女。便问道:"你家是官宦之家,又是旗人,你为什么要进宫当秀女呢?"

惠儿一笑道:"宫中按例选秀女,奴婢在应选之列,岂敢违旨!"

"据朕所知,很多富家或官宦之家的女子不愿进宫。其父母为不使女儿进宫,或找贫家之女代替,或买通经办官员落选。你爹身为尚书,应付这类事只消举手之劳。莫不是你乐意进宫?你说真心话。"

惠儿愣住了,半晌才羞羞怯怯地道:"奴婢就是想看看皇上是什么样儿,还想侍候皇上一辈子,为皇上生……生一群龙子凤孙。"

雍正听了,哈哈大笑,道:"朕难得遇着你这样率直的女子。朕也跟你说实话,朕勤于政事,无暇顾及后宫,若不是怕违了祖制,朕甚至想废去选秀女之制。惠儿,朕老了。你还是个宫女,再过几年,朕把你指给哪个王公贝勒配婚,也不屈了你青春年少。"

惠儿激动地抱住雍正的胳膊道:"奴婢谢皇上一番好意,可是奴婢只想侍候皇上一辈子。"

雍正正想安慰她,忽听一阵脚步声传来,朱儿引领着博尔多大步走进来。博尔多跪倒叩头:"奴才给皇上请安。"

雍正推开蕙儿，道："这里是内府，不必拘礼，站起来说话吧！"

"喳！"博尔多站起身来，谦恭地问道："万岁爷深夜召奴才来，有何训谕？"

"朕没有训谕，只问你，张千还在弘时府上吗？"

"回万岁爷，他还在那儿呢，自打万岁爷派他帮着盛郡王去湖南押解曾静回来。他就一直留在盛郡王府。"

"那就好。你马上通知张千，要他注意弘时和邬思道的行踪，有可疑之处直接告诉朕。"

"喳！"

雍正站起身，来回踱着步，忽然又问道："隆科多最近怎么样？"

"回皇上，隆科多还是老样子，能吃能睡爱打呼噜。"

"朕不是问你这个，朕问你，他说什么话没有？"

博尔多皱着眉头，想了半天才答道："他说要奴才小心点，说皇上说不定哪天就杀了奴才。还说皇上不敢杀他。"

"一派胡言！"雍正突然暴怒起来，用力跺着地面道，"不要听他胡说，你们忠心事主，朕怎么会杀你们。隆科多十恶不赦，朕总有一天会收拾他。"

博尔多浑身一寒，嘴唇抖了几抖道："奴才怎么会相信他的话，皇上有什么吩咐，奴才赴汤蹈火，在所不辞。"

弘时觉得这几天佟儿似乎特别地忙，有时一整天都见不到她的人影儿。到了晚上才回到府里，对弘时理也不理。偏偏弘时对府上的福晋、侧福晋、侍女看也懒得看，而对她独宠。几天没能亲近，便觉饥渴难耐。一天弘时直等到掌灯时分才见佟儿回来，不由一阵恼怒，伸手抓住她的手问道："佟儿，你一天到晚不在府上，干什么去了？"

佟儿一动不动，一仰脸儿，面无表情地答道："爷，妾身不是说过，你这位王爷帮不上忙。"

"你是说，隆科多的事？"

佟儿挣开他的手，一屁股坐到床榻上，一双美目浸满泪水，长叹道："妾身求你多少次了，可是你这位皇子就是不敢在皇上面前提，妾身只有靠自己，可是……"

弘时顿觉气短了许多，忙坐到她身边，搂着她的香肩，柔声道："佟儿，你一个弱女子能做什么，再说你是本王的人，整日在外面疯疯癫癫地跑，成什么样子。"

"妾身不管这些，妾身只恨这世态炎凉，人情如纸薄，那些祖父的旧人见我佟家失了势，一个个如避瘟疫，妾身恨不得一个个杀了他们。"

弘时灯下看她，如雨打桃花，更加娇艳可爱，忍不住一把将她拥在怀中，口里安慰道："佟儿，别管这些了。只要本王宠爱你，让你一辈子享尽荣华富贵，不就行了。"

佟儿挣开他，冷笑一声道："荣华富贵？哼，妾身侍候爷这么多年，还是一个没有名分的侍妾，这荣华富贵从何说起？"

"佟儿，你听我说，本王早想立你为福晋，可是皇阿玛说你是佟氏之女，就是不答应。等皇阿玛龙驭上宾之后，本王封你为妃、为后。"

"哈，哈，哈，"佟儿听了，一阵大笑，道，"我的爷，好像老皇帝死了，这皇位就非你莫属似的，妾身眼拙，看不出爷的帝王之相。"

弘时涨红脸道："有邬先生相助，本王一定如愿以偿。"

佟儿却从床榻上立起身道："爷歇息吧！妾身去阿菊房里歇息。"

弘时哪肯放她走，死乞白赖道："佟儿，我好想你，陪本王一夜如何？"

"可是佟儿没心情，侍候不好王爷。"

"好，好，本王给你好心情，来人，请邬先生过来。"

冯荒就在外间侍候，慌忙答应一声，跑出房去。

佟儿只好原地坐下，闷声不响。弘时一时也找不出安慰她的话，只得干看着。房间里一片寂静，唯有墙上的自鸣钟"滴滴答答"地响着，敲得人烦躁不安。弘时耐着性子，不时看看钟。佟儿似乎对邬思道的到来寄予着希望，很安静地坐在那儿。

小半个时辰过去了，院子里终于传来脚步声，冯荒引领着青衣儒雅的邬思道走进来。弘时迎上前去，对着屈膝施礼的冯荒责骂道："没用的东西，叫你去请邬先生，怎么这时候才请来？"

冯荒吓得跪在地上，诺诺连声。邬思道一摆手道："王爷不要责怪他。是我出去拜访一位朋友，回来得迟了，冯荒在我房里等着呢。"

弘时消了气，喝道："滚！"

冯荒忙不迭地爬出去。佟儿看见邬思道，精神一振，娇声道："邬先生，请坐下说话。"

"佟儿奶奶也在。"邬思道一边说话，一边施礼坐下。

弘时一边走到佟儿身边坐下，一边道："邬先生，本王急着找你，就是佟儿有事请你帮着出个主意。"

邬思道笑道："佟儿奶奶这几天挺忙的，难道没想出办法？"

佟儿红了脸，不好意思地道："不怕邬先生笑话，妾身这几天吃的闭门羹不少。那些没有良心的东西，见我们佟家失了势，一个个像避瘟疫一样躲着我，倒是有一家不一样。"

"这一家怎么样？"邬思道似乎很有兴趣。

"这一家倒是没给我吃闭门羹，可是也没有指望。"

"请佟儿奶奶仔细说来听听，也许对奴才有用。"

"这家就是刑部尚书达哈维府上。达哈维的小女名蕙儿，一年前被选秀女选进宫内，妾身自幼和蕙儿私交甚好。打听到她就在御前侍候皇上。今儿个早间，蕙儿乞假回府探视双亲，妾身就去了尚书府，求蕙儿在皇上跟前为祖父美言，可是蕙儿说，皇上是勤政之君，不好女色，她费尽心机，也不能引起皇上的注意，像她这样不得宠的宫女贸然提起朝政之事，只会招来杀身之祸。"

邬思道凝神听着，微微一笑道："蕙儿不敢在皇上面前说话，是因为她不得宠？"

"蕙儿如果得宠，一定会帮我佟家说话。可是……"她脸上一红，鼓足勇气道，"她进宫一年多，还没被临幸过……"

弘时不以为然地笑道："不足为奇，不足为奇。历朝历代都是后宫佳丽三千多，很多宫人一辈子老死宫中也没被皇上临幸过。"

邬思道莫名其妙地一笑道："三爷，佟儿奶奶，奴才倒有一个办法让蕙儿在皇上跟前得宠，只是有些不雅，难登大雅之堂。"

弘时见他神色诡秘的样子，哑然一笑道："牛鼻子，又是下九流的道道儿？"

佟儿随和地道："邬先生，咱们也不分主子奴才的，这种情分上，有什么不好意思说的。"

邬思道一边伸手从衣内掏出一本书来，一边笑道："孔圣人曾言'食色，性也'。男女性事本是自然之理，追求最佳妙境更是君子所求。可是世人总耻于言色，背地里却是人人乐道。皇上虽然位尊九五，也有七情六欲，只不过勤于政事，无暇亲近女色而已。"

弘时接过来，仔细一看，却是一本房中术秘籍，他如获至宝，随手打开，看得津津有味，佟儿红着脸，一把夺过来，扔到地上，嗔怪道："我的爷，瞧你那份出息，还想将来承继大统做皇上呢。"

弘时尴尬地笑道："邬先生不是说过：'食色，性也！'本王不过随手翻翻。"一边说，一边偷偷瞅着扔在地上的秘笈，却不敢去捡。

邬思道俯身拾起秘籍，掸掸上面的尘土正色道："佟儿奶奶，蕙儿若是依着此书所说的去做，一定会得到皇上宠幸，为令祖求情免罪的事也会有希望。"一边说，一边将秘籍送到佟儿手里。

佟儿半信半疑，红着脸儿接过，道："妾身全当信了，这书待寻个机会交给蕙儿。"

邬思道看看弘时，意味深长地道："蕙儿那头，未必就能成功。佟儿奶奶思念祖父心切，依奴才之见，三爷可借巡察为名带佟儿奶奶见上隆科多一面。"

佟儿听说能见到祖父，一下子跳到地上，双手摇着弘时的肩膀，娇声求道："奴的爷，邬先生说得对，妾身自小受祖父宠爱，祖孙情深似海，求爷成全奴婢的孝心。"

弘时耐不住她的诱惑,道:"本王可以借巡察之名,探视隆科多,只是不方便带着你去。"

佟儿扑哧一笑道:"奴的爷,这还不容易。奴婢扮作爷的贴身侍儿,神不知,鬼不觉,就成了。"

邬思道欠身站起道:"佟儿奶奶果然聪慧过人,可是这次相见也许就是你祖孙最后一次会面。佟儿奶奶要细心询问令祖,有什么要交代的话。"

弘时心领神会,也从旁说道:"佟儿,本王实在无能救令祖性命。你祖孙此次会面就是生离死别,务必询问令祖有何要交代的话。"

佟儿被他两人一番郑重其事的叮嘱说得悲伤起来,流着泪点头道:"妾身记下了。"

邬思道扫了弘时一眼,似笑非笑,拱手一揖道:"三爷,佟儿奶奶,没有别的事,奴才告退了。"

邬思道刚跨出房门,弘时就急不可耐地拉过佟儿,拥在怀里笑道:"佟儿,我的心肝娇娇,这回该满意了吧!"

佟儿收了泪,勉强装出笑脸道:"妾身本来就是爷的人,爷想怎么着就怎么着吧!"边说边脱去外罩绸衫,仰面躺在软榻上。

弘时却没有急着上床,从床头拿过那本房中术秘籍在她面上一晃,涎着脸笑道:"邬思道这个牛鼻子,把这本书说得如此玄乎,你难道不想试一试?"

佟儿心中一动,这秘籍是不是真的管用,蕙儿真能靠它得到皇上的宠爱吗? 她脸儿一红接过那本书,翻开细细读来。刚看完两页,便羞得面红耳赤,把书扔了,嗔骂道:"这个邬思道,不知从哪儿弄来这种下流不堪的东西,他恐怕也不是什么好东西。"

弘时忙又把书捡起,脱了靴子外套上了床,一手把佟儿拥在怀里,一手打开书,指点着笑道:"你看,这是说女人如何撩拨男人的情欲的。我念给你听:'足下球部纹、足跟区纹交会有穴,以指轻按缓柔,久之可令男亢奋也。'佟儿,这法子蕙儿肯定用得上。在给皇上洗脚的时候,神不知、鬼不觉就让皇上兴奋起来。既不落下诱惑皇上贪恋女色的恶名,又能让皇上宠幸她,真是太妙了。只是这法子灵不灵?"

听了弘时的话,佟儿被说得动心,夺过书来,细细读过。脸儿微微一红,羞怯地说道:"不妨让臣妾身在爷身上试一试。"

正合弘时心意,连声道:"你就放心大胆地试吧。爷今儿个就交给你了。"

第三十三章　宝亲王宫外审冤案
雍正帝大怒天主教

天刚蒙蒙亮,弘历就醒了,为了不吵醒福晋富察氏,他自己轻手轻脚地拿过衣服穿上。富察氏还是被惊醒了,一只胳膊抱住丈夫道:"天还早着,再睡一会儿吧!"

"不成,"弘历一边扣上内衣一边道,"十三叔在易县太忙,他手上的差事都交给我了,这会儿皇阿玛早起来了,我要赶着去聆听圣谕。"

富察氏只好松开他。弘历穿好衣服,走到外间,两个丫头慌忙迎上去侍候着梳洗。弘历接过热毛巾,边洗脸边吩咐道:"叫东方龙、东方豹陪本王入宫。刘统勋留在府里另有差事做。"

绿呢大轿出了宝亲王府沿着大街往北走。因为季节已近初夏,即使是早间,天气也不冷。大轿的帘子也没拉上,弘历坐在轿内也能看到街景。此时天已大亮,街上的行人多了起来,见到亲王的执事,慌忙回避。

从宝亲王府到宫中,这是唯一一条大街,弘历不知走过多少遍,街旁有哪几家王公大臣的府邸,有哪几家响名的酒店,他都一清二楚,这街景也实在没有什么看头。于是他开始想今天去宫中该议的事:首先是苏努诸子入洋教一案。苏努是太祖努尔哈赤的四世孙。康熙朝曾任辅国公、镇国公、都统、宗人府左宗人。康熙末年,苏努参加皇八子党支持阿其那谋夺皇位。雍正即位后赦免了他的罪,并加恩封他为贝勒,授其六子勒什亨为领侍卫内大臣。勒什亨冥顽不化,不感圣恩,仍和阿其那私结朋党。雍正一怒之下将勒什亨革职,流放西宁,随允禵效力。其弟乌尔陈也一并前往。谁知兄弟二人到达西宁后,加入了天主教,还与允禵一起捐资修建教堂。雍正闻奏后,以苏努毫无悔改之意,革去贝勒,着其同在京诸子流放右卫。苏努已老,抵右卫后不久染病,临死前接受了天主教洗礼。其诸子不畏天威,纷纷效法乃父入了教。雍正又惊又怒,着宗人府查抄苏努及其诸子家,并追夺其宗籍,降为红带子,内务府查抄时竟抄出被苏努涂改过的康熙御旨。是可忍孰不可忍!雍正立刻严旨令将苏努就地开棺戮尸,其诸子重罪押解回京,但在京的传教士闻之,大为震动,到处宣扬天主教义在亲王苏努一家取得大进展。苏努诸子苏尔金、乌尔陈等人辗转于昨日被押解到京,监禁在刑部大牢。京教著名传教士苏霖、戴进贤、雷孝恩、宋君荣等上书朝廷,请宽其罪。雍正命达哈维连夜审讯苏努诸子,今日当庭议处。

一阵吵闹声突然打断了弘历的思绪,他探出头来,知道路南便是十三叔允祥的府邸,那吵闹声就是从怡亲王府前传来的,弘历心里一怔,难道十三叔府上出了什么事?十三叔不在家,自己这个侄儿理当过问。因此,他忙叫道:"停轿!"

轿夫们不知怎么回事,慌忙放下轿子,弘历走出轿子,往南一看,怡亲王府门前聚集了不少人,他立刻举步走去,东方兄弟慌忙跟上去。不多时到了跟前,只见人群中跑过来怡王府管家哈朗,拱手打揖道:"四爷,您来的正是时候,怡王爷不在家,奴才真不知怎么办才好。"

弘历温和地问道:"出了什么事?"

"四爷看了就知道。"

哈朗一面说,一边过去驱散围观的人群。只见一个身穿重孝的女子带着一对刚满周岁的孩子,跪在台阶前。弘历看见那两个孩子长相一模一样,又都穿着孝服,怎么看也没有分别,必是一对双胞胎无疑。哈朗一指女子和孩子对弘历道:"四爷,您看,这娘儿仨昨儿个午后就到这儿来了。说是从南方来的,找怡亲王伸冤来了。奴才跟她说,怡亲王不在,可是她不信,今儿个一大早又来了。"

"她不是一大早来的。"

忽然远处有人大声说道。弘历一抬头,却见不远处站着老妇人,可能是哈朗赶开没走远。弘历一招手问道:"老人家,怎么回事?"

老妇人听见宝亲王叫,语气谦和,便走过来,先朝哈朗扔过一个白眼,又给弘历施了礼道:"王爷,这女子在这儿跪了一夜,老身看她一对孩子可怜,就把两个孩子抱回家中,过了一夜,早起喂饱了饭送过来的,要不然这两个可怜的孩子非冻病不可。"

弘历深深感动,对着老妇一揖道:"老人家,您是好心人,本王代她们娘儿谢谢您。"

老妇吓了一跳,慌忙跪倒,连声道:"使不得,使不得,王爷折煞老婆子了。"

弘历将老妇扶起。那女子听见说话声,转过身来,望着弘历,迟疑着问道:"请问您是怡亲王吗?"

弘历看她面容憔悴,双目忧郁,忙走到跟前,和颜悦色地说道:"我不是怡亲王,怡亲王正在易县督造皇陵,不在府内。我是宝亲王,当今皇上的四阿哥,你有什么事跟我说也是一样。"

那女子两眼一动不动地盯着弘历,半信半疑,口中喃喃道:"宝亲王?四阿哥?民妇家的案子你能管吗?"

哈朗有些耐不住,嚷道:"你这个人!这可是宝亲王,当今四阿哥,你还信不过,莫非你还要找皇上不成?"

那女子像是刚刚弄明白"宝亲王、四阿哥"的身份似的,慌忙磕头,连声道："民妇信得过，民妇有冤情，求宝亲王给民妇做主。"

弘历扶她站起来。哈朗不知何时搬来只凳子，请弘历坐下。弘历道："别着急，有什么冤情尽管说。"

"民妇陈刘氏……"那妇人未曾开口泪先流，好容易才止住悲泣，道，"民妇陈刘氏，福建漳州人，相公陈远是个商人，在漳州开一家药铺。半年前，一位江西的客商来到我家的药铺，说要买一批药用鸦片，问我相公有没有货。相公觉得这是笔大买卖，便告诉那位江西客商说，店里的货不多，但他可以很快搞到大批的货。客商答应了，并支付预定金，我相公第二天便从港脚商人手中购得一批鸦片，只等江西商人次日取货。不料，当日夜里，漳州知府李治国带着一班差役突然前来查抄，将所有的货全部没收入官，我相公也被他捉拿枷锁，定以充军之罪。相公是个老实巴交的商人，从来不敢做违法的生意。经过这场惊吓，竟在牢中切脉自尽了。民妇痛不欲生，带着一对儿女告到巡抚衙门。巡抚刘世明开始时将鸦片送药店鉴别，说是药品，可是……"

陈刘氏突然脸色绯红，一阵慌乱，弘历只道她心里害怕，便鼓励道："不要怕，本王为你做主，即便他是封疆大吏，本王依旧治他的罪。"

陈刘氏稳稳心神，终于说道："可是第二天，刘世明又说是毒品，我相公是罪有应得，还威吓民妇不许到处告状。民妇不甘心，回到漳州，变卖了家产，带着孩子决心告到京城，找皇上辩一辩曲直。漳州离京城几千里路，我孤儿寡母，一路晓行夜宿，饥餐渴饮，何等艰难！总算辗转来到京城。可是到了皇宫门口，守门的军爷却说皇上忙，不能见民妇，要告状找刑部去。到了刑部，刑部却不接民妇的状子。民妇告状无门，求死不能，一位官爷又指点民妇来找怡亲王爷。民妇在这儿等了一宿，也没见着怡亲王是什么样子。"

陈刘氏说完，已是哭得瘫软在地，两个孩子也吓得哇哇大哭。好在旁边的老妇上前扶起一番劝慰，才渐渐止住悲声。弘历也是鼻子发酸，强忍着不让眼泪掉下来，道："陈刘氏，只要你所言属实，本王一定为你伸冤。可有状子吗？"

"有！"陈刘氏慌忙从身上取出折叠得方方正正的状子，恭恭敬敬地双手呈上。

弘历接过状子谨慎地收起，然后站起身，双手扶起陈刘氏道："陈刘氏，状子本王接了，你该放心了吧！本王还要进宫议政。你母子先到本王府上暂住几日。待本王议事回来，就过问你的案子。"说完，一招手叫过身边一名长随，吩咐道："好生护送她母子回府，叫两个丫头给她们浴洗一番，换换衣服，好生招待。"

"喳！"那长随答应一声，便来招呼陈刘氏。陈刘氏连连叩头，感激流涕道："民妇谢宝亲王、四阿哥大恩大德。"

弘历辞了陈刘氏。回身上轿，匆匆赶往宫中。今儿个虽不是朝会的日子，但进宫面圣的官员还是很多。弘历赶到午门时，旁边的空地已停放着很多轿子。经过陈刘氏一事的耽搁，他显然来得迟了。弘历下了轿，只身一人进了午门往后宫来。他因为来得迟了，只顾匆忙赶路，当经过朝房门口时，忽听有人喊道："宝亲王先生，请等一等。"

弘历一听这称呼甚怪，惊奇地往左边一看。只见朝房门口一个黄卷发、蓝眼睛的高个子洋人正向自己招手。他一看，认得这位洋人就是上次来京面见雍正的葡萄牙使臣麦德乐。麦德乐见弘历走过来，忙躬身揖手行了个中国礼问道："宝亲王，你是去见皇上吗？"

弘历点点头。

"那好，麻烦宝亲王给皇上说一声，请他尽快接见我们，我们有要紧的事跟他谈，等不及的。"

弘历这才注意到朝房内还有二十多个传教士，其中就有经常到宫中来的苏霖、戴进贤、雷孝恩、宋君荣等人。他猜测着，这帮洋教士来肯定与苏努一家有关，便冲麦德乐礼仪性地一笑，不软不硬地说道："对不起，麦德乐先生，皇上这会儿肯定很忙，该召见你们时，自然有人通知，用不着本王跟他说。"说完，继续往里走去。麦德乐碰了软钉子，遗憾地耸耸肩，只得耐心等候。

弘历穿过乾清门，来到乾清宫门外，太监朱儿迎上前来边施礼边责怪道："王爷怎么这时候才来到？"

弘历来不及跟他解释，急忙走进殿内，只见张廷玉、鄂尔泰、方苞、弘时、弘昼、允禄、允礼等和六部九卿的主要官员分列两旁，站在大殿内。他赶紧轻手轻脚走到方苞的下首站好。这时，司礼太监高声喊道："万岁爷驾临乾清宫！"

众人侧目看去，只见雍正走进殿来，在御座前站定。众人赶紧跪下叩头，齐呼万岁。

雍正在御座上坐下，扫视众人一眼，双手平起，温和地说道："今天不是朝会的日子，大家不必太拘礼，平身吧！"

"谢万岁！"

雍正待大家站起，继续说道："今天不是朝会的日子，朕却把你们这些王公近臣召来，就是要议一议苏努一家人西洋邪教的事。苏努诸子昨日已押解至京，朕命达哈维连夜审讯，结果怎么样？达哈维！"

达哈维熬了一夜，到现在还未曾合眼，因此双眼通红。听到皇上叫他，慌忙跪倒，膝行上前，恭恭敬敬地答道："回万岁爷，奴才方法用尽，可是苏努一家像是中了邪似的，笃信洋教，誓死不移。乌尔陈甚至说他本就是天主教徒,但愿为皇上效力,同时亦崇拜天主。"

"一派胡言!"雍正龙颜大怒,扫视众人一眼,斥道:"乌尔陈之词,昏聩糊涂。他一家乃是我旗人,理应与朕同俗,如今竟图谋不轨,弃我朝法俗,入洋人邪教。依其理论,岂不是有两个上天在其心中?天下之大,只共有一个上天。一国之中岂有二主?此种大逆,当如何处置?朕请你们议一议。达哈维,退下吧!"

雍正话音刚落,众人立刻交头接耳,纷纷议论起来。乾清宫立刻响起一片嗡嗡声。约莫一袋烟的工夫,只听雍正清咳一声,众人立刻安静下来。雍正扫视众人一遍,谦和地道:"今天畅所欲言,言者无罪。有什么看法当着朕的面说,不要在下面瞎议论。谁先说?"

"奴才先说!"只见鄂尔泰从张廷玉身边迈出一步,朝御座前跪下。雍正一挥手道:"毅庵(鄂尔泰字)不必拘礼,站着说就行了!"

"谢万岁!"鄂尔泰重新站起,愤然道,"苏努一家本是阿其那一党。乌尔陈、勒什亨与阿其那结党乱政,大逆不道,按律当诛其一族。但我皇万岁宽泽仁厚,赦免其罪,令其悔悟,苏努一家才苟延至今。如今苏努诸子不仅不思悔悟,反而加入洋人邪教,变本加厉,仇视朝廷。此种大恶,天理不容,当按律治罪,处苏努诸子凌迟之刑。"

雍正听他说完,把双眼微闭,痛苦地摇摇头道:"毅庵说得对。当初朕就不该赦免他一家的罪,否则怎么会有这种事发生?但当时朕的初衷是想以圣德化其冥顽。没想到这家人竟如此冥顽不化。算了,朕说这些话也没用,还有谁要说?"

"儿臣说说!"弘历喊道。雍正也准他站着说,弘历躬身说道:"鄂相爷主要说的是苏努一家结党乱政之罪。儿臣说说他们信奉洋人邪教之罪恶。苏努一家身为旗人却加入天主教,按律应是罪上加罪。尤其可恨的是,京城的天主教士公然站在苏努家族一边,对其表示异常的同情和关心,不但在舆论上支持而且在金钱上给予赞助。京城内,一时谣言四起,视听混淆。天主教公然插手我皇室内部事务,苏努家族,难逃其罪。"

弘历刚说完,雍正就高兴地赞叹道:"说得好,说出了朕想说的话。多年来,朕待天主教甚是宽仁,没想到洋教士不但不感激圣恩,反而横行不法,使我天朝之民轻信误听,人心渐被煽惑。朕岂能容他?今天,朝房内还有一班子洋教士等着朕召见,待咱们议完,朕就宣他们进来,做一番料理。衡臣、弘时、十六弟、十七弟你们有什么要说的吗?"

张廷玉、允礼等人齐声答道:"我等赞同鄂相和宝亲王的意见。"

雍正轻轻点头道:"好,朕也赞同他二人的意见,看来苏努一家按律当凌迟处死,但是当年他们与阿其那结党乱政、图谋大逆,朕尚且饶过。今天仅以入天主教之罪处之以极刑,西洋人必定以为他们是因为加入天主教而遭杀戮,反而使他们在西洋扬了名。朕以为不如处以终生监禁,既惩其罪,又足以塞西洋人之口。"

众人一听,初时一怔,仔细一想,皇上的见解的确高人一等,便齐声称道:"皇上高瞻远瞩,圣虑周详,臣等不及也。"

雍正哈哈一笑道:"苏努一案就这么定了。那帮洋教士恐怕早在朝房里等急了,传他们进来吧!"

朝房内麦德乐早已等得不耐烦了。但是他还要耐着性子劝慰那些不停地叫嚷的传教士。因为他明白,他这一次只是以一名普通传教士的身份接受大清国的皇帝召见的,所享受的礼遇自然与三天前不同。三天前,他是作为身肩重任的葡萄牙使者,来京城朝见雍正皇帝的。雍正很看重天朝作为礼仪之邦的大国风范,以最高的礼遇接见葡国使臣麦德乐。接见时,麦德乐向皇帝提出葡萄牙的两项请求,一是请清朝归还被没收的天主教堂;二是请求对天主教在中国传教开禁。雍正根据前朝成例,一律不予照准,但是因为麦德乐是西洋使者,他依然礼遇有加,当庭赐给麦德乐人参、瓷器、漆器、纸墨、字画、香囊等物,并命监察御史常保柱安排麦德乐去江南浙江、江西等富庶发达地区观光旅游,可是麦德乐还没有动身,恰逢苏努诸子被押解至京。京城的洋教士苏霖、戴进贤、雷孝恩、宋君荣等人,为了表示对已成为天主教徒的苏努诸子的同情和支持,以教会的名义向紫禁城提出抗议,为增加对雍正的压力,他们把麦德乐请来,作为代表请求皇帝召见。雍正答应召见,但麦德乐只能以一名传教士的身份进宫。身份变了,礼遇自然有些悬殊,麦德乐今天深切地体会到了这一点。

正当众洋教士等得着急的时候,乾清门突然跑出一个太监,高声叫道:"万岁有旨,传麦德乐等西洋教士进见!"

众洋教士一听,雍正终于召见了,便一齐拥出朝房。麦德乐在澳门经商多年,知道中国人最看重礼仪,何况在皇帝家里。他忙拦住众人,让他们排成一队,自己打头,学着清朝官员的样子,鱼贯而入。进了乾清宫,麦德乐学着上次朝见的样子,双腿屈膝,躬身揖手道:"葡国传教士麦德乐朝见陛下!"

其他传教士也学着他的样子,一齐给雍正施礼。

张廷玉、弘历、允礼等人一见大惊失色。这帮传教士竟如此大胆,见了皇上也不下跪。弘历忍不住厉声呵斥道:"你们好大的胆子,见了皇上竟然不行三跪九叩之礼。难道不知道我天朝礼仪吗?"

雍正双目微睁,脸色越来越阴深。

麦德乐见中国皇帝要动怒,心里有些害怕却辩解道:"尊敬的陛下,前日朝见您,也是这样行礼的。"

雍正额上青筋一跳,冷冷地喝道:

"前日你是一朝使臣,朕念你们夷邦小国,不知天朝礼仪,加恩让你免跪。今天你是西洋教士,还敢如此无礼吗?苏霖、戴进贤、雷孝恩、宋君荣!"

麦德乐身后的四个传教士突然听见皇帝冰冷威严的声音点到他们的名字,不由自主地一齐跪倒在地。雍正冷笑一声道:"你们也算得上京城响名的传教士了。朕或公或私不止一次召见过你们,就是现在朕的养心殿里还有你们送的西洋假发。你们自己说,每次见朕都是什么样的礼仪。今天怎么突然见朕不下跪了?是不是仗着人众,要挟众压朕呢?"

苏、戴、雷、宋四人吓得面如土色,连连叩头道:"陛下息怒,我等知罪了。"

麦德乐见他们这样,不敢一人硬撑下去,他两腿一弯,跪倒在地,学着清朝官员的样子撅着屁股给雍正磕了个头,道:"尊敬的陛下,您不要生气,我给您磕头还不行吗?"其他洋教士见他都跪下了,便一齐跪倒,给雍正磕头。

麦德乐怪模怪样,洋腔洋调引得众人哄堂大笑。弘时讥笑道:"有人说,洋人的腿不会打弯儿,跪不下来,今天怎么就跪下了?"

雍正也忍不住笑了起来,乾清宫的气氛顿时缓和了许多。洋教士们稍微放了心,只听皇帝又道:"我天朝乃礼仪之邦,也不计较你们外夷小国的礼仪得失,所以朕不治你们的罪。但是朕正告你们,苏努一家乃我天朝要犯,按律治罪,理所应当。如果天主教再敢公然干涉,朕绝不轻饶。"

麦德乐听雍正提到正题,忘了害怕,乘机说道:"尊敬的陛下,我们不会过问您的政事,但是,苏努全家已接受天主的洗礼,他们是天主的孩子,不再是您的臣民,您不能治他们的罪。"

"无稽之谈!"雍正勃然大怒道,"苏努家族乃朕的臣民,而且还是旗人,他们犯了王法,朕作为天朝之主,按律治罪,理所应当。"

"不,尊敬的陛下,您错了。天主才是最至高无上的神,他无处不在,无所不能,您惩罚他的孩子,他要惩罚您的。"

麦德乐一言既出,在场的王公近臣无不大惊失色。这个不知深浅的洋鬼子,狂妄至极,竟敢对皇帝说这种大不敬的话。弘历按捺不住一腔怒火,近前一步,厉声斥道:"荒唐!莫非你国就是这样无君无父,只信奉一个天主吗?竟敢以西洋之天主无视我天朝君父。若按我大清律历,你就是有十个脑袋也要全部砍了。"

麦德乐一看皇帝和皇子都发起怒来,有些心慌了,但只是缓和了一下口气道:"我不敢惹尊贵的陛下和王子生气。可是苏努曾经是陛下的王爷,他的家族接受了天主的洗礼,足以说明天主的爱会泽及每一个人的,苏努不惧陛下的王法,献身于天主,是天主最虔诚的儿子。天主教徒将以他为楷模,敬仰他。他的儿子也是天主的最优秀的孩子,天主一定会保佑他们的。"

雍正一听,不但不怒,反而哈哈一笑道:"麦德尔,你口口声声称天主,天主到底在哪儿,你看见过吗?……朕明白地告诉你,苏努一家,朕就是不杀,杀了他们,你们会说,天主接他们去了天堂。朕让他们终生监禁,就在刑部大牢内,看你们的天主能不能救走他们。"

雍正说到得意时,忽然看见张廷玉一个劲地努嘴使眼色,他突然醒悟,自己那一番话实在不适合九五之尊的身份。雍正顿觉说走了口,立刻闭嘴不言,乾清宫陷入一片难堪的寂静。

弘历也听出皇阿玛失了口,见他突然闭口不言,赶紧上前,躬身道:"西洋之教与我儒家思想相距甚远。有些西洋教士还攻讦理学。规定天朝教徒不准祭天、尊孔、祭祖,圣祖爷反感之极,才颁布了禁教令。"

雍正恢复了常态,接过弘历的话头斥责道:"宝亲王说得再明白不过了。朕岂能帮你们洋人引进谴责我天朝教义的西洋教义;岂能容忍攻击儒教的西洋教在天朝任意传播? 如果朕也派一帮和尚、道士到你们西洋去,对你们的国事指手画脚、说三道四,你们的女王能答应吗? 你们的天主能答应吗?"

雍正这一番话有理有据、人情事理,有着强有力的说服力。任凭这班西洋教士再有"天主"也无反驳之力,麦德乐等人无言答对,但是他得知苏努一家没有被处死,已颇感意外。按他们既定的目标,能说服中国皇帝不处死苏努一家就行。至于要求清朝政府解除天主教禁令,则根本没抱多大希望。既然目标已经达到,还有必要惹中国皇帝发怒吗! 麦德乐于是又叩了个头,恭恭敬敬地道:"尊贵的中国皇帝,您的训谕非常有道理,作为敝国使臣,我一定向女王陛下转告您的话。"

雍正见这几个洋鬼子终于服软了,十分得意。但除恶务尽,他还要出一出最后一口恶气,便道:"念你们是远邦小民,朕法外施恩,不追究今日之罪。但天主教绝不能在天朝存在,西洋教士尽数驱逐。张廷玉,拟诏!"

张廷玉赶紧走到御案前,铺开诏纸,提笔等候。雍正一字一顿地说道:"西洋之天主教,蛊惑民心,混淆视听,攻讦政令。着各省即将大小圣堂拆毁尽净。其教堂之房屋院落,或改为仓廒,或改为书院,一所不留。京师顺天府之文安县、古北口、宣化府等处教堂,均改为官所,京师之北教堂,可改为病院。凡教堂之圣像、圣龛,尽行焚毁,西洋教士尽皆驱逐。天朝子民不得信奉西洋之教。钦此!"

第三十四章　朝房内宣旨惩洋教
查贪污雍正帝抄家

张延玉一听,这诏旨也太过琐细了,但毕竟出自皇帝之口,他不敢更改一字,照雍正所说,一字不差地书写好,盖上皇帝御玺。雍正看出他的心事似的,笑道:"这诏旨是否太过琐细了?朕想那班西洋教士没为我大清做过一件有益的事,唯有教堂房舍可为我所用,所以朕不厌其烦,详加说明。"

众人一听,这一纸禁教令还包含着皇帝的精打细算。雍正一向训谕臣民节俭戒奢,但对几间教堂也斤斤计较,未免太小家子气。

洋教士们没想到雍正非但没解除禁令,反而严厉打击天主教,一个个面露愤恨之色,但慑于皇帝的威严,又不敢多说,便一齐把目光投向他们的代表麦德乐。麦德乐只好鼓起勇气,先给雍正磕了个头道:"尊敬的陛下,也许我们有些教徒做出了使您不高兴的事,可是这与整个天主教无关。您的这个诏令太残酷了,贵国的康熙皇帝对天主教一向很宽容的,您却反其道而行之,太不可思议了。"

雍正看也不看他,扫视一遍他的王公近臣笑道:"看来洋人还是不服气,要与朕理论,哪位爱卿能驳倒他们?"

张延玉谦恭地一笑,道:"万岁,就让奴才跟他们理论吧!"

他向麦德乐走近两步,很有礼节地一拱手,不急不缓地道:"麦德乐先生,你说得不错,岂止康熙爷对天主教很宽容,前明皇帝对天主教也是不加干涉。因为那时的洋人传教士尊重我天朝固有的礼仪风俗和儒家理学,谦恭地自称为'海外鄙儒'。我天朝乃礼仪之邦,自然容得下礼义之教。但是到康熙朝末年,西洋几次遣使来朝,蛮横地规定我朝天主教徒不准祀天、尊孔、祭祖,违令的教徒要由教会处以极刑。康熙爷看了你们的告示,极为愤怒,才颁布了禁教令。及至我朝,禁教令虽仍在执行,但万岁宅心仁厚,禁教甚是宽松。即便有西洋教士横行不法使愚民轻信误听,万岁爷也多是息事宁人,不予深究。但西洋却屡屡遣使来朝,向皇上施压,要求解禁,且屡次违反禁令,公然不许教徒祀天。天主教这样做,分明是煽惑人心背离儒家纲常大义。万岁爷即便宽仁,也容忍不得。苏努一案,西洋教士更是狂妄至极,公然阻断我皇乾断朝纲。是可忍,孰不可忍!皇上今日颁此禁令,势所必然。非此而何?"

张延玉说古论今,有理有据,义正词严,铿锵有力。麦德乐等洋教士面面相觑,无言以对,戴进贤、宋君荣都是从康熙朝过来的,他们知道那时的天主教和康熙朝廷相互尊重,关系极为融洽。康熙朝前期,比利时传教士南怀仁还被康熙晋封为钦天监,官至二品,成为一代名人。可惜的是教士们越来越不尊重中国的礼仪风俗和传统思想,导致京城天主教会和清政府的关系越来越紧张。张廷玉没有说错,造成了今天这种结局的责任不在清朝朝廷。但是,这种话只能埋在心里,作为京城天主教的教士,戴进贤、宋君荣绝不能说出口来。

麦德乐回头看他们低着头,一副服输的样子,只得硬着头皮,开口道:"尊贵的陛下和各位王大臣,你们赢了,我们收回请求。可是,我们真诚地希望能再次来中国,天主教会给你们的国家带来和平、幸福和仁爱。我们可以走了吗?"

"当然可以,"雍正笑容可掬,完全没有了刚才的阴沉和威严,"麦德乐先生,你还是朕的贵宾,还可以去江南等地观光旅游。"

"谢谢尊贵的陛下。"麦德乐感激地又给雍正磕了个头,才站起来道:"再见了,陛下!"

戴进贤、宋君荣等洋教士也纷纷给雍正磕了个头,站起来和张廷玉等王公大臣一一告别后,才排着长队走出乾清宫。

洋教士们刚走出门外,雍正便哈哈一笑道:"看来这些西洋教士也不是不可理喻。天下之事莫过于一个'理'字,所谓有理走遍天下,无理寸步难行。好了,这洋教的事总算过去了。你们还有事要奏朕的吗?"

张廷玉忙道:"万岁,湖南巡抚赵弘恩递来奏折说,曾静、张熙被送回湖南,省城长沙像炸开了锅,喧闹起来。一夜之间,全城贴出了传单。传单说,曾静、张熙是两只癞皮狗,有志之士要把他们从官府里抢出来,沉入深潭处死。故而请旨将他们送回京师。"

雍正鼻子里哼了一声,脸色不悦道:"赵弘恩怕承担责任。朕偏要把他们留在湖南,朕就是不相信那些逆民能翻起多大的风浪,衡臣就照这个意思拟旨,叫赵弘恩小心点就是了。"

弘历见再没有人奏事,想起早上接的状子,不如递上去,给皇阿玛看看,虽说还没有审清问明,但总可以听听皇上的训谕,也会受益。因此,他进前一步,躬身道:"皇阿玛,儿臣今早接到一份状子,恳请皇阿玛指点。"一边说,一边将状纸呈上。

雍正快速看了一遍,眼睛盯住达哈维问道:"达哈维,昨日有一民妇去刑部告状,你知道吗?"

达哈维心头一惊,慌忙跪倒,答道:"奴才听刑部郎中高冰说,确有一民妇告状。但是那民妇的案子已由漳州知府、福建巡抚两级审结,因而刑部没有受理。"

雍正脸色一沉道:"人家既然千里迢迢告到刑部,你就应该详细询问,多

方核查,看看是否真有冤情。"

"奴才知罪!"

"起来吧!"雍正又看着弘历道,"你十三叔忙着在易县督造皇陵,你就在朕的身边赞襄政务。陈刘氏的案子还是交归刑部审理。"弘历忙答道:"儿臣遵旨!"

雍正又看了一遍状子,扫了达哈维一眼道:"这是一桩与贩卖鸦片有关的案子。鸦片久食成瘾,对人体危害极大。我大清子民万不可沾染此恶习。朕两年前就颁布了严禁吸食和贩卖鸦片的禁令。此案虽说尚未审理,朕还是可以提出一些指导性的意见。一是赎卖毒品鸦片的,严惩不贷;二是严格区分药用鸦片和毒品鸦片的用途,毒品严禁,药用则不必干涉;三是对小本商人的财产要保护,达哈维!"

达哈维忙又跪下。

"奴才在!"

"你务必要审清问清,秉公处置,完了奏知宝亲王知道,诸位爱卿有事奏来,无事就跪安吧!"

"喳!"

众人跪安后退出乾清宫,达哈维见弘历已到台阶下,忙紧赶几步叫道:"四爷,请留步。"

弘历放慢脚步,达哈维恭恭敬敬地道:"奴才觉得陈刘氏的案子并不大,有必要由刑部发传票传李治国和刘世明吗?"

弘历一想,他说的也有道理,陈远的案子谁也拿不准就是冤案,仅凭陈刘氏的一纸状子就把地方上官员千里迢迢拘来刑部似乎有些小题大做,有损朝廷的尊严不说,也耽误地方上的公事。但这样一桩小案,总不至于请旨派钦差去福建审理吧。思谋良久,弘历终于道:"巡抚刘世明算着也该来京述职了。就由军机处行文,命刘世明即刻进京述职,顺便命他将李治国查获的鸦片样品带来京师鉴别。"

达哈维钦佩极了,躬身笑道:"王爷谋事真是滴水不漏。军机处那边,还要请王爷出面。待刘世明到了京城,刑部就传他来询问。奴才先行谢过,告辞了。"

"等一等,"弘历见他迈步走开,忙道:"陈刘氏母子三人还在本王府上。你派人接回刑部好生安置。"

"奴才就马上派人去王爷府上! 奴才告退。"

弘历回府,顾不得用午膳便命人带来陈刘氏母子。那陈刘氏因住进宝亲王府,不便再穿孝,已由府里的丫头翠红侍候着浴洗,换上一身荷花色衣裙。经过这一番打理,她竟像变了个人似的,嫣然一位美艳少妇,连弘历和福晋富察氏也赞叹不止。那一对双胞胎孩子浑身上下也收拾得干干净净,显得越加精神,呀呀儿语,令人怜爱。

陈刘氏一见弘历夫妇,赶忙跪地叩头,感激地道:"王爷大恩大德,民妇只有来世做牛做马报答了。"

弘历无所谓地一笑道:"先不要想这些,养好身子,带好两个孩子要紧。你的状子已交刑部,很快就会审理。待会儿刑部来人接你们去。翠红,带他们下去用膳。"

陈刘氏又磕了个头,领着两个孩子跟着翠红下去。富察氏吩咐道:"侍候王爷用膳。"

两个丫头赶紧端上来四小碟精巧的小菜、一碗莲子汤和一盘小馒头。弘历接过热毛巾洗了手。坐在桌旁正要吃饭。忽见太监朱儿急冲冲地直闯进来,气喘吁吁道:"宝亲王,皇上召您立刻进宫!"

"朱公公可知道为着什么事?"

"奴才哪儿知道!就看见皇上用午膳前看了两份折子,立刻龙颜大怒,命奴才马上请宝亲王和鄂相爷。鄂相爷今天在军机房当值,这会儿早到皇上跟前了。"

弘历一听,叫道:"来人,备马!"抬步便往外走,富察氏心疼地说道:"王爷,用了午膳再走。"

他理也不理,到了院内,接过仆佣递过的缰绳,纵身上马,直往府外驰去。朱儿哪里能跟上弘历,等他到了府外,翻身上马时,弘历已跑出一里多地了。

弘历在午门外跳下马,也不用通报便直奔养心殿。宫女蕙儿见他来到,忙施礼道:"皇上在御书房呢!"

弘历走进御书房,只见雍正阴沉着脸正面对房门坐着,跟前的御书案上摆着一摞折子、两碟精致的小菜和一碗鸡汤,鄂尔泰躬身站在左侧。雍正见他进来,一招手道:"弘历,你先在旁边听着。"

"是,皇阿玛。"

弘历施了礼,在对面站着。

只听雍正用手中的银羹匙点着御书案,语气沉重地说道:"西南地方长期处在土流混杂、体制混乱之中,其弊端,实有乖于我大清极盛之世。改土归流,役大投艰,朕不是没有想到过,先是多次召开御前会议,征求朝臣的意见,继而制定章程、措施、步骤。朕步步小心,处处谨慎,多方挑选,才选中毅庵来担此重任。毅庵不负朕望,历时四载,终将西南地区全部改土归流。朕以为,在我大清版图之内再也不存在那些不听号令、不服管理的独立王国,完全可以高枕无忧了。没想到叛乱再起。朕阅此奏折,怎么能不如块垒在胸!"

弘历边听边用目光瞟着看那上面的一份折子,虽然看到的是倒字,但他聪明绝顶，很快就对折子的内容了然于胸。那折子原来是贵州巡抚石礼哈写的，奏称黔东南的岑映宸、刀瀚，不服当地流官管束，煽惑叛乱，杀死朝臣流宦，正蠢蠢欲动，攻州掠府，请皇上速作决断。

鄂尔泰也颇感意外，他在改土归流的全过程中，时时处处小心谨慎、处置周详。针对各地居民所持的不同态度，分别采用和平招抚和武力剿灭两种手段。方针、方法应该算稳妥，很受拥护，改土归流才势如破竹，得以顺利完成。没想到几年过去了，岑映宸、刀瀚这两人竟再次挑起叛乱。究竟是当地流官处事不当引起的，还是土府不甘心失去世袭的小王国而存心挑起事端呢？鄂尔泰看着皇上忧心忡忡的样子自责道："黔东南土府叛乱，臣难辞其咎。都是为臣当初布置未妥，筹虑未周之过，请皇上治罪。"

雍正看了自己的"模范总督"一眼，阴沉的脸色缓和了许多，强笑道："毅庵，朕没有责怪你，也不是召你来问罪的。当年朕信赖你，给了你广西、云南、贵州三省的总督之权，你以改土归流为己任，改土归流势如破竹。朕感到非常自豪。爱卿功不可没，岂能有罪？朕召你来，是要听听你的见解，叛乱如何处置？"

鄂尔泰深受感动，躬身道："谢主子恩典。臣以为，石礼哈的奏折没有讲清楚岑映宸、刀瀚因何聚众叛乱。臣在西南四年，熟知当地民情。土府骄恣暴戾，横行不法，对于土民，可以任取其牛马，夺其子女，生杀任情，土民受其鱼肉，敢怒而不敢言。因而我大兵所到之处，土民无不箪食壶浆，列路相迎。改土归流，自然受到土民的拥戴。如今的叛乱，臣恐多半是地方流官处事不当，激起民愤，土府乘机煽惑人心而引起的。解铃还须系铃人。臣以为，应先查清叛乱的起因，如果是地方流官处事不当引起的，就予以更正，按律治流官之罪，以收拾人心，叛民必自行散去。对于土府及其死党，则重兵督剿，就地正法。"

雍正凝神听着，脸上渐渐有了笑容，以手击案，赞叹道："好极了！毅庵剖析，果真一针见血。不愧为改土归流的宿臣。朕就依你说的办，可是派哪个将军去呢？离石礼哈近的是张广泗……"

"不，皇上！臣说过解铃还须系铃人，还是由臣亲自去处置为好。"

"朕何尝不知你最合适，但你是朕的股肱之臣，还要赞襄政务。此去贵州几千里地，一往一返，耗去多少时日。不如就近派石礼哈或张广泗。小小叛乱，用得着鄂爱卿亲自去吗？"

鄂尔泰还是坚持己见，激动地说道："改土归流乃是臣亲手推行，其中的艰辛只有臣自己最清楚。叛乱规模虽小，但千里之堤，溃于蚁穴，不可不防微杜渐。如稍有差失，西南的改土归流将前功尽弃，臣也会心痛而死。"

弘历也被他一片赤诚之心深深打动了，向雍正道："皇阿玛，鄂相心系西南，留在朝廷也会食不甘味、夜不成寝，您就让他去吧！"

雍正只好松了口,答道:"朕只好依了你。但这次朕不能给你三省总督之职。朕要你速去速归,就命你为钦差大臣,总理西南改土归流善后事宜。"其实职权还是一样。只不过,钦差大臣不能常留在地方,办完了差事就回京了。雍正对鄂尔泰倚重之心,溢于言表。

鄂尔泰深受感动,跪倒在地,说了声:"臣领旨。"又笑道:"皇上身边有宝亲王这样的干国之材,强过臣十倍,何必非揪住臣不放。"

雍正让他起来,道:"弘历自然是有点儿才能的,朕犹嫌不足,恨不能将天下的干国之才全聚到朕的身边。"一边说,一边将御案上最上面的两份奏折扔到弘历面前,脸色又阴沉起来,道:"弘历,你先把这两份折子看看。"

弘历双手接过,那第一份折子的内容他已经知道了,只扫视一遍就放到一边去,打开第二份折子。仔细一看,竟是左都御史李云佩参奏户部右侍郎沈近思贪污挪用钱粮二十余万两的折子。李云佩言之凿凿,有根有据,似乎不会有假。弘历大吃一惊,自新皇登基以来,清查亏空,刷新吏治,雷厉风行。一批贪污、挪用亏空大案一桩桩被清查出来。河南学政俞鸿图因贪处斩刑,妻先自尽,幼儿惊吓而死;苏州织造胡凤翚被查出,全家同时悬梁自尽;山东学政陈沂震、翰林院侍讲廖赓漠,等等,几乎一年就查出几十宗大案,革职锁拿抄家追赃,就是皇亲国戚也不例外。几年下来,吏治开始澄清,查处的大案一年比一年少,近两年已没有大案出现。想不到今天还会有如此之巨的贪污亏空案发生。

雍正见他看完,恨恨地说道:"当初朕决定推行耗羡归公时,曾召近臣讨论。沈近思第一个站出来说,耗羡归公不是善法。朕问他:'你做过县令,是否也收火耗?'他毫不隐讳说:收。朕责问他还是为一己之私吗?他理直气壮地说,妻子儿女不能够不养,否则,岂不绝了人伦?朕当时就说:'耗羡归公后,朕给你养廉银,足以养家糊口及公差补助,从此不许贪污,你做得到吗?'他回答说保证做得到,但不是所有的官员都能做得到。朕当时以为他说得也有道理,想不到他竟自己打了自己的嘴巴,朕岂能不生气?"

弘历见他气得嘴角发抖,脸色煞白,忙安慰道:"皇阿玛,您千万不能因为出了这件案气坏了身体。应该说,这么多年您的新政取得很大的成效。吏治明显好转,府库也逐渐充盈,您刚即位时,国库存银仅八百万两,不够打一次大仗的。到了雍正五年,府库已存银五千万两。其后西北用兵花去大半,至今库存仍有三千多万两。因为吏治的澄清,这两年已经没有较大的贪污亏空案发生。今天出了沈近思的案,也不会造成太大的损失,皇阿玛大可平心静气地处置。"

弘历的一番话说到了雍正的心里。他不是个穷奢极欲的皇帝,也没有滥杀过人。可是据他的那些耳目说,朝野中有人给他起了两个绰号:"爱银癖"和"抄家皇帝"。为了给国家敛财,竟落下这样的声名,他内心受到的伤

害,只有在看到大清的强盛之时才能得到安慰。

"库存三千万!"雍正脸上的阴沉之色虽然有些缓和,仍咬着嘴唇道,"朕一向痛恨的就是沈近思这种人,阳奉阴违,欺上瞒下,毫无忠公事主之心,唯有一己之私利。弘历,你马上吩咐下去,照老规矩将沈近思的官衙、原籍同时抄检,以防他转移赃物。"

弘历感到有些太突然、太冒失了,迟疑道:"还是由儿臣先查清真相再抄检不迟,仅凭李云佩一纸奏折,如果出了差错怎么办?"

"出了差错有朕顶着呢!"雍正突然暴怒起来,两只手剧烈地抖动着,"李云佩的折子说得有根有据,十之八九是真的。你只管照旨执行就是,如果真冤枉了他,朕亲自给他赔罪。"

弘历不敢多说,恭恭敬敬地道:"儿臣遵旨。"躬身退了出去。

雍正见鄂尔泰还站在那里,收起怒容,和颜悦色地说道:"毅庵,还没用膳吧,陪朕一起吃。"

鄂尔泰忙躬身道:"谢万岁恩典,只是臣已吃过了。叛乱在即,救兵如救火,臣想回府收拾一下,明日就启程。"

雍正只得道:"朕不留你。先回府跟夫人告别。回头朕叫衡臣拟了旨给你送去。"

鄂尔泰又躬身一揖,慢慢退出御书房,这时蕙儿、菊儿进来,换上新的饭菜。雍正吃着饭还在想着刚才的事,那碟子里菜已吃完了,他还在用筷子去夹。蕙儿"噗哧"笑出了声,忙把另一只碟子推到他跟前。雍正抬起头,发觉她笑得很美,也冲她笑了笑,蕙儿见皇上心情好,便大着胆子笑道:"奴婢自小儿听书看戏,没听说有像万岁爷这样的皇帝,从早忙到晚,一刻也不消停,奴才们光站着怕是也累了。何况万岁爷还要想那么多的事。"

雍正听她说得有趣,住了筷子问道:"你那戏里书里的皇帝都是什么样子?"

菊儿见主子少有的好脾性,也大着胆子抢先答道:"那书里戏里的皇帝吃的是山珍海味,穿的是绫罗绸缎,身边总是美女如云。上朝一句话:'有事出班早奏,无事卷帘退朝。'然后就去花天酒地,听歌看舞。"

雍正忍不住哈哈大笑,道:"朕何尝不知道享乐,可是没办法,你们瞧这一摞摞的折子,压得朕喘不过气来,还有什么闲心去听歌舞。用过膳,午后恐怕还有大臣来见朕。"

蕙儿笑道:"说不定这会儿就有人在乾清门外候着呢。"她话音刚落,就见朱儿快步走进来,道:"万岁爷,博尔多带着张千来了,说有急事见您。"

蕙儿不无得意地道:"万岁爷,让奴婢说上了吧!"

雍正听说博尔多带着张千来了,顾不得蕙儿说什么,忙道:"快,叫他两个进来。"

朱儿出去,不多时,博尔多、张千两人快步走进门来,见了雍正,跪倒施礼:"万岁爷!"

雍正忙问:"什么事?"

博尔多看看蕙儿和菊儿,蕙儿极聪明,忙收拾起碗碟,拉着菊儿跑出去。博尔多才道:"昨天午后,盛郡王去广化寺巡视,跟隆科多见了面。"

雍正一怔,想不出弘时巡视有什么不妥之处,弘时见隆科多也不会有什么对自己不利,博尔多何至于急匆匆地进宫?便问道:"难道隆科多跟弘时说了什么?"

"奴才不知道。盛郡王巡视到广化寺,看了隆科多,奴才当时也没看出有什么不妥,只是今天张千跑去跟奴才说,奴才才害怕起来。"

"张千,你说了什么?"

张千忙答道:"前次皇上让博尔多大人转告奴才好生监视邬思道和盛郡王,奴才就留意了,可是没发现他们有什么异常之处。昨天午后,奴才见盛郡王乘轿子出去,便暗中跟踪,到了无人之处,却见盛郡王轿子里下来一个青衣长随扮的俊美少年,奴才一见那人好眼熟,仔细一想才明白,那不是盛郡王的侍妾佟儿奶奶吗?她女扮男装做什么?盛郡王他们顺着一条小道往北去了。那条道路窄人稀,奴才怕被他们发现,没敢再跟踪下去。到了晚上,盛郡王他们才回来,和邬思道一起在书房说了半夜的话。奴才想想,总觉得他们有事儿。因此一大早就去雍和宫找博尔多大人,方知道盛郡王他们是去了广化寺。奴才这时突然想起佟儿奶奶是隆科多的孙女,隆科多会不会对佟儿奶奶说了什么话……"

第三十五章　盛郡王密见隆科多
广化寺雍正寻密旨

　　雍正听到这里,脑袋里"嗡"地一下才明白过来。弘时确实有一个侍妾是玉柱岳兴阿的女儿、隆科多的孙女,他还多次求自己给这个侍妾封为福晋,自己都因为隆科多的原因没有答应他。问题很明白,隆科多将那个秘密的东西给了佟儿,或者告诉佟儿那个东西的藏身之处,那么弘时呢?弘时是什么角色?雍正只觉血往上涌,暴躁易怒的毛病再次在他身上显现了出来,只见他嘴角不停地抽动着,脸上的表情越来越可怕,一双蜂目闪着冷森森的光。他在书房里踱来踱去,快速思考着应变的办法,时不时冒出一句问话。

　　"隆科多跟弘时、佟儿说了什么?"

　　这是他问过多少遍的话了。博尔多还得战战兢兢地重复一遍。

　　"盛郡王带着装扮成侍从的佟儿进了隆科多的院子,盛郡王就把奴才支使开了。他们在里面说什么、做什么,奴才一点儿也不知道。"

　　"废物!"雍正气得一脚把他踢开。

　　"张千,邬思道和弘时会不会怀疑你什么?"

　　张千忙答道:"奴才想,他们是不会的。"

　　"你自己想有屁用!弘时没用你做贴身侍卫,就是怀疑你。"

　　张千吓得往后退了退,不敢再吱声,他真怕皇上再一脚踢过来。

　　雍正终于作出决断,立刻吩咐道:"张千!"

　　"奴才在!"

　　"朕任你为副都统,带朕口旨去盛郡王府,将弘时、邬思道、佟儿一并拿下,秘密押进雍和宫。注意不要带太多人,一切秘密进行,如有张扬,朕砍了你的狗头。"

　　"奴才遵……旨!"

　　升了官的张千,这时却少了惊喜,一个奴才去拿主子,这叫他如何去拿。幸而是奉了皇上的旨意,提着脑袋试一试吧!他忙着答应,忙躬身退下。

　　雍正又一次踢博尔多道:"带朕去广化寺,快!"

　　广化寺在紫禁城北五里处,原是一座香火极盛的寺庙,上自王公大臣,下至乞丐、流氓都可以来寺里参禅拜佛,自打隆科多被雍正押回京城,以四十一条大罪永远圈禁在广化寺后面的院子里,广化寺一时戒备森严。博尔多以都统之职带着巡防营的两百名官兵日夜守卫在四周。不用任何禁令,再也没有人来寺里上香拜佛。寺里的和尚还依然照旧吃斋念佛,不受干扰。

因为有内务府供给寺里日常杂佣的开支,这些和尚也不在乎香火的盛衰。雍正为什么要把隆科多关在这里?据说这是隆科多唯一的请求,他自知罪孽深重,想在佛祖面前多烧烧香、念念佛,为自己赎罪。

雍正銮驾突然来到广化寺,吓坏了寺里的和尚和守卫的官兵,登时和尚、兵丁忙成一团,乱糟糟地拥出来,迎接圣驾,跪满了寺前的空地。雍正下了轿,看也不看他们一眼,由博尔多引领着,穿过大雄宝殿,直奔后院。博尔多明为都统之职,暗中兼着粘杆处侍卫。那十几名看守一见主子来到,慌忙跪地迎接,博尔多厉声喝道:"快打开门!主子要进去。"

一个看守慌忙爬起来,掏出钥匙,将长锁打开,再推开两扇门。顿时一股轻风扑面吹来,这是一处十几亩地的大院子,是寺里的和尚种菜的,除了两间青砖红瓦的小屋,便是菜地。雍正不止一次来过,也不用博尔多引路,自己径直往那两间小屋走来。离门还有两、三步远,便看见隆科多背对着门跪在房子当中,靠墙的长条桌子上供着如来佛祖,烧着香,两个小苏拉太监一左一右坐在小凳上打着盹儿。

雍正没说话,站在屋前轻咳一声,那两名太监惊醒过来,突见皇上从天而降,吓得扑通一声跪倒在地,哆哆嗦嗦地爬到屋外,连连叩头道:"奴……奴才该死,不知道主子驾到……"

隆科多听见动静,回头一看是雍正,脸上掠过一丝惊讶之色,随即回复了平静,转身膝行到雍正面前,叩头道:"罪臣隆科多叩见皇上,伏愿吾皇万岁,万岁,万万岁!"

雍正看着这位曾经权倾朝野的"舅舅",见他衣衫干净,胡须、头发梳理得纤尘不染,上宽下窄的脸庞好像还胖了些。他心里顿时如打翻了的五味瓶,什么滋味都有。转身对博尔多道:"叫他们都退下去!"

博尔多说声"遵旨",便将自己的亲兵和两名苏拉太监赶了出去。因为担心皇上的安全,他自己在离雍正十几步远的地方站着。

"你也退下!"雍正大声叫道,声音带着愤怒。

博尔多不敢再停留,赶紧跑出院子,将大门关上。空荡荡的院子里,只有这一对相处多年的主奴、君臣二人。雍正目光扫视着满院长势喜人的青菜,冷冷一笑道:"隆科多,这里好惬意,赶得上五柳先生笔下的桃花源了。"

隆科多忽然一笑道:"罪臣哪敢奢望五柳先生的桃花源。皇上的这点恩典,足以令臣感恩不尽。"

雍正听出他话里的刺,额上的青筋跳动了一下,但仍强忍着道:"你是侍候过朕的,朕给你的恩典何止于这些,封爵、尊称、总理事务大臣,三大头衔作为你拥立之功的酬谢,你是本朝第一臣,朕是那种薄恩寡义之人吗?"

"皇上给奴才的恩典确实够多的,可惜奴才命苦,无福消受。而今,能做一愚公,便是最大的奢望了。"隆科多说着话,眼泪就流出来了。

雍正瞧他那副可怜相，打心里感到恶心，便毫不动容地说道："隆科多，这里没有第三个人，你先不必装这副可怜相，其实你很清楚，不是你怕朕，而是朕现在怕你。"

隆科多哈哈大笑道："你是君，我是臣；你是主子，我是奴才，天下哪有君怕臣、主怕奴的道理。如果真是这样，隆科多欺主挟君，岂不是诛灭九族之罪，皇上为什么还要让隆科多苟活于世上？"

"你以为朕不敢杀你？"雍正额上的青筋跳了三跳，阴恻恻地说道。

"你是君，我是臣，君要臣死，臣不得不死，君臣大义奴才死也不敢违，奴才只是不明白，皇上还顾忌什么？是怕天下人说'飞鸟尽，良弓藏；狡兔死，走狗烹'吗？"

"你也配！"雍正铁青着脸，自己找了个凳子坐下道，"你贪赃欺诈、揽权树党，擅作威福，朝野切齿，仅凭这些，朕也有十二分的理由办你个凌迟处死的罪。但是朕念你卓有功勋，年纪也大了，不追究你的罪，只要你忠心事主，真心悔过，朕还可以还你自由之身。"

隆科多活动一下跪麻的双腿，一会儿点点头，一会儿又摇摇头，似乎茫然无措的样子，道："奴才听不明白皇上的话，在此囚禁之所，奴才如何忠心事主？怎么样才算真心悔过？"

雍正迟疑了一会儿，鼓起勇气道："这里只有你我二人，朕也不给你兜圈子，你老实告诉朕，圣祖皇帝驾崩前，那张传位诏书在哪里？"

"传位诏书？"隆科多脸上闪过一丝惊喜，但很快变为惊奇，茫然的样子，"不是藏在内务府吗？"

"朕不是说那一份，朕说的是圣祖爷传位于十四阿哥允禵的诏书。圣祖皇帝崩逝时，你一直在榻前侍候，诏书不是被你藏匿，又在何处？"

隆科多听罢，突然身体一转，平坐在地上，哈哈大笑道："胤禛，你终于肯说出这句话了。圣祖崩逝前，明眼人谁都能看得出，圣祖爷要把皇位传于十四阿哥，可是你暗使奸计，一方面命年羹尧的驻军截住允禵回京的道路，一方面命我在圣祖病榻前伺机为你夺位。胤禛，你算是真正的人君吗？骨肉相残，泯灭人伦，天道当杀的就是这个伪君！"

雍正又恐又怒，像是被什么东西蜇了一下，突然从凳子上跳起来。胤禛，这个久违了的名字，似乎不再属于他。今天突然被人叫起，是那么陌生，那么刺耳。怒火在胸中燃烧，他努力用"人君度量"压了压，还是忍不住。一步上前伸手揪住隆科多的胸襟，将他拉了起来，声嘶力竭地吼道："你再胡说八道，朕就要你去死，老实说，那份诏书在哪儿？"

隆科多被他揪着，衣领勒住了脖子，憋得脸色通红，半天说不出话，待雍正稍一松手，他才缓过气来，只是冷笑一声道："如果我告诉你，根本就没有那份诏书，你会信吗？圣祖爷根本没打算传位于十四阿哥而是传位于你。

这是多么让人高兴的事,你何必自寻烦恼呢?"

"我不信,"雍正忘记了帝王的身份,跳着脚咆哮道,"你到底藏到哪儿去了? 交给佟儿,还是弘时? 不说出来,今日就是你的死期。"

隆科多饶有兴趣地看着这位疯狂的"人君",似乎很快意,他笑嘻嘻地说道:"万岁爷,您太不圣明,那东西我会交给你儿子吗? 除非您的儿子也和您一样,想夺他老子的位。"

雍正更觉心惊肉跳,自己有夺父王之位的心,儿子岂会没有夺他皇位的心。天下事都一样。隆科多垂死之人,焉知不会将诏书交于弘时,让自己父子相残。他越想越害怕,最后一狠心,用力将隆科多摔倒在地,又连踢两脚。恨恨地骂道:"老匹夫,去死!"边骂边往外走。

博尔多倒提着一颗心站在门外候着,偶尔听见里面传来一两句吵骂声,他本想带人冲进去救驾,但一想起皇上那张阴沉沉的脸,就不寒而栗,只好在门外干着急没办法。

终于,皇上开门出来了,脸上更加阴森可怖,博尔多不敢多问,只是在后面跟着,忽听雍正冰冷的声音叫道:"博尔多!"

"奴才在!"

"把这里所有的东西收拾掉,兵丁、看守全部撤走,明白吗?"

博尔多心领神会,却觉一股冰冷之气自脚底直透全身,他不由自主地打了个寒噤,答应道:"奴才明白!"

"明白了就去办,跟着朕干什么?"

博尔多这才醒悟,心里连骂自己该死。转身向一名拜阿唐道:"快,取爷的血滴子来!"

拜阿唐知道又要杀人,忙答应了一声,转身跑去。没多大功夫,将那壶状的杀人宝贝取了来,双手捧到博尔多跟前。

博尔多扣在手中,也不带一人,转身进了院中,边走边在心里念叨着:"隆科多,休怪我心狠手黑。你得罪了皇上,我也没办法。不这么做,我就没命了。"

他只顾在心里念叨,不防着突然被什么东西绊了一脚,一下子摔倒在地,那杀人利器血滴子也摔出老远。等到他爬起来一看,顿时大吃一惊,只见隆科多双目圆睁,口喷鲜血,直挺挺地躺在地上。博尔多战战兢兢,用手掰开隆科多的嘴,才发现舌头少了半截。隆科多,这位当年在府中跺一跺脚,京城都乱颤的权臣就这样咬舌自尽了。

雍正走出了广化寺,在寺前上了轿。侍卫、宫女、太监见皇上脸上阴沉沉的,也不敢多问,抬起轿子,顺着什刹海往南走。没走出几步远,忽听雍正在轿中骂道:"瞎了你们的狗眼,朕要去雍和宫。"

抬轿的太监吓得出了一身的冷汗,慌忙折转向东。雍和宫没多远,小半个时辰便到了。张千穿一身崭新的副都统官服，带着几个拜阿唐正在门前等候，一见皇上的轿子来到，慌忙跪倒接驾。

雍正走出轿子，直接走到张千跟前，双目如剑，盯住他问道："朕要你办的差事怎么样？"

张千低着头，抖动着身子答道："回主子的话，盛郡王和佟儿奶奶都被奴才请来了。可是邬先生，不，邬思道不知去向。"

雍正大吃一惊，邬思道是个深藏不露的人，他跟了自己这么多年，自己都吃不准他的底细。一连串发生的事情证明，这是个包藏祸心，有大企图的人。现在竟让他逃了，怎能甘心。雍正气得一跺脚，骂道："废物，连个文弱的儒生都抓不住，有没有通知九门提督派人在城内搜捕？"

"没有，奴才怕张扬出去，没敢通知九门提督。"

"混账，你不会找个借口吗？"

张千全身抖得更厉害，结结巴巴地道："奴……奴才马上去！"一边说，一边爬起来，忙往外跑去。

"站住！"雍正突然又叫道，见张千像木桩似的待在那里，他缓和了一下口气道，"你现在是副都统，这种差事交给下边的人就行了。"

张千受宠若惊，连忙叫过一个小拜阿唐，叮嘱了几句，那小拜阿唐遵命而去。

雍正冲张千一瞪眼道："弘时现在何处，快带朕去看看。"

"盛郡王在万福阁，佟儿奶奶在永康阁。"张千一边答话，一边在前头引路。万福阁在雍和宫的最后端，穿过两座大殿才能到。张千见皇上虽然总阴着脸，但对自己还是很宠信的，胆子便壮了起来，话也多起来，边走边说道："万岁爷让奴才去拿盛郡王，奴才思来想去，以奴才去拿主子，总有些心悬。若是带人直接去府上抓人，又怕张扬了出去。奴才就想了个法儿，叫小拜阿唐去盛郡王府上说，皇上在雍和宫，叫盛郡王来见。盛郡王果然来了。奴才就把他骗到万福阁，一把锁把门锁上了。回头带着两个人穿了便衣直接把佟儿奶奶拿了来，只是可惜逃了邬思道。"

雍正似听没听，也不阻止他，不多时就到了永佑殿，刚进殿门就听到女人的啼哭声和弘时的叫骂声："开门！张千你这个奴才，敢关押本王，看我出去不砍了你的狗头！"

雍正脸上抽动了一下，越来越阴森可怖，脚下越来越快，离万福阁还有十几步远的时候，弘时显然看见了他，门被撞得咣当响，惊喜地叫道："皇阿玛，您真的来了。快治张千的死罪，他矫诏骗儿臣，还把儿臣锁在屋里。"

雍正已到门跟前，冷冷地道："你先不要乱叫，朕进去慢慢地给你说。……张千，把门打开。"

张千忙着取出钥匙，将门打开。弘时看见他，心头火起，一步蹿出门外，抓住他的衣领,抬手就是一巴掌。

"住手!"雍正突然怒声斥道,"逆子,还不滚到里边去。"

弘时受尽了委屈,却不明白皇阿玛为什么偏向一个奴才,但当他看见雍正眼里好像要喷出火来时,不敢再动手,慢慢放开张千,回到那张长条凳子边,跪下。

雍正走到屋里,张千忙搬过一只凳子让皇上坐下。雍正一挥手道:"张千,去守住后院大门,不许任何人进来。"

"喳!"

张千答应一声,躬身退去。弘时跪在地上,见雍正的双眼像利剑一样刺遍自己全身,他想起了两次劫杀弘历,一次借马起云、吴守义之手行刺雍正,心里一阵阵害怕,看今天这个情势,皇阿玛可能查明了真相,凶多吉少!

雍正看着自己的这个亲骨肉,百感交集。同样是亲骨肉,弘历和他却是一个天上,一个地下。原本想他只是才能不及弘历,没料到他还图谋自己的亲老子。想到图谋亲老子,雍正一阵脸热心跳,莫不是自己做的孽,上天要报应,才出了这样不肖的儿子。这样想来,他便缓和了一下心头的怒气道:"是朕叫人把你和佟儿带到这里来的,为着什么事,你自己明白。这里只有你我父子,你只要老实告诉朕,朕不会让你太为难。"

弘时一听,皇阿玛果然知道了真相,这会儿再没有邬思道来帮忙。看来,不说真话不行了。说出来,也许皇上会念在父子情分上,饶自己一命,这样想他便嗫嚅地说道:"儿臣知罪。那都是四年前的事了。"

"四年前?"雍正心里一惊,这小子还做过什么恶事,他不动声色地道,"朕只要你自己说出来就行。"

弘时低着头,一字一句地叙说道:"四年前,儿臣奉旨去湖南长沙押解钦犯到京;四弟奉旨出巡……"遂将在河南信阳和长江采石矶邬思道两次设计劫杀弘历的经过全说了出来。

雍正大感意外,想不到弘时竟这样狠毒,一而再地劫杀手足兄弟,这种人还有半点儿人性吗?他那刚刚压下去的怒火再次被点燃,右手抖了几抖才举起来,一指弘时,结结巴巴地骂道:"逆子,你……你真行啊!可是朕问的不是这个,还……还有,你说,你说!"

"儿……儿臣说!"弘时吓得脸色煞白,看来事情全露馅了,索性全说了吧!于是,他又断断续续地说道:"还有,皇阿玛和十三叔去遵化拜祭景陵。是儿臣向吴守义、马起云泄漏了皇阿玛的行止……"

雍正越听越气,整个人像是被抛进冰冷的河里,手脚都冰凉。这样的孽子,不但不念手足之情,连皇阿玛也想图谋,比起自己是有过之而无不及,这样的人还能叫作人吗?简直比畜生不如。但是气归气,问了半天,弘时还没有说到正题,雍正还得耐着性子问。

"朕问的也不是这个,你作的孽一件件说出来。"

"儿臣除此之外,再没做过什么恶事了。"弘时觉得有些委屈,提高了声音说道。

"没有?"雍正一脸的讥讽,"非得朕提醒你吗? 朕问你,昨儿个午后,你带着佟儿去广化寺干了什么?"

弘时一听,完了,全露馅了。他把头一低长叹一声道:"这一次不能怪儿臣,是佟儿想念祖父,求儿臣带着她去的。"

"朕不关心这些,只问你隆科多交给你们的东西呢?"

弘时面露惊奇之色,连连摇头道:"儿臣不敢欺骗皇阿玛,隆科多真的没有东西交给儿臣。"

"你不说是吗?"雍正站起来,围着弘时不急不慢地踱着步,额上的青筋可怕地跳动着,半睐半睁的双眼射出摄人魂魄的光,嘴角不停地抖动着,发出像是从地狱里传来的声音,"朕明白地告诉你,这件东西对朕来说至关紧要,朕志在必得。隆科多是个精明人,他以为藏着这个东西就可以要挟朕,使朕不敢杀他。可惜他打错了算盘,朕不怕他要挟,照样杀了他,今天你也学他以此要挟朕吗? 隆科多的下场就是前车之辙。"

弘时听说隆科多已死,顿时吓得瘫软在地,他何尝不知雍正说的是什么东西。邬思道明白地告诉过他,并要他用这个东西要挟皇阿玛立自己为太子。可惜,隆科多没有把这个宝贝交给他和佟儿,无论他和佟儿再三地追问,隆科多都是摇头不语,笑而不答。眼下自己被逼得走投无路,雍正既能杀亲兄弟,就能杀亲生的儿子,保命要紧,自己如果真知道这个东西藏在哪儿一定会迫不及待地说出来。突然,他想起一件事,像是抓住一根救命的稻草似的,一下子直起腰来,跪爬到雍正脚下,双手抓住皇阿玛的衣摆,惊喜地道:"皇阿玛,儿臣想起来,隆科多见到佟儿时说他恐怕活不了几天。就写了一首诗送给佟儿,作为永别的留念……"

雍正如获至宝,俯身抓住他的衣领追问道:"那首怎么写的? 念来朕听听。"

"好像是:'遗恨牢狱半生缘,图报龙恩夜不眠。清风不解……,儿臣以为只是他祖孙生离死别的纪念,当时没留意,下边的诗句记不得了。"

"废物一个。快说,那首诗现在何处?"

"在佟儿身上。"

雍正一把将儿子推倒在地,转身就往外走,弘时爬起来,抓住他的袍角哭叫着哀求道:"皇阿玛,求您看在父子情分上,饶了儿臣一条命吧!"

"饶你?"雍正冷笑道,"你杀弟弟,又杀父亲,算得上天底下最狠毒的衣冠禽兽,即使朕饶过你,天能饶你吗? 落到这种地步,还不如自行了断来得省心。"说完,一脚将儿子踢开,往外就走。

第三十六章　雍正帝解诗清风斋
为遗诏痛杀亲生子

弘时像是中了魔似的，再次爬起来，直往外冲。这时，张千在大门口见皇上出来，慌忙迎上前去，雍正一指跑到门外的弘时，叫道："快，把他关进去，没有朕的旨意，任何人不能放他出来。"

"奴才遵旨！"

张千一步跳到他两人之间，拦住弘时的去路，弘时像个疯子似的，对他又踢又打，张千奉了旨意，不管他是王爷还是皇子，毫不客气地抓住他的袍带，像老鹰抓小鸡似的提起来，扔进屋子里，不管他哭叫连天，"嘎巴"一声把门锁上。

佟儿被关在万福阁西侧的延绥阁内。张千把她从府里抓来时，她还以为是这帮奴才吃错了药，斗胆管起主子来，一路骂声不绝。等进了雍和宫听到弘时的叫骂声，才知丈夫也被抓进来，才觉得不对劲儿，吓得哭叫起来。雍正来时，她在延绥阁，从门缝里看得清清楚楚，以为皇帝是来救儿子的，她这个"儿媳"自然很快就会放出来。可是安心地等了半天，听到却是弘时的哭叫声，佟儿才真正害怕起来。正惶恐无助时，忽听一阵脚步声传来，紧接着是开锁开门的声音，房门打开了，雍正和张千出现在门口。佟儿从来没见过皇帝的脸色如此阴森可怕。想起刚才弘时的哭叫声，她一下子瘫软在地，口里喃喃地叫道："皇……上！"

雍正知道她吓坏了，便努力缓和一下脸上的表情，俯身拉起，道："佟儿，你不用怕，朕只是来跟你要一样东西。"

佟儿听皇上说话还算温和，稍微定了定神，恭恭敬敬地道："奴婢不知道什么东西值得万岁爷亲自来要。"

"也不是什么要紧的东西，隆科多毕竟是朕的奴才，听说他写过一首诗给你，朕也想看看。"

佟儿放了心，忙从衣内取出祖父题的那首诗，双手呈上，道："奴婢送给皇上就是。只求皇上放王爷和奴婢出去。"

雍正顾不得听她说些什么，接过那张折叠得整整齐齐的宣纸，打开一看，只见上面四行隶书题道：

> 遗恨牢狱半生缘，
> 图报君恩夜不眠。

清风不解伴君苦，
招来罪祸归黄泉。

他反复吟诵几遍，目光停留在"遗清风招"四个字上。心里默念道："'遗、清、风、招'，遗诏清风。"他恍然大悟，心中窃喜。雍正对隆科多的府邸极熟悉的，知道他的书房名为清风斋。隆科多的这首绝命诗分明暗示那份他朝思暮想的康熙遗诏就藏在清风斋里。

雍正不动声色地将那首诗收起，回头向张千喊道："快，随朕去隆相府。"

佟儿见皇上一句话没说就要走，慌忙爬到门口，哭叫道："万岁爷，王爷和奴婢有什么罪？为什么不放我们出去？"

张千见她快爬到门外，不知如何处置，他为难地看着皇上，问道："万岁爷，怎么办？"

雍正头也不回，冷冰冰地扔下一句话："乱棍打死，扔去喂狗！"

佟儿听得清清楚楚，只觉眼前一黑，什么也不知道了。

隆科多的府邸坐落在什刹海西岸，和广化寺隔海相望。

雍正御辇在厚厚的落叶上停下，张千忙上前扶着皇上下了车辇。雍正扫量着这个门可罗雀的高大府邸，心中顿生感慨，当年每天从这儿出入的高官显贵不知有多少，就是自己的御辇、銮驾也经常光临。那一对威武的石狮和那棵苍翠欲滴的松柏树还是那样熟悉。如今物是人非，留下的是污垢，消逝的是风流。

"张千，叫门！"雍正沉思良久，才说道。

"喳！"张千答应一声，腿脚利索地踏上石阶，用力狠狠地敲门。敲了半天，才有一个苍老的声音问道："谁呀？"

张千斥骂道："少啰嗦，快把门打开！"

里面人一听口气，知道惹不起，不敢再问，慢慢将大门打开。张千一看，是一个五十多岁的老管家。便问道："府里还有什么人？都叫出来迎接圣驾。"

老管家听说皇上来了，吓了一跳，往门外一看，真的，皇上正登上台阶呢，吓得他"扑通"一声，跪在门口，雍正认得他，和蔼地说道："你是隆顺吧！府里还有谁？"

"回皇上的话，府里只有老爷的一个远房本家和四个看家护院的奴才。奴才这就去叫他们迎接圣驾。"

"不必了。你带朕去隆科多书房看看。你们老爷虽说有罪，朕还是想来他府邸看看。"

"奴才遵旨。"

隆顺爬起来，在前头引路，雍正、张千跟着往里走。府里的四个看家的和隆科多的那个远房本家听见动静，才知道是皇上来了，慌忙跪在通道两旁，迎接圣驾。

雍正无心细看两旁的亭台楼阁，只管跟着隆顺往后面走，这座府邸他不知来过多少次了，闭着眼睛也不会走错道。隆府很大，走了小半天，隆顺才在一座小巧别致的阁楼前停下，雍正抬头看那门楣上的匾额，还是"清风斋"三个楷书大字，只是上面积了厚厚一层灰尘，字迹有些模糊罢了。他看了一眼门上的长锁，吩咐道："隆顺，把门打开！"

隆顺慌忙取出钥匙，颤巍巍好容易才把锁打开，用力推开两扇门，顿时一股霉臭味扑面而来。雍正舒了一口气，打量了一下摆放得凌乱不堪的书柜、书案，向张千吩咐道："带几个人进去搜，凡有书信、御旨、奏折之类，一律都拿来给朕看。"

"喳！"张千一挥手，立刻有四、五个粘杆处侍卫跟着他进去，翻箱倒柜，把凡写有文字的东西一一送到雍正跟前验看。折腾了半天，天色已经渐渐黑了下来，还没有找出皇上要找的东西，雍正不甘心，命人取来十几枝大烛点亮，将屋里屋外照得亮如白昼。张千和侍卫们仍不厌其烦，仔细搜寻。突然，张千惊喜地叫道："奴才找到了。"

雍正闻听大喜，立刻叫道："快交给朕！"

张千从屋子里跑出来，边走边举起一本金册子兴奋地道："万岁爷，这是内府的东西。"

雍正接过来一看，竟是内府的玉牒，口中骂道："隆科多果然包藏祸心，私藏玉牒，图谋不轨，仅此一条，也够砍头之罪。"因没有找到自己要找的东西，便向愣在一旁的张千和四个侍卫斥道："愣在那里干什么？继续查找。"

张千五人这才知道皇上要找的不是玉牒，只得又进到房里，将那拐角旮旯搜个遍，凡有字的纸条儿都拿给皇上，雍正还是摇摇头。最后，张千走出来道："万岁爷，奴才们已找了八遍了，连只虱子也没放过，恐怕您要找的东西不在这儿。"

"不，肯定在清风斋。"雍正想想那首绝命诗，暗暗着急，隆科多明明暗示遗诏就藏在清风斋，怎么会找不到呢？他心里一急，抬头看见门楣上写着"清风斋"三个字的匾额，恍然大悟，急忙命道："张千，上去搜一搜这匾额的后面有无可疑的东西。"

张千只好叫人找来一只梯子，靠在匾额下，自己一手提着灯笼，一手抓住梯子，攀援而上，把那匾额后仔仔细细找了个遍，还是一无所有，只得如实禀道："万岁爷，什么东西也没有！"

"不可能。"雍正的语气不容置疑，"你仔细察看，找到有用的东西，朕重重赏你。"

张千只好暗叹一口气，一分一寸地细看，那匾额被他搜寻了十多遍，还是找不出什么有用的东西。突然，他的目光停留在匾额后面墙上的一块松头的砖头上，用手轻轻一抽，那块砖便被抽了出来，他心中一阵狂喜，忙用手伸到砖洞里仔细摸，却是空空如也，什么也没有摸到，他顿时泄了气，但还是如实禀告皇上。

"万岁，匾额后有一块砖像是被人刚刚抽动过，可是里面什么东西也没有。"

雍正心头一惊，逼视着隆顺问道："有人到这间房子来过吗？"

隆顺吓得头皮发麻，连连叩头道："万岁爷府上的邬先生来过。刚才奴才不知道出了什么事，不敢乱说。"他是隆府的老奴才，邬思道在雍亲王府做幕僚时，隆顺见过。

"邬思道？"雍正咬着牙，一字一顿地说道，"难道你不知道他已是朝廷通缉要犯？"

"老奴天天就在这院子里，从没出去过，哪里知道邬先生变成了通缉要犯。他来的时候奴才还以为他是皇上的人。"

"他是什么时候来的？"

"昨个夜里。"

"哼，谅他也逃不出京城，张千，知会九门提督图里琛在全城进行大搜捕，务必将邬思道缉拿归案！"

沈近思的案子没费多大周折。弘历遵照雍正旨意，亲自布置沈近思府衙和原籍的两地抄检，着内务府护卫营都经常赍带领护卫营官兵抄检其衙署。而在其原籍江苏吴江，则由弘历亲自行文江苏巡抚、监察御史会同抄检。常赍办得很利索，仅半天的功夫，就将沈近思府上的钱粮财物清查一遍，登记造册。真是不看不知道，一看吓一跳。一个朝廷二品官员，府中财产竟有五十余万两。这已经明摆着是贪赃枉法聚敛的不义之财，不用深究细查，就知道准是个贪污大案。何况其原籍的抄检结果还没有报上来。弘历看了抄检的财产清单，也吃了一惊。自己堂堂的宝亲王，论起家产和这位户部侍郎相比简直是小巫见大巫。怪不得皇阿玛气得连一顿饭也吃不下去。他当即命常赍将沈近思拘押起来，等候审理。这桩近两年没发过的贪污大案基本上算是板上钉钉，更改不了了。弘历也算放下心了。放心什么呢？他怕仓促之间出了差错，冤枉了沈近思，皇阿玛真的去给沈近思赔罪。想想皇阿玛气得吃不下饭的样子，他突然觉得还是早些告诉皇阿玛抄检的结果，也让他早些安心。

弘历转过身来，看见身后张廷玉、方苞和一群章京、笔帖式交代着什么，看来今天没有什么大事烦劳他这位宝亲王。他便向跟前的小苏拉太监道："告诉张相爷，本王有事去见圣驾，他要有事，待会儿找我。"

小太监脆生生地答道："四爷放心去吧！奴才会跟张相爷说的。"

弘历走出军机房，沿着御道穿过隆宗门，直奔养心殿，刚到门外，就看见蕙儿、菊儿两个闲聊。两人一看宝亲王来到，慌忙跪倒施礼，道："四爷来了！四爷吉祥！"

　　弘历笑道："你们倒是清闲，皇阿玛太放纵你们了。"

　　蕙儿道："四爷是真不知道，还是装不知道，皇上早出宫去了。"

　　弘历一愣："皇阿玛何时出宫的？本王和军机处的几位大臣都在前面，怎么一点儿也不知道？"

　　蕙儿道："皇上午时就出去了，那时，你们军机处还没轮值呢。"

　　弘历吃了一惊，皇阿玛为何事出宫？竟连军机处大臣也来不及通知，他追问道："皇阿玛去哪儿了？"

　　"皇上去……"菊儿嘴快，正要说出来却被蕙儿用眼色阻止了。

　　弘历更是放心不下，虎着脸，怒视着蕙儿道："好你个狗奴才，竟敢连本王也瞒住不说，就不怕本王扒了你的皮。"

　　蕙儿吓得连连叩头。

　　"四爷息怒，不是奴才欺瞒您，实在是奴婢担不起这个罪责。"

　　"什么罪责？"弘历换作笑脸，温和地道，"只要本王不说是你们说的，谁会知道？本王不会让你们受到牵连，放心地说吧！"

　　蕙儿扇了自己一个嘴巴道："奴婢该死，皇上和博尔多说的话偏偏让奴婢两个听到了，皇上他们去了广化寺。"

　　"广化寺？"

　　弘历的脑筋迅速转开了，广化寺是囚禁隆科多的地方，皇阿玛莫非……他顿觉脊梁骨冷气森森，渐渐地全身冰冷。隆科多其罪当诛，但皇阿玛却一直囚而不杀，所为何事？难道那些谣传都是真的？不行，作为皇阿玛最宠爱的皇子，他必须分担父亲那些不为人知的痛苦。

　　蕙儿见他好半天傻愣愣地站着不说话。忙着解释道："奴婢别的什么也没听见，求四爷体谅下人的难处……"

　　弘历根本没听见她在说什么，转身就走，也不给张廷玉他们打个招呼，穿过后宫，到了顺贞门，命守门的护卫营旗兵找来一匹马，单人独骑，出神武门，往北急驰。眨眼的工夫就到了广化寺门前。博尔多正命令那两百官兵收拾东西，准备拔营起寨。忽见宝亲王飞马来到，慌忙从里面跑出来，施礼道："四爷，您怎么来了？"

　　弘历没理他，看着官兵忙碌着来回奔跑，他不解地问道："博尔多，你们这是要开拔吗？"

　　"四爷您说对了，奴才们就是要开拔了。"

　　"那隆科多呢？他不是囚禁在这里吗？"

　　博尔多看看四周没人，才低声说道："老东西咬舌自尽了，尸体刚烧

成灰。"

弘历却觉手脚冰冷,面无表情地问道:"皇阿玛不是来了吗? 怎么看不见銮驾?"

博尔多道:"皇上早已走了。"

"去哪里了?"

"这……奴才不知道,"博尔多当时只顾取血滴子去杀隆科多,根本没送雍正出来,所以他不知道;但是为了讨好宝亲王,他向门口的兵丁大声问道:"孩儿们,你们谁看见皇上的銮驾往哪个方向去了? 告诉四爷,老子有赏。"

立刻有几个官兵跑过来,跪在弘历马前,争着答道:"奴才看见銮驾沿着什刹海往南去,皇上八成回宫去了。""不对,銮驾到了前海折向东去了,奴才看得清清楚楚,皇上八成去了雍和宫。""没错,皇上准是去雍和宫,奴才也看见了。"

弘历自己猜测,皇阿玛极有可能去了雍和宫。他调转马头,两腿一夹,蒙古马便撒开四蹄,往东驰来。转眼之间他又来到雍和宫门前,守门的小拜阿唐慌忙跪地施礼。

弘历见门前冷冷清清,不见皇上銮驾的影子,不解地问道:"皇阿玛来过没有?"

"回王爷的话,皇上来过,又走了。"

"可知銮驾去了哪里?"

"小人不知道。"

弘历暗暗吃惊,皇阿玛忽而广化寺,忽而雍和宫,行踪不定,一定有重大的事情发生,可是现在不知銮驾在何处,怎么办? 他急得心头冒火,勒住马缰团团转。正在这时,忽听有人叫道:"四爷!"

弘历循声望去,只见从雍和宫大门里走过来一个粘杆处侍卫,到了马前,恭恭敬敬地施礼道:"四爷,您来得太好了。"

弘历一看认识,正是张千的兄弟张万,便道:"张万,什么事?"

"四爷,三爷不知为何被皇上关在万福阁里,哭叫个不停,奴才怎么劝说也不行。求四爷进去劝劝。奴才今儿个夜里也安生些。"

弘历大惊,想不到皇阿玛忙碌了一天就是因为老三。到底发生了什么事,恐怕张万也不会知道,这会儿又不知銮驾在何处,只有从老三身上能打听到发生了什么事。想到这儿,他跳下马故作勉强地说道:"本王权且帮你一次,不知他因何被皇阿玛关起来。叫我怎么劝说他?"

张万接过缰绳,把马拴在柱子上,摇头道:"做奴才的哪里知道。刚才盛郡王的一个侍妾被乱棍活活打死,扔到外面去了,是皇上的旨意。"

弘历又是一惊,看来事情非同小可,老三到底做了什么事惹得皇阿玛连他的侍妾也不放过? 他一声不响,跟着张万往里面走,那些粘杆处的拜阿唐看见宝亲王来到，"呼啦"一声，跪倒一片，弘历只顾想着弘时的事也不理他们。不多时，便过了永佑殿，刚进后院大门，便听到弘时像狼一样的嚎叫声。

"放我出去，我不想死，我要见皇阿玛，我……不想死……"

弘历刚踏上万福阁的台阶，弘时可能看见了他，拼命地叫着："四弟，快救我出去……我要见皇阿玛。"

弘历走到窗前。弘时双手拼命地摇着窗户的木档，惊喜地叫道："四弟，我求求你，快去找皇阿玛，帮我求求情，我该死，我不是人，可我不想死。"

弘历抓住他的手，安慰道："你先不要着急，我进去咱们慢慢地谈。"一边说，一边命张万打开房门。

张万取出钥匙，把房门打开，弘时一下子冲了出来，把两人吓了一跳。张万慌忙一把抓住他的手道："三爷，皇上有旨，你不得迈出这间房子半步。您还是老实在里头待着吧，别让做奴才的为难。"

"混账！"弘时挥舞着双手张口就骂，"你是什么东西，也敢对我吆三喝四，爷就是犯了法，也犯不着奴才来管。"

张万其实已明白他犯了重罪，只是看着他是个皇子的分上，还客气点，现在见他还如此狂妄，登时大怒，斥道："你现在算什么东西？能比得上我们做奴才的吗？对不起，你还是进去吧！"一边说，一边用力把弘时推到房子里。

弘时摔倒在地，不敢再放肆，一双眼睛可怜巴巴地盯着弘历，哀求道："四弟，我求你了，在父皇面前求条性命。"

弘历看他一副可怜相，竟不觉得值得同情，反倒有些恶心。就是这样一位手足阿哥，为着储位之争，竟不念手足之情，两次设毒计劫杀自己。虽说他没有得逞，可是自己最心爱的姑娘东方晓为保护自己竟丧身江中。想起东方晓，弘历内心又是一阵阵的剧痛，她是一个多么难得的红颜知己，不慕荣华，不贪富贵，仅仅因为情系于己，而苦苦追随左右，为了她喜爱的男人，她宁愿舍弃一切，包括她的生命。弘历慢慢走进屋里，面上看似平静，内心却是电闪雷鸣，东方晓坠落江中的那一幕一遍又一遍地显现在眼前，他要为她报仇，这是他曾经立下的誓言，杀死东方晓的凶手就在眼前，怒火在弘历的心头点燃，他开始思谋着报仇的步骤，一切都在心中无声地进行着，他的面上还是静如止水。

弘时还以为他在思考着救自己的办法，便顾不得自己年长的身份，竟生生地给弘历跪下，连叩三个头，哀求道："四弟，只要你能救我一命，我什么都给你，金银、珠宝、美女……"

弘历像是无动于衷，看也不看他一眼，只是向张万一挥手道："你去大门守着，不许任何人进来，我慢慢地劝说三爷。"

张万高兴地答应道："谢四爷！"转身便出去了。

　　弘历等张万走远，才看了一眼弘时，拉过那只长条板凳在他面前坐下，不慌不忙地道："三哥，不是兄弟不替你说话，我不明白你到底做错了什么，皇阿玛一夜之间就把你关到这里弄成这样。"

　　"我……我该死，我不是人，"弘时声泪俱下，悔恨交加，用手狠狠地扇了自己两个耳光，才慢慢地把自己所做的恶事一五一十地说了出来。

　　弘历不动声色倾听着，弘时所做的恶事大都在他的意料之中，但是听他亲口讲来，仍感到触目惊心，好像跟前跪着的不是一个人，而是一个毫无人性的畜生。这畜生留在世上只会害人，不除掉它就是天大的罪孽。

　　弘时终于讲完了自己的罪恶，跪在地上一动也不敢动，像是等待着弘历的宣判。弘历思谋良久，已是成竹在胸，只见他面露怒色，冷笑一声道："三哥，我不好说什么。你自己说，凭你那些罪孽，按《大清律》该怎样处置？"

　　弘时的头低得更低，半天才低声说道："该凌迟处死……"

　　"恐怕你死十次也不足以赎其罪，皇阿玛既然将你密捕在此，就没有交刑部处置的意思，他老人家丢不起这份人，再说朝廷也经不起大案迭起，处置你，只会秘密进行……"

　　弘时吓得脸色煞白，哆哆嗦嗦地道："怎么……处置？"

　　弘历却不急着回答他，反而问道："皇阿玛没跟你说过？"

　　"说……说过。"弘时顿觉一阵惊惶，道："皇阿玛说，让……让我自……自行了断。"

　　"皇阿玛圣明。"弘历面上似悲似喜，长叹道，"你的罪他没法判，自行了断也许是给你的最轻的惩罚。"

　　"不，我不想死！我还想活下去……"弘时害怕极了，声嘶力竭地叫喊着。

　　弘历等他没有了力气，声音渐渐微弱了，才洒下几滴清泪道："我也不想要你死，可是你根本没有活命的希望，皇阿玛的手段你也知道的，年羹尧、隆科多他要杀，八叔、九叔是他亲弟弟照样下得了手去。你的罪孽在他心里比八叔、九叔是有过之而无不及。九叔死在保定，我亲眼所见，皇阿玛原是赐他自行了断，可是九叔贪求活命不肯自尽，粘杆处的几个拜阿唐就给他强行灌下了断肠散，那药性发作起来，九叔痛得满屋子打滚，嚎叫声传出老远，半个多时辰才毙命，还不如自裁来得痛快。"

　　弘历只顾自己说话，半天没听见弘时说话才低头打量他。只见弘时双目呆呆地盯着自己腰间，面上毫无表情。正要叫喊，忽见他长舒了一口气，翻身坐了起来，异常平静地道："老四，谢谢你的提醒，想想长这么大事事都落在你后，如今又落到这种地步，真的生不如死。"正说着，他突然站起，伸出手来，冷不防将弘历腰间的短刀抢到手中，惨然一笑道："他要我死……我有罪……我该死……我不要吃断肠散……我得死得像条汉子，不能让他看不起……”

　　弘历没防着他会突然夺自己的刀,吓得后退了几步。听他喃喃自语,才知道自己的话起到了作用,使他有了自尽之意。虽然这是自己处心积虑,渴望看到的结果,但当这一幕真实地出现在自己面前时,自己的良知仿佛突然苏醒过来,一下子吞噬整个心,令人痛苦不堪。

　　“三哥,不要……”弘历终于从心底发出最真诚的声音,他在这一瞬间领悟到血浓于水的真正内涵。不管弘时身上有多少罪恶,可是毕竟是他的亲哥哥。他害怕极了,往前试探一步,想夺下弘时手中的刀子。可是弘时已经提防他了,将刀尖对准自己的胸前,大声叫道:“你不要过来,不然我就……老四,你赢了,皇帝的宝座终于归你了。可是奇怪,这一刻,我觉得那宝座一点也没有吸引力,就像你跟前的长板凳。哈哈哈……”

　　“三哥,千万别……”弘历搜寻着能使他放下刀子的词句。“我刚才的话是跟你闹着玩儿的,你千万别信,皇阿玛那里,我去说……”

　　“别说了,老四,你看我是不是一个男子汉,哈哈哈……”弘时一阵大笑后,手里刀子猛地刺向胸前。

　　“三哥……”弘历惨叫一声,扑向前去,一只手将弘时扶住,另一只手惶然地抚摸着自己那把短刀,血,像喷泉一样涌了出来,任他怎样用手去捂也止不住。

　　张万站在门外,还担心着弘历的安全,一直倾听着里面的动静,刚开始时传来弘时的哭叫声和哀求声,他已经习惯了,没放在心上。后来忽听里面传来一声惨叫,像是弘历的声音,可把他吓坏了。宝亲王是他叫来劝慰弘时的,万一有个三长两短,自己就是有十个脑袋也不够砍的。因此,他立刻施展出上乘轻功,只一纵跃,已从后院门窜到万福阁门前,往里一看,弘时倒在地上,胸前插着一把刀,血流到地上,弘历茫然无措地干抖着双手。

　　张万一步上前,把弘时抱起,弘历看见他,才叫出声来。“叫太医来,快……快……”

　　闯了大祸张万此时六神无主,弘时是他看守的,出了这种事,追究起来中,首先就得治他的罪。他顾不得多想,抱起弘时,拔腿就向前院奔去,边跑边叫道:“太医……快……救命……救命!”

第三十七章　初丧子雍正极痛心
　　　　　　　宝亲王览政始历练

　　雍正回到宫里的时候,天已酉时。蕙儿、菊儿见皇上这么晚才回来,慌忙端了几个雍正喜欢吃的点心上来。雍正只是看了一眼,竟毫无食欲。今儿个一天发生的事,件件不如意。他就这么围着广化寺、雍和宫、隆科多府,整整转了一个圈子,竟没有找到那份时刻让人心惊肉跳的遗诏。另一件让他揪心的是弘时这个逆子,竟背着他做了那么多的恶事,连亲爹老子也不放过。还有邬思道,这个人的居心到这时候才被自己完全看明白似乎晚了些。那份诏书如果真被他拿了去,后果自己想也不敢想。

　　雍正越想越心烦,坐在御案前不时长吁短叹,蕙儿、菊儿也不敢上前劝慰,只是站在两边侍候着。这时,朱儿捧着一摞奏折进来,恭恭敬敬地放在御书案上,道:"万岁,这是今天刚递上来的折子。"

　　雍正突然龙颜大怒,一抬袍袖将奏折扫到地上,吼道:"朕今天不批折子,全给朕拿下去。"

　　朱儿吓得脸色煞白,慌忙跪在地上捡起那些折子,不明白皇上为什么莫名其妙发这么大的火。皇上一向以勤政自豪,规定每日晚膳后,都要把当天递上来的折子送到御书房里。有几次自己送晚了一会儿,皇上还狠狠训斥了一顿。

　　蕙儿因为会儿手推拿按摩的功夫,总是把雍正侍候得舒舒服服,因而在皇帝面前就容易说话。这时,她见雍正心情极坏,知道是朝廷上的事不顺心,便决心冒一次险,讨皇上的欢心。因而,她大着胆子,走到雍正跟前,柔声道:"万岁爷,您这么做就对了。心里不痛快就不去看那些烦人的折子。等心里痛快了,再看也不迟。您现在啥也不要想,只想着怎样开心就行。平日里,您总喜欢奴婢给您捶捶肩、按按脚什么的,奴婢就给您捶一捶,按一按,成吗?"

　　雍正正在烦心之时,蕙儿这番温柔体贴的话无疑是雪中送炭,久旱逢雨,说得他心里舒帖多了。他长叹一口气道:"蕙儿,还是你知道朕的心啊!朕就依了你,先给朕烫烫脚吧!"

　　菊儿听见,忙去打了热水端来,放在雍正脚前,又为蕙儿拿过一只小凳子,让她坐着给皇上洗脚。

　　蕙儿给雍正脱了靴子、袜子,顿时一股臭脚味在房子里散发开来。蕙儿一边把那一双龙足浸在水里,一边笑道:"万岁爷,您的龙足怎么也会有臭味呢,奴婢的脚就不臭。"

雍正的双脚在热水中一泡,顿觉舒爽无比,心情也好多了,便道:"朕是男子,半天没闲着走路,这脚自然会臭的。朕贵为天子,活得却不如你们这些奴才自在。比如蕙儿,只要把朕侍候好就算尽职尽责了。天子就不成,天天有没完没了的折子要批,有那么多的政事要办,还要防着是不是有人图谋不轨,为君难,难于上青天啊!"

蕙儿为雍正轻轻搓着脚,想起上次探视双亲时,佟儿交给她的那本书,心里怦怦直跳。佟儿说,那书上的足底按摩之法对男人果然有奇效,她在盛郡王身上试过的,说的时候脸还红呢。

"蕙儿,想什么呢?"雍正见她一双大眼睛呆呆的,便问道。

蕙儿惊醒过来,忙用手擦搓着,答道:"奴婢没想什么!"

她本想按佟儿所说,在皇上身上试试,但想想皇上今天心绪不佳,到底没敢冒险。

雍正知道她没说实话,心中不悦,正要再问,忽见朱儿慌慌张张地跑进来,结结巴巴地道:"不、不好了,三、三阿哥自杀了。"

雍正吃了一惊,还不相信自己的耳朵,追问道:"你说什么?"

"三阿哥自杀了。"

雍正只觉得脑袋嗡地一声,眼前一黑,什么也不知道了。朱儿一见皇上要晕倒,慌忙上前扶住,蕙儿、菊儿也吓坏了,干转圈子不知怎么办。到底是朱儿历练过,忙叫道:"快,传太医来。"

在外面侍候的宫女、太监慌忙去喊太医,太医还没来,雍正却悠悠醒转来,一睁开眼睛就叫道:"弘时在哪里?快带朕去看看他。"

"已送往盛郡王府!"

朱儿不敢怠慢,慌忙跑出去吩咐准备车辇,蕙儿忙着给雍正穿上袜子、靴子,雍正强挣着站起来,见几个御医堵在门口,茫然无措地望着自己,便一挥袖子道:"朕没事,你们下去吧!"一边说一边摇晃着身子往外走,蕙儿、菊儿慌忙一边一个搀扶着走到养心殿外。正见朱儿走进来,道:"銮驾已准备好了,请万岁爷起驾。"

雍正被扶进车辇,立刻叫道:"快,去盛郡王府!"

八个小苏拉太监挑着宫灯走在前面照亮儿,龙辇走得飞快,只两、三袋烟的功夫,就到了弘时的府前。雍正也等不及通报,由两个太监架着就往里走,刚进大门就听到一片哭声。府里的奴仆杂佣一见皇上来到,慌忙跪倒,哭成一团。可能是弘时的尸体刚被送来,府里人还没来得及穿孝。雍正一见,悲从心生,也跟着众人掉眼泪。两条腿再也迈不得半步,全凭太监架着才没有瘫倒在地。正难过时,忽听一阵女人的哭声传来,从王府大殿里哭哭啼啼奔出弘时的福晋、侧福晋、小妾来,到了雍正跟前,又是一阵痛哭,朱儿一见这阵势，皇上哪能受得了，忙道："快，先架着皇上去大厅。"

太监们顾不得许多，架起雍正就走，到了大厅门口，只见弘历、张万从大厅里出来，先给雍正磕头施礼，然后弘历亲自搀着雍正走进大厅。

弘时的尸体停放在大厅正中，用一块黄丝绸布盖着。雍正一见，顿时心头一酸，泪水再次模糊了眼睛，他颤抖着双手，慢慢揭开弘时脸上的黄绸布。只见弘时双目圆睁，似乎在仇恨地瞪着自己。

"弘时，朕的儿……"雍正只喊了一声，就觉天旋地转，渐渐地一片黑暗。弘历一见，慌忙双手抱住，叫道："快，快叫太医来。"一边叫着一边把雍正抱进西侧房。

朱儿虑事周到，早防着这些，叫了两个太医跟着銮驾来了。俩太医慌忙跑进来。号脉、翻眼皮、掐人中，又开了一副药灌下去。折腾了半天，也没见皇上醒过来。弘历又急又怒，骂道："没用的东西，连这点毛病也治不得。"

俩太医吓得跪倒在地，哆哆嗦嗦地道："奴才看症状，皇上是悲伤过度昏迷，可是服了药就是不顶用。奴才们实在无能为力了。"

弘历气得大吼一声："滚！"俩太医吓得爬着出去，他又急得团团转，叫道："快，再去请太医！"

正在这时，弘时府里的一个长随飞跑进来道："张相爷、几位军机大臣和几位王爷都来了。"

他刚说完，就见大厅门口，仆佣们往两边一闪，张廷玉、方苞、允禄、允礼、弘昼、弘晓等人一齐拥进来，围着弘时的尸首又惊又悲。弘历从西侧房跑过来叫道："快，先顾着皇上要紧。"

张廷玉等人这才想起雍正也来了，忙着奔过来，见皇上昏迷不醒，吓得一齐围上来呼叫不止，弘历急道："不要喊了，没有用，大家赶忙想办法救皇上要紧。"

允禄忽然叫道："快，派人去请贾士芳。万岁爷上次得病就是此人相救的。"

弘历摇头道："皇阿玛是忧郁成疾，延名医医治才是正道，贾士芳邪魔妖术，不可以尽信。"

张廷玉忙打圆场道："救命要紧，不管邪魔还是正道，只要能救人就成。不妨双管齐下，一边去请贾士芳，一边另寻太医医治。如何？"

和亲王弘昼亲眼看见过贾士芳出神入化的医术，立刻自告奋勇地道："贾士芳就由小王亲自去请。"他见弘历和张廷玉都点点头，便快步奔出大厅，到了院里，喊起几个亲兵，打着灯笼飞身上马，向着黑沉沉的夜色中驰去。

弘昼刚走，弘历突然看见雍正的嘴角动了一下，他惊喜地叫道："皇阿玛醒了！"已是扑到卧榻前。众人一听，心中大喜，一齐往皇上床头挤。雍正慢慢地睁开眼睛,看见弘历和张廷玉,吃惊地问道:"朕这是在哪里?"

弘历答道:"皇阿玛,这是三哥的府上,您来看他,昏倒了。"

"朕想起来了,弘时不在了,朕过来看他。"

允礼站在他脚前,安慰道:"皇上,弘时已是不在了。您不要太为他悲伤,节哀顺变吧!保重龙体比什么都要紧。"

雍正轻轻地摇摇头,冷笑一声,低沉着声音道:"朕为他悲伤?他也配?他做的孽,自食其果罢了,好在他死的还算是好汉,朕仅仅可怜他这一点。"

众人听他这一番话都吃了一惊。因为弘时做的恶事他们一点儿消息也没有听到。张廷玉听李卫提起过,因为没有证据,也不敢乱说。他见雍正说话的时候端着粗气,忙道:"万岁这时候最紧要的是养息身子,不要多说话。四爷、庄亲王爷、果亲王爷,咱们出去说话。"

弘历、允礼、允禄等人一齐点头。雍正却吃力叫道:"不!"

弘历忙问:"皇阿玛,您要说什么?"

雍正低沉的声音道:"弘时朕也见过了,算对得住他了。庄亲王留下料理他的丧事。其余人随朕回宫。"

弘历担心地道:"您的身子太虚弱,还是养息一夜再走吧!"

"不。"雍正声音很低,但很坚决地道,"朕一刻也不要待在这里,快送朕回宫。"

张廷玉看看弘历道:"万岁爷说得是。这里办丧事,他如何安心静养。"

弘历只得同意,吩咐朱儿准备轿子。允禄见雍正眼角扫着自己,心知其意,庄重地说道:"皇上只管安心回宫,弘时的事,臣弟一定妥善料理。"

雍正眯上眼睛,不再说话。朱儿几个太监过来,小心翼翼地把雍正抬下卧榻。朱儿一个人背着,两个太监在两边托着,把雍正背到院内,安卧在轿中。八个身强体壮的太监轻轻抬起,小心翼翼地高抬着腿走,生怕颠着皇上。弘历、张廷玉、允礼等人都是仓促之间骑马赶来的,便都又骑上各自的马,跟在雍正轿子的后面。

好容易到了宫中,大轿在养心殿门前轻轻落下。朱儿几个太监又依着刚才的办法把雍正背到御书房御榻上。雍正经过一路的养息,精神好多了,脸上有了一丝血色。蕙儿端来一碗莲子汤,站在床头用小匙一口一口往他嘴里喂,居然吃了一小碗。弘历、张廷玉等人见了,略微放了心。张廷玉往御榻前靠近一步道:"万岁爷,天太晚了,您安心歇着吧!明日的朝政有宝亲王呢,奴才们告退了。"

雍正点点头道:"这几天的事儿对朕的刺激太大,朕突然觉得老了,真的想过几天不用操心的日子,趁你们几个都在,朕决定从明天起一应朝政交由宝亲王办理,你们几个好生辅佐他,遇到难决之事就来问朕。怡亲王、鄂尔泰都不在,你们几个的责任就更大了。弘历,朕知道你聪慧过人,但毕竟历练的少,朕今天做出这个决定也是为历练你,凡事都要谨慎,考虑周详,多向衡臣他们请教。"

弘历惶然道:"儿臣一定尽心尽力地去做,皇阿玛只管养病,龙体康泰自然还可以总理朝政。"

张廷玉、方苞、允礼一齐道:"请皇上放心,臣等一定尽心尽力辅佐宝亲王。"

雍正脸上露出笑容,抬起左手,用力一挥道:"弘历留在宫里陪朕说话,你们几个都跪安吧!"

弘历听说只留他一人,心里一惊,莫非皇阿玛从老三之死上看出了什么? 他心里一阵不安,但转念一想,不管怎样自己没有动手杀弘时,何况在弘时抢过他腰间的短刀时,自己也真心地劝阻过他。

雍正半坐半躺着,眯着双目养了一会儿神道:"弘历,你十三叔去遵化督建皇陵有两个多月了吧?"

弘历屈指算来,答道:"有两个半月。"

"朕最挂心的就是你十三叔。他这个人办起差来不要命,身子骨儿也不好。每次递折子来都说身子不错,能吃能睡的。朕怀疑他在欺骗朕,明天你派人去易县传朕旨意,叫他来京一趟,反正弘时的事也要让他知道。"

"皇阿玛放心,儿臣明日一早就派人去。"

"还有你十四叔,来京后还好吗? 下人是不是狗眼看人,侍候不周,给朕留下恶名。他心里还怀恨朕。抽空儿你代朕去看看他。"

"儿臣一定依着皇阿玛的嘱咐去看十四叔。"

雍正翻了一下身子,睁开眼睛,看了弘历一眼,道:"邬思道一定要缉拿住,弘时做的孽都是他唆使的,朕后悔没有早点除掉他,留下今天的祸患,图里琛是个废物,连这样一个大活人都抓不到。"

弘历道:"皇阿玛尽管放心,邬思道逃不了。儿臣打算派张千、张万暗中打探。一有邬思道的行踪,就能把他抓住。"

雍正一听到张万的名字突然道:"张万看押弘时,却让弘时寻机自尽,难逃失职之罪,应交内务府治罪。"

"不,皇阿玛。"弘历突然跪下,声泪俱下道,"三哥之死罪不在张万,是儿臣一时不慎,被三哥抢走身上短刀,三哥才……"

"这么说那把刀是你的?"雍正吃惊地问道。

"正是儿臣的!"

"罪孽啊! 罪孽……"雍正喃喃自语道,他觉得一切都是冥冥之中早有注定似的。

父子两个正说着话,朱儿忽然走进来,禀道:"万岁爷,和亲王带着贾士芳到宫里来了。"

雍正一听贾士芳三字,顿觉精神一振,正要请他们进来。弘历已抢先道:"皇阿玛,您现在不是很好吗?还把他叫进来做什么,还是让朱儿赏他点东西打发他走吧!"

雍正笑道:"朕明白你的意思,你是为着朕的安全,怕贾士芳对朕使妖术。"

"皇阿玛不可不防。贾士芳行踪诡秘,和邬思道也有来往,还给他医好了双腿,安知他是不是包藏祸心。"

雍正自信地道:"我儿放心,朕自然会防着他。朱儿,请弘昼和贾道长进来见朕。"

没多时,弘昼引着贾士芳走进殿来。见到雍正和弘历,贾士芳忙收起拂尘,躬身拱手道:"万岁爷,宝亲王,贫道有礼了。"

弘历只是点了一下头,算作还礼。雍正却异常的热情,命朱儿给贾士芳赐座。

贾士芳刚一落座便道:"贫道看万岁爷的气色想必圣躬已安。看来贫道虚此一行。"

雍正忙道:"不,朕正有事烦劳仙长。请仙长不吝赐教。"

"万岁爷有话请讲,且莫折了贫道的寿。"

雍正笑道:"仙长位列仙班,也有寿数吗?"

贾士芳郑重地道:"贫道祖上是医学世家,自然对医术也略通一二。偶尔救人危难也是依着医理,断无妖魔邪术,所以贫道只是一俗人,无缘位列仙班。"

"请问道长高寿几何?"

"贫道虚度九十一载。"

雍正、弘历、弘昼都惊讶不已。看他那长长的银须银发,想来不虚。雍正感叹地问道:"仙长如此高寿,莫非服了长生不老仙丹?"

贾士芳微微一笑道:"贫道只相信人能长寿,不相信长生不老。当然也不相信世间有长生不老仙丹。"

弘昼惊奇地问道:"照你这么说,世间那些炼丹的道士全是骗人的?"

"那倒未必。"贾士芳解释道,"道家炼丹,也是依着医理,由药石、草药提炼而成。虽不是长生不老的丹药,但如果配制合乎医理,为人增寿倒也不假。贫道苟活至今,多半是服了自制的丹药的缘故。"

雍正心中一动,觉得贾士芳说得有根有据,不像那些故弄玄虚的道士胡乱吹嘘,便故意问道:"想不到仙长还有如此本领,仙长炼的长寿丹药可否让朕一见?"

贾士芳摇摇头道:"真是不巧,贫道观中还有一粒,只是不曾带在身上。贫道今晚是专程给皇上看病的,只带来治病的药。"说完,他从道袍里取出一个纸包,放在御书案上。

弘昼伸手拿过来,打开纸包一看,是两粒白色的药丸,便笑道:"皇阿玛的病已经好了。吃了你这药,也说不准是你的药管用,还是皇阿玛根本就没有病。"

雍正把眼一瞪,斥道:"弘昼,不得对道长无理,还不代朕谢过道长赠药之恩。"

弘昼嘻嘻一笑,向贾士芳略一躬身道:"仙长,小王刚才跟您闹着玩呢,千万别放在心上。"

贾士芳无所谓地一笑,道:"所谓真金不怕火炼,贫道的药效如何,待万岁服用之后,自然会有公论。"

雍正感叹道:"仙长妙手回春,朕早已见识过。只是刚才仙长所说自炼的长寿丹药,朕还没有见识过,岂非一件憾事。"

"这个容易。"贾士芳道,"待贫道回到观中采集药石,提炼出丹药,送进宫中就是。万岁爷,您也该安歇了,贫道告辞。"

雍正也不留他,吩咐弘昼派几个亲兵护送到白云观。

贾士芳走后,雍正便命朱儿拿过贾士芳送来的药。弘历一见,伸手阻拦道:"皇阿玛,儿臣不明白您为什么这么相信贾士芳,如果他和邬思道串通一气,图谋不轨岂不是害了您。"

雍正没有搭理,反而向朱儿命道:"朱儿,把贾士芳的那两粒药服下去。"

朱儿莫名其妙,手拿着小纸包,呆了半天才道:"万岁爷,这药可是贾士芳给您服用的,奴才吃下去有什么用?"

"少废话,朕要你吃下去你就吃下去。"

"好,奴才遵旨!"

朱儿不敢多说,把那纸包里的两粒药丸全部倒进嘴里,也不用水冲服,他一仰脖儿便吞了下去。完了,还故意张开嘴巴给雍正和弘历看。

弘历眼睛不眨地盯着朱儿,一声不响。雍正才道:"贾士芳和邬思道交往甚厚,朕不是不知道,可是他医术高超,名满京城。如果朕能把他留在身边,充作太医,岂不是好事一件,而且此人精通炼丹术,如果真能使朕长寿,岂不是我大清之福。当然,朕也有防他施奸的办法。凡他要朕服用药,必先由御前太监服用,确信无碍,朕才服用。"

弘历这才明白雍正是一心要求长寿,才宠信起贾士芳。想想弘时已死,虽然将来承继大统的非他莫属,但雍正一心想长寿,就注定自己这个储君不知要等到何年何月才能变为人君。

弘历极聪明,他知道自己不宜在长寿这个问题上跟皇阿玛多说。因为那样做极易引起生性多疑的父亲的猜疑,于是他岔开话题道:"皇阿玛刚才说贾士芳跟邬思道交往甚厚,儿臣突然想到邬思道会不会就藏身在白云观,明日儿臣就派人去搜。"

"不必了，"雍正摇摇左手道，"邬思道知道朕很清楚他和贾士芳的交情，当然不敢去白云观。何况，朕已派人暗中搜过两次。"

弘历一听，皇阿玛果然虑事周到，处处想到自己前边，他由衷地感叹道："皇阿玛，您不愧为一代圣明之主。"

贾士芳由弘昼的两个亲兵护送出了紫禁城往南走不到二里地，贾士芳便道："两位军爷请回吧！"

两个亲兵知道他是神医，又是皇上看重的人，不敢怠慢，忙道："这黑灯瞎火的，仙长一个人走道儿我们哪能放心，再说，王爷的命令我们也不敢不从。"

士芳一摆手道："不妨，贫道不告诉你们王爷就是，二位放心地回去吧。"

两个亲兵求之不得，忙把一个灯笼送到贾士芳手里，说声"道长走好"，已是往回走出多远。

贾士芳是走惯了夜道的人，便把灯笼一扔径直往白云观走去。他虽然是九十多的老人，但脚步却比年轻人还快。不过半个时辰，便到了山门前。此时已是更深夜静，白云观内除了一两声钟声，一片寂静。贾士芳轻轻一敲山门，里面传出一个道童的声音："谁呀？"

"我！"

山门打开，贾士芳走进去，责怪道："妙空，为师不是让你早些睡觉吗？明日还要做早课呢！"

"师父，"妙空声音低低地道："邬先生来了，在三清阁呢！"

贾士芳吓了一跳，忙道："快，带师父去见他。"

三清阁在邱祖殿的后头。贾士芳刚穿过邱祖殿，便看见三清阁里亮着灯，灯光下，一个人影正在不慌不慢地舞着剑，贾士芳一步跨到门前，轻轻地敲门。

"谁？"

"邬先生！"

黑影立刻收势，走到门前，把门打开，惊喜地叫道："贾道长，你总算来了。"

两人手牵手在蒲团上坐下，妙空过去，献上茶。

第三十八章　邬思道藏遗诏生计
　　　　　　　宝亲王探叔念亲情

　　贾士芳没想到邬思道冒险前来，赶紧提醒他现在的处境，告诉他该道观早就被粘杆处暗中搜查过，因此这里也不是久留之地。邬思道脸色忧郁，他将手放到腰上佩戴的那把宝剑的剑柄之上，轻叹了一声，随口吟出一首诗："无限伤心夕照中。故国凄凉，剩粉余红。金沟御水日西东，昨岁陈宫，今岁隋宫。往事思量一晌空。飞絮无情，依旧烟笼。长条短叶翠蒙蒙，才过西风，又过东风。"话语之中充满了悲伤和壮志未酬的哀怨。贾士芳哂然一笑，自知无能为力。

　　没想到邬思道竟然勃然大怒，说他根本就是商女不知亡国恨。

　　贾士芳见他戚然动容，才觉得自己太过分了，忙解释道："小老弟，我是前朝人，祖上受清廷所害，至今大仇未报，我怎么会忘了亡国之恨呢？只是这大清王朝正值鼎盛之时，万民受其物化，不思前朝，你我虽有报国之志，又能奈其何。小老弟，你处心积虑，在雍正跟前混了这么多年，又能如何？"

　　邬思道被他说得更加心灰意冷，但他不甘心，愤恨地说道："弘时是个废物，他如果有弘历一半的才能，也不至于落到如此地步。我的大计也不至于落空。"

　　贾士芳一捋胡须道："小老弟，过去的事就别想了，还是想想眼前怎么办？"

　　邬思道咬牙道："不是鱼死，就是网破。我现在只有下下之策，杀雍正。"

　　贾士芳一怔，一捋雪白的胡子道："要杀雍正你何必等到这个时候。在雍府时，要杀他何等简单。"

　　"此一时、彼一时嘛，我现在是朝廷通缉要犯。唯一能做的就是杀雍正。"

　　贾士芳不以为然地摇摇头道："杀了雍正，还有弘历当皇帝，天下还是满人的天下，只是改了个年号而已。"

　　"不，"邬思道愤然道，"雍正矫诏篡位戮杀手足，逼死亲娘，这种丧尽人伦的畜生位列九五之尊，岂不是对天理的亵渎。"

　　"邬先生，你何时变成'皇子党'了？"

　　"贾老道，我是有真凭实据的。"

　　邬思道说着从贴身衣内取出一只金匣子，放到两人面前，然后把金匣子打开，从匣子里取出一张折叠得整整齐齐的金质御纸，慢慢地展开。贾士芳仔细一看,大吃一惊,原来那金纸竟是一份皇帝诏书,上面写道:"朕十四子胤禵即缵承大统……"

下面是满文,贾士芳不认识,邬思道便解释给他听,诏书的正中偏左下角盖着康熙皇帝的御玺。

这分明是康熙皇帝传位给十四皇子允禵的遗诏,想不到竟会落入邬思道之手。

贾士芳这才相信世人传言雍正矫诏篡位果然是事实,不由气得他银须乍立,以手击地骂道:"雍正果然丧尽天理人伦,这样的畜生岂可再为人君?"

邬思道见他动了真气,更进一步挑起他的反清情绪,慨然道:"岂止一个雍正不该做我汉人人君,这江山原本是我朱家的天下,可恨逆贼李自成聚众叛反,毁我朱氏江山于一旦。叛贼吴三桂不守人臣大义,卖主求荣,引八旗铁骑入关,践踏中原之地。满人得以入主中原,非仅八旗劲旅之力,亦倚仗汉人相佐之故。"

邬思道的这一番宏论,贾士芳只是洗耳静听,不置一词。他是明朝过来的人,明朝皇帝一个个荒淫放纵,不理朝政,致使宦官当道,奸臣逞凶,把大好河山搅得乌烟瘴气,千疮百孔,老百姓苦不堪言,倒是满人入关之后,尤其是康熙年以来,天下大治,百业兴盛,老百姓安居乐业。雍正改元以来,更是致力于刷新吏治、力挽颓风,生生造就一个太平盛世。贾士芳出身于医学世家,冷眼看世界,比较客观,明清两朝一衰一盛,他都亲历过,渐渐感觉到清朝的天下也不是那么暗无天日。自己何苦追思那个死去的明朝亡魂呢,但想想祖上之仇,仍耿耿不能释怀。

邬思道见他半天没说话,便一拉他的道袍道:"老道,你刚才还说雍正当杀,怎么又没有下文了?"

贾士芳恍然大悟,道:"无天理人伦,当然该杀,邬先生施出手段吧!"

"我?"邬思道为难地道,"我还要仰仗仙长相助,你是名医,可借进宫看病之便,伺机下手。"

贾士芳原本复仇之心有些淡了,被他说得心中一动。不错,眼下是个绝好的机会,如果真能置雍正于死地,一则可报祖上之仇;二则也伸张了天地正义。但一想雍正、弘历并不信任自己,便道:"邬先生说得有理。只是雍正、弘历防范甚严,如何有机可乘。"

邬思道轻松地一笑,道:"你是名医世家,在用药上做些手脚,岂是难事?既可安然脱身,又足以置畜君于死地。"

"不妥,不妥!"贾士芳连连摇头,"雍正用药,必先由御前太监试服,确信无碍,才自己服下。如果在药中下毒,岂不露了马脚。"

"老道,难道不能配制出只毒雍正,不毒太监的毒药吗?"

贾士芳被他说得笑了起来道:"毒药岂能分出谁是主子、奴才?谁吃了它,它就取谁性命。"刚说完,他忽然灵机一动惊喜地叫道:"有了!"

邬思道心中一喜,忙道:"快说,有什么妙计?"

贾士芳双手合十道:"先祖李时珍遗书中曾记载一种毒药,人服下后,只要不行房事,不纵欲,肝脾不张,则无碍,一经纵欲,肝脾大张,则毒性发作,半日可致人死命,无药可医。"

邬思道一拍手,连声道:"妙,妙!仙长若能置雍正于死地,我便乘乱有机会逃出京城,将康熙遗诏告知天下,则清廷人心必失,我汉人便有机可乘了。"

贾士芳向来看不惯他那种朱氏后裔的做派,揶揄道:"别高兴得太早,这药还没配好呢,小老弟!"

弘历毕竟年轻,守在雍正床前一宿没睡,依然精神饱满。天亮之后,他见父亲睡得正香便悄悄退出房去,到了门外,见蕙儿、菊儿在门旁的长凳上打盹,便把她俩叫醒,仔细叮嘱几句,才走出养心殿。

军机处张廷玉、方苞和果亲王都已来到,见弘历走过来,三人一齐迎上前,张廷玉、方苞施礼,问安后道:"四爷,今天就由您总理朝政,有什么要交代奴才的?"

弘历谦恭地道:"几位都是老军机了,办起差来比我有经验。我要说的话就是,但凡有差事,只管放心大胆地去办,实在争议难决的事,再来问我,我不能决的,还有皇阿玛呢。"

允礼点头赞许道:"宝亲王说得有理,虽说由他总理朝政,也不能大事小事都来烦他。下面能办的差事尽量在下面办。"

张廷玉、方苞二人听完弘历训谕,正要进房中办公。弘历却又叫道:"皇阿玛特别叮嘱,今天一定要派人去易县请怡亲王回京,一则皇阿玛想见见他;二则盛郡王的丧事也要请他来。回去你们军机处派人走一遭,就说是皇上的口谕。"

"四爷放心,奴才记下了。"张廷玉、方苞答应着,转身进房。

弘历想想再没有要交待的差事,便慢慢走进军机处旁边的松竹轩中。见宝亲王进来,一个太监慌忙将泡好的浓茶放到书案上,另一个太监则赶紧将当天的折子放在弘历跟前。

弘历呷了一口浓茶,眼睛看着那一摞奏折心里有一种惶然的感觉。虽然他曾不止一次代皇阿玛批阅过奏折,但像今天这样郑重其事地坐在松竹轩处理政务还是第一次,也许这就是作为储君的最明显的标志。他理了理原本摆放得整整齐齐的折子,然后取过第一份,打开一看,却是田文镜报祥瑞的,说河南的谷子有一茎十五穗。他顿时对皇阿玛的这位"模范总督"反感起来,随手把田文镜的折子放到一旁。又去看下面的折子,谁知一连十几份折子,不是呈报祥瑞,就是一些无关紧要的小事。他都一一放在一边。不消一个时辰,那摞厚厚的奏折有多半被放到一边。弘历只拣要紧的折子细看朱批了,其余折子则命太监送给军机处处理。

折子批完了,弘历再也无事可做。张廷玉方苞那边也没有派人过来问他事,看来他们对处理政事都得心应手。况且,国家经过雍正几年的整治,已是太平盛世,让朝廷头痛的事自然就少了。

弘历正思谋该做些什么,忽然一个小太监进来禀道:"启奏宝亲王,刑部尚书达哈维进见。"

"请他进来吧!"

达哈维躬身进来,先给弘历跪地施礼,然后道:"王爷,沈近思的案子已经审结,总计贪污亏空粮钱六十余万两,是这几年贪污数额最大的案子,奴才不敢自专,特来请宝亲王示下。"

弘历早对沈近思的案子知道得一清二楚,当下便道:"如此贪墨的恶吏,不严惩何以儆后来?着将沈近思判斩立决,家产悉数充公,族属严责不究。"

"奴才遵旨。"

弘历说完,忽然想起陈刘氏的案子,忙问道:"陈远的案子可曾审结?"

"奴才正要回禀王爷,"达哈维不等他细问便叙说道:"刘世明述职来京,奴才就把他传到刑部与陈刘氏当堂对质,还把刘世明带来的鸦片样品送药店鉴别。刘世明说陈远贩卖的鸦片确系毒品,按律治罪,陈远罪有应得。药店鉴别的结果也是毒品。陈刘氏不服,一急之下,又控告刘世明之子对她施暴,刘世明为防她上告,保全儿子,才用毒品取代了鸦片药品,反诬陈远贩卖毒品鸦片。"

弘历想不到这样一起简单的案子竟越来越复杂,有些不解,问道:"陈刘氏的状子,本王看过,怎么没说她被刘世明之子强暴过?"

"女人对这种事,不逼到万不得已,谁肯张扬,王爷别急,好戏在后头。"

弘历大为惊奇,便凝神聆听。

达哈维道:"正当两人对质不清的时候,漳州知府李治国又派人送来陈远贩卖的鸦片样品,奴才当即送去鉴别,结果是药品而非毒品。奴才当即严责刘世明,刘世明无言以对,最后供认,为了保全儿子,昧了良心,诬陷陈远。"

弘历颇觉意外,道:"李治国能不掩饰过失,秉公提供旁证,实在难得。只是陈远之死他难辞其咎,如不稍示薄惩,也与理不合。"

达哈维道:"奴才也感到难办,特请四爷示下。"

弘历略一思忖,便道:"刘世明身为督抚,管教不力于前,伪证诬陷于后。着即革去巡抚之职,交部议处,其子交付地方,另行按律治罪。李治国疏于访查,制造冤狱,理应查办。但皇阿玛刚刚颁布禁止吸食贩卖鸦片的禁令,如果将缉毒官员治罪,恐怕引起世人误会,有碍禁令的推行。而且李治国不

掩已过,秉公提供旁证,公忠之心,天日可鉴。着议将李治国革职留任。陈远平冤,予以厚葬,遗属厚恤。"

达哈维不待弘历说完,便磕头道:"四爷料理,合理合法,奴才佩服得五体投地。"

弘历却把眼一瞪,斥道:"阿谀之词,还不滚回去把差事办了!"

达哈维马屁没拍响,吓得半爬着回去。他刚走出松竹轩,小太监又进来道:"禀宝亲王,直隶总督李大人求见。"

弘历道:"请他进来。"

李卫一进松竹轩,来不及给弘历施礼,便叫道:"四爷,奴才有要紧的事跟你说。"

弘历笑道:"有什么要紧的事,坐下慢慢说,何必急急火火的。"

李卫站在他的书案前,躬身问道:"四爷,万岁爷派人到处缉拿邬思道,不知拿到没有?"

"没有。本王也为这事着急,已派张千、张万到处打探、搜捕。"

李卫眼珠乱转,诡秘地道:"京城搜捕得紧。邬思道一文弱老生,逃不出多远。依着奴才,只要派几名大内侍卫带少许官兵暗中埋伏在明皇陵周围,那邬思道很可能就自投罗网。"

弘历一愣,惊奇地看着这位大字识不了一筐的"模范总督",问道:"你怎么知道邬思道要去明皇陵?"

李卫笑笑,有点自鸣得意,道:"四爷还知道圣祖朝朱三太子案吗?那朱慈焕被正法时,尚有遗子流落在世。奴才多年来专事督剿江、浙一带逆匪,据江湖人说朱慈焕的遗子就在京城天子脚下暗中反清。四年前,四爷巡视江南,在信阳和采石矶两次遇刺,奴才就怀疑邬思道。他多次唆使三阿哥劫杀王爷和皇上,挑起皇室内部争斗,坐收渔翁之利,罪恶之心,昭然若揭,他不是朱明后裔,何必这样苦苦用心?"

弘历听他剖析得头头是道,如梦方醒,仔细想想,邬思道怎么看都像是朱明后裔。他的一些令人费解的行为,一下子全找到了答案。想到这里,弘历暗加心惊,忙吩咐道:"李卫,邬思道一案,事关重大。本王命你亲自带人去明皇陵埋伏,务必将邬思道生擒归案。"

李卫没想到弘历会派自己这个总督亲去,但他只是稍一迟疑便朗声应道:"王爷放心,奴才一定把他抓来。"

交代完李卫,天已午时。弘历知道军机处已经休值,不会再有官员来见他,便叫来刘统勋,带着几个亲兵、宫监出了午门上了轿,顺着长安街往东又往北一直到了允禵的十四贝勒府前才停下。众人这一阵急赶,个个累得气喘吁吁。

弘历下了轿,直接走上门前的石阶。守门的是四个太监,一看是宝亲王来了，慌忙施礼。弘历问道："十四叔呢？"

太监们忙道："贝勒爷在书房写字呢。"

"带本王前去。"

"喳！"

一个叫三水的太监忙在前头引路。弘历小时候来过十四叔的家，后来因为允禵、雍正争夺储位，他这位小阿哥也不便再到允禵府上来了。弘历边走边看，这座院子几乎还是老样，物是人非，十四叔再不是当年声名赫赫的抚远大将军。他心里想着感叹不已。

"王爷，这儿就是贝勒爷的书房。"

三水在一处幽雅别致的小阁楼前止住脚，向弘历说道。弘历本想直接进去，犹豫了一会儿，还是站着没动，向三水道："快，给贝勒爷禀一声。"

"喳！"三水脆生生地应了一声，便跑了进去，过了好半天才出来道："四爷，贝勒爷请您进去呢！"

弘历这才一步跨上台阶，走进阁楼。穿过前厅一看，允禵青衣便帽，正对着自己写字。他赶紧上前两步，甩衣袖跪倒叩头："弘历给十四叔请安！"

允禵头也不抬，照旧写他的字。弘历跪着不动，等他写完一张宣纸，便又叩了一个头道："弘历给十四叔请安！"

允禵还是没抬头，自顾自地把笔放下，从底下又抽出一张宣纸铺好，才用冰冷的声音道："说吧！雍正派你来干什么？"

弘历恭恭敬敬地答道："皇阿玛叫儿臣来看看十四叔，当然弘历自己也想看看十四叔。"

允禵面无表情，淡然道："不愧是雍正的儿子，很会说话。你老子让你来劝我出山的吧！十四叔也懒得跟你兜圈子，明白的说吧，我不会像有的人那样甘愿做他的走狗。他留我一命，我自然感恩不尽，但仅此而已。你就这样回复他，不要浪费口舌了。"

弘历一听，鼻子一酸，泪水便如断线的珠子一样掉下来。父辈的积怨这样深，还要波及到下一代，何苦呢？他想了想，哽咽着道："十四叔，侄儿不想过问你们老一辈的是是非非。这么多年都过去了，咱们皇室家族还是这么疙疙瘩瘩，侄儿想起来就难过。您和皇阿玛是一母同胞，是侄儿的亲叔叔，可是侄儿想见见您都难。上次侄儿来看您，让您给吃了闭门羹，侄儿当时的心都要碎了，泪水只好往肚里流。从那以后，侄儿想来看您，却又怕来看您。昨天三哥自戕而死，皇阿玛忧郁成疾。他昏迷后，醒来的第一句话就是叫侄儿来看您。这不，侄儿办完政事就来了。"

弘历这一番充满真情的话，虚中有实，连他自己都越说越难过。允禵开始只是毫无表情地听着，渐渐地面露戚容。等弘历说完，他便从书案后走出来，上前双手拉起弘历道："起来吧！坐下说话。"

弘历心中窃喜,便收了泪,慢慢站起,等允禵先坐了,才在旁边的凳子上坐下,恭恭敬敬,极为关切地问道:"十四叔,您在这儿还好吗?下人侍候得周到吗?"

允禵一听,脸色微变,冷冷地道:"好得很哪,院里院外有那么多侍卫保护,十四叔气派不小。"

弘历知道他在恨皇阿玛处处防着他,便在心里思谋良久,突然说道:"十四叔,您要是不喜欢,侄儿现在就把这些撤了。"

允禵大感意外,他不相信弘历有这么大的胆子,惊疑地问道:"你?你有这个权力吗?你不怕皇上?"

弘历豁然一笑道:"请十四叔放心,侄儿一言九鼎,言必信行必果。"说完,向门外大声叫道:"三水!"

三水正在外面伺候着,赶紧跑进来。"奴才在!"

"传本王的话,府里府外的侍卫看守一律裁撤。只留宫女、太监侍候贝勒爷。如果不敷使用,还可以叫内务府再派几个来。"

三水一听,大吃一惊,竟呆在那儿半天没动。弘历斥骂道:"呆头鹅!还不快去。"

"喳!"三水如梦方醒,慌忙答应一声跑了出去。

这一下,倒让允禵始料不及,忙连连摆手阻止弘历道:"使不得,千万使不得。弘历,你心里有十四叔就行。没必要非这样做不可,你父皇……"

"十四叔请放心,皇阿玛那里由侄儿去说。"

允禵叹了一口气道:"弘历,你不要费尽心机了。十四叔已发誓不为雍正做事。天色不早,你也该回朝理政去了,回去跟雍正说,就说老十四恭祝他千秋圣躬。"

"侄儿一定转告皇阿玛。"弘历激动不已,站起来向允禵告辞。他走出阁楼,顺着来时林荫小道往回走。刚走出不远,忽见刘统勋神色慌张地快步跑来,老远就叫道:"四爷,不好了!"

弘历知道必定有事,忙道:"快说,出了什么事了。"

刘统勋未曾开口泪先流,道:"怡王爷……殁了!"

"什么?"弘历如五雷轰顶,呆立在那儿,身子摇晃着差点摔倒。刘统勋吓得赶紧扶住他叫道:"四爷!"

弘历用力摇了摇头,竭力使头脑镇定下来,哽咽着问道:"十三叔何时殁的?现在何处?"

刘统勋道:"刚才内务府来人说,十三爷在太平峪突然发病,御医们医治也不见好转。十三爷便要工部郎中左清玉立刻送他回京,谁知刚到房山,十三爷就殁了,现在还在路上呢!"

弘历听到这消息,只觉得身躯一震,悲怆地大叫一声。他跟跟跄跄走到自己的府门外,刚到门口,也不想乘轿,撒开双脚便往宫里跑。刘统勋一见慌忙在身后喊道:"四爷,张相爷他们在怡王爷府前等着呢!"

弘历这才站住,刘统勋一边拦住他,一边向身边的亲兵吩咐道:"快,找两匹马来,我陪宝亲王一起去。"

两个亲兵慌忙跑进允禵府里,好容易找到两匹瘦马,牵到门外来。

第三十九章　邬思道入京城遭捕
　　　　　　　雍正帝存歉意殡天

　　弘历、刘统勋再也顾不上许多，直接跳上马，就顺着京城的道路往南跑去。跑了一袋烟的功夫，两个人来到了允祥府邸。弘历老远就看到了怡亲王的府门前黑压压站满了人，同时还能隐隐约约地听到阵阵哭声。等到了跟前才看清楚，站着的都是九卿六部大小的官员，张廷玉、允礼、允禄、方苞等王公大臣分站在两侧的台阶上，伸长了脖子，翘首等待着弘历的到来。弘历终于行到了门口，直接跳下了马，把缰绳扔在一边，奔着张廷玉等人的方向走过去。门外的大小官员见到宝亲王，纷纷跪倒在地上。张廷玉、方苞等人领旨起身，慌忙迎了上来。弘历眼含泪花，强自镇定地问道："衡臣，我十三叔的灵柩现在行到哪里了？"

　　张廷玉连忙上前答话，告诉他灵柩已到丰台。弘历凄然地大声叫人准备快马，要亲自迎接怡王爷的灵柩。但张廷玉、方苞等大臣赶紧在一边安慰其不能这样心急，他还要留在京中主事。弘历长叹一声，只得罢了。方苞忙叫人去允祥府里找来椅子，让弘历坐下。

　　张廷玉见他安静下来，近前道："万岁爷还不知道怡王爷殁了，四爷看要不要让圣上知道？"

　　"不，"弘历断然道，"皇上龙体有恙，刚刚康复，万不可让他受此打击。"

　　"可是怡王爷的丧事怎么办？"

　　弘历这才感到难办，允祥是和硕怡亲王，铁帽子王的身份，自己只是代理朝政，无权为允祥治丧，况且他也没有经验；但是，皇上和怡亲王情深义重，如果知道他的十三弟突然殁了，非急出病不可。左思右想，弘历只好先做权宜之计，便道："至少今晚不能告诉皇阿玛，等他老人家康复一些再说。"

　　张廷玉点头，表示赞同，眼下也只能这样了。

　　一个时辰过去，西边的官道上扬起一趟灰尘，两名八旗兵飞驰而来，来到众人跟前，高声叫道："怡亲王灵柩已到，百官跪迎。"

　　弘历听了，只觉鼻子发酸，泪水再次涌出，他"扑通"一声跪下，悲怆地哭喊道："十三叔……"

　　张廷玉等百官紧跟着一齐跪下，顿时悲风凄凄，天地灰暗。

　　邬思道穿一身道袍，手持拂尘，再加上他的温文儒雅之气，还真有些仙风道骨的味道。官道上人来人往，但谁也想不到这个跟自己擦肩而过的道士就是京城里圣旨悬赏缉拿的朝廷逆犯。

邬思道回头看看越来越模糊的京城,心里多少有点得意。

雍正兴师动众,严旨缉拿他,也奈何他不得,凭着他的机警、智谋,他最终还是逃出了京城。

但他的那种得意之情只是一闪即逝,随之而来的是充满心问的悲哀,这种悲哀是那么强烈,震撼心田,而且久久挥之不去。

和贾士芳分手时他把康熙遗诏和传国玉玺在身上收藏好,便告辞离去。根本没有具体考虑到出城以后身去何处。邬思道原本是个极精细的人,做每一件事都考虑周详,但自从他的宏伟大计落空后,便失去了那种缜密思维的习惯,一言一行仅凭潜意识的支配。

因此逃出京城后,仿佛有一种神奇的力量指使他选择了往北逃的路线。

驿道上做买卖的人匆匆地赶着路。几个贩马的北方汉子赶着十几匹膘肥体壮的马往京城方向走来。

邬思道看中了一匹枣红马,似乎有了主意。他迎着那匹枣红马走去,到了跟前,伸手抓住了马的缰绳,贩马的汉子不知何故,一齐围拢来。

"唉,臭道士,抓俺的马干啥?"

邬思道把拂尘一扬道:"买马,你们卖不卖?"

贩马的汉子们想不到半道也有买主,乘机漫天要价:"这是上等马,得十两银子。"

邬思道不假思索,从包裹里取出一块二十两的银锭,往一个贩马汉子的手里一塞,道:"我买下了,二十两全给你们。"

几个汉子又惊又喜,收起银锭,赶着马群跑开了。

邬思道抓缰上马,调转马头直往西北方向驰去。只小半个时辰,便到了昌平,他怕昌平的官兵搜捕得紧,不敢进城,在城西路边的一家酒店停下歇息,等天色暗了下来,重新上马赶路。

昌平城外就是连绵起伏的龙山,再往北则是天寿山。前明十三座皇陵就坐落在天寿山上。

邬思道到龙山脚下就弃了马,沿着青石板铺成的台阶拾级而上,当他在暮色中看到第一块石牌坊时,浑身的血仿佛要沸腾了。这里才是他朱家的神圣领地。

邬思道仰望山上,到处是黑蒙蒙、郁郁苍苍的松柏。如果是白天,应该可以看到他朱家的祖陵了。

于是他加快了脚步,青石小道边,碑亭、石像生、棂星门很快被甩在身后。

又紧赶了一阵,远远地依稀可辨正中的山门前耸立着一座门楼,邬思道暗中已来过多次,知道那就是长陵的山门。

他来到一块山石前,往四周扫视一遍,又仔细地听了听,确信没有危险后,才一步跃进山门。里面是一块空地,空地前是高耸的长陵墓碑。

他来到墓碑前,抑制住激动悲壮的心情,开始从包裹内取出香纸、香烛等祭祀的物品,一件件地摆放整齐,把香烛点着,最后取出康熙遗诏和传国玉玺,也摆放在墓碑前。

做完这一切,他才向墓碑跪下,叩头,口中喃喃道:"朱氏列祖列宗在上,不肖子孙今日特来祭祀……"

正在他念念有词的时候,忽听身后传来一声呼哨,吓得他急忙回头去看,只见山门外突然拥出一群手执火把的清兵,登时把整个长陵照得通明。

邬思道大吃一惊,知道中了埋伏,便想往山上跑,忽觉眼前也是一亮,山上也出现一群举着火把的清兵,只听山上清兵中有人喊道:"邬先生,别来无恙!"

邬思道一下子就听出是张千的声音,气得他张口就骂:"张千,你也是汉人,为什么甘愿做雍正的走狗,与我朱家为敌。"

张千哪里知道他是朱三太子之后,乍一听说吃了一惊,笑道:"邬思道,不管你是猪家之后,还是羊家之后,我今天是奉旨拿人,识趣的老实受缚吧。"一边说着,已是一个纵身跳到墓碑后。

邬思道明白今晚万难逃脱,他的第一个反应就是一手抓起康熙遗诏在香烛上点燃,另一只手抓起传国玉玺,抱在怀中。

张千见他动作怪异,忽然想到雍正苦苦要找的东西莫非就在他手上,忙厉声喝道:"邬思道,你手上是什么东西?"

邬思道见他要冲上来,心一横,双手举起玉玺,猛地往墓碑撞去。

弘历把允祥的灵柩迎入怡亲王府,交代张廷玉等暂且料理。

此时天色已黑了下来,他担心着皇阿玛的身体,急忙带着几个亲兵出了允祥的王府,往宫中来。

来到午门,守门的太监说皇上带着蕙儿、朱儿几个去了圆明园。弘历稍微放下心来。皇阿玛能去圆明园,说明他的心情肯定不错,但自己第一天总理朝政,一定要跟皇阿玛说说情况,也好让他放心。

于是几匹马出了紫禁城奔圆明园而来。约半个时辰来到圆明园外。

弘历下了马,径直奔园中,守门的八旗兵慌忙施礼。他只是一挥手算作免礼,穿过外朝正大光明殿,远远就看见九州清晏灯光明亮。

弘历正往前走,忽见对面走过来几个人,灯光下看得极清楚,走在前面的是道士贾士芳,身后是两个太监。

弘历一看又是这个道士,便满心的不快,但皇阿玛看重他,自己也不便难为他。贾士芳自然也看见他了,老远就躬身施礼道:"贫道给宝亲王请安。"

弘历忍不住问道:"仙长又来园中何干?"

"贫道是给皇上送丹药的。"贾士芳知道他对自己有敌意,忙告辞离去。他身后的两个太监还要送他,却被弘历喝住,道:"你们带本王去见皇上。"

"喳!"两个太监转过身来,引领着弘历进了九州清晏,在四宜书屋门前停住。其实弘历根本用不着他们带路。他走进门来,看见雍正正坐在当中的躺椅上玩弄着百福狗。蕙儿则在背后给他捶着肩,便轻声喊道:"皇阿玛!"

雍正闻声抬头一看,是儿子回来了,忙欠身坐起,弘历赶紧上前扶住他问道:"皇阿玛,您身子还好吗?"

"好,好得很。"

雍正连声说道,为证明自己说的是实话,他把百福狗一丢,欠身站了起来,在房子里来回踱着步。当他走近弘历时,忽然发现儿子脸上有泪痕,吓了一跳问道:"弘历,你好像哭过?"

弘历被他问得有些慌乱,忙掩饰道:"儿臣怎么会哭呢? 皇阿玛,贾士芳又来干什么?"

"朕叫他送丹药来的,是新炼制的长寿丹。"

"皇阿玛,还是服用太医的药才是正理,道家的丹药不宜多用。"

雍正点头道:"朕心里有数,这丹药先让朱儿试服了。朱儿!"

朱儿就在门外候着,慌忙进来应道:"万岁爷,奴才在这儿呢!"

"那丹药已服用半个时辰了,可有异常感觉?"

朱儿嘻嘻一笑道:"奴才一切正常,万岁爷放心服用吧!"

雍正放了心,亲手从衣内取出贾士芳送来的丹药。蕙儿一见,忙着端来温开水。雍正把一颗丹药放入口里,喝了一口开水服下丹药。弘历在一旁看了,想阻拦却没敢。

雍正又回到躺椅上坐下,向弘历道:"今天是你第一次代理朝政。朝事如何?"

弘历满腹的心事,却要瞒住雍正,便道:"国家太平,朝中也没有什么大事。"

雍正脸色不悦,道:"难道就没有令朕不快的事情?"

弘历只得道:"湖南巡抚赵弘恩递来折子说,曾静、张熙被甘凤池杀了。还留下一首诗在墙上:一厢情愿说督臣,大义觉迷化归魂,鄙儒想做真义士,留作人间一笑嗔。"

雍正听完,却没有发怒,只是用手一拍躺椅,向弘历道:"《大义觉迷录》都发到下边了吗?"

弘历道:"已由礼部发到各地学政,不日便可发到远乡僻谷。"

雍正没有说话,曾静、张熙这两个由他亲手树起,为自己摇旗呐喊的角色就这样轻而易举地被人杀了。《大义觉迷录》又真能使那些心存叛逆的汉人"觉迷"吗？他实在没有太大的信心。

弘历见皇阿玛半天没说话，以为他劳乏了，便道："皇阿玛，儿臣明日还要处理政事，该跪安了，您也早些歇息吧！"

雍正点点头，挥手示意他退下。

蕙儿见弘历走后，皇上还在低头沉思，便走到跟前柔声道："万岁爷，今天您不用理政事，本该轻松一下，怎么又想那些烦心的事儿？"

雍正轻轻叹息道："为君之道，你们做奴才的不懂。"

蕙儿转到他背后轻轻地捶："万岁爷，恕奴才胆大多嘴，您是尊贵的身，苦命的心，什么事儿都甭想从您心里含糊着过去。"

雍正听她的话，最是知心，便拉过她的柔嫩小手，道："朕感到那班王公大臣也未必如你一样知朕，真是难为你了。"

"万岁爷取笑奴才，奴才哪敢和王公大臣相提并论。"

"有什么不敢的，他们也一样是朕的奴才。"

"奴婢不跟您斗嘴，万岁早点歇着吧！"

蕙儿说着，便扶起雍正走进卧房，让他在卧榻边坐下。菊儿赶紧打来热水，放在雍正脚前，又为蕙儿放下一只小凳。蕙儿过来坐下，先给皇上脱下靴袜，然后把两只脚浸泡在热水里轻轻揉搓。雍正顿觉舒爽无比，笑道："蕙儿，你知道吗？朕一天里感到最舒心的就是你给朕按摩、捶背、洗脚。"

蕙儿笑道："谢万岁爷夸奖，奴婢今天会更上一层楼，让主子更舒心。"她一边说，一边按照佟儿教给的捏足之法，暗中找准穴道，在雍正足底轻揉暗捏。只一袋烟的功夫，雍正便觉足底有一股灼热之气慢慢上升，渐渐漫过下身，在体内奔腾，偏偏蕙儿一对硕大的乳房又在眼前晃动，使他油然而生出一股欲望，他悄悄伸出一只手抚摸着蕙儿。蕙儿娇羞地抬起头，娇嫩的脸蛋红红的，四目相对，仿佛都读懂了对方的渴望，但蕙儿一只手还在继续拿捏着，使雍正胸中欲火燃得更旺。终于雍正伸手把她拉起，拥在怀里，蕙儿故意半推半就道："万岁爷，别……让菊儿瞧见。"

"她瞧见又怎样，朕喜欢你。"雍正边说边把她拥倒在御榻上。

蕙儿初尝云雨之欢，一任他纵横驰骋，渐渐地如入云端。正在妙处，忽觉身上没有了动静，仔细一看，雍正面色煞白，伏在自己身上，一动不动。蕙儿一下子从云端跌落，吓得翻身坐起，拼命摇着雍正的身子叫道："万岁爷！万岁爷！您怎么啦？"

菊儿早躲到外间去了，忽听见蕙儿的惊叫声，慌得一步冲进去，见床榻上一男一女赤身裸体，羞得捂着脸，不敢上前。蕙儿忙拉过一件床单裹住身子，又给雍正也盖上，才慌张地叫道："菊儿，快去叫太医。"

这时，朱儿也听见动静跑了进来，一见雍正脸色由白变青，吓得往外就跑，边跑边喊："太医！太医，快来救驾！"

蕙儿还呆在床上吓得哭哭啼啼,忽觉雍正嘴唇一动,慌得她惊喜地叫道:"万岁爷!您醒醒。"

雍正慢慢睁开眼睛,低低道:"先帝爷要带我去了,快……"

蕙儿哭道:"万岁爷,您没事的,太医马上就到。"

这时,朱儿带着两个太医飞跑进来,太医慌忙上前救护,雍正却用尽气力叫道:"朱儿,快去叫怡亲王……"

朱儿一听,"哇"的大声哭道:"怡亲王今天早上就殁了……"

"十三弟!"雍正越来越青的脸上滚落两滴清泪,他微弱的声音道:"快……朕要见十四弟。"

朱儿哭着道:"万岁爷等着,奴才这就去请十四爷。"一边应,一边飞跑出去。到了前头慌忙叫小太监拉过一匹马来,跨上去,狠狠地加上一鞭,那马忍痛拼命狂奔,冲出圆明园,没入黑漆漆的夜色中。

圆明园距允禵的贝勒府足有四十多里地,就是白天骑马也需半个时辰才能到,但朱儿心急如火,只管在黑夜中狂奔,一口气跑到允禵府前,跳下马边往里跑边拼命叫喊:"十四爷!十四爷……"

允禵已经歇息,忽听有人叫喊,忙披衣坐起,向身边的太监吩咐道:"出去看看,是谁在叫喊?"

那太监应声出去。还没等他回来,朱儿已飞奔进来,看见允禵,抓住他的手就往外拉。

允禵见他惊慌失措的样子,知道有急事,吓了一跳,忙问:"朱儿,到底出了什么事?"

朱儿已累得喘不过气来,"皇……皇上……要见十四爷。"

允禵一听,止住脚步。他曾发过誓,绝不去见雍正。

朱儿一见,扑通一声跪倒,拼命地给允禵叩头,哭道:"皇上不……不行了,要见十四爷!"

允禵大吃一惊,慌忙拉起朱儿,见他额上已叩出血来,怜惜地道:"蠢材,你怎么不早说。"说完,也顾不得穿衣服,拔脚就往外跑。朱儿在他身后叫道:"皇上在圆明园。"

允禵一气奔出府外,跨上朱儿骑来的马,调转马头,挥起马鞭,那匹马再次冲入茫茫黑夜。

圆明园里,因为雍正不是来园里办公,所以军机处、内阁、六部的值班房都没有官员值班。偌大个圆明园,只有一群宫女、太监和内务府护卫营官兵。群龙无首,乱成一团糟。

雍正脸色变得铁青,呼吸越来越急促。蕙儿已穿好衣服。见几个太医嘀嘀咕咕,团团转,无计可施,气得破口大骂道:"你们这群废物,皇上得的什么病?"

她虽然只是个宫女，因深受雍正宠爱，无形中便有了身份。几个太医不敢得罪，哆哆嗦嗦地道："依着奴才们看，皇上是中毒，可是奴才们看不出是什么药，不敢胡乱下药。""中毒？"蕙儿半信半疑，她开始以为是自己为雍正按摩引起的效果，经太医这么一说，才知道皇上的症状是中毒，但皇上所有的饮食都是经过她的手，而且也是让人尝试过，应该不会有任何问题。她突然想到了贾士芳的丹药，但很快就被自己否定了。因为贾士芳的丹药送来时让朱儿试服过，朱儿到现在都没有出现什么事，为什么皇上却一病不起了呢？

蕙儿站在这里正猜测着，忽听菊儿跪在床前大喊一声："皇上！"她忙低头一看，只见雍正已经气如游丝，呼吸已经十分困难，一双瞳孔也渐渐开始涣散。一时间，宫女、太监们跪了一地，一起哭叫起来。

突然，门外传来一阵急促的脚步声，十四阿哥允禵不等着人通报，直接冲进了屋里。他再也顾不上自己的恨，直接扑到雍正的床前，悲怆地喊叫出声："四哥，请等一步。"

早已经陷入昏迷的雍正似乎听到了允禵呼喊，一下子睁开了眼睛，用非常清晰的声音对跪在床前的允禵说了一声："十四弟，我……我对不住你……"话说完，雍正终于将自己这么多年来心里的大石头放了下来，头往旁边一歪，再也没有醒过来。